轨道交通工程建设 安全管理

泉域环境下工程风险控制

弭彬　王建涛　著

清华大学出版社
北京

内 容 简 介

本书根据济南特殊的工程水文地质情况,对济南轨道交通工程建设安全技术风险管控的经验进行总结,介绍了工程建设从勘察到竣工全过程的安全风险管理体系。

本书适合城市轨道交通工程、隧道及地下工程、地下空间工程等领域的管理及工程技术人员使用,也可作为复杂地层条件地下工程安全风险管理专业的授课教材。

版权所有,侵权必究。举报: 010-62782989,beiqinquan@tup.tsinghua.edu.cn。

图书在版编目(CIP)数据

轨道交通工程建设安全管理: 泉域环境下工程风险控制/弭彬,王建涛著.—北京: 清华大学出版社,2022.12
 ISBN 978-7-302-61247-6

Ⅰ.①轨… Ⅱ.①弭… ②王… Ⅲ.①城市铁路-铁路工程-安全管理-研究-济南 Ⅳ.①U239.5

中国版本图书馆 CIP 数据核字(2022)第 112190 号

责任编辑: 刘一琳 王 华
封面设计: 陈国熙
责任校对: 赵丽敏
责任印制: 曹婉颖

出版发行: 清华大学出版社
 网 址: http://www.tup.com.cn,http://www.wqbook.com
 地 址: 北京清华大学学研大厦 A 座 邮 编: 100084
 社 总 机: 010-83470000 邮 购: 010-62786544
 投稿与读者服务: 010-62776969,c-service@tup.tsinghua.edu.cn
 质量反馈: 010-62772015,zhiliang@tup.tsinghua.edu.cn
印 装 者: 三河市东方印刷有限公司
经 销: 全国新华书店
开 本: 185mm×260mm 印 张: 23.25 字 数: 565 千字
版 次: 2022 年 12 月第 1 版 印 次: 2022 年 12 月第 1 次印刷
定 价: 118.00 元

产品编号: 093978-01

著者委员会

主　　任：弭　彬　王建涛
主　　审：马建勋　许　领　刘凤洲　李　虎　路林海　张骞之
副 主 任：弭　辉　刘德荣　石锦江　梁天乐　邱光明　秦　帅
主要著者（按姓氏拼音为序排列）

陈小科	邓伟明	丁　琦	郭　晨	郭建民	海　涛	韩　林	韩占成
侯杰山	胡莲生	胡卫广	黄惠轩	李　昂	李　超	李　春	李　罡
李　敬	李　伟	李　文	李江宁	李勤兴	李圣岩	李世才	梁芝军
林玉成	刘　颂	刘　艳	刘家海	刘瑞琪	刘啸天	刘耀东	刘迎展
鲁　涛	门燕青	齐晓明	商金华	石　柱	孙存存	孙华盛	孙立建
孙连勇	唐绍凯	王　磊	王　亮	王德超	王利平	王启民	王绍辉
王文文	王永亮	谢振鹏	邢慧堂	薛海儒	杨培盛	仪晓立	运乃建
张　程	张　冲	张　锟	张　曦	张加卫	张金磊	张同江	张文静
种记鑫	朱传刚						

协作单位：

西安交通大学	湖北工业大学
清华大学出版社	山东省交通运输厅工程建设事务中心
中共山东省委机关政务保障中心	山东九建工程技术有限公司
济南轨道交通集团有限公司	济南城市发展集团有限公司
中铁一局集团有限公司	中铁二局集团有限公司
中铁三局集团有限公司	中铁四局集团有限公司
中铁十局集团有限公司	中铁十一局集团有限公司
中铁十四局集团有限公司	中铁十六局集团有限公司
中铁二十一局集团有限公司	中铁二十二局集团有限公司
中铁上海局集团有限公司	中国建筑第八工程局有限公司
山东育广工程咨询有限公司	山东正信招标有限责任公司
	广东九为工程安全科技股份有限公司

前言

改革开放40多年来,我国的经济得到持续快速发展,其中很重要的标志就是城市化进程的急剧加快。改革开放之初,我国的城镇化率为17.98%,而到2020年我国的城镇化率已达60%,预计2050年可达75%,这与我国基本实现现代化的目标相协调。与发达国家一样,城市化进程加快带来的交通拥堵、环境恶化等问题也正在我国各大中城市中出现,发达国家的经验表明,地下铁路的开发和利用是一条有效的解决途径。截至2020年年底,我国大陆地区共有45个城市开通城市轨道交通运营线路244条,运营总里程为7969.7km;同时,轨道交通建设正在实施的城市61个,在建轨道交通线路总长为7085.5km,而且有65个城市的轨道交通线网规划获批。一段时间内,城市轨道交通建设规模十分庞大,以济南为例,2020年10月,轨道交通二期建设规划获批,总规模159.6km。众所周知,城市轨道交通线路基本分布于主城区,在交通主干路和市政管网下方,工程水文地质及周边环境复杂,临近大量市政管线、道路、铁路、桥梁、建筑物等,风险极高,社会关注度大。因此,轨道交通工程建设必须在已有施工安全管理基础上,结合信息化等先进科技手段,建立健全工程安全风险技术管理体系。

济南轨道交通集团自成立后就组织开展了保泉工作、安全风险管控体系建设、安全管控信息化系统研究与应用等科研项目,结合国家、山东省、济南市下发的关于"双体系"建设的要求和济南特殊的保泉要求,采用物联网、移动互联网、人工智能、大数据和云计算等技术,建立健全了轨道交通工程建设安全风险管理体系。经过一段时间的推广及应用,取得良好的效果,也积累了丰富的经验和作法。

本书分为安全风险管理研究理论及现状、泉水地理与轨道交通、泉域安全风险管理总论、安全风险控制技术、安全风险管理、信息化系统建设、安全风险管控案例七章。其中,安全风险管理研究理论及现状介绍了风险管理的国内外背景、相关理论知识和轨道交通风险工程特点、研究现状;泉水地理与轨道交通介绍了泉水的地质构造和地下水环境、济南轨道交通复杂多变的地质、济南建设轨道交通面临的挑战;泉域安全风险管理总论规定了工程建设各阶段、各单位的安全风险管理目标、内容及程序;安全风险控制技术由8个技术指南构成,从技术控制上对风险管理提出了指导;安全风险管理包括10个管理办法,对工程建设全过程的风险管理提出了明确的要求;信息化系统建设介绍了四维地质信息平台、安全管控中心建设、安全风险管控等系统以及系统使用管理办法,发挥了互联网、即时通信等在安全风险管控方面的作用;安全风险管控案例介绍了2个土建工程安全风险管控案例。

本书由弭彬、王建涛著,撰写过程中得到了各协作单位的大力支持。由于作者的水平和时间有限,书中难免存在不妥之处,敬请广大读者不吝赐教。

作 者
2022年9月

目 录

第1章 安全风险管理研究理论及现状 ... 1

1.1 绪论 ... 1
- 1.1.1 综述 ... 1
- 1.1.2 国外背景 ... 1
- 1.1.3 国内背景 ... 2
- 1.1.4 安全风险管理国内外研究现状与发展 ... 4

1.2 工程项目安全风险管理理论 ... 5
- 1.2.1 风险的概念与特征 ... 5
- 1.2.2 风险的性质和分类 ... 6
- 1.2.3 风险分析 ... 7
- 1.2.4 风险分析案例 ... 8

1.3 轨道交通土建工程风险分析 ... 12
- 1.3.1 工程自身风险 ... 12
- 1.3.2 周边环境风险 ... 13
- 1.3.3 复杂工程水文地质风险 ... 13

1.4 轨道交通其他工程风险分析与对策 ... 13
- 1.4.1 总体分析 ... 13
- 1.4.2 设备系统施工安全风险管理 ... 14
- 1.4.3 设备系统功能安全风险管理 ... 17
- 1.4.4 各设备系统安全风险管理 ... 19

1.5 轨道交通工程安全风险管理 ... 41
- 1.5.1 轨道交通工程安全风险管理实施意义 ... 41
- 1.5.2 轨道交通工程安全风险管理现状 ... 42
- 1.5.3 轨道交通工程安全风险管理存在的问题 ... 43

第2章 泉水地理与轨道交通 ... 45

2.1 泉水概论 ... 45
- 2.1.1 济南泉水文化 ... 45
- 2.1.2 济南泉水成因的探索 ... 46
- 2.1.3 泉水断流主要原因 ... 48
- 2.1.4 泉水保护探索和实践 ... 49

2.2 泉城地理 ... 49

		2.2.1 地形地貌	49
		2.2.2 地质条件	51
	2.3	泉域地下水	55
		2.3.1 泉域的概念	55
		2.3.2 泉域的界定	55
		2.3.3 泉水保护研究历程	56
	2.4	泉城轨道交通	57
		2.4.1 建设轨道交通的必要性	57
		2.4.2 复杂多变的泉城轨道交通地质	58
		2.4.3 泉城建设轨道交通面临的挑战	67
		2.4.4 一波三折的轨道交通上马路	68

第3章 泉域安全风险管理总论 … 70

3.1	安全风险管理理念	70
3.2	安全管理组织机构及职责	71
3.3	规划及可行性研究阶段安全风险管理	73
	3.3.1 规划阶段安全风险管理	73
	3.3.2 可行性研究阶段安全风险管理	76
3.4	勘察及周边环境调查安全风险管理	76
	3.4.1 岩土工程勘察	76
	3.4.2 周边环境调查	78
3.5	总体设计阶段安全风险管理	80
3.6	初步设计阶段安全风险管理	81
3.7	施工图设计阶段安全风险管理	83
3.8	施工阶段安全风险管理	84
3.9	工后阶段安全风险管理	90

第4章 安全风险控制技术 … 92

4.1	保泉技术	92
	4.1.1 勘察管理及监测措施	92
	4.1.2 设计措施	92
	4.1.3 封闭降水+原位回灌	93
	4.1.4 海绵城市	99
4.2	环境调查技术	99
	4.2.1 总则	99
	4.2.2 基本规定	99
	4.2.3 初步调查	100
	4.2.4 详细调查	101
	4.2.5 管线初查	103

  4.2.6　管线详查 …… 104
  4.2.7　重点环境现状检测 …… 105
  4.2.8　施工阶段环境核查 …… 105
  4.2.9　成果分析及管理 …… 106
 4.3　环境安全风险评估技术 …… 106
  4.3.1　总则 …… 106
  4.3.2　基本规定 …… 107
  4.3.3　组织机构与职责 …… 107
  4.3.4　工前评估 …… 107
  4.3.5　施工过程评估 …… 109
  4.3.6　工后评估 …… 110
 4.4　建设工程监测技术 …… 111
  4.4.1　总则 …… 111
  4.4.2　基本规定 …… 111
  4.4.3　监测项目及要求 …… 112
  4.4.4　监测点布设原则 …… 115
  4.4.5　监测方法及技术要求 …… 122
  4.4.6　监测点布设与保护 …… 128
  4.4.7　监测点编号原则 …… 131
  4.4.8　监测频率与周期 …… 134
  4.4.9　监测仪器设备 …… 136
  4.4.10　测点埋设标准化 …… 136
 4.5　浅埋暗挖施工安全控制技术 …… 140
  4.5.1　总则 …… 140
  4.5.2　施工准备 …… 140
  4.5.3　施工方法 …… 141
  4.5.4　辅助施工措施 …… 145
  4.5.5　初期支护 …… 150
  4.5.6　二次衬砌 …… 152
  4.5.7　防排水 …… 154
  4.5.8　超前地质预报 …… 154
 4.6　地层超前预加固施工技术 …… 158
  4.6.1　总则 …… 158
  4.6.2　基本规定 …… 158
  4.6.3　超前预加固方案选择 …… 159
  4.6.4　超前预加固技术要点 …… 159
 4.7　地下水控制技术 …… 170
  4.7.1　总则 …… 170
  4.7.2　基本规定 …… 170

4.7.3　地下水控制方案选择 …………………………………………… 172
　　　4.7.4　降水设计技术要点 ……………………………………………… 172
　　　4.7.5　止水设计技术要点 ……………………………………………… 177
　　　4.7.6　降水施工技术要点 ……………………………………………… 181
　　　4.7.7　止水施工技术要点 ……………………………………………… 183
　　　4.7.8　后期处理 ………………………………………………………… 190
　　　4.7.9　地下水保护应急预案 …………………………………………… 190
　4.8　风险工程分级与设计技术 ……………………………………………… 191
　　　4.8.1　总则 ……………………………………………………………… 191
　　　4.8.2　风险工程分级的主要原则 ……………………………………… 191
　　　4.8.3　自身风险工程分级标准 ………………………………………… 192
　　　4.8.4　环境风险工程分级标准 ………………………………………… 193

第5章　安全风险管理 ……………………………………………………… 238
　5.1　岩土工程勘察管理 ……………………………………………………… 238
　　　5.1.1　总则 ……………………………………………………………… 238
　　　5.1.2　职责划分 ………………………………………………………… 238
　　　5.1.3　管理流程 ………………………………………………………… 239
　　　5.1.4　质量管理 ………………………………………………………… 240
　　　5.1.5　安全管理 ………………………………………………………… 241
　　　5.1.6　文明施工管理 …………………………………………………… 241
　　　5.1.7　进度管理 ………………………………………………………… 241
　　　5.1.8　投资管理 ………………………………………………………… 242
　　　5.1.9　成果管理 ………………………………………………………… 242
　　　5.1.10　考核管理 ………………………………………………………… 242
　5.2　建设工程监测管理 ……………………………………………………… 243
　　　5.2.1　总则 ……………………………………………………………… 243
　　　5.2.2　术语 ……………………………………………………………… 243
　　　5.2.3　职责与权限 ……………………………………………………… 243
　　　5.2.4　工作程序及要求 ………………………………………………… 245
　5.3　建设工程安全巡检管理 ………………………………………………… 250
　　　5.3.1　总则 ……………………………………………………………… 250
　　　5.3.2　术语 ……………………………………………………………… 250
　　　5.3.3　职责与权限 ……………………………………………………… 250
　　　5.3.4　工作程序及要求 ………………………………………………… 251
　5.4　建设工程预警及安全风险状态评价管理 ……………………………… 254
　　　5.4.1　总则 ……………………………………………………………… 254
　　　5.4.2　组织机构及职责 ………………………………………………… 254
　　　5.4.3　工作程序及要求 ………………………………………………… 255

- 5.5 建设工程专家巡检活动管理 · 258
  - 5.5.1 总则 · 258
  - 5.5.2 组织与职责 · 259
  - 5.5.3 专家巡检准备 · 259
  - 5.5.4 专家巡检 · 260
  - 5.5.5 巡检成果及意见落实 · 260
- 5.6 建设工程安全风险考核管理 · 260
  - 5.6.1 总则 · 260
  - 5.6.2 术语 · 261
  - 5.6.3 组织机构及职责 · 261
  - 5.6.4 安全风险检查 · 261
  - 5.6.5 违约管理 · 262
  - 5.6.6 考核排名 · 264
- 5.7 盾构施工管理 · 264
  - 5.7.1 编制原则 · 264
  - 5.7.2 盾构设备管理 · 264
  - 5.7.3 人员及组织机构建设 · 266
  - 5.7.4 盾构施工过程管理 · 267
  - 5.7.5 施工安全管理 · 274
  - 5.7.6 施工质量管理 · 276
  - 5.7.7 施工量测管理 · 276
  - 5.7.8 盾构信息管理 · 277
  - 5.7.9 应急处置管理 · 277
  - 5.7.10 考评 · 277
- 5.8 建设工程施工准备期风险管理 · 277
  - 5.8.1 总则 · 277
  - 5.8.2 职责与权限 · 278
  - 5.8.3 工作程序及要求 · 279
- 5.9 重大环境风险施工技术方案论证管理 · 281
  - 5.9.1 总则 · 281
  - 5.9.2 组织机构及职责 · 282
  - 5.9.3 方案编制 · 282
  - 5.9.4 方案审核 · 282
  - 5.9.5 方案论证 · 283
  - 5.9.6 重大环境风险管理 · 283
- 5.10 关键节点施工前条件核查管理 · 283
  - 5.10.1 总则 · 283
  - 5.10.2 核查职责 · 284
  - 5.10.3 核查程序及标准 · 285

  5.10.4 核查内容 ……………………………………………………… 286
  5.10.5 监督检查及处罚 ………………………………………………… 287

第6章 信息化系统建设 ……………………………………………………… 288

 6.1 四维地质信息平台 …………………………………………………… 288
  6.1.1 建立水文地质动态监测网 ……………………………………… 288
  6.1.2 四维地质信息平台 ……………………………………………… 288
 6.2 安全管控中心 ………………………………………………………… 289
  6.2.1 安全管控中心功能 ……………………………………………… 290
  6.2.2 安全管控中心应用要求与功能 ………………………………… 290
  6.2.3 安全管控中心建设 ……………………………………………… 291
 6.3 安全风险管控系统 …………………………………………………… 297
  6.3.1 系统概况 ………………………………………………………… 297
  6.3.2 系统功能 ………………………………………………………… 297
  6.3.3 系统构成及使用 ………………………………………………… 299
 6.4 盾构远程监控系统 …………………………………………………… 304
  6.4.1 系统概况 ………………………………………………………… 304
  6.4.2 系统功能 ………………………………………………………… 305
  6.4.3 系统构成及使用 ………………………………………………… 306
 6.5 视频监控系统 ………………………………………………………… 309
  6.5.1 系统概况 ………………………………………………………… 309
  6.5.2 系统功能 ………………………………………………………… 309
 6.6 建设工程视频监控管理 ……………………………………………… 310
  6.6.1 总则 ……………………………………………………………… 310
  6.6.2 管理职责 ………………………………………………………… 310
  6.6.3 系统建设 ………………………………………………………… 312
  6.6.4 系统使用 ………………………………………………………… 317
  6.6.5 考评 ……………………………………………………………… 317
 6.7 安全管控信息化系统管理 …………………………………………… 318
  6.7.1 总则 ……………………………………………………………… 318
  6.7.2 组织机构及职责 ………………………………………………… 318
  6.7.3 安全风险管理 …………………………………………………… 318
  6.7.4 安全风险监控信息报送要求 …………………………………… 319
  6.7.5 安全风险预警信息报送要求 …………………………………… 320
  6.7.6 安全风险基础资料报送要求 …………………………………… 320
  6.7.7 安全风险总结报告报送要求 …………………………………… 321
  6.7.8 设计资料报送要求 ……………………………………………… 321
  6.7.9 盾构资料报送要求 ……………………………………………… 321
  6.7.10 安全风险其他报告报送要求 ………………………………… 322

  6.7.11 人员设备信息报送 ·· 322
  6.7.12 文明施工信息报送 ·· 322
  6.7.13 质量管理信息报送 ·· 322
  6.7.14 应急管理信息报送 ·· 323
  6.7.15 考核 ·· 323
 6.8 安全管控信息化系统推广应用对策 ·· 323
  6.8.1 行业应用现状 ·· 323
  6.8.2 推广应用对策 ·· 324

第7章 安全风险管控案例 ·· 325

 7.1 4号线小高庄站明挖基坑施工 ·· 325
  7.1.1 工程简介 ·· 325
  7.1.2 地理位置与环境 ·· 326
  7.1.3 围护结构及支撑体系形式 ·· 326
  7.1.4 工程水文地质条件 ·· 326
  7.1.5 工程重难点分析及对策 ·· 327
  7.1.6 实施过程风险管控 ·· 327
  7.1.7 风险监测 ·· 341
  7.1.8 风险巡检 ·· 343
  7.1.9 特殊情况下频率调整原则 ·· 344
 7.2 3号线西周家庄站-工业北路站盾构区间下穿铁路施工 ······························· 344
  7.2.1 工程简介 ·· 344
  7.2.2 地质概况 ·· 344
  7.2.3 水文条件 ·· 346
  7.2.4 盾构隧道与既有线路位置关系 ·· 346
  7.2.5 现场周边环境调查及既有设备技术数据 ·· 348
  7.2.6 隔离桩加固施工 ·· 348
  7.2.7 盾构施工 ·· 350
  7.2.8 施工监测 ·· 353
  7.2.9 施工注意事项 ·· 353

参考文献 ··· 355

第1章 安全风险管理研究理论及现状

1.1 绪论

1.1.1 综述

经济的飞速增长和城市化进程的不断推进给人们带来了更多的出行需要,人口正在持续快速地向城市集中,导致人口的增长与资源、环境的协调发展失衡,出现了交通拥堵严重、环境急剧恶化及城市建设用地资源紧张等问题。为了建设集约型社会,实现可持续发展,有效解决城市交通拥挤状况,改善城市环境,充分利用地上、地下的多层次空间成为未来城市发展轨道交通的一种趋势,全国大中城市掀起了轨道交通建设热潮,同时济南也迎来了城市轨道交通快速发展的时期。安全、便捷、协调、高效、有序的城市轨道交通网络化运营,是促进城市未来经济持续发展、城市功能不断完善的有力手段。

1.1.2 国外背景

随着经济的发展及城市的日渐扩大化,城市人口的增加给城市交通带来的压力越来越明显,交通堵塞问题已成为制约城市经济发展的瓶颈,然而城市化的发展绝不可以被交通压力所约束,所以,与传统的地上交通相对应的地下交通就成为缓解交通压力的新渠道。地铁单向运量每小时4万～6万人次,传统公交车、电车每小时运量仅1万人次,地铁交通凭借其大运量、安全、快捷、准时、方便、舒适等诸多优势,引起各国政府对其发展的重视,目前已逐步成为解决城市交通拥挤问题的重要手段。同时地铁运输舒适、准时、快捷、占地少、环保、节能、安全,地铁交通所到之处,交通压力缓减、楼宇兴旺、土地增值、人口增加,居住、产业、文化、社区等功能迅速形成,对解决城市交通堵塞、改变城市布局、实现城市环境和交通综合治理、引导各国城市走可持续发展之路起到很大作用。

从1863年英国伦敦建成世界上第一条城市地铁开始,国外地铁的发展已经历了相当长的时间,至20世纪末,地铁建造总长度超过5500km,有效地保证了世界大城市的大规模乘客运输。进入20世纪20年代以来,世界各国由于城市化进程加快、城市用地紧张、基础设施落后以及环境恶化等问题日渐突出,为解决这些问题,一些发达国家开始大规模地利用城市地下空间,特别是欧洲各国、美国和日本。日本东京首条地下高速路"东京中央环状新宿线"于 2007 年 3 月开通后,经过池袋、新宿和涩谷三个重要商业区,不仅大大缩短了通行时间,而且还有效缓解了市中心地区的交通拥挤,减轻了市内环境污染问题;巴黎的地下机动车交通系统,在巴黎构筑两环加放射的地下道路网,可解决机动车在城市内部的拥堵问题。

由于地铁施工环境复杂,工艺繁杂,安全风险和各种突发事件都会酿成社会公共安全问题。比较典型的有:

(1) 2004 年 4 月 21 日,位于新加坡黄金地带的购物中心黄金坊(Golden Mile Complex)后面、尼浩大道旁的地铁环线施工现场发生坍塌事故,塌方面积约有一个足球场大小,造成 1 人死亡、3 人受伤、3 人失踪。经调查,事故原因是土质松软导致尼浩大道附近正在施工中的地铁环线地下支架倒塌,造成公路坍塌。

(2) 2007 年 1 月 15 日,巴西圣保罗地铁 4 号线皮涅罗斯(Pinheiros)车站约 40m 长的新奥法隧洞及邻近的竖井基坑倒塌,7 名不幸的遇难者从地面坠落,并被深埋在坍塌的岩石和土壤下死亡。原因是勘察成果不精确,8704 孔位没有揭露岩脊,未能考虑岩石不同风化程度带来的危害。

(3) 德国拉施塔特铁路是全德最为繁忙的线路之一,每天约有 200 列火车经过。在拉施塔特铁路的下方是一段施工中的铁路隧道,这条隧道为长 4270m 的双管隧道,建设成本约 3.12 亿欧元。盾构隧道的直径为 10.97m,最大深度 19m,穿过疏松沙土层和砾石沉积层,距离地面轨线最小仅 4m。工程不仅使用了盾构技术,还采用了明挖法和暗埋法,并使用钢板桩、连续墙、喷射混凝土、水下浇筑混凝土、冻结法等技术进行地基加固。在盾构机穿凿约 5m 覆土区域时,建设方将地面进行冻结,冻结长度约 290m。然而,2017 年 8 月 12 日午时,隧道中涌入大量地下水,且地上铁轨出现下陷变形,火车运营被迫停止,直接造成约 1200 万欧元/日的损失。自事故发生后,乘客必须换乘大巴以继续行程,因此造成了地面大范围的交通堵塞。德国顶尖理工科大学卡尔斯鲁厄理工学院(Karlsruher Institut für Technologie)铁道技术专业的教授埃伯哈德·霍内克(Eberhard Hohnecker)在接受媒体采访时表示,隧道之所以塌陷很有可能是建造方出于成本考量,在施工中未使用大型钢梁的原因。但建造方德铁方面却不接受这一观点,并且在隧道事故点,使用 10 500m³ 的混凝土,将内有价值 1800 万欧元海瑞克加气泥水平衡盾构机的隧道进行了填埋。随后,项目方公布调查结果表示,轨道下方隧道内 7 块厚 500mm、长 2m 的衬砌环出现了位移,继而造成空隙,导致水土渗入。另有言论认为,事故原因是当时的高温与暴雨天气造成冻结失效,或盾构超挖。

因此,分析地铁施工过程中各类事故的风险因素,制定预防事故相关对策以及突发事故后的救援措施,确保地铁建设的顺利进行,具有十分重要的意义。

1.1.3 国内背景

改革开放 40 多年来,我国的经济得到了持续快速的发展,其中很重要的标志就是城市化进程的急剧加快。改革开放之初,我国的城镇化率为 17.98%,而 40 年后的 2020 年已达 60%。据预测,到 2025 年我国的城镇化率将达 65.5%,约到 2050 年将达 75%,逼近城镇化率 85% 的峰值饱和度,进入发达国家的行列,这与我国基本实现现代化的目标是相协调的。

同发达国家一样,城市化进程加快带来的交通拥堵、环境恶化等问题也正在我国各大中城市出现,发达国家的经验表明,地下铁道的开发和利用是一条有效的解决途径。

中国城市轨道交通建设始于 1965 年开通的北京地铁 1 号线,此后中国先后出现两次城市轨道交通建设高潮,且批准建设的项目基本集中在北京、上海、广州三地。回顾 21 世纪初,全国仅有 4 城市共 7 条轨道交通线路,总里程 146km。从 2003 年至今,中国城市轨道交通建设已经步入全面快速发展期,尤其是 2008 年以后,我国大型城市加快了城市轨道交通建设。2019 年我国新增城市轨道交通运营线路 26 条,累计达 211 条。截至 2021 年 4 月,全国(不含港澳台)共有 45 个城市开通城轨交通运营线路 244 条,运营线路总长度达 7085.5km。

就济南而言,目前已开通 1 号线(R1 线)、2 号线(R2 线一期工程)和 3 号线(R3 线一期工程)三条市域快线,线路总长 84.1km,设站 43 座,总投资 500.96 亿元人民币。二轮建设规划已批复,包含 3 号线二期、4 号线、6 号线、7 号线一期、8 号线、9 号线一期等 6 个项目,总规模 159.6km,总投资约 1118.1 亿元人民币,济南将面临点多、线长、面广、体大的轨道交通网络化建设形势。济南市轨道交通第二轮建设规划图见图 1-1。

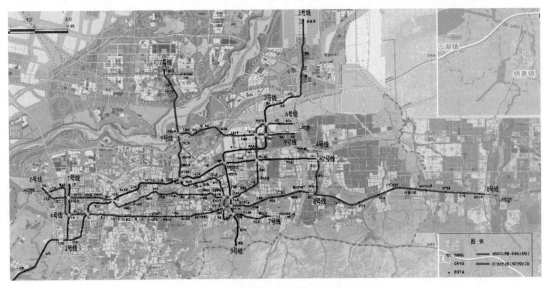

图 1-1　济南市轨道交通第二轮建设规划

轨道交通工程是一个规模巨大、专业繁多、技术复杂、参建方多、工期紧张、施工点多、自身投资大的系统工程,建设管理面临的人的不安全行为和物的不安全状态以及管理上的缺陷等,风险因素更加复杂、不可预测、难以控制,加之各地对工程建设安全风险管理认知不统一、投入不到位、管理不科学,国内进行轨道交通建设的城市几乎均发生过安全事故。其中,影响较大的包括 2003 年 7 月上海地铁 4 号线董家渡越江隧道涌水坍塌事故、2005 年 11 月北京地铁 10 号线熊猫环岛车站基坑坍塌事故、2008 年 11 月杭州地铁 1 号线湘湖站基坑坍塌事故、2018 年 2 月佛山地铁 2 号线一期工程湖涌站至绿岛湖站盾构区间透水坍塌重大事故、2019 年 5 月青岛地铁 4 号线轨道交通工程静港路站至沙子口站区间较大涌水突泥灾害事故等(表 1-1)。

表 1-1　近年来国内城市轨道交通工程建设事故一览表

时间	地点	事故后果
2003 年 7 月	上海地铁 4 号线涌水坍塌事故	造成 3 幢建筑物严重倾斜,中山南路 847 号 8 层楼房主楼裙房部分倒塌。黄浦江防汛墙由裂缝、沉降演变至塌陷,区间隧道由渗水、进水发展为结构损坏,附近地面也出现不同程度的裂缝、沉降,并发生了防汛墙围堰管涌等险情。造成直接经济损失约为 1.5 亿元人民币
2005 年 11 月	北京地铁 10 号线熊猫环岛车站基坑坍塌事故	事故造成车站基坑部分坍塌,面积超过 400m²,工地内多条污水、自来水管线断裂或弯曲,燃气管线外露,多根通信电缆断开
2008 年 11 月	杭州地铁 1 号线湘湖站基坑坍塌事故	事故导致基坑大面积坍塌,造成 21 人死亡、24 人受伤,直接经济损失 4961 万元人民币
2010 年 7 月	北京地铁 15 号顺义站基坑支撑坠落事故	基坑内作业的 8 名工人被头顶上方突然脱落的钢支撑砸伤;2 名工人失踪,后证实死亡
2011 年 5 月	天津地铁 2 号线建国道—天津站区间突泥涌水导致盾构机被埋事故	盾构机螺旋机观察孔突砂涌水,导致地面塌陷,致使左右线隧道均封堵回填,区间左右线重新改线施工
2012 年 6 月	北京地铁 10 号线二期角门东站水淹事故	2 号出入口及 1 号风道区域基坑北侧管线渗漏,坑外土体出现空洞引起地表大面积塌陷
2018 年 2 月	佛山地铁 2 号线一期工程湖涌站至绿岛湖站盾构区间透水坍塌重大事故	隧道及路面坍塌,造成 11 人死亡、1 人失踪、8 人受伤,直接经济损失约 5323.8 万元人民币
2019 年 5 月	青岛地铁 4 号线轨道交通工程静港路站至沙子口站区间较大涌水突泥灾害事故	左线发生涌水突泥,造成现场施工人员 5 人死亡、3 人受伤,直接经济损失 785 万元人民币
2019 年 7 月	青岛地铁 1 号线开封路站至胜利桥站区间轨道交通工程一般坍塌事故	造成 1 人死亡
2019 年 12 月	广州市在建轨道交通 11 号线沙河站施工区域地面塌陷事故	3 人遇难

1.1.4　安全风险管理国内外研究现状与发展

20 世纪 30 年代后,随着一大批新工艺、新技术、新设备、新能源等在工业中的应用,造成了各工业事故频发的形势。1931 年,美国著名的安全工程师海因里希通过分析工伤事故的概率,为保险公司的经营提出了海因里希法则,使人们开始考虑如何通过风险管理,减少事故的风险源,避免潜在隐患和事故的发生。20 世纪 60 年代后,随着安全管理行业与保险业的发展,安全风险管理在西方发达国家逐渐形成系统学科,出现了诸多风险管理类的专著和期刊。

进入 21 世纪,国外在工程项目安全风险管理领域进一步细分,如在体系建设方面,新西兰出版了《风险管理手册》,美国项目管理协会提出了风险管理体系建立和运行理论;在分级研究方面,斯特克(Sturk)提出工程建设分析方法;在信息化研究方面,费奥纳(Fiona)等对风险监控系统的开发进行了研究,2006 年 GeoDATA 公司推出了风险管理信息平台。

改革开放后,我国经济高速发展。很多外商将西方的安全风险管理理论引入我国的大型项目建设,我国也逐渐意识到项目安全风险管理的重要性,诸多专家、学者也投入安全风险管理理论研究工作中,国内安全风险管理迎来了飞速发展时期。陈志超等针对交通行业主管部门的管理模式和业务特点,基于"互联网+"技术构建了集成"十大"应用系统的交通工程智慧监管平台,方便公众服务及政府监督业务管理。北京市轨道交通建设管理有限公司于2008年10月初步建立并推广工程建设安全风险管理体系,研发了安全风险信息化管理平台;在国内率先应用贯穿地铁建设(地下工程)土建实施全过程(勘察→设计→施工)的安全风险技术管理体系及安全风险管理信息平台,出版了《北京轨道交通工程安全风险管理体系》。2016年1月,国务院全国安全生产电视电话会议明确要求,要在高危行业领域推行风险分级管控和隐患排查治理双重预防性工作机制。2021年5月6日国务院安全生产委员会办公室印发《关于加强城市轨道交通安全工作的紧急通知》,要求有效防范和化解重大安全风险。2018年于鑫结合北京轨道交通工程建设发展历程及安全监控中心建设,开展了基于网格化的轨道工程建设安全风险管理模式研究,将轨道交通工程建设过程中涉及的多方面管理系统相连接,高效、实时地传递数据,进行全方位管理。程波等开展了轨道交通建设隐患排查治理系统的设计研究,为城市轨道交通工程安全管理提供技术保障。耿敏等着重介绍了城市轨道交通安全事故隐患排查信息化技术的内容,提出了隐患排查治理信息化建设在公司安全质量体系建设中的重要核心作用。

1.2 工程项目安全风险管理理论

1.2.1 风险的概念与特征

人类通过实践活动对风险的认识与理解不断地加深和发展,人类从事某项活动总是有多种行动方案,不同的行动方案所蕴含的风险是不同的,其带来的结果也不同,人们总是希望选择最优的行动方案来获得一个最好的结果,达到趋利避害的目的。

人们对风险研究由来已久,目前已存在多种定义。按照传统的理解,风险总是与灾害或损失联系在一起的,风险的本质是有害的或是不利的。例如,英国风险管理学会(Institute of Risk Management,IRM)将风险定义为"不利结果出现或不幸事件发生的机会"。此外,一些学者对风险有多种定义,典型的如:风险是意外结果出现的概率;风险是事件出现差错并影响工作(任务)完成的可能性;风险是特定威胁发生的概率或频率以及后果的严重性;风险是影响工作(任务)成功完成的高概率事件;风险是因采取特定活动所涉及的可变性导致经济、财务损失、身体伤害或伤亡等的可能性。

不同的行业,风险也有着不同的定义。例如,在保险行业,风险被定义为可保险以规避事故或损失的项目或条款,它表明承担保险责任的保险公司存在损失机会;在管理术语中,风险被视为变化或不确定性;在加工工业特别是化学工业中,风险指活载、泄漏、爆炸、人员伤亡、财产损失、环境损害、经济损失等灾害事件。

以上定义被称为狭义的风险,只反映风险的一个方面,即风险是有害的和不利的,给项目带来威胁。而风险的另一方面,即风险也可能是有利的和可以利用的,能给项目带来机会,被称为广义的风险。项目风险可能带来损失,但也可能带来收益,项目环境和条件的多变,以及项目参与方认知的缺陷,使项目最终结果不符合项目利益相关者的期望,从而给利益相关者带来损失或利润的可能性。越来越多的国际性项目管理组织开始接受"风险是中性的"这一概念。

英国项目管理协会(Association for Project Management,APM)将"风险"定义为"对项目目标产生影响的一个或若干个不确定事件",英国土木工程师学会(Institution of Civil Engineers,ICE)更明确定义"风险是一种将影响目标实现的不利威胁或有利机会"。2009年11月15日,国际标准化组织(International Organization for Standardization,ISO)召开会议,130多个国家代表经过4年多的讨论,制定了 ISO 31000:2009《风险管理——原则与指南》标准,"风险"被定义为"某一事件发生的概率和其后果的组合,体现为不确定性对目标的影响"。

概括起来,广义的风险可以定义为未来变化偏离预期的可能性以及其对目标产生影响的大小。其特征包括:

(1) 风险是中性的,既可能产生危害,也可能是有利的;

(2) 风险的大小与变动发生的可能性有关,也与变动发生后对项目影响的大小有关。变动出现的可能性越大,变动出现后对目标的影响越大,风险就越高。

1.2.2 风险的性质和分类

1. 风险的性质

(1) 客观性。风险是客观存在的,无论是自然现象中地震、洪水,还是现实社会中的矛盾、冲突等,不可能根除,只能采取措施降低其对工程项目的不利影响。随着社会发展和科技进步,人们对自然界和社会的认识逐步加深,对风险的认识也逐步提高,但仍然存在大量的风险。

(2) 可变性。风险可能发生,造成损失甚至重大损失,也可能不发生。风险是否发生,风险事件的后果如何都是难以确定的,但是可以通过历史数据和经验,对风险发生的可能性和后果进行一定的分析预测。

(3) 阶段性。工程项目的不同阶段存在的主要风险是不同的,是因时而变,不是一成不变的。

(4) 多样性。依据行业和项目不同具有特殊性,必须结合行业特征和不同的结果来识别风险。

(5) 相对性。项目不同的风险管理主体可能会有不同的风险,而且同一风险因素对不同主体的影响是不同的,甚至是相反的;如工程风险对业主而言可能产生不利后果,而对于保险公司而言,正是工程风险的存在才使保险公司有了通过工程保险而获利的机会。

2. 风险的分类

基于不同的分类标准,风险可以有多种划分,表1-2为工程项目风险分类。

工程项目可能有各种各样的风险,从不同的角度出发可以进行不同的分类,但有些分类会有交叉。按系统分,有个体风险和系统风险;按阶段分,有前期阶段风险和实施阶段风险;按性质分,有政治风险、经济风险、财务风险、技术风险和社会风险等;按内外因素分,有内在风险和外在风险;按控制能力分,有可控风险和不可控风险等。对于轨道交通建设项目,项目风险分类主要包括按发生概率分类、按后果严重程度分类、按引发的原因分类、按造成的结果分类、按发生的对象分类、按关联程度分类等。

表 1-2　工程项目风险分类

分类方法	风险类型	特　　点
按风险来源	自然风险	自然灾害、事故造成的人员、财产伤害或损失
	非自然风险（人为风险）	人为因素而造成的人员、财产伤害或损失
按风险事件主体的承受能力	可承受风险	风险的影响在风险事件主体的承受范围内
	不可承受风险	风险的影响超出了风险事件主体的承受范围
按技术因素	技术风险	技术进步或不成熟等原因造成的风险
	非技术风险	非技术原因带来的风险，如管理风险等
按独立性	独立风险	风险独立发生
	非独立风险	风险依附于其他风险而发生
按风险的可管理性	可管理风险	可以通过购买保险等方式来控制风险的影响
	不可管理风险	不能通过购买保险等方式来控制风险的影响
按风险的边界划分	内部风险	风险发生在风险事件主体的组织内部，如生产风险、管理风险等
	外部风险	风险发生在风险事件主体的组织外部，只能被动接受，如自然风险等

1.2.3　风险分析

1. 风险分析的作用

风险分析是识别风险因素、估计风险概率、评价风险影响并制定风险对策的过程。风险分析是一种系统分析，贯穿于项目分析的各个阶段和全过程。只要在项目实施前正确地认识到相关的风险，并在实施过程中进行控制，大部分的风险影响是可以被降低和防范的。

2. 风险分析程序

项目风险分析是认识项目可能存在的潜在危险因素，评估这些因素发生的可能性及由此造成的影响，制定防止或减少不利影响而采取对策的一系列活动，包括风险识别、风险估计、风险评价与风险对策四个阶段。每个阶段都是从定性分析到定量分析，再从定量分析到定性分析的过程。具体包括，首先从认识风险特征入手去识别风险因素；其次根据需要和可选择适当的方法估计风险发生的可能性及影响；再次按照相关标准、规范，评价风险程度，包括单因素风险程度和多因素风险程度；最后提出针对性的风险对策，归纳、提出风险分析结论。

1) 风险识别

（1）风险识别是指认识和确定项目究竟可能存在哪些风险因素，风险因素给项目带来的影响是什么，原因是什么。

（2）风险识别是风险分析的基础，目的在于对风险进行分类，分析风险产生的原因和发生的条件，寻找风险事件，明确风险征兆等。

（3）风险识别是风险分析中比较耗费时间、精力和费用的阶段，需要进行规范化工作，包括建立规范化的风险识别框架，明确风险识别的范围和流程，以提高效率、节省时间、降低成本;选择合理、恰当、经济、可靠的风险识别方法;组建多专业、富有经验的风险识别小组等。

(4) 风险识别的阶段主要可划分为确定目标、选择方法、收集资料、识别风险四个阶段。

(5) 风险识别的主要方法包括解析法、风险结构分解法、专家调查法、故障树法、事件树法、问卷调查法和情景分析法等。

2) 风险估计

(1) 风险估计主要是对风险事件发生可能性的估计、风险事件影响范围的估计、风险事件发生时间的估计和风险后果对项目严重程度的估计。根据不同的风险因素特征,为了对项目面临的风险做出全面的估计,风险估计应采取定性描述与定量分析相结合的方法。

(2) 风险估计的方法包括风险概率估计方法和风险影响估计方法两类。前者分为主观估计和客观估计,后者有概率树分析、蒙特卡罗模拟等方法。

3) 风险评价

(1) 风险评价是通过相应的指标体系和评价标准,对风险程度进行划分,揭示影响项目成败的关键风险因素,以便针对关键风险因素,采取防范对策。工程项目风险评价的依据主要有工程项目类型、风险管理计划、风险识别成果、工程项目进展状况、数据的准确性和可靠性、概率和影响程度等。

(2) 风险评价包括单因素风险评价和整体风险评价。单因素风险评价主要有风险概率矩阵法、专家评价法。整体风险评价即综合评价若干主要风险因素对项目整体的影响程度。

(3) 风险评价三个步骤分别为:确定风险评价基准,确定项目的风险水平、确定项目风险等级。其中,风险评价基准是项目主体针对每一种风险后果确定的可接受水平。风险的可接受水平可以是绝对的,也可以是相对的。一般工程项目的风险水平取决于工程中存在风险的多少和风险对工程目标的影响程度。项目风险等级是将项目风险水平与评价基准对比,判断项目风险是否在可接受的范围之内,确定不同风险对工程项目目标的重要性,按照重要程度排序,为项目决策提供依据。

4) 风险对策

(1) 风险对策的基本要求为针对性、可行性、经济性,对策研究是项目有关各方的共同任务。在风险对策研究中,常采用风险-控制矩阵,针对不同的风险程度和控制能力,采取不同的策略。

(2) 应对风险的对策可以归纳为消极风险或威胁的应对策略、积极风险或机会的应对策略。前者的具体对策一般包括风险回避、风险减轻、风险转移和风险接受,针对的是可能对项目目标带来消极影响的风险;后者针对的是可以给项目带来机会的某些风险,采取的策略总是着眼于对机会的把握和充分利用。本书中陈述的风险对策仅涉及消极风险或威胁的应对策略。

1.2.4 风险分析案例

以京沈客专北京段望京隧道盾构段工程为例,建立 N-K 模型,从宏观角度分析风险因素的耦合作用,并提出基于解耦思想的施工安全风险控制策略。

1. 工程概况

望京隧道设计为双单线,位于北京五环、六环之间,大致沿京承高速公路走行,隧道起讫里程 DK18+550—DK26+550，隧道全长为 8000m，该隧道自草场地南路北侧入地，由南向北下钻南皋路、北小河、机场高速公路、机场快轨、京密路、来广营东路、地铁 15 号线马泉营站、湿地公园、顺白路、机场南线高速后在清河以南、京承高速东侧出隧道。京沈客专北京段望京隧道地理位置示意见图 1-2。

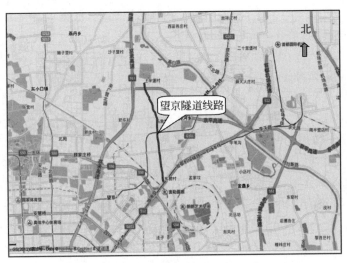

图 1-2　京沈客专北京段望京隧道地理位置示意

望京隧道出口侧分为盾构隧道和明挖段隧道、暗挖段隧道。望京隧道出口侧平面图和盾构横断面布置示意分别见图 1-3、图 1-4。其中出口过渡段明挖 430m，暗挖 210m，2～3♯盾构井间隧道长 3180m，采用盾构法施工。在 DK25+900 处设 3♯竖井，为盾构始发井；DK22+700 处设 2♯竖井，为盾构接收井。

图 1-3　京沈客专北京段望京隧道出口侧平面图

图 1-4　望京隧道盾构横断面布置示意

盾构隧道采用直径为 10.87m 的泥水平衡盾构机施工，3♯、2♯竖井之间的段采用两台盾构机掘进，每台盾构机掘进一条单洞，由沈阳向北京方向掘进施工。盾构隧道外径 10.5m，内径 9.5m，壁厚 0.5m(C50)，管片环宽 2m，采用"8+1"的 9 分块设计。

2. 工程地质、水文地质

1) 工程地质

隧道始发段沿线范围内地层主要为人工填土层（Q^{ml}）、第四纪全新世冲洪积层（Q_4^{al+pl}）、第四纪晚更新世冲洪积层（Q_3^{al+pl}）。勘探深度范围内主要地层为第四系人工堆积层（Q_4^{ml}）素填土、杂填土、填筑土，第四系全新统冲洪积层（Q_4^{al+pl}）黏土、粉质黏土、粉土、粉砂、细砂，第四条上更新统冲洪积层（Q_3^{al+pl}）黏土、粉质黏土、粉土、粉砂、细砂、中砂、粗砂、砾砂、圆砾。人工堆积层主要分布于沿线城区、村庄、道路、沟渠及河流堤坝，厚度变化较大，一般为 2～5m，局部可达 7m 以上。

隧道接受段地质主要以黏土、粉质黏土、粉细砂层为主，根据设计地勘资料显示：自地表以下地层条件分布为：0～−0.9m 为素填土；−0.9～−4.8m 为黏土；−4.8～−10.1m 为黏土；−10.1～−18m 为粉质黏土；−18～−24.7m 为黏土；−24.7～−28.4m 为细砂；−28.4～−30m 为粉砂；−30～−33.8m 为黏土。

2）水文地质

隧道始发段内赋存两层地下水，地下水较为丰富。上层滞水主要接受大气降水、农田灌溉及侧向径流补给，以蒸发、侧向径流、向下越流补给的方式排泄；潜水主要接受侧向径流及越流补给，以侧向径流、向下越流方式排泄；层间水主要接受侧向径流及越流补给，以侧向径流、向下越流方式排泄。

隧道接受段工程范围内地下水类型按地下水的赋存条件主要为基岩裂隙水和第四纪松散沉积物孔隙水；线路沿线工程影响范围内的地下水主要为第四纪松散沉积物孔隙水，其赋存介质主要为砂土、碎石土和粉土，根据其水利性质不同可分为上层滞水、潜水及承压水。隧道场区范围内上层滞水埋深 1.10～3.80m，含水层主要为粉土层，埋深 21.9～24.7m 的粉砂③$_{4-4}$ 层中未见地下水，但在隧道其他段发现该砂层中赋存地下水，因此按有水（饱和）考虑。涉及钻孔量测混合水静止水位埋深为 7.35～7.80m，静止水位高程为 27.42～27.80m。地下水位情况见表1-3。

表 1-3 地下水位情况

序号	地下水类型	含水层顶板埋深/m	稳定水位埋深/m	稳定水位标高/m	主要含层
1	潜水	8.20	8.30	26.85	②$_{3-1}$ 粉土
2	层间水（不具承压性）	27.40	29.70	5.45	②$_{4-3}$ 粉砂 ③$_{5-4}$ 细砂
3	层间水（不具承压性）	36.50	36.50	−1.35	③$_{6-4}$ 细砂
4	承压水（具承压性）	50.00	38.60	−3.45	③$_{5-4}$ 细砂

3. 施工风险分析

望京隧道盾构段工程为京沈客专首次在北京城区施工的地下高速铁路，施工组织要求高，社会关注度高。出口段隧道开挖直径达 10.9m，开挖直径大，盾构隧道地质水文条件复杂、水压高、穿越重要建（构）筑物多，掘进控制要求严格，施工难度大，风险极高。具体体现为：

（1）此类地层中采取盾构法施工，一般可能遇到的岩土工程问题有掌子面失稳、地表隆起或沉降、刀具抱死以及既有建（构）筑物或地下管网的破坏。

（2）隧道沿线施工沉降要求较高的建（构）筑物较多，如地铁 15 号线马泉营站、机场南线高速，且沿线管线复杂，如高压走廊、电缆、天然气、供水等。施工开挖面距离机场南线高速既有桥梁的桥桩较近，会引起桥桩的应力环境发生变化，影响桥桩及承台的承载性状，从而影响桥的正常使用。施工难度大。

针对望京隧道盾构段风险特点,对大直径盾构隧道施工安全风险耦合的风险影响因素进行辨识,如表1-4所示。

表1-4 大直径盾构隧道施工安全风险影响因素

风险影响因素	影响因子
人的因素	作业人员身体状态不佳上岗、安全观念及意识不强、工作责任心欠缺、心理素质不强大、注意力不集中、缺乏纪律、操作不熟练、险情处置能力不够、缺少工作经验、违规操作
物的因素	盾构机、刀盘、刀具选型不合理,设备设计、制造缺陷,设备老化、磨损及故障,设备维保不及时,设备备件不足,浆液油脂等辅助材料质量不佳,管片生产、养护质量不达标,管片运输成品保护不到位
环境因素	工程地质、水文地质条件,周边建(构)筑物及管线,地下不明障碍物,可燃气体,高温、高压、高湿环境,工作空间狭小,隧道直径、埋深等自身特性,周边工程活动,不可预见因素,阻挠施工等社会环境因素
管理因素	组织架构不合理,管理制度不健全,人员素质不高,管理人员职责不明晰,教育培训不到位,规范、方案执行落实不到位,现场管理水平差

大直径盾构隧道施工安全风险自身具有一定的防御和修复特性,单个风险一般很难造成事故。当四个风险子系统出现缺陷后,就会突破各自的防御体系,向风险链传递,一旦遇到其他类型的风险因素产生的突发事件就会发生传递到耦合振荡器,若这种耦合没有及时得到破坏,就会突破最后一道防御系统,形成正向耦合,导致风险加大。如图1-5所示。

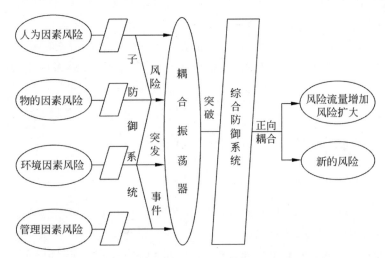

图1-5 大直径盾构隧道施工安全风险因素耦合机理

通过建立N-K模型,从宏观角度对四类风险因素的耦合作用后的风险进行计算,计算结果表明:

(1) 尽管耦合后的风险事故发生概率相对较小,但是一旦发生,耦合作用的风险因素种类越多导致的风险损失越严重。

(2) 人、物、环、管四类风险因素共同参与发生耦合作用引发的风险是最大的,但不表明三因素耦合引发的风险一定高于二因素耦合引发的风险,体现出耦合作用的不确定性。

(3) 在大直径盾构隧道中，"物"特别是设备和人员因素若能充分发挥，能够显著降低耦合引发的风险。

(4) 正向耦合易造成安全风险事故，通过采取合理的技术措施及现场管理，可以使正向耦合变为零耦合或负向耦合，基于消阻、波动、积极的解耦思想是大直径盾构隧道安全风险系统设计的重要环节，以此降低事故发生率。

4. 施工风险对策

1) 盾构浅覆土始发技术

针对望京隧道浅覆土始发地表沉降难以控制、设备成本高、投入大等问题，结合建立的 N-K 模型进行验证、分析及总结，确定了始发端头土体加固技术：始发井端头采用 $\phi1800@1500mm$ 超高压旋喷桩加固，始发端头加固长度 13m，宽度为隧道两侧各 5m，高度为隧顶以上 5m 到隧底以下 6m。同时优化施工参数，避免始发过程中可能产生的问题。

2) 盾构下穿地铁 15 号线马泉营站沉降控制技术

盾构隧道在里程 DK22+904.900 左右与地铁 15 号线马泉营车站近似正交，拟建盾构隧道顶距离车站底板 9.903m，距离车站围护桩底 3.98m 左右，距离车站降水井不足 0.5m。下穿段隧道范围内地层主要有细砂、粉土、粉质黏土、黏土，拱顶地层为细砂。

首先在盾构穿越位置采取地质雷达结合人工探槽的手段，确定掘进范围内存在的既有车站降水井管，探明后采取地面注浆措施，将井管填充密实。在盾构下穿影响区域 75m 范围内采用加强型管片，并在盾构隧道施工影响段管片上预留 25 个注浆孔，采用长 3m 直径 42mm 钢花管进行径向注浆，注浆浆液采用水泥-水玻璃双液浆。严格控制穿越阶段主要掘进参数，按照"高黏优浆、合理低压、精细控制、平稳推进、快速拼装、禁止停机、一次通过"的原则，严格掘进过程管理控制，严控泥水压力和注浆压力，防止压力大的波动。穿越过程中加强监控量测，配备自动化监测装置，在施工中进行实时、连续监测，及时掌握马泉营站结构的变形情况。

1.3 轨道交通土建工程风险分析

1.3.1 工程自身风险

轨道交通工程项目在施工过程中，在车站及区间的施工中工法有盾构法、矿山法、明挖法、盖挖法等，施工本身具有较大风险。

盾构法施工时，主要风险是工作井塌方、工作面失稳、漏水漏浆、轴线偏差过大、机械设备故障等。矿山法施工时，主要风险包括地表下沉、周边建筑物和管线沉降超标、变形开裂、隧道或岩体坍塌等。明挖法施工时，深基坑施工风险是最主要的风险，开挖和支护是最主要的工序，应采取有效措施防止基坑围护渗漏、支护结构整体失稳、坑底管涌流砂、坑底隆起、坑内滑坡、塌方等事故的出现。盖挖法与明挖法相比，施工风险还包括临时立柱与围护结构沉降不均匀造成的顶板开裂。共性的自身风险包括降水不当，围护或支护渗漏、变形、失稳，工作面涌水流砂、失稳坍塌，主体结构渗漏、破坏等。

据统计，自身风险导致事故的占比为：矿山法 37%、明挖法 33%、盾构法 25%。

1.3.2 周边环境风险

轨道交通工程基本贯穿城市主干道,区间隧道下穿江、河、湖、海、泉等水体和成片的住宅区、商业区、市政桥梁、管线等复杂周边环境。区间穿越水体时容易造成河底被击穿,导致隧道倒灌、喷涌,盾构机栽头及被困。老旧建筑物多在区间上方或邻近车站基坑,容易产生沉降开裂或倒塌风险;地铁线路的管线数量众多、排布密集、年久失修,有些产权单位都对其埋深、位置不甚明确,极容易在地铁施工时遭受破坏。

据统计,周边环境遭破坏的主要表现为:路面塌陷48%、建筑物开裂26%、管线破坏17%。

1.3.3 复杂工程水文地质风险

轨道交通工程多为地下工程,工程地质条件复杂,地下水系发育。工程穿越的复杂地层包括富水强渗透性的粉、细、中砂地层和圆砾地层,以及石炭系、泥盆系可溶性灰岩地层,土质主要有填土、软土、黏性土、膨胀土、黄土等。岩溶常有溶洞、土洞、溶沟、溶槽、溶隙、竖井、落水洞、暗河及岩溶塌陷区伴生,岩溶发育程度及充填情况、覆盖层厚度等差异较大,富水性较强且含水极不均匀,另外还有地裂缝、采空区、断裂带、复杂地层(复合地层、硬质岩脉、地貌突变、岩相突变、岩性突变、基岩突起、风化深槽等)等的不良影响。复杂多变的工程水文地质是城市轨道交通工程建设的重要风险因素之一。

不良地质对不同工法的轨道交通工程作用如下:

(1)明挖法主要风险。基坑开挖过程中,可能发生突水、涌泥、涌砂、机械陷落、地基承载力不足、地基不稳定等风险。

(2)矿山法主要风险。矿山法隧道施工时,对周边溶洞、土洞造成扰动,可能破坏其结构平衡诱发塌陷;或直接被揭露,从而发生岩溶水突涌现象,导致突水、突泥等事故的发生。

(3)盾构法主要风险。盾构隧道掘进施工过程中,可能破坏岩溶、土洞原有平衡,发生洞穴塌陷,进而导致地面塌陷和地面建筑物沉降过大的风险;溶洞的存在使地层软硬不均,易发生盾构姿态偏移;遇见未查明岩洞、土洞时,易发生仓内瞬间失压、盾构栽头风险;盾构隧道施工过程中,易发生岩溶水击穿盾尾密封,增加岩溶水涌入隧道的风险;可溶岩表层黏性土及充填黏性土的存在以及大块岩石堆积在仓底,易发生结泥饼、滞排、喷涌风险;特别是富水强透水的圆砾地层中,盾构刀盘磨损严重、需频繁换刀、地层改良加固难度大,易产生"喷涌"现象等问题。

据有关数据统计,复杂地质条件带来的风险占比情况为:高水位地层占23%、复合地层占22%、富水砂层18%。

1.4 轨道交通其他工程风险分析与对策

1.4.1 总体分析

轨道交通其他工程主要是指设备系统类工程。设备系统类安全风险管理是指从设备系统的专业特点出发,对人、机、物、法、环等管理对象施加影响和控制,排除不安全因素,以达到安全生产和功能安全为目标的闭环管理,主要包括遵循通用管理要求和细化设备安全与功能安全的管理要求两方面。

设备系统安全管理与土建工程不同,除了施工、监理等单位,还包括系统集成商、供货商、安全评估单位。主要有害因素包括指挥和操作错误等人的因素、设备设施和施工工具缺陷等物的因素、室内外作业环境不良等环境因素以及组织机构不健全、规章制度不完善等管理因素。通过对设备系统危险有害因素的分析,设备系统的安全风险管理包括两个方面:一是设备系统施工安全风险管理,在工程施工的各阶段中对工程的安装和调试现场安全风险进行管理,使工程安全得到有效保障;二是设备系统功能安全风险管理,对各设备系统固有和潜在的风险进行识别,并使这些风险在建设阶段得到有效控制,为安全运营提供保障。二者的管理对象不同,因此在管理的目的、目标、工作依据、控制对象、风险识别和风险控制、主抓单位和实现方法均不同。具体如下:

设备系统施工安全风险管理是在工程施工中对工程的安装质量和安全隐患进行管理,杜绝较大及以上事故,控制一般事故,以合同、监理规程和工程建设标准为工作依据,主要控制施工现场的风险,过程中主要利用法律、法规规定的风险检查点以及大量安装工程建设经验进行风险识别,充分发挥监理单位在施工过程中的作用,由施工单位负责具体实施,产出为监理记录、旁站、巡检、检测等。这一阶段包括初步设计、施工图设计、招投标、开工核查、设备安装调试(含动车调试)等。其中动车调试阶段是设备系统风险较大的阶段,是实现整体功能交付的关键一环。动车调试期间由于全系统尚在完善中,调度体系具有临时性,车辆运行区域还有大量未完工的工程,运行、调试、施工交叉进行,因此动车调试期间安全风险最高,是关注的重点。

设备系统功能安全风险管理是对系统固有和潜在的风险进行识别,并使这些风险在建设阶段得到有效控制,为安全运营奠定基础,将风险控制在安全矩阵中可接受的风险范围,以合同标准(EN 50126:1999、EN 50128:2001、EN 50129:2003 等)、技术资料为工作依据,主要控制系统功能所带来的风险。通过标准中推荐的分析方法来对系统进行风险识别和安全分析,形成控制措施清单,充分发挥安全评估单位的作用,由系统功能负责单位牵头落实控制措施,产出为文档评估、安全审计、旁站抽测、抽样检查等。该阶段风险分析及规避主要是依据既有的国家推荐标准及国际应用实践,根据实际经验和自身实际制定相应准则。从设备系统生命周期入手,主要包括工程定义和计划阶段、需求及系统设计和风险分析阶段、工程详细设计阶段、产品生产制造阶段、安装测试阶段、联调联试阶段、跑图运行阶段、试运营阶段。

1.4.2 设备系统施工安全风险管理

城市轨道交通设备系统安装阶段是工程实体的形成阶段,从工程特点进行分析和总结,设备系统施工安全风险管理主要包括交叉作业安全管理、大件设备运输及吊装安全管理、轨行区安全管理。

1. 交叉作业安全管理

1)风险分析

在同一工作面进行不同的作业,在同一立体空间不同的作业面进行不同或相同的作业,两个以上生产单位在同一作业区域内进行生产作业、两种或以上不同工种的人在同一工作场地内同时或交替作业，凡一项作业可能对其他作业造成危害、不良影响或其他作业人员造成伤害的均构成交叉作业。

车站工程中的土建结构施工完成后，设备系统进场施工。由于设备系统专业多，涉及单位多，各单位施工相互干扰、相互制约，存在大量的交叉施工。区间工程中结构完成后移交设备系统施工，轨道作业施工与机电、供电、疏散平台、通号安装作业都存在交叉施工。交叉作业施工作业空间有限、施工人员多、工序复杂、机械设备多样、联络沟通不畅、施工班组相互干扰等特点，容易造成高处坠落、物体打击、机械伤害、车辆伤害、触电、火灾等安全事故。

2）风险对策

（1）制定相关管理办法，明确车站或区间牵头单位。制定施工区域管理办法，明确管理制度，车站设备区委托机电施工单位牵头统一施工管理，轨行区委托轨道安装单位牵头统一施工管理。牵头单位统一安排施工管理工作，制定运行及审批施工计划，合理安排交叉作业施工。各施工单位与牵头单位签订安全协议，受牵头单位统一管理，遵守牵头单位各项管理。

（2）施工准备阶段防范措施。要求施工单位根据现场实际情况，在施工组织设计中明确交叉作业施工措施和方法，编制作业指导书和交叉作业专项施工防范。要求牵头单位与其他设备施工单位签订安全生产协议书，告知施工现场特点，作业场所危险因素、防范措施以及事故应急措施。各设备施工单位服从牵头单位的统一管理，加强安全教育培训，加强从业人员管理。牵头单位编制应急预案，明确应急救援范围和体系，熟悉应急程序，掌握应急技能，逐步完善上报流程，定期组织应急事件演练，提高风险防范意识，降低事故危害程度。

（3）施工阶段防范措施。交叉作业时，作业面大、各专业穿插施工多，为保护设备安全及时发现隐患，需要合理安排人员巡视，防止意外发生。牵头单位封闭受作业影响的危险区域，做好安全防护，切实加强现场消防保卫、文明施工管理；在容易产生安全事故地点设立安全警示标志，同时加强巡视检查，做到施工现场文明整洁、材料堆放整齐有序稳固。各设备施工单位要配备合格的劳动防护用品并监督员工正确佩戴。在施工前与牵头单位和其他单位充分协调，尽量减少施工交叉机会。设备维修时，按规定设置警示标志，必要时采取相应安全措施，谨防误操作引发事故。

2. 大件设备运输及吊装安全管理

1）风险分析

轨道交通工程大件设备主要有车站工程中的扶梯、直梯、风机、制冷机组、配电箱（柜）、低压开关柜、机柜、自动售票机等，高架区间工程中的电缆盘、配电箱等，地下区间工程中的射流风机、水泵、风机水泵电控柜等。电客车偶尔也采用公路运输。根据不同设备尺寸和质量大小，选用合适的运输起重设备和方式。大件设备一般选择起重机等方式运输吊装。

相对小型设备的运输吊装，大件设备运输吊装存在更多、更严重的安全风险。起重吊装作业是事故高发作业，特别是大件吊装，风险大，起重大件吊装作业因起重机活动范围大、旋转机会多，容易发生倾覆；吊钩捆绑点摩擦力过小，导致捆绑处钢丝绳滑动，引起吊装不平衡发生设备倾覆、坠落；同时也存在坠臂、脱钩、设备坠落、物体打击、钢丝绳断裂、碰撞、触电等重大事故风险。

2) 风险对策

（1）严格起重吊装作业人员及方案审核。起重吊装必须由专业队伍进行，信号指挥人员必须持证上岗。起重吊装作业前应根据施工组织设计要求，划定施工作业区域，设置醒目的警示标志和专职监护人员。起重回转半径必须与高压电线保持安全距离。

起重机械进场前，查验合格证、年检证、行驶证等相关证件。起重司机应持证上岗，要严格按起重机械安全技术规程进行操作，同时应了解起重设备的构造、性能、传动原理、安全规程等；要严格遵守各项规章制度、遵章守纪、坚守工作岗位；及时发现起重机械异常情况，并加以妥善处理。

在施工前必须抓住各施工阶段的组织关键，采取相应的对策和预防措施。在施工准备阶段对重要岗位（起重工等）的操作工人进行岗前再培训，做好安全交底和技术交底。

（2）做好设备检查和技术把关。现场构件应有专人负责，合理存放，并在施工组织设计中明确吊装方法，确定汽车式起重机摆放位置，安排专人对汽车式起重机所在位置进行检查。起重机械司机及信号人员应熟知和遵守设备性能及施工组织设计中吊装方法。多机抬吊时单机负载不得超过该机额定重量的80%。塔式起重机路基铺设和轨道的安装必须符合国家标准及原厂使用规定，并办理验收手续，经检验合格后，方可使用；在使用中定期进行检测。塔式起重机的安全装置必须齐全、灵敏、可靠。塔式起重机吊装作业时，必须严格遵守施工组织设计和安全技术交底中的要求，吊物严禁超出施工现场的范围。六级以上强风必须停止吊装作业。

考虑到施工现场、施工难度等，为保证足够的吊装空间，应清理安装现场有阻碍的物资，吊装危险区域应确保无交叉作业。运输吊装时要服从指挥，不得擅自离岗，各岗位动作应协调一致。

（3）现场盯控和安全防护必须到位。吊装作业前，应详细了解天气情况，禁止在雨天、雾天、雷电、六级以上大风天气进行吊装。吊装时吊物下方严禁站人或人员通过，人员不得与吊物一同升降。

进入现场，必须佩戴安全帽，高空作业人员必须体检合格方可上岗，高空作业配好安全带，并将安全带系挂在安全可靠的物体上。起重作业现场应设明显的标志和警戒线，并有专人盯控，非施工人员不得擅自入内。

吊装过程中如出现故障，必须先使吊物落地。施工前，必须对机械电气设备进行专人维护，并做好安全记录。吊装结束后，吊装设备拆除，及时清理场内垃圾。

3. 轨行区安全管理

1) 风险分析

轨行区是指土建施工单位正式移交给轨道安装单位的工作面，具体指地下轨道两侧结构、上方范围内及区间隧道结构范围内的区域。轨行区施工注意包括轨排吊装、行车运输、钢轨焊接、电缆敷设等作业，会一定程度地影响轨行区轨道设备结构、轨下基础稳定，可造成轨道几何尺寸变化或侵入行车限界，影响行车和人身安全。

为避免轨行区施工过程中发生的挤压-扎伤-碰撞-轨道车脱轨、倾覆等一系列生产安全事故，以及现场各施工单位作业相互影响、相互制约的问题，轨行区管理单位应对可能存在的风险源进行辨识并制定安全管控措施。

轨行区作业存在较多的风险，具体包括：长大隧道内施工照明不足、光线较差、隧道信号盲区导致通信不畅、交叉作业施工较多、现场指挥难度大；运输车辆违规运输,货物、工具、材料等侵入行车限界,运输车辆故障；人员未经调度许可或未在清点的时间或范围内进入轨行区作业；轨行区上方预留孔洞临边防护不到位,物品、人员坠落至轨行区；工程车停车时未制动或未加装铁鞋防止溜车；使用无制动装置的非机动车推行工具；工程车偏载、超载或超限界；车辆连接不可靠；车辆超速行驶或隧道内无限速标志；平板车违规载人；轨道两端无车挡；无联络信号或信号不合理、不准确；车辆伤害事故,造成设备损坏及人身伤害。

2）风险对策

（1）统筹规划全线轨行区施工管理。动车调试前,委托轨道安装单位统一负责轨行区管理工作。动车调试后,委托动车调试服务单位负责轨行区管理。主要工作包括统筹规划全线轨行区施工管理、受理各施工单位提出的轨行区施工计划审批、合理安排交叉作业施工。其余进入轨行区施工的单位必须与轨行区管理单位签订安全协议,必须填报施工计划申请。

（2）做好日常检查、监督和管理。轨行区管理单位负责轨行区安全检查、监督和管理工作,对其余进入轨行区施工的单位上报的存在问题和安全隐患的运输计划,有权提出整改直至符合要求,其余进入轨行区施工的单位必须服从管理,配合工作。

（3）制定严密的轨行区行车运输管控措施。具体包括确保施工现场照明充足；设置专职司机和行车指挥,按章操作；加强对人员的安全教育和培训；严禁超限运输；做好车辆维保；停车后,前后轮下设置铁鞋防止溜车；严格遵守调度许可制度；严禁在非作业时间和非作业范围进入轨行区；轨道车组进入封锁区间的凭证为调度命令,命令中应包括运行速度、停车地点、停车时间等有关事项；司机接到命令后确认无误后,方可开车；轨行区上方的预留孔洞必须设置安全防护；严禁使用无制动的非机动推行工具；工程车严禁偏载、超载和超限；车辆安全制动、警示装置有效,车辆连接可靠；车辆超速行驶或隧道内有限速标志；平板车严禁违规载人；轨道端头设置车挡；联络信号畅通、清晰、合理、准确。

1.4.3 设备系统功能安全风险管理

1. 编制初步设计阶段的《安全运营专篇》

设备系统功能设计直接影响城市轨道交通的安全运营。为加强轨道交通建设阶段对运营安全风险的控制、提高设计环节对运营安全的保障水平,需要在初步设计阶段进行《安全运营专篇》的编制,重点描述与运营安全密切相关的各个设备系统功能与构成,特殊情况下,相关设计单位应编制专项设计文件,并与运营单位进行沟通。设备系统需要编制安全专篇的系统主要包括轨道系统、供电系统、机电系统（包括通风空调系统、给排水系统、动照系统、站台门系统、电扶梯系统）、弱电系统（包括通信系统、信号系统、综合监控系统、火灾自动报警系统、环境与设备监控系统、旅客导向系统、自动售检票系统）。

《设备系统安全运营专篇》可考虑分常规编制和专项编制。专项编制主要针对城市轨道交通设计阶段所采用的新技术对运营安全的影响进行分析；常规编制建议如下。

（1）轨道系统。轨道主要几何参数、轨道结构选型及结构设计、工务用房及维修机具配置(减震措施专项设计)。

(2) 供电系统。供电系统(外电源、中压网络、变电所、牵引网、杂散电流防护、电力监控、能馈系统)设计方案、电缆材料及设备选型、系统接口设计、车站及区间变电所房间布置方案。

(3) 机电系统。通风空调与采暖：系统设计方案、设备平面布置、接口设计、设备选型。给排水及消防：系统设计方案、接口设计、设备选型。动力照明：系统设计方案、照明质量、应急电源设计、设备选型。自动扶梯与电梯：设备选型与设计。站台门：系统构成及设计方案、接口设计。

(4) 弱电系统。通信：专用通信、民用通信、公安通信等子系统设计方案、系统构成、接口设计、设备选型。信号：系统设计方案、接口设计、设备选型、信号系统能力是否满足运输能力要求分析。火灾自动报警：设计方案、接口设计、设备选型。环境与设备监控：设计方案、接口设计、设备选型。自动售检票：系统设计方案、接口设计、车站设备配备数量、设备选型。综合监控：系统设计方案、接口设计、设备配置及选型。乘客信息系统：系统设计方案、接口设计、设备配置及选型。

2．风险源的辨识及控制

对系统的危险源进行辨识和控制应遵循以下原则：对设备系统固有和潜在的风险进行识别，并使这些风险在建设阶段得到控制；采用标准推荐方法，针对工程特定应用，系统性地识别设备系统危险并分析风险；针对风险等级高的危害制定恰当的减缓措施，确保包括减缓措施在内的所有安全需求按阶段(设计、制造、测试等)有效实施。

1) 风险源的辨识

轨道交通工程中针对设备系统风险源的辨识原则为：考虑系统的运营场景、考虑安全相关的关键的系统和功能、考虑交互系统接口耦合的紧密度和系统集成度，同时还应考虑系统的运营模式、降低运营模式和紧急运营模式下的风险源辨识。

设备系统与行车安全相关的系统需要开展下列风险源辨识工作：①初步风险源辨识，以系统的顶层危害作为顶事件组织进行定性分析，分析潜在风险源，形成各专业的初步风险源。②系统风险源辨识，针对各专业的功能进行功能失效的风险源分析，通过故障树分析和功能故障模式分析相结合的方法，识别系统所有可预见的风险，建立各专业系统级的安全需求。③接口风险源辨识，针对各专业内外部接口间的风险源，对整体系统安全运营的潜在影响进行各专业系统接口风险源分析，识别出所有潜在的内外部接口危害。④操作与支持风险源辨识，对制造、运输、存储、测试和试运行、运营以及维护过程中可能影响系统安全及运营的条件进行风险分析，分析并识别由人为操作而导致的所有危害。⑤特殊风险源分析，针对设备的特殊运营场景，特定的系统需求可能影响系统安全及运营进行分析，辨识在特定环境和条件下的风险源。⑥故障模式及影响分析，针对安全系统和冗余系统的单点失效进行分析，识别设备的失效模式和后果，辨识系统的风险源，可以在设计阶段尽早识别设计缺陷，并对系统设计的可靠性提供充分理解。此外系统的设计过程中，会存在来自通用产品或通用应用的限制，一般情况下，这些安全应用条件会在工程设计中进行分析，其不符合状态也将是系统的风险源。风险源识别的最终结果是将识别的风险源进行记录，用于工程全生命周期的监控和管理。

2) 风险源的控制

在系统实施的整个生命周期内,采取设计的控制、人员的管理、EMC 的管理、接口的要求、变更的控制、安装的管理、流程的管理等措施来进行风险源的控制。

设备系统的安全需求的来源包括技术合同、设计规范、国家标准,其他类似项目的安全需求,分配得到安全需求,风险源识别的结果。安全需求分为可测试需求和不可测试需求,对于可测试需求,采用测试来证明;对于不可测试需求,要通过分析、推理和计算的方式来证明。

安全需求的验证工作主要包括以下几个内容:①验证风险识别和安全分析的正确性和充分性;②验证阶段的输出与前阶段交付的成果符合性;③验证在生命周期各阶段定义使用的方法、工具和技术适宜性;④验证测试规范和执行测试的正确性、一致性和充分性。

安全需求的确认工作主要包括以下几个内容:①建立并详述项目安全需求;②建立确认计划,识别并规划生命周期中的确认活动,确认策略、技术、方法及问题的分析与管理;③确认项目的安全需求得到满足并且证据充分;④确认项目的确认计划有效实施;⑤完成确认报告,明确确认结论。具体包括是否实施确认,缺陷是否记录并管理,安全需求是否充分满足。

1.4.4 各设备系统安全风险管理

1. 供电系统

1) 风险识别

济南轨道交通供电系统由主变电所、中压供电网络、牵引变电所及降压变电所、接触网系统、动力照明配电系统、电力监控系统(SCADA)、杂散电流防护系统及供电车间等系统构成,采用集中供电方式。主要在外电源开闭所(含中压环网电缆)、主变电所、牵引变电所、降压变电所、牵引网、电力监控等供电系统中存在风险因素。

2) 风险分析

(1) 外电源开闭所:变压器及保护故障、配电装置故障、所用直流电源及继电保护装置故障、环网电缆故障。

(2) 变电所:35kV 开关柜故障,整流变压器、整流器、电源及继电保护装置故障,接口故障。

(3) 动力变压器损坏、400V 开关柜故障、400V 开关柜出线电缆故障、所用电源及继电保护装置故障、接口故障。

(4) 牵引网:上网隔离开关故障、接触网断电、接触网垮塌、悬挂支架带电、杂散电流腐蚀。

(5) 电力监控:控制中心电调工作站故障、变电站级设备故障、供电设备及继电保护系统的光纤设备和接口故障、控制信号盘与中心电力调度系统间通信中断。

3) 风险评估

供电系统风险评估见表 1-5。

表 1-5 供电系统风险评估

风 险 事 件	可能性等级	损失等级	风险事件等级
外电源开闭所主变压器及保护故障	3	D	Ⅲ
外电源开闭所配电装置故障	3	D	Ⅲ
外电源开闭所所用直流电源及继电保护装置故障	3	D	Ⅲ
外电源环网电缆故障	3	D	Ⅲ
牵引变电所35kV开关柜故障	3	D	Ⅲ
牵引变电所整流变压器故障	3	D	Ⅲ
动力变压器损坏	3	D	Ⅲ
变电所所用电源及继电保护装置故障	3	D	Ⅲ
变电所接口故障	3	D	Ⅲ
牵引网上网隔离开关故障	3	D	Ⅲ
牵引网电缆及附件损坏	3	D	Ⅲ
接触网绝缘件损坏	3	D	Ⅱ
牵引网接地体带电	3	D	Ⅱ
牵引网接触网垮塌	4	B	Ⅲ
接触网断电	4	C	Ⅲ
变电站自动化设备故障	3	C	Ⅲ
变电站自动化设备与供电设备及继电保护系统的光纤设备、接口故障	3	C	Ⅲ
变电站自动化设备与局域网接口故障	3	C	Ⅲ
变电站自动化设备与中心电力调度系统间通信中断	3	C	Ⅲ
杂散电流腐蚀	3	C	Ⅲ
电力监控中心电调工作站故障	4	D	Ⅳ
电力监控变电站级设备故障	3	C	Ⅲ
电力监控与供电设备及继电保护系统的光纤设备、接口故障	3	C	Ⅲ
电力监控控制信号盘与中心电力调度系统间通信中断	4	D	Ⅳ
外部电源、建设时序,以及其他关联设备对主变电所产生的影响	3	C	Ⅲ

4）风险应对措施

对于以上风险源发生的特点、频率及其造成的损失等级,建设阶段现有/已有的风险控制及其他已实行的主要降低风险措施如下:①选用高可靠性产品,降低设备故障风险可能发生的等级;②双路供电或产品冗余,降低由设备故障造成的损失等级;③设置继电保护装置及监控装置,对于产生的故障尽早发现、排除;④加强施工监管,减少由施工质量未满足要求而增加的风险源。

其他阶段主要降低风险措施如下(运营维护阶段):①加强设备监测;②定期检修。

5）总结

综上分析,供电系统的综合风险的等级为Ⅲ级,风险等级较低的,此风险等级在正常设计及施工措施可控范围内。但在设计过程中,也应严格执行设计复核和审查制度,加强对已投入运营工程的实地考察,收集总结运营过程中的经验教训,并优化方案实施过程中的技术措施,可有效控制风险的产生。

2. 给排水与消防系统

1) 风险识别

给排水与消防设计对工程质量安全和使用功能有着重要影响。采用风险识别方法,全面分析工程给排水与消防设计中会出现的各种风险因素,运用现代风险评价方法,系统研究工程给排水与消防设计中各风险因素的产生原因及其严重程度,进而有针对性地提出防范对策措施,对于有效地防范工程给排水与消防设计的技术风险和质量风险具有重要意义。

给排水及消防系统主要由生产和生活给水系统、消防给水系统、排水系统、气体灭火系统组成。经分析、识别,各风险源可能导致的风险事件如下。

(1) 给水系统:给水系统风险事故主要来自给水系统故障。主要的风险事件包括:给水系统无法正常供给车站、车辆段生产和生活用水,导致服务水平降低。

(2) 消防给水系统:消防给水系统风险事故主要来自市政供水管网的可靠性和消防给水系统故障及误操作。主要的风险事件包括:市政供水管网事故造成降压和断水、消防给水系统故障导致火灾时无法实施消防灭火。

(3) 排水系统:排水系统风险事故主要来自排水系统故障。主要的风险事件包括:排水泵和阀门故障会引起车站出入口自动扶梯设备浸水,导致扶梯故障,降低服务水平;引起风亭排水不畅,雨水时或者自然灾害时会使雨水灌入车站,造成车站渗水,导致车站雨水漫延,影响服务水平。

(4) 气体灭火系统:气体灭火系统风险事故主要来自误喷。主要风险事件包括:气体灭火误喷情况,它会给灭火系统正常使用带来威胁,导致服务水平下降,并给用户造成巨大的经济损失。

2) 风险分析

经分析,引起给排水与消防系统风险事件发生的原因或者说风险因素主要与风险源的类别有关,因此根据风险源的类别进行风险分析如下。

(1) 给水系统故障:主要是管道被碰、材质差造成供水管道破裂,设备及管道材质老化造成供水管道渗漏,市政供水管网事故造成降压和断水等。

(2) 消防给水系统故障:主要是误操作、未做定期检查,火灾时供水阀门处于关闭状态,消火栓锈蚀不能开启。

(3) 排水系统故障:主要是排水泵和阀门故障、排水管道材质老化损坏、管道堵塞、室外市政排水管网不畅等。

(4) 气体灭火系统故障:气体灭火系统在安装或使用过程中由强烈的振动、施工中不慎或人为误操作等特殊原因造成的事故。

3) 风险评估

给排水、消防专业风险评估见表1-6。

表1-6 给排水、消防专业风险评估

风 险 事 件	可能性等级	损失等级	风险事件等级
给水系统无法正常供水	4	D	Ⅳ
消防给水系统故障	4	B	Ⅲ
排水泵故障	4	D	Ⅳ
气体灭火系统故障	4	B	Ⅲ

4）风险应对措施

（1）为避免给水系统故障，设计采用生产、生活和消防用水分开的给水系统；设计和施工阶段要求设备及管材按照规范可靠性要求选用；制订操作手册，定期养护、检测、维修；加强施工监理。

（2）为避免消防给水系统故障，系统设计应符合《建筑设计防火规范》（GB 50016—2014）、《消防给水及消火栓系统技术规范》（GB 50974—2014）、《气体灭火系统设计规范》（GB 50370—2005）和《地铁设计规范》（GB 50157—2013）的要求；选用通过国家消防产品质量监督检测中心检测的合格产品；设计文件应通过消防部门的安全审查；加强施工监理；加强岗位操作人员的职业培训；制订紧急情况下的操作手册；制订定期测试检修计划，并定期进行演练。

（3）为避免排水系统故障，排水泵设计时设置备用泵，设备及管材按照规范可靠性要求选用；雨水泵选用按照济南市暴雨强度公式计算后选取；制订定期测试检修计划；加强施工监理。

（4）为避免气体灭火系统故障，防止钢瓶瓶头阀损坏，钢瓶配置了保护帽。当钢瓶没有连接到系统上时，确保钢瓶保护帽一直安装在钢瓶上。确保钢瓶的安全储存和运输，在运输时委托专业的相关运输公司承运；钢瓶上设有机械应急手柄，为防止人为误操作造成的误喷，机械手柄上设有安全销，只有拔掉安全销才能按下机械应急手柄。同样启动钢瓶上的机械应急按钮也设有安全销、铅封和安全操作指示牌，可以有效防止不慎操作造成的误喷；系统设计要求气体灭火系统设备安装在独立的钢瓶间内，非专业人员不得入内，从而防止非专业人员的误操作而误喷。

5）总结

综上分析，给排水和消防系统设计的综合风险的等级为Ⅲ级，风险等级较低，风险等级在正常设计及施工措施可控范围内。但在设计过程中，也应严格执行设计复核和审查制度，加强对已投入运营工程的实地考察，收集总结运营过程中的经验教训，并优化方案实施过程中的技术措施，可有效控制风险的产生。

3. 通风与空调系统

1）风险识别

通风与空调系统的风险识别的主要内容有：①在通风与空调系统设计过程中有哪些风险应当考虑；②引起这些风险的主要因素有哪些；③各项风险会产生怎样的后果。

地下车站及区间通风与空调系统制式按屏蔽门系统设计，高架车站、地面车站按站台设置半高安全门进行设计。

通风与空调系统组成：①地下线通风空调设计：区间隧道通风空调系统，车站车轨区排热和排烟系统，车站公共区通风空调及排烟系统（简称大系统），通道（出入口通道或换乘通道等），设备管理用房通风、空调及排烟系统（简称小系统），空调冷源及水系统（简称水系统）。②地面及高架线通风空调设计：车站公共区、车站设备管理用房、高架区间。

2）风险分析

根据风险识别的主要内容进行分析，通风与空调系统在初步设计阶段存在的主要风险有：违反国家及地方相关规范及标准风险、市政配套设施不健全而设计时考虑不周风险、方案选择或系统设计不合理风险、设备及材料选择不当风险、与其他专业协调不充分风险等。

通风与空调系统风险清单见表1-7。

表1-7 通风与空调系统风险清单

风险事件	风险产生的原因	险源类别	后 果
违反国家及地方相关规范及标准	设计依据应用不当	设计风险	影响设计质量，造成工程安全隐患
	未考虑节能、环保等措施	设计风险	节能、安全、环保措施不符合要求
市政配套设施不健全而设计时考虑不周	冷(热)源选择不当	设计风险	影响安全及正常使用
	通风空调方式不合理	设计风险	影响系统正常使用
	系统配套设施不完善	设计风险	影响系统正常使用
方案选择或系统设计不合理	设计方案不合理	设计风险	造成资源浪费、影响正常使用
	室内、外设计参数取值不当	设计风险	无法满足正常使用要求
	冷(热)负荷取值不当	设计风险	无法满足正常使用要求
	通风换气系统设置不当	设计风险	无法满足正常使用要求
	防排烟设施不全或不满足要求	设计风险	存在安全隐患
	冷却塔及排风口设置在敏感区域	设计风险	影响周边环境
	所用材料及附件等选择不当	设计风险	导致系统运行不正常或设备损坏
设备及材料选择不当	空调机房、冷水机房及风道面积与高度过大或过小	设计风险	造成土建浪费或设备安装不下、检修维护不便
	提供的设备重量、配电量等有误	设计风险	造成结构、电气配置过大或过小
与其他专业协调不充分	提供的用电设备的启停和控制条件有误	设计风险	导致系统运行不正常或设备损坏

3) 风险评估

在综合考虑了实际情况及相关设计资料后，采用专家调查法确定各种风险因素导致相应事故发生的概率及损失，并根据风险评价矩阵确定风险等级。通风与空调系统风险等级见表1-8。

表1-8 通风与空调系统风险等级

风 险 事 件	概率等级	损失等级	风险等级
违反国家及地方规范及标准	4	D	Ⅲ
市政配套设施不健全而设计时考虑不周	3	E	Ⅳ
方案选择或系统设计不合理	3	E	Ⅳ
设备及材料选择不当	3	D	Ⅲ
与其他专业协调不充分	2	E	Ⅲ

注：概率等级、损失等级及风险等级均按《城市轨道交通地下工程建设风险管理规范》(GB 50652—2011)进行取值。

通过以上分析，可以看出通风与空调系统的设计中，设计技术人员的疏忽或过失，以及与其他专业协调不充分等主、客观原因，可能造成延误工期、影响正常使用、存在安全隐患等损失。

综上所述，判定通风与空调系统工程的综合风险等级为三级，即风险可接受，可采取风险处理措施，应加强日常管理与监测。

4) 风险应对措施

按照评估结果，应针对风险产生的原因采取相应的措施将风险降低或风险消除，故制订对策表。以最大程度降低风险至可忽略范畴或消除风险。通风与空调系统风险对策措施见表1-9。

表1-9 通风与空调系统风险对策措施

风险事件	风险等级	对 策 措 施
违反国家及地方规范及标准	Ⅲ	严格根据《城市轨道交通技术规范》（GB 50490—2009）、《地铁设计规范》（GB 50157—2013）、《暖通空调规范实施手册》、《建筑设计防火规范》（GB 50016—2014）等设计规范及标准进行设计、审查。 采取相应的消声措施，使地铁车站范围内和风亭周边一定范围内的室外环境区域达到相关规范规定的允许噪声标准；采用环保型制冷机组，消除或减少由大气臭氧层的破坏导致的地球温室效应；空调小系统严格按照24h供冷房间和18h供冷房间进行分类；通风空调大系统及轨道排热风机采用变频技术
市政配套设施不健全而设计时考虑不周	Ⅳ	严格执行设计复核、审查制定。 进行多方案比选，并根据项目的实际情况确定合理的冷（热）源及通风空调方式。 加强对系统配套设施的了解，对必需的配套设施联合相关单位进行完善
方案选择或系统设计不合理	Ⅳ	进行通风与空调系统的多方案比选并将方案进行各级专家审查，确定合理的系统设计方案。 严格按照规范要求并依照当地气象局提供的实际气象参数，确定准确的室内外设计参数。 根据各车站具体的建筑资料及客流资料，确定各站准确的冷热负荷。 车站通风空调大系统采用典型的双风机全空气一次回风系统，排烟风机单独设置；小系统各房间应严格按照房间分类要求独立设置通风与空调系统，不同分类房间不应合用通风与空调系统；隧道通风采取列车运行活塞通风及TVF风机辅助通风的方式，并在有配线的区间设置射流风机组织气流。 采用可靠的防排烟设备及完善的防排烟措施。地下车站站厅、站台、换乘厅设置机械排烟，排烟量按《地铁设计规范》（GB 50157—2013）和《城市轨道交通技术规范》（GB 50490—2009）的规定计算，排烟风机单独设置；车站小系统房间采用机械排烟、气体灭火与人工扑灭相结合的方式；区间隧道利用TVF风机组织气流进行排烟；站内隧道利用U/O风机进行排烟。 严格按照环评报告内容确定各站周边的敏感区域，使冷却塔及风亭与敏感区域的距离满足相关要求。并采取风道设置对外消声器，采用低噪声冷却塔等措施，减小噪声对外界的影响
设备及材料选择不当	Ⅲ	以环保节能为指导思想，根据实际合理设计。 设备和管材选用技术先进、可靠性高、规格统一，便于安装调试和运营维护的产品。 车站大、小系统的空调风管采用酚醛复合风管，降低由土建风道阻力大、漏风多、绝热效果差等因素引起的能耗；空调水系统采用化学稳定性好、不锈蚀、不结垢、热传导系数低、流体阻力小的内外涂塑钢管产品，以降低传统焊接钢管带来的管道能耗

续表

风险事件	风险等级	对 策 措 施
与其他专业协调不充分	Ⅲ	加强各专业间的沟通与交流,增加中间过程图纸的正式确认过程。 加强和建筑专业的交流,及时跟踪发现图纸中的变化。 加强与强、弱电专业的联系,当通风空调设备的用电量及控制模式发生变化时,应及时进行反馈。 加强与结构专业的联系,准确提供设备的荷载等参数

5）总结

综上分析,通风与空调系统的综合风险的等级为Ⅲ级。通风与空调系统在初步设计阶段将面临违反国家及地方相关规范及标准、市政配套设施不健全而设计时考虑不周、方案选择或系统设计不合理、设备及材料选择不当、与其他专业协调不充分等风险。这些风险在一定程度上将影响设计质量、延误工期、增加环境及安全隐患等,但这些风险等级较低,可以通过制定相应的风险规避措施,加强日常设计管理,严格执行设计复核和相关审查程序,即可有效控制风险的产生。

4．通信系统

1）风险识别

通信系统是指挥列车运行、公务联络和传递各种信息的重要手段,是保证列车安全、快速、高效运行不可缺少的综合系统。济南轨道交通 R2 线工程通信系统包括：专用通信系统、公安通信系统和民用通信系统三个部分。

专用通信系统包括专用传输系统、公务电话系统、专用电话系统、专用无线系统、广播系统、乘客信息系统、视频监视系统、时钟系统、办公自动化系统、电源系统与接地和集中告警系统。

公安通信系统包括公安传输系统、公安无线引入系统、公安视频监视系统、公安专用电话、会议电视系统、电源系统及接地。

民用通信系统包括民用传输系统、民用无线引入系统、集中监测告警系统、电源系统及接地。

2）风险分析

（1）专用传输系统：传输系统中时分复用技术（time-division multiplexing，TDM）及分组业务可采用的几种保护方式都可以保证保护倒换时间在 50ms 内完成,可保证数据业务的可靠性及实时性要求；交叉板、主控板、电源板等主要板卡若无冗余配置,在单板故障情况下可导致该节点业务中断。

（2）公务电话系统：双控制中心主交换设备发生故障会导致跨站公务电话中断,同时,若车站交换设备没有配置自交换功能,则站内通信也会发生中断。

（3）专用电话系统：双中心主交换设备故障导致全线调度业务中断。

（4）专用无线系统：当传输系统发生故障时,或无线交换机出现故障退出服务时,无线系统将自动进入降级使用模式。基站进入单站集群模式,移动台可进入直通对讲模式。一旦连接恢复正常,基站将自动返回系统正常集群模式。

（5）广播系统：广播系统功放设备若不采用备用倒换配置,功放故障将导致故障分区无法广播,降低服务质量,火灾时不能正常引导乘客疏散。

（6）乘客信息系统：主服务器或播出服务器故障导致系统不能正常播放,服务质量下降；车地无线系统采用无线局域网（wireless area network，WLAN）技术，由于采用公共频段，可能发生干扰，导致网络故障。

（7）视频监视系统：控制中心或车站视频服务器故障导致控制中心和故障车站视频无法调用；电视监控系统数据网络由于数据流的无序广播可能造成网络的拥塞或中断。

（8）时钟系统：控制中心主母钟故障时，无法完成对车站二级母钟授时，导致时间系统精度下降，降低服务质量。

（9）电源系统与接地：不间断电源（uninterruptible power supply，UPS）设备故障导致交流供电设备电源中断，影响范围较大，若UPS系统采取旁路措施，则可能市电电压波动范围超限而对通信系统设备造成损害。

（10）民用无线引入系统：与其他无线系统发生干扰的风险。

（11）室外光电缆线路及设备：高架区间暴露在自然环境中，对区间光电缆线路和室外设备安全影响较大。

3）风险评估

通信系统风险评估见表1-10。

表1-10　通信系统风险评估

风　险　事　件	可能性等级	损失等级	风险事件等级
传输系统中断	4	B	Ⅲ
公务电话系统中断	4	D	Ⅳ
专用电话系统中断	4	C	Ⅲ
专用无线系统中断	4	B	Ⅲ
广播系统功放故障	3	D	Ⅲ
乘客信息系统服务器故障、车地无线系统受到其他系统干扰	4	D	Ⅳ
视频监视系统网络拥塞、服务器故障	4	D	Ⅳ
时钟系统主母钟故障	4	D	Ⅳ
电源系统与接地UPS故障	4	C	Ⅲ
民用无线引入系统故障	4	D	Ⅳ
室外光电缆线路及设备受自然环境影响损坏	4	D	Ⅳ

4）风险应对措施

轨道交通的主要服务对象是乘客，一旦发生行车事故，将造成交通严重堵塞，甚至危及乘客的生命和财产安全，社会影响极大，后果十分严重。而通信系统是维持地铁正常运营、保证列车运行安全、提高运输效率的必要条件，因此，涉及行车指挥和列车控制的通信系统在设计中必须首先考虑系统的安全性和可靠性。

提高系统的安全性，必须在系统设计阶段考虑建立和完善系统的安全机制，在系统软件和硬件的配置方面必须注重系统的安全。

提高系统的可靠性，必须进行高可靠性的设计，在关键环节均采用备份设计，在关键的系统设备和主机设备上消除单点故障，通过设备冗余和负载分担的方式来提高系统的可靠性，设计中所选用的设备本身应具有较高的可靠性并应支持热插拔和软件升级。

室外环境对区间光电缆线路和区间设备存在较大影响。光电缆应采用阻燃、低烟、无卤、防蚀的产品，并考虑防鼠害和防迷流腐蚀，室外电缆还需考虑防水、防裂、耐高温和抗紫外线要求。室外设备防护等级应达到 IP65。同时考虑到济南地区雷雨天气情况,还应采取防直击雷和感应雷的措施,保护通信设备及光电缆。

5) 总结

综上分析,通信系统的综合风险的等级为Ⅲ级,风险等级较低,在正常设计及施工措施可控范围内。但在设计过程中,也应严格执行设计复核和审查制度,加强对已投入运营工程的实地考察,收集总结运营过程中的经验教训,并优化方案实施过程中的技术措施,可有效控制风险的产生。

5. 信号系统

1) 风险识别

正线信号系统应配备完整的列车自动控制(automatic train control,ATC)系统,该系统包括正线计算联锁子系统、列车自动监控(automatic train protection,ATS)子系统、列车自动防护(automatic train supervision,ATP)子系统、列车自动驾驶(automatic train operation,ATO)子系统 4 个系统。车辆段/停车场信号设备由计算机联锁设备、ATS 设备、列车位置检测设备等设备组成,车辆段和停车场内无 ATP 防护。信号系统采用 CBTC 制式,具备后备系统。

2) 风险分析

信号系统的一个主要特点是接口多,除需要与建筑、结构、轨道、线路、供电等专业配合,相互提交计算参数以满足安全和功能需求,预留相应的安装接口条件外,还与通信、综合监控、站台门、防淹门、车辆等诸多机电系统实现安全可靠的电气接口,以满足控制、监视的功能需求。不同系统设备间的电气接口设计,由于涉及相关诸多专业、不同硬件设备、不同信息定义和接口协议,所以成为工程实施中最为薄弱,最易出现差、错、漏等严重问题的环节,直接影响到信号系统功能的实现甚至涉及行车安全,因此正确解决系统间接口问题是设计过程中的一个重要的关键环节。

信号系统设备故障,主要由以下因素引起:① 系统设备质量低下、性能不稳定、元器件使用寿命短,容易使系统设备发生故障或损坏;系统设备易受电磁波、静电、雷击、杂散电流腐蚀等干扰或破坏,引起系统故障或损坏,导致信息破坏或丢失;振动造成设备元件接点脱落、接插件松动、接触不良、部件损坏等。② 系统方案选择、设备配置以及与相关系统接口定义等都是工程建设初期必须考虑的风险源,各子系统设备故障可导致列车运行产生危险事故或影响列车正常运行。信号系统风险管理应建立在确保设计合乎成本效益,避免设计不足或过度设计,保证和实现系统的安全性、可靠性、可用性和可维护性。

3) 风险评估

信号系统风险评估见表 1-11。

表 1-11 信号系统风险评估

风 险 事 件	可能性等级	损失等级	风险事件等级
方案选型配置不合理	2	C	Ⅱ
系统接口遗漏	2	D	Ⅲ
信号系统瘫痪	4	B	Ⅲ
ATP(含联锁)失效	4	B	Ⅲ
ATO 失效	3	C	Ⅲ
ATS 失效	3	C	Ⅲ

4）风险应对措施

（1）综合技术、经济、功能及系统成熟性等方面分析，并考虑到技术的先进性和发展方向，推荐采用当今主流技术的基于通信的移动闭塞 ATC 系统，便于运营和维护管理，建设和运营风险相对较小。针对车地通信抗干扰问题，应技术和管理相结合，前瞻性地制定相应的技术标准（如 LTE 技术），充分利用跳频、调制、增设复杂密码、扩频等多种技术改进方案，以及适合 CBTC 系统无线信道的加密算法，保证列车控制系统的可靠性。

（2）信号系统所涉及的接口专业较多，交互信息复杂，信号系统应根据各专业的工期计划和接口技术要求，制定出合理的接口协调计划，为各专业有序开展工作提供条件。此外，信号系统涉及行车安全，与其他专业接口时应从安全角度出发，关键信息可采用硬线传输，网络连接时应设置防火墙等措施，以降低安全风险。

（3）在发生障碍、错误、失效的情况下，信号设备应具有减轻以至避免损失的功能，即必须满足故障-安全原则，以确保行车安全。主要行车设备的计算机系统应选用双机热备，涉及联锁、安全设备的计算机系统应选用二乘二取二或三取二的冗余热备结构，其安全完善度等级（SIL 等级）为 4 级，提高了整个系统的安全性和可用性。在系统设备研制开发过程中，必须采取相关的安全设计与安全评估，在生命周期的每个阶段完成相应的安全证明文件，最大限度地降低技术风险。

5）总结

综上分析，信号系统的综合风险等级为Ⅲ级，风险等级较低，处于正常设计及施工措施可控范围内。但在设计过程中，应严格执行设计复核和审查制度，加强对已投入运营工程的实地考察，收集总结运营过程中的经验教训，并优化方案实施过程中的技术措施，可有效控制风险的产生。

6. 轨道系统

1）风险识别

轨道结构是城市轨道交通的重要组成部分，一般由钢轨、扣件、轨枕、道床、道岔及附属设备等组成。

轨道结构是地铁运营行车的基础，直接承受地铁列车荷载，并引导地铁列车运行。因此，轨道结构应具有足够的强度和稳定性、耐久性、绝缘性及适量的弹性，且养护维修量小，以确保地铁列车安全运行和乘客舒适。

济南轨道交通工程主要采用以下轨道结构设计：

轨道结构选型：①正线及辅助线、出入线、试车线采用 60kg/m、U75V 热轧钢轨。正线及辅助线、出入线、试车线设 1/40 轨底坡，道岔及道岔间不足 50m 地段不设轨底坡。车场线采用 50kg/m、U71Mn 钢轨，不设置轨底坡。正线全线及试车线设置温度应力式无缝线路。②正线及辅助线的地下线一般地段采用 DTⅢ2 型扣件，高架线采用 WJ-2A 型扣件。车场地面线采用弹条Ⅰ型扣件，库内整体道床采用弹条Ⅰ型分开式扣件。③正线及辅助线、出入线的地下线一般地段采用钢筋混凝土长轨枕埋入式整体道床，采用两侧水沟。车场库外线采用碎石道床，库内线采用整体道床。④正线及配线的轨枕铺设数量为 1680 根（对）/km，车场线的轨枕铺设数量为 1440 根（对）/km。正线及辅助线采用 60kg/m 钢轨 9 号曲线尖轨道岔，道岔道床采用钢桁架长枕式整体道床；车场线采用 50kg/m 钢轨 7 号曲线尖轨道岔，试车线采用 60kg/m 钢轨 9 号曲线尖轨道岔，道岔道床采用混凝土长枕式碎石道床。正线及辅助线、牵出线、试车线一般采用滑移式缓冲挡车器;车场库外线一般采用固定式液压缓冲挡车器;库内采用摩擦式车轮挡。高架线部分地段设防脱护轨和钢轨伸缩调节器。小半径曲线地段设置钢轨涂油器。

轨道结构减振降噪设计:①中等减振地段:振动超标量为小于6dB的地段;②高等减振地段:振动超标量为6～8dB的地段;③特殊减振地段:振动超标量为大于8dB的地段,或文物保护建筑等具有特殊减振要求地段。

2) 风险分析

轨道工程和施工的风险主要体现在以下几个方面:

(1) 整体道床主体结构的施工质量风险。整体道床结构的质量直接关系到列车运行和乘客的安全,需在施工期、运营期采取相应措施控制风险。

(2) 减振轨道结构的选型不当所造成的社会风险。减振型轨道结构为对沿线环境敏感点所采取的对应措施,若采取措施效果过低或不足,运营期会对沿线居民产生振动和噪声污染,引起投诉,严重时会对沿线构筑物产生结构破坏,若措施采取不当会引起钢轨异常波磨等轨道病害。应从设计环节对其风险进行控制和规避。

(3) 轨道设备供货质量和进度风险。钢轨、扣件、轨枕、道岔、减振型轨道、车挡等设备的供货质量会直接影响轨道结构的稳定性和安全性,进而影响行车安全、环境污染、养护维修量。应从施工准备环节严格监察轨道设备的质量,满足供货技术要求的规定。

(4) 施工进度风险。轨道结构的施工需在相关土建主体结构(如车站工程、区间工程、旁通道等)施工完成交付铺轨情况下方可进行,若相关工程工期延后,会造成轨道施工工期滞后,严重时会造成工期压缩。另外,由于施工组织方案不合理,亦会造成施工效率低下,达不到预期施工进度。另外轨道设备的供货进度有时受市场大环境及厂家生产进度的影响,会直接影响轨道工程的施工进度,需在施工准备时进行风险的控制和规避。

(5) 施工组织和管理风险。轨道施工组织管理不当会造成施工进度滞后、施工质量下降,严重时会造成施工人员的伤亡等风险。

3) 风险评估

轨道结构及施工风险评估见表1-12。

表1-12 轨道结构及施工风险评估

风 险 事 件	可能性等级	损失等级	风险事件等级
施工人员伤亡事故	4	B	Ⅲ
运营期因轨道工程而产生人员伤亡事故	4	B	Ⅲ
对沿线居民产生振动及噪声(低频振动)污染	3	C	Ⅲ
轨道结构振动造成沿线建筑、管线的结构破坏等	4	C	Ⅲ
施工期的局部废弃改造工程产生的经济损失	4	C	Ⅲ
运营期环境影响所造成的经济损失	3	D	Ⅲ
轨道施工工期压缩和延误	2	D	Ⅲ
建设方和政府部门的公信力下降,社会群体对轨道交通工程的反感和抵触	4	B	Ⅲ

4) 风险应对措施

(1) 人员伤亡风险的应对措施。加强对轨道设备的供货质量监管,并加强对现场施工进度、施工质量的监管。建立健全符合本项目特点的安全生产保证体系,并形成安全体系文件。同时,配置必要的设备、装备和专业人员,确定整个施工过程中的重点内容、关键点及危险部位的控制手段、措施并严格实施,以确保安全措施计划的内容具有严密性、针对性、可操作性和可行性。制定合理的员工安全生产培训教育指标,进场前对施工人员应做好安全文明培训。施工人员根据需要做好必要的安全防护措施,开展健康宣传教育。

(2) 环境影响风险的应对措施。采用成熟可靠、经济合理、技术成熟的轨道结构,并依据环境评估报告的要求和实际情况,采用合理、有效、经济的减振降噪型轨道结构,最大程度减少轨道运营对环境产生的影响,将地铁运营产生的振动和噪声降至国家允许的范围。

(3) 经济损失风险的应对措施。施工期保证轨道设备的供货量,准确计算各零部件和其他轨道材料的数量,避免浪费。优化施工组织,统筹安排,合理开设铺轨作业面,提高施工效率,有效控制施工进度和工程质量,避免返工。

(4) 工期延误风险的应对措施。由于各种不可预见因素的影响,土建施工滞后等经常引起轨道工程的断点施工,应建立相应的施工应对措施,合理安排施工工序,避免出现停工等现象,加强轨道交通工程各阶段施工的进度控制。

(5) 社会影响风险的应对措施。进一步完善工程沿线的环境评估工作,为合理的轨道结构减振降噪设计提供充分的依据,避免因减振降噪不达标引起的投诉。

5) 小结

综上分析,轨道系统的综合风险的等级为Ⅲ级,风险等级较低,在正常设计及施工措施可控范围内。但在设计过程中,也应严格执行设计复核和审查制度,加强对已投入运营工程的实地考察,收集总结运营过程中的经验教训,并优化方案实施过程中的技术措施,可有效控制风险的产生。

7. 车辆工程

1) 风险识别

根据车辆选型分析,济南轨道交通采用 B2 型车,初、近、远期均采用 6 辆编组,动拖比为 2∶1,最高运行速度为 100km/h。

车辆选型可能存在的风险事件主要有以下几个方面:

(1) 客流风险:车辆选型所能实现的系统运能与实际客流的匹配性;初期车辆购置数与实际客流的匹配性;车辆运用检修建设规模与客流增长的匹配性。

(2) 技术风险:黏着条件较差时列车运行存在空转和滑行现象;基础制动单元制动形式的选择和制动热容量核算。

2) 风险分析

客流风险:

(1) 车辆选型所能实现的系统运能与实际客流的匹配性;实际客流与预测客流的差距大,车辆选型与实际客流不匹配,导致服务水平降低或运能过剩。上述事件的风险源在于客流预测,以及对客流预测结果的应用。在客流预测工作中,要重视工程所在地区的总体发展规划、交通规划、居民出行特征的分析,科学、合理地建立客流预测数学模型,以求预测结果的适用性。工程项目的方案研究和工程设计中,要正确认识客流预测对项目建设规模的指导作用,既依据于客流,又不迷信客流。根据对客流报告的解读,把握好项目运能的量级水平,找准其客流演变特征,用好客流预测相关结果,尤其是重视客流敏感性分析结果。合理确定项目终期运能水平,合理选择车型和车辆编组。

(2) 初期车辆购置数与实际客流的匹配性:线路建成开通后,客流迅速增长,初期客流超出原来的预测值,导致按预测客流计算的初期车辆配置数偏少,不满足实际运力的需要,服务水平降低。上述事件的风险源在于客流预测。预测的初期客流小,实际发生的客流大,按理论客流计算的车队规模适应不了实际的交通需要,造成了运力上的瓶颈。首先要重视客流预测工作的客观性和城市规划控制的严肃性。一些项目建成后,客流快速增长,造成轨道交通运营压力的激增。由于前期客流预测所遵循的相关规划条件在项目建设后期可能有变动,沿线未按规划控制条件均衡发展,实际的客流增长超出原预期。计算初期配属车数时,过于依靠理论计算,缺乏对客流风险的认识以及对实际情况的感知和分析。

(3) 车辆运用、检修、建设规模与客流增长的匹配性:对设计规模进行统一规划、分期建设。按近期规模建成使用,按远期规模进行预留。当实际客流的增长远远超出原先的预测水平,导致远期高峰高断面客流提前到来,就会出现已建规模不够大,不能满足实际需要的局面,既需要提前增购车辆,也需要提前建设远期预留的厂房和线路。上述事件的风险源仍是客流预测。实际客流的增长速度可能远超过预测客流的增长速度,造成项目建设规模在较短时间内不能适应实际运力的需要。预留工程需要提前建设,失去工程"近远结合、分期建设"的意义。计算近期规模时,倚重理论计算,缺乏对客流风险的认识以及对实际情况的感知和分析。

技术风险:

(1) 黏着条件较差时列车运行存在空转和滑行现象:本工程列车最高持续运行速度为100km/h,在黏着条件差时列车运行存在不同程度的空转和滑行,造成列车运行偏离正常运行图,打乱了正常的运营组织,同时擦伤轮对。

(2) 基础制动单元制动形式的选择和制动热容量核算:本工程列车设计的最高持续运行速度值为100km/h,满载列车在长大坡道紧急制动时,由于需要克服重力产生的分力,制动力大、持续时间长。采用常规闸瓦,闸瓦的热容量应加以考虑并验证,并进一步考虑采用盘形制动。

上述事件的风险源在于车辆设计时对牵引、制动系统设备及制动闸瓦的选择与试验验证。

3) 风险评估

车辆及系统选型风险评估见表 1-13。

表 1-13 车辆及系统选型风险评估

风险事件	可能性等级	损失等级	风险事件等级
实际客流与预测客流的差异大,车辆选型与实际客流不匹配,导致服务水平降低或运能过剩	2	D	Ⅲ
线路建成开通后,客流上升快,初期客流超出原来的预测值,导致按预测客流计算的初期车辆配置数偏少,不满足实际运力的需要,服务水平降低	2	D	Ⅲ
当实际客流的增长远远超出原先的预测水平,导致远期高峰高断面客流提前到来,就会出现已建规模不够大,不能满足实际需要的局面,既需要提前增购车辆,也需要提前建设远期预留的厂房和线路	2	D	Ⅲ

续表

风 险 事 件	可能性等级	损失等级	风险事件等级
在黏着条件差时,列车运行存在不同程度的空转和滑行,造成列车运行偏离正常运行图,打乱了正常的运营组织,同时擦伤轮对	2	D	Ⅲ
列车设计的最高运行速度为100km/h,满载列车在长大坡道紧急制动时,制动力大、持续时间长。闸瓦的热容量应加以考虑并验证,并进一步考虑采用盘形制动	2	D	Ⅲ
运行后的不良环境影响严重,影响沿线的社会稳定性	2	D	Ⅲ

4）风险应对措施

客流风险的应对措施：

（1）车辆选型所能实现的系统运能与实际客流的匹配性：项目的方案研究和工程设计中,要正确认识客流预测对项目建设规模的指导作用,既依据于客流,又不迷信客流,根据对客流报告的解读,把握好项目运能的量级水平,找准其客流演变特征,用好客流预测相关结果,尤其是重视客流敏感性分析结果。合理确定项目终期运能水平,合理选择车型。

（2）初期车辆购置数与实际客流的匹配性：计算初期车辆配属数量时,既要有理论计算,还要对项目客流风险有充分的认识,备用率取上限。

（3）车辆运用检修建设规模与客流增长的匹配性：确定近、远期设计规模时,既要有理论计算,还要分析工程分期建设的意义和必要性,当远期预留规模不大时,可考虑按最终规模一次建成。

技术风险的应对措施：

黏着条件较差时,列车运行存在空转和滑行现象,在车辆招标阶段提出牵引和制动防滑的要求,车辆设计时采取必要的、有效的保护措施,尽可能避免列车运行时出现空转和滑行。具体措施可待设计联络阶段落实。基础制动单元制动形式的选择和制动热容量核算。

根据客流预测、线路条件以及列车编组,车辆招标阶段车辆厂家应通过模拟运行计算合理选用制动形式。若采用常规闸瓦摩擦制动,需要选择合适的闸瓦材料并经过试验验证,推荐采用盘型制动。

5）总结

综上分析,车辆及系统选型专业有Ⅲ级风险5项。响应的风险事件、风险发生应具备的条件及风险应对措施等汇总见表1-14。

综上分析,车辆的综合风险等级为Ⅲ级,风险等级较低,处于正常设计及施工措施可控范围内。但在设计过程中,也应严格执行设计复核和审查制度,加强对已投入运营工程的实地考察,收集总结运营过程中的经验教训,并优化方案实施过程中的技术措施,可有效控制风险的产生。

8. 综合监控系统

综合监控系统风险评估包括综合监控系统、火灾自动报警系统、环境与设备监控系统和门禁系统四部分内容。

表 1-14 车辆及系统选型风险评估

风 险 事 件	风险发生应具备条件	风险应对措施	备 注
实际客流与预测客流的差距大,车辆选型与实际客流不匹配,导致服务水平降低或运能过剩	实际客流与预测客流不符	既依据客流,又不迷信客流,根据对客流报告的解读,把握好项目运能的量级水平,找准其客流演变特征,用好客流预测相关结果,尤其是重视客流敏感性分析结果。合理确定项目终期运能水平,合理选择车型及编组	风险等级在正常设计及施工措施可控范围内,实施过程中加强监测管理
线路建成开通后客流上升快,初期客流超出原来的预测值,导致按预测客流计算的初期车辆配置数偏少,不满足实际运力的需要,服务水平降低	实际客流增长幅度超出预计	计算初期车辆配属数量时,既要有理论计算,还要对项目客流风险有充分的认识,备用率取上限	
当实际客流的增长远远超出原先的预测水平,导致远期高峰高断面客流提前到来,就会出现已建规模不够大,不能满足实际需要的局面,既需要提前增购车辆,也需要提前建设远期预留的厂房和线路	实际客流增长幅度超出预计	确定近、远期设计规模时,既要有理论计算,还要分析工程分期建设的意义和必要性,当远期预留规模不大时,可考虑按最终规模一次建成	
黏着条件较差时,列车运行存在空转和滑行现象	线路条件	车辆设计时采取必要的、有效的保护措施,尽可能避免列车运行时出现空转和滑行	
基础制动单元的制动热容量	制动形式的选择不合理	根据客流预测、线路条件以及列车编组,车辆招标阶段车辆厂家应通过模拟运行计算合理选用制动形式	

1) 风险识别

综合监控系统是一个高度集成的综合自动化监控系统,其目的主要是通过集成多个主要弱电系统,形成统一的监控层硬件平台和软件平台,从而实现对主要弱电设备的集中监控和管理功能,实现对列车运行情况和客流统计数据的关联监视功能,最终实现相关各系统之间的信息共享和协调互动功能。通过综合监控系统的统一用户界面,运营管理人员能够更加方便、更加有效地监控管理整条线路的运作情况。

综合监控系统采用分层分布式体系结构,中央级、车站级两级管理,中央级、车站级、现场级三级控制方式。系统由中央级综合监控系统、车站级(车站、车辆基地)综合监控系统以及主干传输网络组成。

综合监控系统主要的风险源包括:①综合监控系统中央或车站计算机系统工作中断,可能引起服务水平的降低。②综合监控系统网络安全及稳定性事故,可能引起服务水平的降低。

2) 风险分析

经分析、识别,各风险源的原因如下。

(1) 综合监控系统中央或车站计算机系统工作中断：计算机设备出现故障或者断电情况、工作人员操作失误等。

(2) 综合监控系统网络安全及稳定性方面的风险：网络故障、网络中断、网络风暴、黑客入侵等。

3) 风险评估

综合监控系统风险评估见表1-15。

表1-15 综合监控系统风险评估

风险事件	可能性等级	损失等级	风险事件等级
综合监控系统中央或车站计算机系统工作中断	4	D	Ⅳ
综合监控系统网络安全及稳定性方面的风险	4	D	Ⅳ

4) 风险应对措施

针对综合监控系统中央或车站计算机系统工作中断的风险，具体应对措施如下：①按地铁设计规范及标准设计；②计算机系统设备采用工业级高可靠性产品；③中央计算机系统服务器采用冗余配置；④存储器磁盘阵列采用冗余配置，并配置磁带库进行定期数据备份；⑤系统具备操作失误保护功能，同时可加强员工培训；⑥计算机系统采用UPS供电，并为UPS配置后备电池。

针对综合监控系统网络安全及稳定性方面的风险，具体应对措施如下：①按地铁设计规范及标准设计；②网络设备采用工业级高可靠性产品；③中央计算机网络配置防火墙及入侵检测设备；④中央核心交换机及通信传输通道均采用冗余配置；⑤网络中断时，计算机系统及终端设备均可独立运行；⑥网络设备采用UPS供电，并为UPS配置后备电池。

5) 总结

综合监控系统的综合风险等级为Ⅳ级，风险等级较低，处于在正常设计及施工措施可控范围内。但在设计过程中，应严格执行设计复核和审查制度，加强对已投入运营工程的实地考察，收集总结运营过程中的经验教训，并优化方案实施过程中的技术措施，可有效控制风险的产生。

9. 火灾自动报警系统

1) 风险识别

火灾自动报警系统（fire alarm system，FAS）的车站级为各车站、停车场、车辆段，对车站级管辖范围内消防设备进行监控管理。经识别，FAS主要的风险源及风险事件包括：①FAS的车站计算机系统工作中断，可能引起服务水平的降低。②FAS的网络安全及稳定性事故，可能引起服务水平的降低。③FAS的就地级报警设备、就地级网络、I/O模块或连接电缆故障、软件设计错误、系统误动作或联动失效，可能引起服务水平的降低并影响地铁运营的安全。④FAS中人机接触的事故，可能引起人身伤害、服务水平的降低。⑤本线换乘站较多，与既有车站信息互通失效，联动功能不完善，可能引起服务水平的降低并影响地铁运营的安全。

2) 风险分析

经分析、识别，各风险事件的原因如下。

(1) FAS 的中央或车站计算机系统工作中断：计算机设备出现故障、计算机设备出现断电情况、工作人员操作失误等。

(2) FAS 的网络安全及稳定性方面的风险：光缆接续故障、光端机设备故障等。

(3) FAS 的就地级报警设备、就地级网络、I/O 模块或连接电缆故障、软件设计错误、系统误动作或联动失效的风险：系统设备质量低下、性能不稳定；设备易受电磁波、静电、雷击、杂散电流腐蚀等干扰或破坏，引起设备故障；施工质量未达到要求存在隐患；软件编制人员经验不足，存在软件编制错误的风险；系统维护不到位、工作人员操作失误等。

(4) FAS 人机接触中的安全风险：终端设备制造工艺、施工质量等未达到要求等。

(5) 本线换乘站较多，与既有车站信息互通失效，联动功能不完善：设计人员重视不够、既有系统配合不到位、软件编制不完善等。

3) 风险评估

火灾自动报警系统风险评估见表 1-16。

表 1-16　火灾自动报警系统风险评估

风　险　事　件	可能性等级	损失等级	风险事件等级
中央或车站计算机系统工作中断的风险	4	D	Ⅳ
网络安全及稳定性方面的风险	4	D	Ⅳ
就地级设备损坏、就地级总线网络故障、I/O 模块或连接电缆故障、软件设计错误、系统误动作或联动失效等的风险	4	C	Ⅲ
人机接触中的安全风险	4	D	Ⅳ
与既有车站信息互通失效、联动功能不完善的风险	4	C	Ⅲ

4) 风险应对措施

(1) 针对 FAS 计算机系统工作中断的风险，具体应对措施如下：按地铁设计规范及标准设计；计算机系统设备采用工业级高可靠性产品；中央网络型主机采用冗余配置；系统具备操作失误保护功能，同时可加强员工培训；计算机系统采用 UPS 供电，并为 UPS 配置后备电池。

(2) 针对 FAS 网络安全及稳定性方面的风险，具体应对措施如下：按地铁设计规范及标准设计；光端机采用高可靠性产品；施工期间加强施工监理工作，加强监测，保证施工工艺质量。

(3) 针对 FAS 就地级设备损坏、就地级总线网络故障、I/O 模块或连接电缆故障、软件设计错误、系统误动作或联动失效等的风险，具体应对措施如下：按地铁设计规范及标准设计；选用通过国家消防产品质量监督检测中心检测的合格产品，采用高可靠性产品，关键部件从国外引进；电缆采用高可靠性产品，施工期间加强施工监理工作，加强监测，保证施工工艺质量；现场控制网络采用环形拓扑结构，增加系统的可靠性；加强软件设计质量管理，加强软件功能测试；加强岗位操作人员的职业培训；制订紧急情况下的操作手册；制订定期测试检修计划，并定期进行演练。

(4) 针对 FAS 人机接触中的安全风险，具体应对措施如下：按地铁设计规范及标准设计；终端设备要求外壳圆滑无棱角，并可靠接地；施工期间加强施工监理工作，运营后，对终端设备定期检修维护。

(5) 针对 FAS 与既有车站信息互通失效、联动功能不完善的风险,具体应对措施如下:设计时增加与既有车站互通信息的接口;根据控制工艺完善相互的联动功能,加强软件功能测试;制订换乘站紧急情况下的操作手册,并定期进行演练。

5) 总结

综上分析,火灾自动报警系统的综合风险等级为Ⅲ级,风险等级较低,处于正常设计及施工措施可控范围内。但在设计过程中,也应严格执行设计复核和审查制度,实施过程中加强监测管理,加强对已投入运营工程的实地考察,收集总结运营过程中的经验教训,并优化方案实施过程中的技术措施,制订换乘站紧急情况下的操作手册,并定期进行演练,可有效控制风险的产生。

10. 环境与设备监控系统

1) 风险识别

环境与设备监控系统(building automation system,BAS)为深度集成于综合监控系统的一个子系统,通过冗余接口接入综合监控系统,实现 BAS 信息的监控,其在中心级和车站级的系统设置由综合监控系统统一实现,BAS 仅设置现场级设备。

地下车站在车站两端各设一套冗余的 PLC 控制器,以靠近车站控制室端的 PLC 为主控制器,另外一端的 PLC 为从控制器。高架车站在靠近车站控制室一端集中设置 1 套冗余的 PLC 控制器,车站所有现场 RI/O 模块通过双总线接入,实现对整个车站机电设备的监控和管理。对于车辆段、停车场,在综合监控室内设置一台非冗余的控制器及相应 RI/O 模块,实现对车辆段内暖通空调、给排水、动力照明、电梯等设备的监控。

经梳理识别,BAS 主要的风险源及风险事件包括:中央或车站计算机系统工作中断,可能引起服务水平的降低;网络安全及稳定性事故,可能引起服务水平的降低;就地级总线网络、I/O 模块或连接电缆故障,可能引起服务水平的降低并影响地铁运营的安全;人机接触的事故可能引起人身伤害、服务水平的降低。

2) 风险分析

经分析、识别,各风险事件的原因如下。

(1) BAS 中央或车站计算机系统工作中断:计算机设备出现故障、计算机设备出现断电情况、工作人员操作失误等。

(2) BAS 网络安全及稳定性方面的风险:网络故障、网络中断、网络风暴、黑客入侵等。

(3) BAS 就地级总线网络故障、I/O 模块或连接电缆故障、软件设计错误、系统联动失效:系统设备质量低下、性能不稳定;设备易受电磁波、静电、雷击、杂散电流腐蚀等干扰或破坏,引起设备故障;施工质量未达到要求存在隐患;软件编制人员经验不足存在软件编制错误的隐患;系统维护不到位、工作人员操作失误均会引起系统各类故障。

(4) BAS 人机接触中的安全风险:终端设备制造工艺、施工质量等未达到要求。

3) 风险评估

环境与设备监控系统风险评估见表 1-17。

表 1-17 环境与设备监控系统风险评估

风险事件	可能性等级	损失等级	风险事件等级
BAS中央或车站计算机系统工作中断	4	D	Ⅳ
BAS网络安全及稳定性方面的风险	4	D	Ⅳ
BAS就地级总线网络故障、I/O模块或连接电缆故障、软件设计错误、系统联动失效	4	C	Ⅲ
BAS人机接触中的安全风险	4	D	Ⅳ

4）风险应对措施

（1）针对BAS中央或车站计算机系统工作中断的风险，具体应对措施如下：按地铁设计规范及标准设计；计算机系统设备采用工业级高可靠性产品；中央计算机系统服务器采用冗余配置；存储器磁盘阵列采用冗余配置，并配置磁带库进行定期数据备份；系统具备操作失误保护功能，同时可加强员工培训；计算机系统采用UPS供电，并为UPS配置后备电池。

（2）针对BAS网络安全及稳定性方面的风险，具体应对措施如下：按地铁设计规范及标准设计；网络设备采用工业级高可靠性产品；中央计算机网络配置防火墙及入侵检测设备；中央核心交换机及通信传输通道均采用冗余配置；网络中断时，计算机系统及终端设备均可独立运行；网络设备采用UPS供电，并为UPS配置后备电池。

（3）针对BAS就地级总线网络故障、I/O模块或连接电缆故障、软件设计错误、系统联动失效的风险，具体应对措施如下：按地铁设计规范及标准设计；车站终端设备采用高可靠性产品，关键部件从国外引进；电缆采用高可靠性产品，施工期间加强施工监理工作，保证施工工艺质量；现场控制网络采用环形拓扑结构，增加系统的可靠性；加强软件设计质量管理，加强软件功能测试；加强岗位操作人员的职业培训；制订紧急情况下的操作手册；制订定期测试检修计划，并定期进行演练。

（4）针对BAS人机接触中的安全风险，具体应对措施如下：按地铁设计规范及标准设计；终端设备要求外壳圆滑无棱角，并可靠接地；施工期间加强施工监理工作，运营后对终端设备定期检修维护。

5）总结

综上分析，BAS共有4项风险事件，其中Ⅲ级风险1项，Ⅳ级风险3项，综合风险为Ⅲ级，风险等级较低，处于正常设计及施工措施可控范围内。但在设计过程中，也应严格执行设计复核和审查制度，加强对已投入运营工程的实地考察，收集总结运营过程中的经验教训，并优化方案实施过程中的技术措施，可有效控制风险的产生。

11. 门禁系统

1）风险识别

门禁系统是一个出入管理系统，其主要职责是根据地铁运营和安全防护的需要，在设备管理用房及通道设置门禁出入控制装置，只允许获得授权的人员进出，防止无授权人员的非法闯入，以保证门禁控制区域的安全。为保证地铁运营安全，加强地铁生产区的管理，在各车站、车辆段、停车场的设备房和管理房设置门禁装置，采用地铁员工票卡作为门禁卡。

经梳理识别，门禁系统主要的风险源及风险事件包括：门禁系统中央或车站计算机系统工作中断,可能引起服务水平的降低;门禁系统网络安全及稳定性事故,可能引起服务水平的降低;门禁系统就地级设备故障,门禁系统失效,可能引起服务水平的降低并影响地铁设备的安全;门禁系统中人机接触的事故,可能引起人身伤害、服务水平的降低。

2) 风险分析

经分析、识别,各风险事件的原因如下。

(1) 门禁系统中央或车站计算机系统工作中断:计算机设备出现故障、计算机设备出现断电情况、工作人员操作失误等。

(2) 门禁系统网络安全及稳定性方面的风险:网络故障、网络中断、网络风暴、黑客入侵等。

(3) 门禁系统就地级设备故障,门禁系统失效的风险:终端设备故障、门禁系统电源故障。

(4) 门禁系统人机接触中的安全风险:终端设备制造工艺、施工质量等未达到要求。

3) 风险评估

门禁系统风险评估见表1-18。

表1-18 门禁系统风险评估

风 险 事 件	可能性等级	损失等级	风险事件等级
门禁系统中央或车站计算机系统工作中断	4	D	Ⅳ
门禁系统网络安全及稳定性方面的风险	4	D	Ⅳ
门禁系统就地级设备故障,门禁系统失效的风险	4	C	Ⅲ
门禁系统人机接触中的安全风险	4	D	Ⅳ

4) 风险应对措施

(1) 针对门禁系统中央或车站计算机系统工作中断的风险,具体应对措施如下:按地铁设计规范及标准设计;计算机系统设备采用工业级高可靠性产品;计算机系统采用UPS供电,并为UPS配置后备电池。

(2) 针对门禁系统网络安全及稳定性方面的风险,具体应对措施如下:按地铁设计规范及标准设计;网络设备采用工业级高可靠性产品;中央计算机网络配置防火墙及入侵检测设备;网络中断时,计算机系统及终端设备均可独立运行;网络设备采用UPS供电,并为UPS配置后备电池。

(3) 针对门禁系统就地级设备故障,门禁系统失效的风险,具体应对措施如下:按地铁设计规范及标准设计;车站终端设备采用高可靠性产品,关键部件从国外引进;现场控制网络采用环形拓扑结构,增加系统的可靠性。

(4) 针对门禁系统人机接触中的安全风险,具体应对措施如下:按地铁设计规范及标准设计;终端设备要求外壳圆滑无棱角,并可靠接地;读卡器满足电磁辐射卫生要求;施工期间加强施工监理工作,运营后对终端设备定期检修维护。

5) 总结

综上分析,门禁系统的综合风险等级为Ⅲ级,风险等级较低,处于正常设计及施工措施可控范围内。但在设计过程中,应严格执行设计复核和审查制度,加强对已投入运营工程的实地考察,收集总结运营过程中的经验教训,并优化方案实施过程中的技术措施,可有效控制风险的产生。

12. 车站设备

本节对自动售检票、自动扶梯及电梯、站台门等车站设备的风险进行评估。

1) 风险识别

经梳理识别,各设备风险源及风险事件如下。

(1) 自动售检票系统主要的风险事件包括:自动售检票系统中央或车站计算机系统工作中断,可能引起财务安全及服务水平的降低。自动售检票系统网络安全及稳定性事故,可能引起财务安全及服务水平的降低。自动售检票系统引起乘客财物、票务纠纷,可能引起服务水平的降低并影响地铁正常运营。自动售检票系统造成车站客流混乱的事故,可能引起服务水平的降低并影响地铁正常运营。自动售检票系统阻碍人流快速疏散的事故,可能引起人身伤害、服务水平的降低。自动售检票系统人机接触中的事故,可能引起人身伤害、服务水平的降低。

(2) 自动扶梯系统主要的风险事件包括:自动扶梯停运。自动扶梯上发生人身伤害或事故。

(3) 电梯系统主要的风险事件包括:电梯停运。电梯上发生人身伤害或事故。

(4) 站台门系统主要的风险事件包括:站台门不能正常使用;站台门产生人身伤害或事故。

2) 风险分析

在设计和施工过程中,设备的选择,应本着因地制宜、因工程制宜,按照技术上先进、经济上合理、生产上适用、性能上可靠、使用上安全、操作方便和维修方便的原则,使其具有工程的适用性、保证工程质量的可靠性、使用操作的方便性和安全性。在设备的配置上,应综合考虑各设备在整套系统中的协调性,确保可以相互配合,发挥最大作用,提高效率,确保工程进度。施工过程中的设备质量若有问题则会影响工程质量、工程进度和企业的效益,并可危害到施工人员和现场人员的生命安全。因此,保证在施工过程中使用良好、适用、质量可靠的施工设备是安全、顺利完成施工任务的条件。

经分析、识别,各风险事件的原因如下。

(1) 自动售检票系统。自动售检票系统中央或车站计算机系统工作中断主要有以下几种原因:计算机设备出现故障、计算机设备出现断电情况、工作人员操作失误等。自动售检票系统网络安全及稳定性方面的风险主要有以下几种原因:网络故障、网络中断、网络风暴、黑客入侵等。自动售检票系统引起乘客财物、票务纠纷的风险主要有以下几种原因:售票机吞钞、吞币,伪钞处理或车票进站、出站出现异常,以及储值票扣款异常等。自动售检票系统造成车站客流混乱的风险主要有以下几种原因:终端设备配置或布置不合理、终端设备故障、遭遇突发大客流。自动售检票系统阻碍人流快速疏散的风险主要有以下原因:遭遇灾害情况。自动售检票系统人机接触中的安全风险主要有以下几种原因:终端设备制造工艺、设备漏电、设备调试、施工质量等未达到要求。

(2) 自动扶梯系统。自动扶梯停运主要有以下原因:基坑积水、电源故障、控制系统故障、乘客启动"紧急停梯"按钮等。自动扶梯产生人身事故的原因:梯级链断裂、驱动系统或控制系统故障、乘客意外跌倒等。

(3) 电梯系统。电梯停运的原因：电源故障、基坑积水。电梯产生人身事故的原因：钢丝绳断裂、安全钳故障等。

(4) 站台门系统。站台门系统主要的风险事件包括：由电源或控制系统故障、滑动门无法开启或关闭等引起的站台门停运；由门体动能失去控制、发生夹人事故、玻璃自爆等引起的站台门产生人身事故。

3) 风险评估

车站设备风险评估见表 1-19。

表 1-19　车站设备风险评估

风险事件	可能性等级	损失等级	风险事件等级
自动售检票系统中央或车站计算机系统工作中断	4	D	Ⅳ
自动售检票系统网络安全及稳定性方面的风险	4	D	Ⅳ
自动售检票系统引起乘客财物、票务纠纷的风险	3	D	Ⅲ
自动售检票系统车站客流混乱的风险	3	D	Ⅲ
自动售检票系统阻碍人流快速疏散的风险	4	C	Ⅲ
自动售检票系统人机接触中的安全风险	4	D	Ⅳ
自动扶梯停运	4	C	Ⅲ
自动扶梯产生人身事故	3	D	Ⅲ
电梯停运	4	C	Ⅲ
电梯产生人身事故	4	B	Ⅲ
站台门不能正常运行	4	D	Ⅳ
站台门产生人身事故	4	C	Ⅲ

4) 风险应对措施

(1) 针对自动售检票系统中央或车站计算机系统工作中断的风险，具体应对措施如下：按地铁设计规范及标准设计；计算机系统设备采用工业级高可靠性产品；中央计算机系统服务器采用冗余配置；存储器磁盘阵列采用冗余配置，并配置磁带库进行定期数据备份；系统具备操作失误保护功能，同时可加强员工培训；计算机系统及终端设备均采用 UPS 供电，并为 UPS 配置后备电池。

(2) 针对自动售检票系统网络安全及稳定性方面的风险，具体应对措施如下：按地铁设计规范及标准设计；网络设备采用工业级高可靠性产品；中央计算机网络配置防火墙、入侵检测设备及堡垒机；中央核心交换机及通信传输通道均采用冗余配置；网络中断时，计算机系统及终端设备均可独立运行；网络设备采用 UPS 供电，并为 UPS 配置后备电池；车站级主交换机采用三层交换能力的网络设备；车站级局域网采用具有自愈功能的工业级 10/100Mbit/s 环形以太网。

(3) 针对自动售检票系统引起乘客财物、票务纠纷的风险，具体应对措施如下：按地铁设计规范及标准设计；车站终端设备采用高可靠性产品，关键部件从国外引进；每台自动售票机均设置召援按钮，出现钱款、票务问题，乘客可及时通知车站值班人员及时处理；由闭路电视监控系统专业对售检机、进出站检票机群组设置视频监控设备，便于在发生财务、票务纠纷时，调看视频图像。在每座车站配置自动查询机，便于乘客对储值卡通行记录和消费情况进行查询。

(4) 针对自动售检票系统造成车站客流混乱的风险，具体应对措施如下：按地铁设计规范及标准设计；车站终端设备采用高可靠性产品,关键部件从国外引进；车站终端设备的数量按近期超高峰小时预测客流进行配置,并按远期超高峰小时预测客流量扩容条件；每个独立的非付费区至少布置1台宽通道双向检票机；车站终端设备应满足地铁规定的最少配置数量；标准车站设置1个客服中心,大型车站设置2~3个客服中心,每个客服中心设置2台半自动售票机,在大客流情况下进行人工售票；为方便站务员或稽查人员对乘客使用的车票进行检查以及在车站出现突发客流的情况下进行人工检票,在每座车站配置2台便携式验票机；车站终端设备布置应结合车站建筑格局提高其利用率,并设置不同功能区,避免人流交叉。

(5) 针对自动售检票系统阻碍人流快速疏散的风险,具体应对措施如下：按地铁设计规范及标准设计；出站检票机数量应考虑出站为集中客流,须满足列车行车间隔时间内乘客全部出站以及车站紧急疏散的要求；车站计算机系统在车控室IBP盘配置紧急按钮,在火灾或事故工况下可自动或人工控制,使检票机紧急开闸；紧急按钮控制器与检票机之间采用硬线连接,提高控制信号传送的可靠性,采用掉电释放方式,确保释放的可靠性。

(6) 针对自动售检票系统人机接触中的安全风险,具体应对措施如下：按地铁设计规范及标准设计；终端设备要求外壳圆滑无棱角,并可靠接地；为终端设备配电的断路器均配置漏电保护装置；调试闸门力度以避免伤人,并设置防夹人探测感应装置；读卡器满足电磁辐射卫生要求；施工期间加强施工监理工作,运营后对终端设备定期检修维护。

(7) 针对自动扶梯可能发生的风险,可以采取以下措施：为防止自动扶梯剪刀口,除对自动扶梯进行合理布置外,可加装防护挡板及三角警示牌,并加强扶梯的运行管理。为防止自动扶梯出口过于拥挤,并减少乘客乘梯时跌倒等安全事故,应加强扶梯的日程管理,在客流高峰时应对乘客提醒。可通过定时维保等方式降低扶手带速差过大、梯级链断裂、驱动系统或控制系统故障等风险。

(8) 为防止垂直电梯可能发生的风险,可以采取以下措施：可通过定时维保等方式降低钢丝绳断裂、安全钳故障等风险。通过对电梯安装和维护人员的业务和安全教育,降低曳引机的安装和维护风险。

(9) 对于站台门的运行风险,可以采取以下措施：加强维护保养和日程巡视,及时发现故障隐患及时排除。限制站台门的滑动门动能,要求每扇滑动门关闭时最大动能不超过10J。对站台门可能发生的夹人事故,可通过加强站台管理,对乘客进行安全提醒来降低风险。

5) 总结

综上分析,车站设备的综合风险的等级为Ⅲ级,风险等级较低的,在处于正常设计及施工措施可控范围内。但在设计过程中,也应严格执行设计复核和审查制度,加强对已投入运营工程的实地考察,收集总结运营过程中的经验教训,并优化方案实施过程中的技术措施,可有效控制风险的产生。

1.5 轨道交通工程安全风险管理

1.5.1 轨道交通工程安全风险管理实施意义

安全风险管理是城市轨道交通项目顺利实施的保障,是项目管理的重要组成部分,也是国家、各级政府、建设单位、各参建单位极为重视的工作。城市轨道交通工程建设由于沿线复杂多变的工程、水文地质条件,加之地下工程施工工艺复杂、施工风险突出,任何安全质量事故的发生都将给工程建设带来巨大影响。因此,安全风险管理在城市轨道交通建设过程中尤为重要。

轨道交通工程建设多在城市主城区或交通拥堵较为集中的区域,为形成集中效应,大规模的开工或多工点同时开工建设是常态。如果工程建设无法兼顾周边建(构)筑物、管线,必将严重影响广大人民群众的切身利益,进而影响工程建设的顺利实施。工程建设过程中,安全风险管理能够有效降低事故发生的概率,也就能够降低事故引发的人员损失、工期损失,自然也会产生相应的经济效益。

1.5.2 轨道交通工程安全风险管理现状

轨道交通工程建设越来越受到全社会的广泛关注,人民群众参与轨道交通工程建设的热情也日益高涨,安全风险管理效果的有效与否,直接影响了社会的稳定与和谐。住房和城乡建设部先后下发了《关于加强轨道交通建设安全管理工作的通知》《城市轨道交通工程安全质量管理暂行办法》《城市轨道交通工程质量安全检查指南》《工程质量安全手册》等。

一个城市轨道交通工程建设的安全风险管理是分阶段的,在不同阶段,建设单位对安全风险管理的理解深度与要求也不同。

1)试验段建设阶段

此时,建设单位还处于初建阶段,工点少,工法单一,总体风险较低。但内设部门尚不完善,自身专业人员较少。这一阶段建设单位对风险管理处于起步阶段,由于企业架构和人员尚有可能发生变化,一般无须进行安全风险管理体系研究。同时,由于工点太少,信息系统难以发挥规模优势,建设单位大多没有建立安全风险管理信息系统,也没有聘用现场专业咨询与服务人员,都是由建设单位内部人员进行数据分析,现场巡检。

2)首条地铁建设阶段

多个工点同时开工,建设单位内有地铁建设经验的管理与技术人才比较稀缺,参建各方均缺少本地地铁建设管理经验,对本地的地质、环境和施工风险均不熟悉,建设单位与参建各方还处于磨合阶段,风险很大。这一阶段,建设单位不仅进行施工前安全风险评估,而且聘请专业咨询单位进行动态安全风险评估。建设单位各种风险管理制度与流程尚不完备,需要进行制度建设和流程管理。建设单位在这一阶段规模较小但参建单位人员众多,一般利用管理信息系统来提高地铁建设中决策、指挥、沟通与监督的效率。同样,建设单位专业人员不足,需要聘请专业咨询公司进行数据分析、现场巡检等工作。也开始进行了一些与本地地质特征相符合的工法以及技术指标研究。

3)第二条地铁建设阶段

在此阶段,建设单位已经初步建立了专业团队,建立了安全风险管理体系,已经拥有了一些具有地铁建设相关的人才储备,参建各方已初步熟悉了本地地铁建设相关的人文与地质特点。建设单位聘请专业咨询单位开展了施工前、施工准备期以及施工过程动态安全风险评估。建设单位已经拥有一整套管理体系,对各种安全风险管理体系、制度进行改进完善,注重流程的优化与整合。由于历史原因,多数城市尚未拥有自己的信息化系统,建设单位在建立风险管理信息化系统时不仅注重吸收国内先进城市已有的功能,也注重开展适合本地特色的功能。建设单位拥有一定数量的专业人员，能够进行部分的数据分析和巡检，判别各工点的安全状态，出现事故征兆时能自己提出处理方案，依靠咨询单位提高技术实力，以应对多条线路同时开建。同时，对前期建设资料进行整理总结，如数据挖掘、难点工程分析等。

4）地铁网络建设阶段

在此阶段，建设单位规模庞大，拥有强大的实力，本地拥有丰富的专家资源和比较成熟的安全风险管理体系，安全风险管理已成为地铁建设与运营管理中重要的组成部分。建设单位往往依靠本地大学与企业，甚至自己的子公司就可以进行风险评估。经过多年的磨合，已形成了一整套管理体系，一般不需要外部人员进行管理咨询，同时也拥有功能非常齐全的管理信息系统，往往投入大量资金研究新产品与新功能，注重安全风险管理系统与隐患排查治理系统、应急管理系统等其他信息化系统的平台整合，逐步整合成为一个统一的大平台。建设单位拥有很强的技术实力，其中不乏国内知名专家，完全有能力自己进行现场巡检与数据分析以及各工点安全状态的判别，但多数单位仍然依靠专业的咨询公司提供现场服务，成为建设单位一个重要的补充。在科研方面，积极探索各种新工艺、新工法在本地地铁建设中的应用，深化前期研究成果，正在或已经形成本地技术控制指标。

1.5.3 轨道交通工程安全风险管理存在的问题

我国城市轨道交通工程建设已进入高速发展时期，工程建设的发展带动了建设过程的安全风险管理理论研究，也取得了很多有益的经验，但近年来城市轨道工程建设过程中，因风险管理不到位造成的安全生产事故时有发生，主要有体系建设、过程管理两个方面的共六点问题。

1）安全风险管理体系建设需进一步完善

国内各轨道交通建设单位虽然均进行了安全风险管理工作，国家也出台了相关的标准、规范和指南，但各地目前还未形成一套比较完善和系统化的风险管理体系，对工程建设各阶段的管理组织架构、管理目标、内容、程序等都没有明确划分，可操作性不强。

2）相关技术规范、标准有待进一步完善

施工过程中发现，完全按照相关规范和标准来执行还是出现了问题，说明当前安全风险管理相关规范和标准已经不够全面，已经失去或部分失去了对工程的指导意义。

3）安全风险动态评估质量不高

目前，各轨道交通建设安全风险质量评估工作均由建设单位委托咨询单位完成，静态风险评估工作由于施工、监理、第三方等单位参与率较高，评估质量较好；动态风险评估由于风险咨询单位对现场资料掌握不够详尽、施工情况变化频繁、现场资料更新不及时等，评估质量不高。

4）安全风险主体责任落实不到位

轨道交通建设规模快速扩张，导致专业技术人员储备不足，且人员安全风险管理经验不足，建设过程中参建各方沟通较少，缺少安全风险技术、管理方面的监督管理，导致各方建议的安全技术措施未能落实或落实不到位，未形成主体责任监督机制。

5）勘察设计单位参与安全风险管理程度不高

勘察设计阶段的安全风险管理是保证设计、施工阶段安全风险管理质量的关键，勘察设计资料是安全风险评估及管控的基础，是施工、监测方案编制的技术源头，勘察设计单位在各个阶段的安全风险管理过程中的作用不容忽视,不可或缺。但建设单位往往忽略了对勘察设计单位的管理,导致勘察设计单位参与风险控制较少、施工方案不具备针对性、技术水平较低。

6)安全风险管理信息化系统有待进一步开发

轨道交通建设相关单位对于风险管理信息化缺乏认识,盲目地避讳公开施工风险信息,缺乏参与风险信息化系统的积极性,导致信息化系统利用率较差。同时由于大多数信息化系统缺乏地理信息系统和基础数据的基础,无法实现工程周边环境实况显示和动态风险评估功能,这也促使安全风险管理信息化工作有待进一步完善。

第2章 泉水地理与轨道交通

2.1 泉水概论

2.1.1 济南泉水文化

济南南依巍巍泰山,北跨滔滔黄河,以泉水闻名天下,有"家家泉水,户户垂杨""四面荷花三面柳,一城山色半城湖""海右此亭古,济南名士多"的绝美风光和悠久文化,素有"泉城"的美称。

济南泉水具有悠久的历史。史书对济南泉水多有记载,《春秋》有"公会齐侯于泺",讲的就是公元前694年鲁桓公与齐襄公在泺水相会的故事。泺水之源,即今之趵突泉。北魏地理学家郦道元在《水经注》中描述道:"泺水出历(城)县故城,全源上奋,水涌若轮"。宋代齐州(今济南)太守曾巩有言"齐多甘泉,冠于天下。"济南"七十二泉"之说来自金代有人立《名碑泉》,元好问也在《济南行记》中说:"济南名泉有七十二",元代的地理学家于钦在其著作《齐乘》一书中描述道:"济南山水甲齐鲁,泉甲天下"。把七十二泉的名字、位置记录下来,明初诗人晏璧作《济南七十二泉诗》对七十二泉一一加以吟咏。到了清代,记录泉水的诗词歌赋更是不胜枚举了。相传清代乾隆皇帝下江南,出京时带足北京玉泉水,到济南品尝了趵突泉水后,便立即改带趵突泉水。从此以后,趵突泉被公认为"天下第一泉"。

济南泉水数量之多,世所罕见。清代沈廷芳在《贤清园记》中说,济南泉眼"旧者九十,新者吾十有五",共计145处。乾隆时期《听泉斋记》中说:"历下之泉甲海内,著名者七十二泉,名而不著者五十九,其他无名者奚啻百数。"据山东省水文地质一队1964年的调查,市区即有天然泉池108处。济南市城市规划建设领导小组1980年调查为119处。1983年6月、7月间,市园林局、市名泉保护管理办公室,又以上述记载为基础进行调查,查出城区有名称的泉池139处。截至1998年6月,除湮没、填埋者外,尚有103处泉池基本完好,其中金《名泉碑》所列七十二名泉者有41处。1997年《济南市志》列出市区泉池136处,郊区及各县394处,合计530处。2003年济南市重新审定济南新七十二名泉,各县区普查泉点总数为645处,2011年增188处。《济南泉水志》计入泉点809处。这些泉池集中在东起青龙桥、西止筐市街,南至正觉寺街,北到大明湖,面积仅2.6km^{2}的范围内。

济南泉水多如繁星,然而却各具风采。或如沸腾的急湍,喷突翻滚;或如倾泻的瀑布,狮吼虎啸;或如串串珍珠,灿烂晶莹;或如古韵悠扬的琴瑟,铿锵有声……整个泉城沉浸在泉水潺潺淙淙、诗情画意之中，使得历代文人为之倾倒。唐、宋、元、明、清各代的名人如李白、曾巩、苏辙、赵孟頫、张养浩、蒲松龄等，都留下了赞泉的诗文。济南泉水，孕育出李清照、辛弃疾等一代又一代婉约与豪放派诗人、词人。这些泉水，以形、色、声、姓氏、传说、动物、植物、乐器、珍宝取名或无名而名，各具情趣。

济南泉水还以质纯著称。泉水来自岩层深处，受气温影响甚微，水温比较稳定，常年保持在 17～18℃，无色透明，清洌甘美。济南"普利思"矿泉水，即是直接从地下汲取而成。经国家地矿部门鉴定，含有多种对人体有益的微量元素，矿化度为650，每升含有锂(Li)0.12mg、锶(Sr)0.99mg、锌(Zn)0.13mg。

泉水已成为济南的象征，是济南的"眼睛"。泉城济南，美丽潇洒，她像一颗璀璨的明珠，镶嵌在黄河之滨、泰山之阴。

2.1.2 济南泉水成因的探索

1. 古人的探索和判断

古时，人们对济南泉水的成因说法很多。北宋元丰年间，著名科学家沈括在《梦溪笔谈》中认定济南的泉水发源于河南济源市王屋山。明代胡缵宗、清代王初桐等作诗随传之，著名文学家蒲松龄在《趵突泉赋》中说："泺水之源，发自王屋"，也是采用这个观点。以上几位名人所言，说明古人对济南泉水来源已有若干认识和判断。

当然，前人也有关于济南泉水来源的正确说法。如宋代曾巩、金代元好问等认为，济南的泉水并非济水之出露，而是来自济南城南的山区。曾巩在齐州任知州期间，曾进山调查泉水来路，认为南山区的水下渗潜流至市区而出露成泉。他在《齐州二堂记》中论述说："泰山之北与齐之东南诸谷之水，西北汇于黑水之湾，又西北汇于柏崖之湾，而至于渴马之崖。盖水之来也众，其北折而西也，悍疾尤甚。及至于崖下，则泊然而止，而自崖以北至于历城之西，盖五十里，而有泉涌出，高或至数尺，其旁之人名之曰趵突之泉。……盖泉自渴马之崖潜流地中，而至此复出也。"可见，在科学技术相对落后的年代，古人的判断也是非常有道理的，在某些领域他们的智慧曾经达到令今人无法想象的高度。

2. 现代地质工作者的调查和研究

现代地质工作者调查研究认为，济南泉水来源于市区南部山区，大气降水渗漏地下，顺岩层倾斜方向北流，至城区遇侵入岩土阻挡，承压水出露地标，形成泉水。济南南部山区属泰山北麓，为泰山余脉，自南向北有中山、低山、丘陵，至市区变为山前倾斜平原和黄河冲积平原的交接带，南北距离70km，高差达500多米。这种南高北低的地势，利于地表水和地下水向城区汇集。在地质构造上，南部山区属泰山隆起北翼，为一平缓的单斜构造。北侧断裂形成许多小断块，其中千佛山堑断块是构成城区泉群的构造基础。山区以前为震旦系变质岩，上覆有1000多米厚的古生界寒武系和奥陶系石灰岩，岩层一般以 3°～15°倾角向北倾斜，至市区埋没于第四系沉积层之下。

在漫长的地质年代，这些可溶性石灰岩经过多次构造运动和长期溶蚀，岩溶地貌发育，形成大量溶沟、溶孔、溶洞和地下暗河等，共同组成了能够储存和输送地下水的脉状地下网道。市区北部为燕山期辉长岩-闪长岩侵入体，质地细密，岩质坚硬，隔水性能好。千佛山断块西有通过纬一路的千佛山断层；东有穿过解放桥和老东门的羊头峪断层，这样就组成了东西北三面阻水岩体,构成了三面封闭的排泄单元。在石灰岩出露和裂隙岩溶发育的浅山区或山前地带,除吸收大气降水垂直渗入外,同时接受上游河道来水包括汛期洪水的渗漏补给和地表径流,渗入地下形成丰富的裂隙岩溶水。这些裂隙岩溶水受太古变质岩的阻隔,沿岩层倾斜的方向,向北做水平运动,形成地下潜流,至城区遇到侵入岩岩体的阻挡和断层堵截,地下潜流大量汇聚,并由水平运动变为垂直向上运动,促进了岩溶发育和水位抬高。在强大的静水压力下,地下水穿过岩溶裂隙,在灰岩和侵入岩体的接触地带及第四系沉积层薄弱之处夺地而出,涌出地表,形成天然涌泉。泉水成因示意见图2-1,泉水成因水文地质剖面图见图2-2。

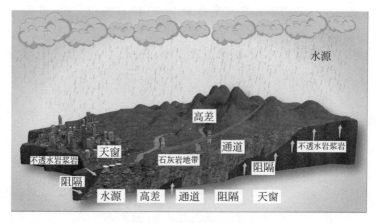

图2-1 泉水成因示意

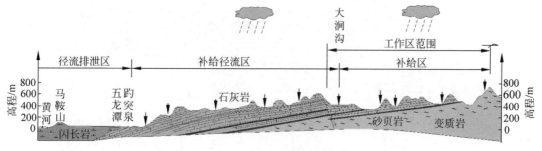

图2-2 泉水成因水文地质剖面图

降水量的多少和季节分配直接影响着泉水的变化。济南属暖温带季风气候,多年平均降水量为650~700mm。由于夏季风的影响,降水量季节分配不均,2/3的降水量集中在夏季,秋季不足1/5,冬、春两季降水很少。随着降水量的"少-多-少"的季度变化,泉水水位和流量也相应地出现"低-高-低"和"小-大-小"的季节变化,不过在时间上较降水的季节变化推迟一些。一般年份,泉水变化过程是自年初开始,流量逐渐减少,至6月出现最小量和最低水位;7月随降水量增加而流量增大,8月、9月出现最大流量和最高水位。一般规律是年降水量多,当年泉水的流量大,水位高;年降水量少,当年泉水的流量也小,水位也低。

3. 济南泉域的基础资料

济南市水利局于1982年3月1日组织了全市地表水、地下水位统一观测活动,提出了济南三大泉域划分的技术报告。

1) 趵突泉泉域

马山断裂与千佛山断裂之间,含水性最好的奥陶系马家沟组灰岩走向北北东60°,北店子以东上复巨厚的火成岩侵入体阻水;同时黄河的流向也是北东方向,其水位高于南岸的地下水位、顶托南岸的地下水,从而迫使奥陶系马家沟组灰岩的岩溶水向市区泉群运移。

2) 白泉泉域

文祖断裂与东梧(刘志远)断裂之间,含水性最好的奥陶系马家沟灰岩走向北北西60°,其上复石炭二叠系砂页岩阻水,从而迫使其向北白泉泉群运移。

3) 百脉泉泉域

文祖断裂与淄博市禹王山断裂之间的断块,南至长城岭,北至石炭系与奥陶系交界线,为百脉泉泉域(明水泉泉域),其中奥陶系马家沟灰岩富水层走向为北北西60°,明水泉口为泉域内最低排泄口。文祖断裂南段,三德范村以南,断层两侧皆为奥陶系马家沟组灰岩,因受断层牵引,西盘岩层向东倾斜,水位观测资料证明,西盘水位越往西越高,故将此小流域(锦屏山分水岭以东)划入百脉泉泉域。

三大泉域边界确定以后,计算面积分别是:趵突泉泉域 $1220km^2$,岩溶水多年平均资源量 $1.8×10^8 m^3$;白泉泉域 $496km^2$,岩溶水多年平均资源量 $1.38×10^8 m^3$;明水泉域 $355km^2$,岩溶水多年平均资源量 $1.2×10^8 m^3$(含淄博 $0.4×10^8 m^3$)。济南市三大泉域示意见图2-3。

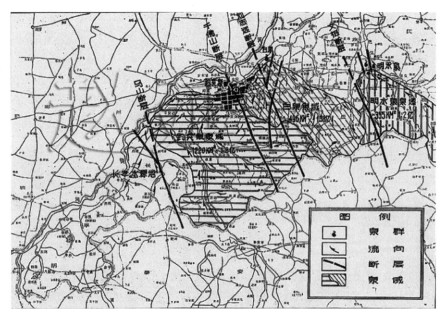

图 2-3 济南市三大泉域示意

2.1.3 泉水断流主要原因

泉水大量开采是造成泉水断流的主要原因。以趵突泉为例,水位低于27m视为"泉水断流"。由于对岩溶泉水大量开采,1976—2003年的28年中,趵突泉每年旱季都出现断流,最少的79天,多则全年。2003年1—9月继续断流,但到汛期大雨,地下水位激增,趵突泉9月6日开始喷涌,至今未断流。不再断流的原因是用黄河水作为主要供水水源,置换了对岩溶泉水的大量开采。

降雨量减少不是泉水断流的主要原因,但会影响泉流量的大小。在天然生态下,趵突泉这样的大泉群,除非地壳变动,否则不会发生干涸现象。大气降水对泉水动态变化所起的主导作用,是在人工开采量不超过泉水流量的情况下显示出来的。如果开采量大于泉流量,雨量因素则处于次要地位。开采量的多少,直接影响泉水的动态变化。

1965 年以前,市区泉流量日均 $30×10^4 m^3$ 以上。1965—1975 年,泉流量由日均 $30×10^4 m^3$ 转化到 $10×10^4 m^3$,开采量由日均 $10×10^4 m^3$ 转化到 $30×10^4 m^3$,故 1976—2003 年,泉水年年断流。同样,白泉泉群 1965 年以前也从未断流,1965—1975 年也出现开采量大于出流量,1975 年以后,由于东郊工业区扩产、张马屯铁矿排水、白泉水厂扩建等,白泉泉群全面枯竭。

2.1.4 泉水保护探索和实践

20 世纪 80 年代,面对 1976 年后泉水屡屡断流的严酷现实,确定了"采外补内"的策略,并划定了泉域边界。建成了老徐庄一期工程,以及卧虎山、锦绣川、郎茂山三座水库向市区供水工程,使济南市供水有所缓解。但由于各水库主要蓄存雨季洪水,越来越少,旱季供水量不能保证,加大岩溶水开采是唯一选择,但导致泉水继续断流。

20 世纪 90 年代实施多水源供水战略,2000 年,济南建成鹊山、玉清湖两座引黄水库及东湖引江水库,调蓄黄河长江水,增加供水量 $3×10^8 m^3$,主要用于置换泉水的开采,使保泉落到实处。同时,对山泉进行综合治理,充分发挥森林对涵养水源、水土保持的重要性,为旱季泉群进行"补源"。

21 世纪初,卧虎山和锦绣川水库相继干涸,在玉清湖和鹊山两座引黄水库仅能维持两个月供水的背景下,决定试验性开发济西地下水源,将应急供水与抽水试验结合进行,结果证明,济西抽水不仅造成了当地地下水位大幅下降,还拉动了市区泉水位下降。2005 年,济南市完成"济南市保泉综合技术研究"项目,该项目包括济南市地下水实时动态监测系统开发与应用、玉符河人工回灌补源保泉试验和济西抽水试验研究,取得大量基础资料和成果。首次证明了在玉符河进行人工回灌对泉域地下水补给效果良好,进一步补充、完善了济南泉域水文地质模型,提出了不同保证率条件下的西部、城区、东部地下水开采方案,为保泉供水提供重要的技术支撑。

2013 年,济南市制定《济南市水生态文明建设试点实施方案》,计划在 2020 年基本建成水生态文明城市,达到"泉涌、湖清、河畅、水净、景美"的目标。通过建设玉符河卧虎山水库调水工程、玉清湖引水工程、田山灌区与济平干渠连通工程、东联供水工程等绘出水生态城市蓝图,打通各水系通道,实现黄河水、长江水、地表水多水源联合调度,形成河湖连通的水利发展新格局。

2.2 泉城地理

2.2.1 地形地貌

济南地势南高北低,地貌类型由南向北依次为山区、丘陵、山前平原、黄泛平原。地貌单元可划分为中低山、低山、丘陵、山间冲洪积平原、山前冲洪积平原、黄河冲洪积平原六种主要类型。

济南泉水地理涉及范围均在黄河以南地区，面积约 5075km²。

1. 地理标志

1）长城岭

长城岭构成济南市南部与泰安的分界线，全市最高峰"摩天岭"海拔 988.9m，位于长清东南武家乡长城岭上。全市第二高峰"梯子山"海拔 976m，位于历城柳埠镇长城岭上；第三高峰"鸡爪顶"海拔 924m，位于章丘垛庄镇长城岭上。

2）千佛山

千佛山位于市区南部，海拔 285m，为济南三大名胜之一。古时称历山，也称为舜耕山。站在千佛山上北望，可以看到"齐烟九点"：华山(197m)、鹊山(120m)、药山(125m)、卧牛山(95.5m)、北马鞍山(88m)、匡山(80m)、粟山(61m)、标山(48m)、凤凰山(49m)。

3）趵突泉

趵突泉位于济南市中心区，趵突泉南路和泺源大街中段，南靠千佛山，东临泉城广场，北通大明湖。趵突泉位居济南七十二名泉首位，有"天下第一泉"的美称，是泉城济南的象征和标志，与千佛山、大明湖并称济南三大名胜。泉水汇入西泺河。

4）大明湖

大明湖位于济南旧城内北部，湖水由珍珠泉、濯缨泉、孝感泉、芙蓉泉等 20 多处泉水汇集而成，经北护城河、西泺河注入小清河。北魏郦道元在《水经注》中称历水陂。宋时曾名西湖，到金时称大明湖。

5）小清河

2007 年，小清河综合治理工程正式开工，河道明显变宽，防洪标准由 20 年一遇提高到 100 年一遇，同时新建了 31 座跨河桥梁，建设了多处景观节点和自然植物景观区。

6）黄河

黄河流经济南市总长 183.35km，长清城关孟李附近河底高程 24m，低于地面。济南西郊北店子以下，河底逐渐淤高，章丘段河底高出地面 3～5m。

2. 地貌特征

1）变质岩岩山地貌

变质岩岩山地貌分布在长清、历城南部、章丘西南部的长城岭，由变质岩-花岗片麻岩或片岩组成。

2）石灰岩岩山地貌

石灰岩岩山地貌又称喀斯特地貌。石灰岩是沉积岩或水成岩的一种。济南石灰岩分布在变质岩的外围，岩层倾斜方向由章丘境内的北东、历城境内的正北，转变为长清、平阴境内的北西。倾角多在 7°～15°，一般形成南坡陡、北坡缓的单面山。

单面山是石灰岩的基本形态，如卧虎山、灵岩山等山顶均为寒武系张夏组灰岩。重岩叠嶂是石灰岩山区的常见现象。溶洞发育也是石灰岩独有的地质现象，所以常把这种地形称为"喀斯特地形"。

济南南部山区能进人的溶洞有上百座，原是在地下水位涨落形成的，后由于燕山运动，使地面升起,溶洞才出露在今天的高度。

3) 火成岩岩山地貌

济南市区火成岩首推华山,地貌形态属于尖顶山,V形山谷。其他如市区内的"齐烟九点"中的粟山、标山、药山等皆为火成岩孤山,地貌应属丘陵。

4) 丘陵地貌

丘陵多由石炭系、二叠系、侏罗系石英砂岩、长石石英砂岩、砂砾岩等坚硬、较硬岩石组成。丘陵分布在山区与平原接触带,自东向西由章丘普集玉皇山到明水赭山,从埠村黄家岭到圣井危山,到历城董家的虞山,皆由二叠系奎山组石英砂岩组成。历城马头山、神武、顿丘、张马屯等火成岩山丘,沿奥陶系地层走向分布。

5) 山前平原地貌

从市区到章丘,凡小清河南岸平原都叫山前平原,具有地形倾斜度大,出山口洪积扇水源丰富,河道出山后驰骋平原,河曲发育,形成"牛厄湖",河道冲刷右岸现象普遍等特征。

6) 黄泛平原地貌

黄河与小清河之间,东西长170km,南北宽2～10km,面积1020km^2,为黄河南黄泛平原。黄河以北黄泛平原包括济阳、商河和天桥区的大桥、桑梓店等乡镇,面积3151.4km^2,占全市总面积的38.3%。

长城岭不透水花岗片麻岩是地下水的天然分水岭,泉水生成得益于南部山区石灰岩地貌,喷涌得益于山前丘陵不透水火成岩和煤田砂页岩阻挡。

2.2.2 地质条件

1. 地质演化和地层分布

中国大陆主要包含三个大的古老板块:华北板块、华南板块和塔里木板块。各板块边界则形成缝合带或造山带。华北板块是世界上最古老的陆块之一,已知最老的岩石形成于38亿年前,经过25亿年和18亿年等多期造山事件,最终拼合成为一个统一的稳定大陆克拉通,并成为18亿年前的哥伦比亚超大陆的一部分。华南板块已知最老的岩石形成于33亿年以前,并经历了从新太古代至新元古代的一系列构造演化,并成为10亿年前的罗迪尼亚超大陆的一部分。

1) 太古代变质岩

济南地区最古老的岩石是太古代变质岩,分布在长清、历城和章丘的南部山区长城岭一代。太古代是地质发展史最古老的时期,长达15亿年,地球的岩石圈、水圈、大气圈和生命的形成都发生在这一时期。距今27.5亿年的新太古代早期,济南地区地幔隆起,地壳变薄,基性岩浆侵入和喷发。地幔内部能量得到消耗,岩浆活动减弱并停止,形成新太古代绿岩层。距今26.5亿～26亿年的新太古代中期,壳幔混合岩浆大面积侵入,地壳增生。距今25亿年左右的新太古代晚期,鲁西地块形成了比较稳定的结晶基底。太古代以后的元古代地层在济南地区较少见。

2) 古生代沉积岩

古生代是济南地区进入陆块发展的阶段,包括寒武纪(5.7亿～5亿年)、奥陶纪(5亿～4.4亿年)、石炭纪(3.5亿～2.85亿年)、二叠纪(2.85亿～2.3亿年)。

寒武纪早期开始拉叉海侵。中期开始向台地边缘滩、礁过渡，中晚期海水加深，变化于陆棚盆地和大陆斜坡相间带。秦岭古被风化侵蚀的碎屑物质随地表水带入海洋，滨海地区沉积以泥沙为主，后来变成了页岩和泥灰质岩，较深海域溶解在水中的碳酸盐沉淀形成石灰岩。寒武系地层在济南地区约500m，分布在南部山区，由东往西围绕变质岩分布区以北呈扇状分布。寒武系开始出现"沉积盖层"。其下伏的变质岩称为"结晶基底"。

奥陶纪早期，济南地区上隆，海水变浅，由海变陆；中期，济南地区下降接受滨海相碳酸盐岩沉积；晚期，受加里东运动影响，华北板块隆起，海水退去，遭受长期剥蚀。奥陶纪沉积了一套以碳酸岩即石灰岩为主的沉积建造，济南地区总厚度约800m，分布于南部山区北沿，局部伏于山前平原土层之下。

志留纪和泥盆纪（4.4亿～3.5亿年）期间，已沉积的寒武系与奥陶系地层上升为陆地，海水向更远的地方退去。奥陶系地层顶面长期受到风化侵蚀。在这两个纪中国北方没有沉积，在南方仍然是海洋，沉积了很厚的岩系。

在石炭纪期间，被风化侵蚀的奥陶系岩层路面，历经6次海水侵入和退却，沉积了6层石灰岩，最下一层灰岩厚度10m左右，在济南称为"徐家庄灰岩"，其余层厚度1～4m。晚石炭世华北板块整体下降，开始了新的沉积阶段，接受石炭系、二叠系的浅海陆棚相-海陆交互相-陆相河湖相沉积。海水退后，济南地区属于海滨地带，曾有13次大范围森林覆盖，给煤炭的形成提供了条件。石炭系在济南厚约200m后，分布在章丘中部、历城中北部及长清黄河岸边。

济南地区二叠系属陆地河湖砂砾沉积建造，岩层是陆地水成岩，主要由页岩组成，称为"红层"。二叠系在济南地区总厚1200m，主要分布在淄博、章丘、历城董家镇等。

3）中生代沉积岩

三叠纪距今2.3亿～1.95亿年，是华北板块抬升阶段，本地区无沉积。

侏罗纪距今1.95亿～1.37亿年，沉积均属于陆地河湖砂砾建造。岩层为灰色或绿色，侏罗系分布于章丘中北部、历城董家、遥墙一带。

白垩纪距今1.37亿～0.67亿年，济南地区无沉积岩层，但本纪初期约1.3亿年时，地壳发生了大规模的造山运动，中国北方燕山山脉隆起，泰山隆起，使之前沉积的水平岩层隆起并向北倾斜，同时产生一系列北西方向的断裂，如文祖断裂、东梧断裂、千佛山断裂、马山断裂等，经亿万年的流水冲刷侵蚀，最后形成现在济南山区和丘陵地貌。伴随造山运动，岩浆喷出，侵入岩体，经风化剥蚀裸露地表的有华山、鹊山、无影山、药山、粟山等，同时接触带局部生产铁矿石，如张马屯、郭店等铁矿。这个时期形成的岩浆岩有辉长岩、闪长岩等，主要有可用作建筑材料的鹊山辉长岩和钾长石花岗岩，分别被称为"济南青"和"柳埠红"。

中生代的燕山期距今1.99亿～9500万年，属于构造活化阶段。燕山早期（距今1.99亿～1.45亿年），古太平洋板块向欧亚板块俯冲，陆壳继续增厚。燕山晚期（距今1.45亿～9500万年），地壳运动导致玄武质岩浆沿构造薄弱带迅速上侵、涌动，形成侵入体。火山灰沉积形成的火山凝灰岩，见于章丘长白山。

4）新生代沉积岩

距今0.67亿～0.02亿年的"第三纪"，划分为5个时段，称古新世、始新世、渐新世、中新世、上新世。该代沉积建造的"第三系"主要为陆地河湖砂砾沉积层，呈半胶结状态，没有完全硬结为岩石。丘陵与平原交界处有时见到"淡水灰岩"，是湖泊中沉积的次生白色石灰岩。这个时期，地壳发生了大规模造山运动，增加了侏罗-白垩纪燕山运动形成的断裂体系的断裂和裂隙,增强了断裂带及岩石裂隙的导水性,对济南各大泉群的形成具有重要作用。

"第四纪"是200万年前开始至今的地质时期,沉积物以黄土、红土、河道砂砾石为主。山坡及冲沟内的松散沉积或堆积物亦属第四系。

济南泉域地处华北地层区鲁西及华北平原地层分区,济南市区、章丘及长清以北广大地区被新生代地层覆盖,南部基岩出露有新太古代泰山岩群,早古生代长清群、九龙群及马家沟群,晚古生代月门沟群、石盒子群及石千锋群,中生代淄博群、莱阳群及青山群。新太古代地层仅零星分布于历城与章丘交界处的南部山区,早古生代碳酸盐地层出露于中南部广大山区,形成风景优美的蟠龙山、大峰山、五峰山等群山及莲花洞、鹁鸪洞、白云洞、龙洞等碳酸盐岩溶洞。晚古生代碎屑岩夹煤系地层主要分布于历城及章丘中北部、济阳南部及槐荫西北部地区,大部分被第四系覆盖,仅章丘的曹范、埠村、普集等地少量出露;中生代碎屑岩即火山凝灰岩地层小范围分布于章丘北部的高官寨、刁镇、绣惠、普集等地,大部分被第四系覆盖,仅绣惠、普集东山上有出露。

2. 地质构造

济南地区南依泰山凸起,北临齐河广饶大断裂,大地构造上处于华北板块的华北坳陷区的济阳坳陷(Ia)和鲁西隆起区之鲁中隆起(IIa)的衔接地带。

1)岩层的产状

燕山运动使原来沉积的水平岩层倾斜和断裂。各地质时代所形成的岩层在济南东部朝东北方向倾斜,济南以北、西至长清,岩层向北然后向西北倾斜。测量岩层的产状可以根据已知区域地层厚度和岩层倾角,计算出各组岩层的埋藏深度。

2)断层及其破碎带

断层及其两侧的岩石时受挤压、破碎,产生的碎石空隙将是地下水的主要通道。断层及其两侧都是脆性岩石,则两侧都有破碎带;如果断层两侧一边是脆性岩石,另一边是柔性岩石或刚性岩石,脆性岩石一边是地下水的通道,但因柔性岩石无空隙或刚性岩石很少产生空隙,则不是地下水通道。济南地区断裂构造主要是中生代燕山期强烈活动形成的走向北北西、北北东和近东西三组主要断裂构造。北北西走向的断裂主要有马山断裂、平安店断裂、石马断裂、千佛山断裂、文化桥断裂、东坞断裂、黄旗山断裂、文祖断裂、甘泉断裂等。北北东走向的断裂主要有孝里铺断裂、炒米店断裂、港沟断裂、鸭旺口断裂、明水断裂等。近东西走向的断裂主要为齐河-广饶大断裂,是济阳坳陷区与鲁中隆起区的分界断裂。

3)背斜与向斜

地震与火山喷发使地层出现"正弦波"一样的折曲,叫作"褶皱"。具有背斜与向斜结构的整个山脉叫"褶皱山",没有褶皱的倾斜岩层叫"单斜构造"。背斜与向斜对大区域岩溶水的通透和水位没有影响,但对山区层间含水层出现的泉具有决定意义。泉口出现在半山腰向斜轴的倾斜低端,一般会有"下降泉"的出现。背斜轴与山沟流向垂直或斜交,沟底交汇点会出现"上升泉"。济南地区褶皱发育比较密集的有金牛山-母猪岭褶皱群,兴隆山-老虎洞山褶皱群,玉皇山、鸡山-寨山后褶皱群。

4)岩浆岩岩体

济南火成岩可能是从"齐河-广饶大断裂"这条断裂冒上来的岩浆冷凝而成。岩体对济南泉群具有特殊意义,起到了挡水墙的作用。市区能见到的火成岩"露头"的有华山、驴山、鹊山、无影山、药山、粟山、北马鞍山等,岩体分布有一定的规律性。老城区火成岩偶有出露,不显山头的有历山、煤山、铁牛山等。

3. 水文地质

1）岩层含水分类

能够给出并透过相当数量水的岩体为含水层,构成含水层必须具备储水空间、储水构造和良好的补给来源3个条件。

2）地下水分类

地下水按介质特征分为松散沉积物孔隙水、石灰岩岩溶水、基岩裂隙水等；按埋藏条件水力特征分为上层滞水、潜水、承压水等；按水化学性质分为重碳酸盐水、咸水、卤水、饮用矿泉水、医疗矿泉水等；按温度分为冷水、温水、热水等。常见的类型有孔隙水、岩溶水、基岩裂隙水、上层滞水、潜水、承压水等。

孔隙水有历城华山角下的华泉,泉水来自砂层,挖塘自然流出,无压潜水泉。再有章丘盘泉,砾石层承压水受另外河道黏土层阻挡,承压水上涌成泉。

济南市内泉群、东郊白泉泉群、明水泉泉群流出的都是石灰岩岩溶水。在相应的泉域内,居中下游的奥陶系马家沟组石灰岩大片分布,岩溶特别发育,连通性特别好。

基岩裂隙分为风化裂隙和构造裂隙。火成岩山和变质岩山半腰的泉都属风化裂隙水,章丘长白山上方井、下方井泉、七星台玉堂泉,历城柳埠亓南咋呼泉都属这一类型。奥陶系灰岩单面山,如章丘朱家峪圣水神泉（火成岩托水）、龙凤泉（泥灰岩托水）,都属此类型。风化裂隙水也属于潜水、上层滞水类型。

地表以下第一个隔水层以上的地下水叫潜水,岩溶水在补给-径流区具有潜水性质。承压水是在两个隔水层之间的含水层中的地下水,可分为补给区、承压区及排泄区。

济南泉群是承压水喷出地表的奥陶系岩溶大泉,它的隔水层是煤田砂页岩或顺层侵入的火成岩床、岩盘以及寒武系下部页岩、前寒武系变质岩。岩溶水在排泄区具有承压水性质。

4. 泉水类型

泉是地下水的天然露头,是地下水从固定地点自然流出地表。值得注意的是五龙潭、舜井、官家池、东麻湾、西麻湾,名称都不带"泉",但符合泉的定义,只是泉口的形式不同而已。

泉水按承压和无压分为上升泉和下降泉两类。泉水从泉口垂直往上冒的叫上升泉,泉水从泉口自由下泄的叫下降泉。

上升泉形成的原理就像虹吸管、连通器一样,从高的一端注入水,低的一端往上冒水。济南市内趵突泉等四大泉群、济南东郊白泉泉群、章丘百脉泉群都是上升泉。济南南部山区大部分泉都是上升泉,如柳埠镇的突泉、锦绣川镇的大泉等。

下降泉不存在阻水岩层或岩体。地下水在山崖悬崖沿含水层自然流出,不往上冒水,只往下跌水,这样的泉叫下降泉,也称悬挂泉。例如,历城柳埠药乡森林公园北冰冻台下的冰冰泉。地下水在山区冲沟或山前河道自然流出、地点固定的也属下降泉,如历城柳埠镇的泥淤泉、卧龙泉,四门塔的滴水泉,绣川镇的圣水泉,长清灵岩寺的袈裟泉、白鹤泉、甘露泉等。

5. 泉水成因

泉水是济南的特色和灵魂。山东省济南市历来重视泉城的水文地质研究,积累了大量的水文地质资料,形成了大量的地质资料及相关研究成果。多项研究表明,济南市的泉水主要来源于寒武系张夏组灰岩含水层以及寒武系九龙群炒米店组、三山子组及奥陶系马家沟群灰岩含水层,前者主要分布于南部山区,后者主要分布于济南市区。

以市区四大泉群为例,发现岩层倾向与地势倾斜的一致性是济南泉水形成的地质地貌基础,岩溶裂隙发育的巨厚石灰岩层是四大泉群之源,为岩溶地下水的补给、储存、运移提供了良好的场所和通道,另外,庞大的岩浆岩体阻隔是四大泉群诸泉形成的关键。

再以白泉泉群为例说明泉水形成的原因。白泉是由来自济南东南部补给区的岩溶水径流至纸坊村附近,遇到西侧济南岩体和北侧石炭二叠系的阻隔,在南北高差的压力下,部分岩溶水在地形低洼部位通过第四系松散层上涌而形成。与市区四大泉群一样,岩层倾向与地势倾斜的一致性是白泉泉群泉水形成的地质地貌基础,岩溶裂隙发育的巨厚石灰岩层是白泉泉群之源,为岩溶地下水的补给、储存、运移提供良好的场所和通道。不同的是,白泉泉水形成的关键是石炭、二叠系阻隔与白泉泉群周边的断裂分布。

2.3 泉域地下水

2.3.1 泉域的概念

泉水来源的地下水流域叫泉域,也可以说转化成泉水的地下水流域叫泉域。地下水流域是对地表流域而言的,包括泉域和其他看不到的流域。地表流域是人们能看到的流域,如江河流域等。地表流域又分为"闭合流域"和"非闭合流域"。所谓闭合流域就是地表水和地下水流向一致的流域,如章丘垛庄水库、长清武庄水库等;非闭合流域就是地表水和地下水流向不一致的流域,如玉符河从京沪铁路桥到北店子入黄河的河段。泉水的实质就是基流,趵突泉泉水不只是某一流域的基流,而是北大沙河、玉符河、兴济河的基流。

泉域是流域的演绎,泉域也可以称为"地下水闭合流域"。章丘百脉泉泉域是典型的地下水闭合流域,其地下水只从明水流出。趵突泉泉域也基本属于地下水闭合流域,枯水期时,地下水只能去趵突泉。

济南东、西郊存在"高水区"。经过示踪试验,以水质检测为手段,证明了长清、西郊腊山水源地和趵突泉是相通的"一碗水"。通过抽水试验和水位监测,趵突泉泉域与白泉泉域之间是"两碗水",不是一个泉域。

2.3.2 泉域的界定

1. 泉域界定探究

1982—1990年,山东省地矿工程勘察院对济南泉域的划分进行了调查和勘探,划定了济南泉域边界。有一种观点认为济南泉域岩溶水的西边界是马山断裂,东边界是东坞断裂;另一种观点认为市区西南的南北向刘长山-郎茂山一代为泉域的西边界,东边界主要是以埠村向斜为界。济南市水利局也于1982年举行了全市地下水位统一观测活动,在泉域框架上与地质部门认识一致,但在某些部位意见不同,存在一定的争议。

2003年6—7月进行济西抽水试验,根据水位监测,推断市区与济西岩溶水存在联系。山东省地矿工程勘察院对此进行过分析,但是争论一直没有停止。后来先后进行了两次大型地下水连通试验。但事物的联系性一直让该问题很难得出绝对化的结论,一碗水、两碗水、三碗水或许在某种条件下存在联系,泉域边界是一个复杂的学术问题。

2. 三大泉域界定

济南地区的岩溶水自东向西划分为百脉泉泉域、白泉泉域、趵突泉泉域。各泉域在排泄区分别以禹王山断裂、文祖断裂、东梧断裂、千佛山断裂、马山断裂为界。各泉域在中上游的分界线,属变质岩、寒武系闭合流域的,以分水岭为界。

1) 趵突泉泉域

北界从羊头峪开始,经珍珠泉、五龙潭,向南至马鞍山路,经十一路、二七新村、梁庄,沿兴济河街至段店,往西经大金庄、睦里庄,直至黄河,然后沿黄河至长清老县城西,到马山断层位置。西界北段为马山断层,南段沿长清北大沙河与南大沙河分水岭至长城岭。南界沿长城岭经界首、药乡森林公园、梯子山至七星台。东界自七星台沿玉符河与小清河流域分界线,经瓦岗寨、溜马岭、青铜山、黑龙寨、猪耳顶、黑峪顶、扳倒井至羊头峪。泉域面积 $1220km^2$,地下多年平均水资源量为 $1.8 \times 10^8 m^3$。

2) 白泉泉域

西界自羊头峪村东的燕子山起,经马家庄、闵子骞墓、洪家楼、黄台铁矿、生物制药厂、还乡店,沿小清河至洪家园。沿线泥灰岩被火成岩岩浆穿插,多处含铁矿石,透水性不好,小清河北岸为华山、驴山、卧牛山。南界由燕子山往南经扳倒井、黑峪顶、猪耳顶、溜马岭、瓦岗寨到七星台。由七星台沿长城岭章丘段至蒲篁。东界由蒲篁岭沿锦屏山山脊线至文祖镇长水村。北界由长水村沿煤田与石灰岩界线,经埠村、曹范、西卢、孙村、郭店、济南重工、谢家屯、孙家卫、冷水沟至洪家园。泉域总面积 $496km^2$,多年平均水资源量为 $1.38 \times 10^8 m^3$。

3) 百脉泉泉域

东、西以淄博市禹王山断层和文祖断层为界,南至长城岭,北至石炭系与中奥陶系交界线,锦屏山分水岭以东划入百脉泉泉域。百脉泉口为泉城内地势最低点。泉域面积 $355km^2$,地下水资源量为 $1.2 \times 10^8 m^3$。

岩溶化造成济南泉域介质条件的高度非均质性和各向异性,介质特征的复杂性造成地下水流流态的多样性。针对济南泉域的边界问题,有关部门、专家对济南泉水的补给来源、泉域范围等仍没有统一认识,尤其是对边界及各水源地开采对泉水影响上的认识存在分歧。

2.3.3 泉水保护研究历程

1958 年以来,有关部门就对济南地区工程地质、水文地质以及泉水开展专门研究,主要工作如下。

1. 工程地质

济南城市建设过程中,各有关部门开展了大量的工程地质勘察研究工作,为轨道交通建设过程中的泉水保护积累了丰富的研究资料,为济南泉水"补、径、排"特征研究提供了基础地质、水文地质依据。特别是 20 世纪 80 年代后,同位素测试、大型水源地停水、抽水试验、大型水源地示踪试验、数值模拟和地理信息系统(geographic information system,GIS)等新理论、新方法的应用更是帮助技术人员深层次地开展了济南泉水保护研究工作。

2. 水文地质

水文地质研究是济南地区历时最长、投入勘察研究手段齐全、投资最大的一项研究工作，大体可分为以下阶段：

(1) 1958—1972年。开始了济南地区岩溶水的动态研究，初步研究了济南地区的水文地质条件，查明了108处泉水的分布、流量。

(2) 1973—1982年。此时泉水已经断流。为了查清断流原因，地矿部门调整了观测点布局，扩大了研究区范围，加强了分析研究，为开展保泉勘察奠定了基础。

(3) 1983—1990年。地矿部门对济南地区进行了1∶50 000的综合地质、水文地质测绘工作。测绘面积达3000km^2。在综合水文地质测绘工作的基础上，重点在市区、东西部地区进行了5年的保泉供水水文地质勘探，开展了水文地质钻探、抽水试验、示踪试验与水质检测工作，初步查明了泉域的范围及其边界条件，充分论证了济南泉水的来龙去脉，提出了保泉供水的水资源优化调整调度方案。

(4) 1991年至今。为解决济南保泉供水中存在的争议问题、查明济南泉水的来源、调整济南市供水水源地开采布局，有关部门、高校进行了大量勘察研究。

济南市政府牵头有关部门、科研机构、高校等持续进行有益的探索，制定了一系列保泉政策，采取了各种管理、技术措施，加强调度，取得了丰富的经验，确保泉水持续喷涌。科学保泉工作主要包括：开展封井保泉，严格取水审批，严厉查处违法取水；推进供水网建设，进行城市供水原水置换；加强南部山区生态保护、治理，开展植树造林、水源涵养和水土保持工作，保护泉域源头等。先后出台了《济南市泉水管理暂行办法》《济南市名泉保护管理办法》《济南市名泉保护条例》《济南市保护泉水喷涌应急预案》《济南市明确保护总体规划》等制度办法。保泉实施工作主要包括：建立"五库连通"工程满足城市供水和生态用水要求；引黄调水生态补源，通过分水口直补玉符河；建立历阳湖生态补源工程，实现地表水转换地下水，补充泉城水源；结合山体海绵工程提高山体源头水域水源涵养能力。

2.4 泉城轨道交通

2.4.1 建设轨道交通的必要性

济南是连接华东与华北的门户，是连接华东、华北和中西部地区的重要交通枢纽之一，济南地理位置优越，交通发达，是全省公路网络中心和高速公路中心枢纽。从区位上看，济南的城市发展有很大的发展空间。

《济南城市发展战略规划(2018—2050年)》中提出了建设"大强美富通"现代化国际大都市的发展目标，按照创新、协调、绿色、开放、共享五大新发展理念，提出以"创建国家中心城市、营建美丽宜居泉城"为总线的八大行动。为适应城市发展由空间拓展向高质量发展转型的内在需求，推进全域统筹协调发展，济南提出进一步形成"东强、西兴、南美、北起、中优"城市发展新格局。

但从现在的城市交通来看，济南存在城区严重拥堵、公交薄弱、出行困难、事故频发等问题；机动车辆数量在不断迅速增长，机动化水平较高；道路拥堵从二环以内向东西部城区蔓延，部分路段饱和度在0.95以上。在2017年，济南位列大、中型城市拥堵第一;到2020年,济南已经完成两条轨道交通线路的通车,济南高峰延时指数略有好转,从2019年的1.833降为2020年的1.818。从这个角度看,济南具备修建轨道交通的基本条件,拥有发展轨道交通的广阔空间。轨道交通不仅能够疏解交通拥堵,同时紧密结合城市发展需求可以引导城市规模的有序扩大,对优化城市环境、提升市民生活品质具有重要的意义。

2.4.2 复杂多变的泉城轨道交通地质

以济南市轨道交通4号线为例,介绍泉城轨道交通地质情况。

1. 工程地质情况

根据地形地貌及详勘钻孔地层揭示地层情况,全线分为两个地貌单元、三个工程地质单元。其中Ⅰ单元(自起点-省泉区间)多为山前冲洪积地貌单元(黄河冲积平原与山前冲洪积平原实际工程性质并无大的差异),Ⅱ、Ⅲ单元(以田家庄站为界)多为丘陵地貌单元。济南市轨道交通4号线工程地质情况见图2-4。

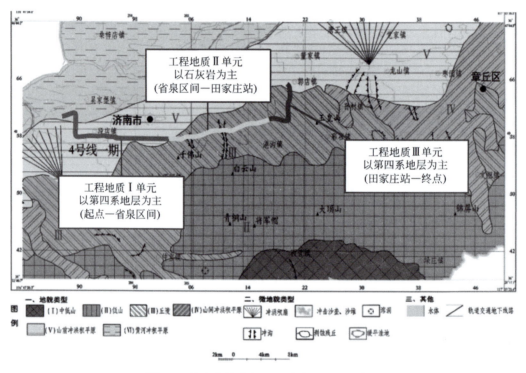

图 2-4 济南市轨道交通 4 号线工程地质情况

2. 地表水

泉域范围内,有玉符河、北大沙河和小清河。黄河位于泉域北部。

玉符河、北大沙河、兴济河等从南部山区流向城区的河流,局部存在多个渗漏区域,为岩溶水重要补给源之一。小清河发源于市区,向东北径流,主要水源为泉群排泄的岩溶水。黄河向两岸第四系地层孔隙水补给,与岩溶水无直接水力联系。

济南市基岩分布见图 2-5,济南市构造纲要见图 2-6,济南市地表水情况见图 2-7。

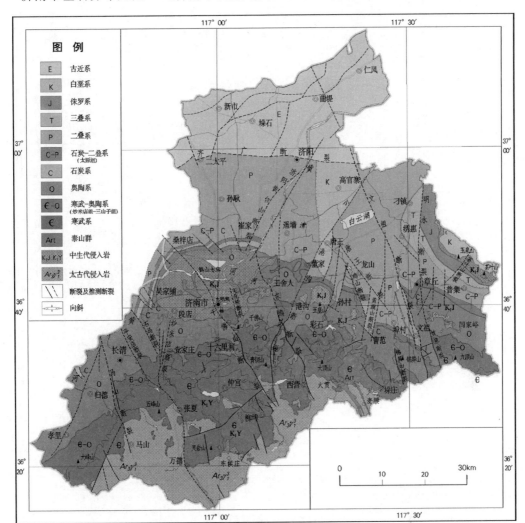

图 2-5　济南市基岩分布

3. 地下水

全线复杂水文地质条件区段,主要涉及三个区域,线路两端的第四系地层主要涉及黏性土透水问题,以及千佛山站、千山区间、山师东路站(以东 200m)涉及的保泉问题。复杂水文地质条件分布示意见图 2-8。

1) 黏性土透水

腊山河东站以西区段,存在黏性土透水问题,该区段黏性土存在孔隙,地下承压水会从孔洞中涌出,黏性土具有较强的透水性;根据已有水文试验成果,结合前期成果,该区段基坑开挖范围内黏性土综合渗透系数:$9.621\sim19.103\mathrm{m/d}$;单井出水量可达 $1000\mathrm{m^3/d}$,在 1 号线大杨站就出现过桩间止水帷幕出现裂缝导致基坑被淹的事故。黏性土透水见图 2-9。

2) 泉城敏感区地下水

千佛山站至山师东路站东 200m 区域为泉水敏感区,地下水类型以岩溶水为主,且勘察

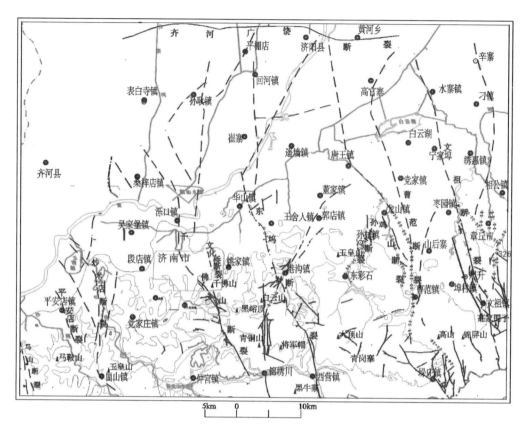

图 2-6 济南市构造纲要

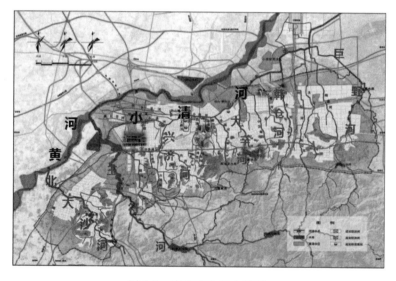

图 2-7 济南市地表水情况

图 2-8 复杂水文地质条件分布示意

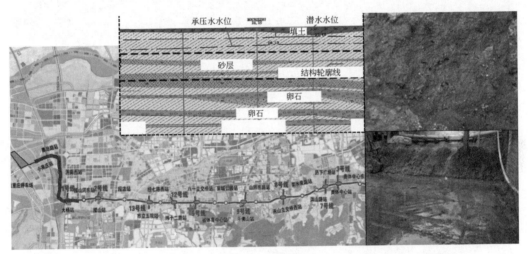

图 2-9 黏性土透水

期间地下水位位于基础底面以上,结合泉评报告,此段施工期间应增加导流措施来减小对地下水径流的影响;山师东路站结构底板埋深 15.4m,地下水 8.38～14.54m。泉水敏感区地下水见图 2-10。

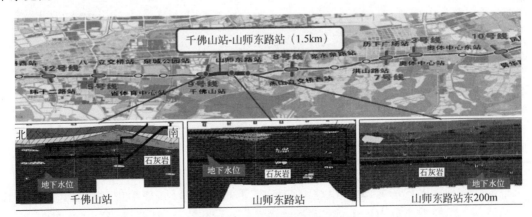

图 2-10 泉水敏感区地下水

董家镇站虽位于白泉泉域,但距离白泉泉域约 5.0km,对泉水影响较小。但是,此段也存在粉质黏土透水、单井出水量较大的现象,并且地下水位于结构底板以上,应注意地下水对施工的影响。

4. 岩溶发育

结合详勘钻探成果,根据见洞隙率大于 30% 的原则,对全线结构穿灰岩段进行岩溶发育区的划分,全线共划分 15km 岩溶强发育区。岩溶发育区见图 2-11。

图 2-11 岩溶发育区

以泉城公园站—千佛山站区间及历下广场站—奥体中心站区间为例。泉城公园站—千佛山站区间段见洞隙率约 65.8%,溶洞多具填充性,分布无明显规律,盾构掌子面及底板处均有揭露,溶洞多为黏性土混灰岩碎块充填。泉城公园站—千佛山站区间岩溶发育见图 2-12。

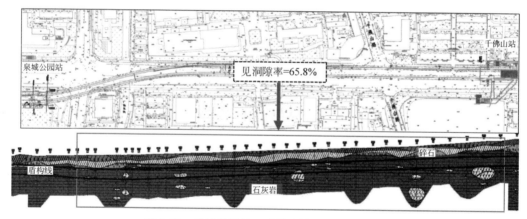

图 2-12 泉城公园站—千佛山站区间岩溶发育

历下广场站—奥体中心站区间也多为填充性溶洞,见洞隙率约 75.9%。历下广场站—奥体中心站区间岩溶强发育见图 2-13。

5. 厚层填土

根据详勘钻探揭露情况,划分出纬十二路站、邢村立交西站、唐冶南站以及唐冶站—程家庄站区间 4 个厚填土分布区域,厚层填土情况分别见图 2-14、图 2-15、图 2-16、图 2-17。

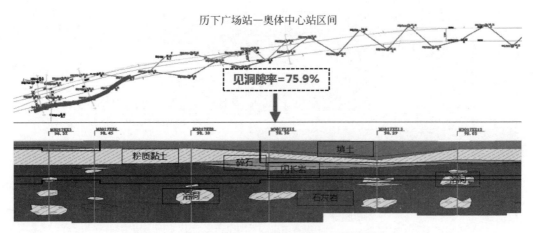

图 2-13　历下广场站—奥体中心站区间岩溶强发育

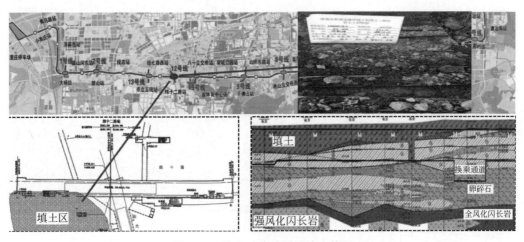

图 2-14　纬十二路站厚层填土情况

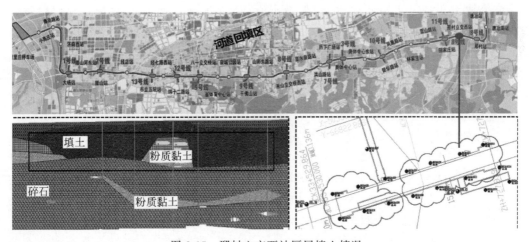

图 2-15　邢村立交西站厚层填土情况

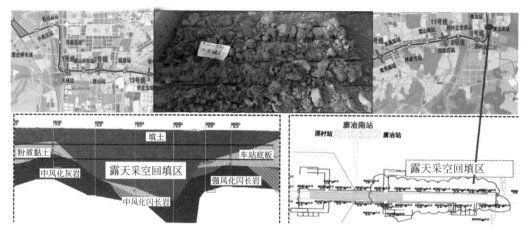

图 2-16 唐冶南站厚层填土情况

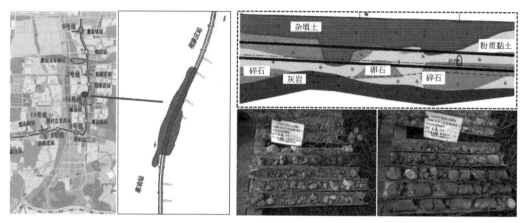

图 2-17 唐冶站—程家庄站区间厚层填土情况

（1）纬十二路站。阳光新路与经十路路口西南侧地块为原嘉德中心基坑,设计最大开挖深度近 20m,实际开挖深度不详,后停建废弃,2017 年已完成回填,回填材料以建筑垃圾为主,基坑内及其周边有遗留桩基、土钉、锚杆、止水帷幕等,部分支护结构处于拟建车站结构线内,会对本车站施工带来不利影响。该区域钻孔揭露的填土最大厚度约 12m。

（2）邢村立交西站。该区域为河道回填区域,回填土以素填土为主。根据相关资料,回填土最大埋深超过 20m。从图 2-15 上可以看出,车站开挖整个过程,除基地处为原装粉质黏土,侧壁基本均为素填土。对后期车站基坑围护结构施工有较大不良影响。

（3）唐冶南站。这个站也是全线填土对结构影响最大的一个站。该区域主要为露天采空回填,回填材料以碎卵石、素填土为主,但是埋深较大,最大埋深超过 40m,结构底板以下超过 20m,处理难度较大,对车站围护结构及主体结构不利影响较大。进一步查明填土分布及性状。

（4）唐冶站—程家庄站区间。该区域有盾构穿越填土区,主要为杂填土,以建筑垃圾为主,该区域局部存在盾构整体穿填土情况,对盾构施工有较大影响,需进一步查明填土的分布范围及力学性质。

6. 硬岩

硬岩段主要是指石灰岩分布区内,划分出的抗压强度大于80MPa的区段。划分原则是,在盾构深度范围内,存在连续两个抗压强度大于80MPa的岩样,则两钻孔间的区域计入硬岩段。全线主要划分为泉城公园站—山师东路站(东210m)区间、浆水泉路站—洪山路站区间、奥体中心站—舜华路站区间、凤凰路站—雪山站区间、邢村站—唐冶南站区间(约3.2km)5个区段。硬岩分布区见图2-18。

图2-18　硬岩分布区

7. 软硬不均

盾构掌子面存在半岩半土情况,且硬岩截面面积小于50%的情况,此类情况会对盾构推进姿态调整存在不利影响。全线划分了省体育中心站—泉城公园站区间、奥体中心站—奥体中心东站区间、唐冶站—程家庄站区间三段软硬不均区域,总长约590m。软硬不均分部区情况分别见图2-19、图2-20、图2-21。

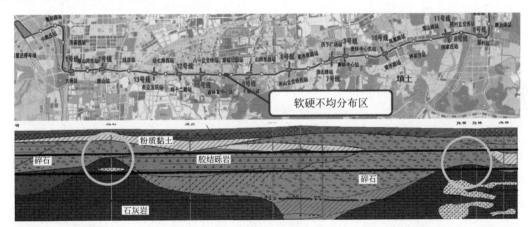

图2-19　省体育中心站—泉城公园站区间(CK16+530—CK16+552段和CK16+655—CK16+676段)

8. 冲沟

根据揭露情况,主要有两处揭露冲沟。一是泉城公园站;二是浆水泉路站。结构底板跨越软硬不均地层,存在沉降差异。冲沟分布区见图2-22。

图 2-20　奥体中心站—奥体中心东站区间(CK25+334—CK25+742 段)

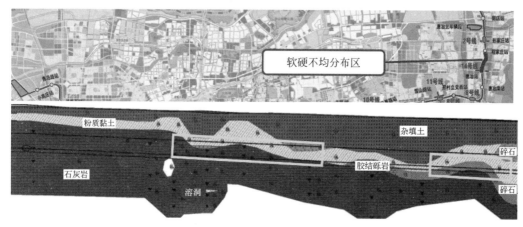

图 2-21　唐冶站—程家庄站区间(CK38+100—CK38+200 段和 CK38+240—CK38+280 段)

图 2-22　冲沟分布区

1) 泉城公园站

冲沟内以黏性土、含碎石粉质黏土、碎石土为主。根据钻探揭露,初步预估冲沟宽度约 60m(根据钻孔间距),冲沟位于结构底板以下。泉城公园站冲沟见图 2-23。

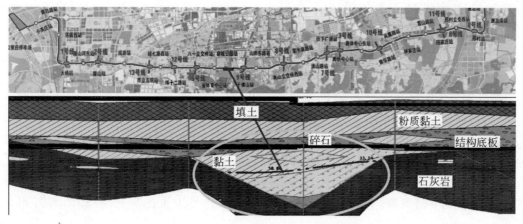

图 2-23 泉城公园站冲沟

2) 浆水泉路站

该冲沟为全线目前发现的最大冲沟。范围约 220m，基本涉及整个车站。充填物以碎石类土为主，混杂有漂石及含碎石粉质黏土等；结构底板跨越大量充填物及石灰岩，对整个车站结构稳定性带来较大影响。查明其分布情况及力学性质对车站主体结构的安全稳定尤为重要。目前现场正在进行进一步详查。浆水泉路站冲沟见图 2-24。

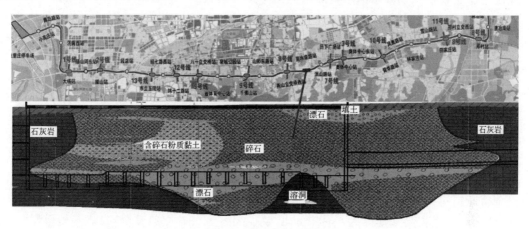

图 2-24 浆水泉路站冲沟

2.4.3 泉城建设轨道交通面临的挑战

济南特殊的工程地质、水文地质环境为轨道交通建造提供了一道天然的屏障，保护泉脉一直是制约轨道交通建设的关键因素，轨道交通施工不但可能会影响群泉的喷涌，还极有可能导致施工区域水质恶化、水环境污染等问题。一旦地下水环境遭到破坏，不但泉水不保，并且极有可能导致济南丧失发展动力，直接关系到济南乃至山东区域经济建设的正常运作和可持续发展。在济南建轨道交通必须考虑到对泉脉的影响。

1. 泉水停喷

由于环境变迁、人类活动等影响，近 40 年来济南地下水系统、地质环境面临巨大威胁。

从20世纪50年代末到80年代初,济南泉水流量骤减,从 $35.52 \times 10^4 m^3/d$ 降至 $10.48 \times 10^4 m^3/d$。自1972年开始,泉水出现季节性连续断裂,1999年3月—2001年9月出现过停喷长达926天的局面。

2. 泉水通道被破坏

济南南部山区属泰山北麓,自南而北有中山、低山、丘陵,至市区变为山区和山前倾斜平原的交接带。这种南高北低、坡度平缓的地势,有利于地表水和地下水向城区汇集。南部山区岩层为平缓的单斜构造,基底为太古代变质岩,上面覆盖1000多米厚的古生代寒武系和奥陶系石灰岩,岩层一般以7°～13°倾角向北倾斜,至市区埋没于第四系沉积岩之下。在漫长的地质年代,这些可溶性石灰岩经过多次构造运动和长期溶蚀,岩溶发育,形成大量溶沟、溶孔、溶洞和地下暗河等,共同组成了能够储存和输送地下水的脉状网道,即所谓的泉水通道。

当工程建设没有查明泉水通道具体埋深及发育程度时,施工过程中往往会破坏泉水通道。济南某隧道施工中遇到溶孔,溶孔使岩溶水大量倒灌进入隧道内;济南某医院基坑在开挖过程中遇到溶洞,溶洞使基坑内排水困难;南部山区山体开挖过程中,将原有的水流通道阻断,上游的地下水源源不断地流出。另外,越是接近泉水出露区,地下泉水通道越密集,尤其是泺源大街一代,富水性极强,岩溶水的径流通道厚度较大,之前两个广场和商厦在基坑开挖中发生过强烈的突水涌水事故。

3. 强富水地带隧道风险

济南泉域岩溶水主要赋存于灰岩的裂隙及溶洞中,处于强径流状态。济南地区裂隙、岩溶发育、地下岩溶水径流具有不均匀性和各向异性。在这种地区中建设轨道交通以及隧道建成后的维护,目前还缺乏系统、深入的研究。

2.4.4 一波三折的轨道交通上马路

济南市修建轨道交通的计划最早可以追溯到20世纪80年代。

1988年,济南进行了历史第一次居民出行调查。尽管这次调查并不是为了轨道交通,却对济南开始选择轨道交通起到重要影响作用。根据那次调查数据,济南市区道路通行能力低,公交车车速在高峰期仅为7～8km/h,缺少大容量公共交通设备,仅靠无轨电车、汽车无法解决高断面客流大的问题。在此背景下,时任济南市公用事业管理局局长的周长荣提出尝试修建轨道交通。

1991年,济南市公用事业规划局提交了关于高架轻轨客运系统的报告,线路走向初步拟定为东西向,线路由段店至解放桥。

1993年,济南市成立轻轨工程筹建处,并在1994年提交了《关于建设轻轨客运交通工程的调研报告》,调查报告将轨道交通项目分为两期,一期2000年建成,线路由段店至济钢;二期2010年建成,线路由工业园经段店、济钢至临港区,同时,为保护泉水,建议工程全部采用高架方式。

1995年12月28日,中华人民共和国国务院办公厅发布《国务院办公厅关于暂停审批城市地下快速轨道交通项目的通知》,叫停除上海轨道交通2号线之外的所有轨道交通项目,仅成立两年的济南市轻轨工程筹建处随之解散。

1999年,济南市编制了《济南市快速轨道交通线网规划》,但当时,在济南趵突泉连续停喷的大背景下,济南轨道交通项目错失良机。

2000年,济南市公用事业规划局再次成立了济南市轨道交通筹建处,进行轨道项目的研究,此后,委托研究机构编制了《济南市城市快速轨道交通线网规划》第一阶段研究报告,此报告经过建设部、中国国际工程咨询公司评审后,最终确定了由4条线(东西线、南北线、旅游线和支线)组成,线网规模按93～108km的初步规划。

2001年,济南市委托研究机构分别编制了《济南市城市轨道交通1号线可行性研究客流预测报告》《济南市轨道交通1号线一期工程预可行性研究报告》和《济南市轨道交通1号线一期工程项目建议书》,报告中的1号线线路由大金庄至甸柳庄,其中,市区拟建3.55km长的地下段。然而,此时济南趵突泉已停喷长达3年,在保泉的巨大压力下,研究人员建议进一步对轨道交通是否会影响泉水进行进一步论证。此后,轨道交通计划被再次搁置,需进行"充分论证和规划"。

2002年,济南市政府邀请多位院士来到济南调研轨道交通建设对泉水的影响,得出"需进一步充分论证和规划"的结论。2002年年底至2003年年初,济南市轨道交通筹建处再次被撤销。

2008年,济南西站片区规划正式出台,其中正式出现了轨道交通线路规划。

2009年年初,济南市政府确定成立济南市城市轨道交通规划建设工作领导小组,6月20日,济南市政府与北京城建设计研究总院签订了轨道交通规划技术咨询合同,济南市轨道交通正式起步。

自2011年起,济南市邀请国内相关机构对济南地质情况进行勘察,结果表明,大部分地段是可以建设轨道交通的。

2013年,济南市政府开始对济南轨道交通线网进行组织研究,9月5日,《济南轨道交通近期建设规划(2014—2018)可行性研究报告》通过中国国际工程咨询公司组织的专家评估。12月25日,济南轨道交通集团有限公司成立,集团公司是由市政府管理、市财政出资设立的国有独资公司,采取建设、运营、开发和管理一体化模式,全面负责轨道交通的规划设计、融资、建设、管理、运营和物业开发等工作。

12月29日,济南轨道交通1号线建设在位于长清区崮云湖街道前大彦村启动,北京城建勘测技术研究院开始进行线路的勘测工作。

2014年3月,济南轨道交通1号线初步勘探正式启动。勘探线路全长26.4km,共打212个钻孔,通过钻探取出各土层的土样,研究土层的物理和力学参数及地下水分布等,为线路的初步设计提供相应的参数和依据;10月31日,《济南轨道交通近期建设规划(2014—2018)环境影响评价》被正式通过。

2015年1月12日,经中华人民共和国国务院批准,中华人民共和国国家发展和改革委员会下达《关于印发济南市城市轨道交通近期建设规划(2015—2019年)的通知》,正式批准济南市轨道交通近期建设规划,标志着济南轨道交通建设正式进入实施阶段;4月,济南市轨道交通建设指挥办公室成立;7月16日,济南轨道交通1号线试验段土建工程正式开工;11月10日,济南轨道交通1号线全线开工。

第3章

泉域安全风险管理总论

3.1 安全风险管理理念

济南独特地质构造孕育了泉水,为保护泉水,必须树立绿色发展理念建设轨道交通工程。处理好泉水与轨道交通的关系,实现泉水与轨道交通的共荣共生,是济南轨道交通人的使命和追求。轨道交通集团自成立后,将安全风险管理贯穿轨道交通工程建设全过程,涵盖勘察与环境调查、规划、可行性研究、总体设计、初步设计、施工图设计、施工及工后各阶段,在满足工程安全及可实施的前提下,经多方案比选,做到安全、质量、功能、成本、效率五目标的平衡和统一。同时,专门成立了保泉研究小组,系统整理了各个单位与本研究有关的部分工程勘察、基坑支护、保泉论证资料,其中钻孔 30 000 多个,机民井 4000 多眼,历史水位水质资料 11 520 点次,区域工程地质、水文地质、基坑支护和保泉论证资料 300 多份。在规划设计阶段应尽可能避和降低风险,工程实施阶段通过委托具有相应资质和经验的勘察咨询、设计咨询、第三方监测单位协助开展相应阶段的安全风险管理等措施控制风险。

泉城轨道交通线网规划研究阶段,重点研究了趵突泉和白泉等宏观区域、趵突泉地垒段的核心区。宏观区域研究内容主要为研究岩溶水的补给、径流、排泄特征,研究岩溶水流场,泉水形成的地层条件、构造条件和边界条,不同类型含水层的富水性、水力联系及岩溶水的来源。核心区研究地下水流场、四大名泉的主径流通道位置,为核心区轨道交通埋设的深度提供依据。

泉城轨道交通建设规划研究阶段,多部门在搜集前人研究成果的基础上,针对轨道交通工程特点进行充分分析,结合现场实物工作综合研究。对济南市城市轨道交通建设规划涉及的各线路进行工程地质、水文地质资料搜集和研究,有针对性地投入工程地质、水文地质、物探等实物工作,分析论证工程建设对泉水环境的影响,评价轨道交通建设对济南泉水环境的影响程度;重点研究了线路附近的工程地质条件、线路附近的地质环境条件、线路对泉水环境的影响、线路建设的适宜性、工程建设中对泉水环境的保护措施和建议。

泉城轨道交通建设科技创新与实践阶段,深入研究主动保泉措施。建立水文地质动态监测网,监测并预防地下水与工程建设的相互影响,在车站及隧道区间增加导流设施,优化地下水过流条件,确保轨道交通在施工和运营期间对泉水径流不产生影响。创新富水地层基坑降水与原位回灌关键技术,地下车站回灌率总体达 80%,保证车站周边水位和开工初期水位基本一致。建设四维地质平台,做到泉水与轨道交通共融共生,为轨道交通规划建设提供地质方面的指导,提升决策能力和水平。

3.2 安全管理组织机构及职责

济南轨道交通集团安全风险管理实行层级管理。风险的识别分级、评估与控制等应履行相应的审查验收等管理程序。各参建单位提交的审查论证用相关过程文件和成果文件应经单位内部质量审查签认程序并加盖单位公章。相关参建单位应根据风险工程定性分级原则,结合工程特点、地质条件、周边环境条件、设计方案和工程经验等,在分析评价安全风险发生可能性、损失、可控性、可接受水平的基础上,进行风险的深入识别和分级调整,并满足相应阶段的工作深度要求。

集团采取安全风险辨识及预控机制,通过监测数据、巡检信息和有关实时监控信息等进行综合分析和提炼,对现场安全状态进行动态评估和预警,确保信息的准确性和预警响应的快捷性。

1. 分层管理

工程建设安全风险管理实行三层管理,即集团管理层、建设子公司(以下简称"子公司")管理层和项目实施层。组织机构如图3-1所示。

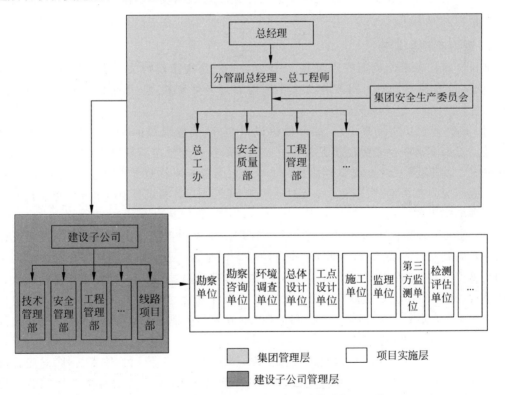

图3-1 集团工程建设全过程安全风险管理组织机构

集团管理层是指轨道交通集团安全生产委员会及其下属的安全质量部、工程管理部、总工办等有关部门。建设子公司管理层是指建设子公司及其有关部门。项目实施层是指与轨道交通集团签订合同的勘察、勘察监理、设计、施工图审查、监理、施工等建设主体责任单位，以及第三方监测、评估、环境调查、信息化系统开发单位等协助轨道交通集团开展安全风险技术管理工作的第三方单位。

2. 集团管理层职责

集团管理层全面负责轨道交通集团所辖全网轨道交通工程建设全过程的安全风险管理工作。

（1）轨道交通集团安全生产委员会全面领导集团承建的轨道交通全网工程建设安全风险管理工作。

（2）安全质量部是轨道交通集团安全风险监管、安全风险管控信息化系统管理的归口管理部门。

（3）总工办是规划及可行性研究阶段、勘察阶段、初步设计阶段安全风险管理的归口管理部门，组织全网工程建设安全风险管理重大技术方案审查和提供相关技术支持。

（4）信息化部负责集团视频监控系统的建设、管理和升级、维护，安全风险管控系统的建设、开发。

3. 建设子公司管理层职责

建设子公司管理层负责所辖轨道交通工程建设施工图设计、施工及工后阶段的安全风险技术管理全面工作。

4. 项目实施层职责

项目实施层各单位负责按照国家、行业、山东省、济南市现行法律法规、工程技术标准规范、合同文件等建立针对自身工作的安全风险管理制度和机制，开展相应的安全风险管理工作。

（1）勘察单位负责勘察工作，编制勘察成果文件，确保提供的勘察成果文件真实、准确和完整。主要职责包括：配合总工办或子公司及勘察咨询单位对勘察大纲的技术论证和勘察成果文件预审，落实论证或审查意见；配合施工图审查单位对详细勘察成果文件的强审，落实审查意见；参与勘察成果文件及地质风险的交底说明和设计施工配合，受委托开展必要的专项勘察工作。

（2）勘察监理单位负责对勘察进行全面管理。主要职责包括：协助集团公司审查设计单位下发的勘察技术要求，现场监督、检查勘察单位是否按规定开展工作，及时跟踪勘察现场的实施情况，监督检查或见证勘察的钻探、取样、原位测试、室内试验、地下水勘察及钻孔封孔情况，确保勘察数据的真实有效；遇到地质条件异常时，及时向建设单位、设计单位反馈。组织勘察单位提交勘察成果，检查勘察单位成果是否满足技术要求。参与勘察文件及地质风险的交底说明和施工配合。

（3）总体设计单位负责全线总体设计工作，编制设计文件和相关技术文件，对设计质量负责。主要职责包括：制定全线针对设计的风险管理要求，统一相关标准。编制总体设计或方案设计文件及一级风险工程清单。初审和汇编施工图设计阶段的风险工程分级清单、专项设计文件、工前评估需求等。

（4）工点设计单位负责工点设计工作，编制相应设计阶段的设计文件和相关技术文件，对设计质量负责。主要职责包括：开展初步设计阶段和施工图设计阶段的风险识别与风工程分级，编制风险工程分级清单。进行设计文件及工程风险的交底说明，配合施工单位及时解决与设计工作有关的问题。参与施工过程中监控数据、预警信息的分析和专家论证，必要时进行设计变更，并反馈给施工单位及其他相关部门。参与预警处置、险情与事故应急响应的方案论证与处置，并提供相关建议或风险处理措施。必要时开展工后恢复设计，参与工后评估及工程修复施工处理方案的评审。

（5）施工图审查单位负责施工图强制性审查工作，对施工图审查意见负责，负审查责任。

（6）施工单位负责施工安全风险管理的全面实施和执行。主要职责包括：安全风险管理组织机构的建立与人员配备，勘察设计文件的学习与分析，风险深入识别与分级调整，实施性施工组织设计和安全专项施工方案编制、专家论证，视频监控系统建设，开工条件核查，施工监测、现场巡视和施工风险动态评估、工程安全状态评价与预警及响应，以及监控与预警信息的报送和突发事件应急响应等。

（7）监理单位负责对施工单位的安全风险管理工作进行全面监督和管理。主要职责包括：建立安全风险管理组织机构，监督检查施工单位安全风险管理组织机构的建立与人员配备及落实情况，参与和检查监督施工单位对勘察设计文件的学习及勘察设计交底，编制安全监理实施方案，组织实施性施工组织设计、安全专项施工方案的专家论证，开展开工条件核查、工程监测、现场巡视和视频监控、盾构实时监控的检查，比对分析第三方监测和施工监测异常情况，检查监督工程安全状态评价与预警、响应等。

（8）第三方监测单位负责编制第三方监测实施方案，建立安全风险管理组织机构，参与安全专项施工方案的专家论证，协助子公司检查监督视频监控系统建设，开展第三方监测、现场巡查和施工风险动态评估，施工风险监控、预警、响应及其信息报送、应急处置等。

（9）评估单位负责收集评估所需的检测成果、设计方案、监测数据等相关基础资料，实施专项评估工作，编制评估成果文件，对评估结论和成果质量负责。

（10）周边环境调查单位负责环境调查工作，编制相应阶段的环境调查成果资料，对环境调查成果质量负责。具体职责为完成初步调查、详细调查或专项调查工作，如调查纲要及调查报告编制、审查意见落实、调查实施过程的质量和安全控制、调查成果资料、交底说明、设计施工配合等工作。

（11）信息化系统开发单位负责实施施工安全风险维护服务工作，保证系统正常运行。主要职责包括：为监控系统使用单位提供必要的使用培训和指导；负责监控系统的日常运行状态的监控和维护管理；负责监控系统各类故障的排除，保证系统各类运行指标符合使用要求。

3.3　规划及可行性研究阶段安全风险管理

3.3.1　规划阶段安全风险管理

轨道交通作为城市交通方式的一种，是交通需求和供给平衡下的选择。从"需求"方面讲，轨道交通线网规划主要满足以下要求：城市新城建设、旧城改造等土地发展要求，人口的出行要求；交通发展目标要求，城市重要建设项目的交通疏解。从"供给"方面讲，轨道交通线网规划主要考虑线网合理的规模、线网合理的构架、各条线路合理的运能体量、正线、联络线、车站、车场的位置等。轨道交通线网规划工作的意义是科学回答"需求"和"供给"这两方面的问题，以及二者间动态的影响关系和科学的平衡关系，从而阐明作为大城市客运骨干系统的发展方向，同时协调与城市其他要素之间的关系。

轨道交通与其他交通方式始终是竞争/合作关系，与城市交通其他方式相比，城市快速轨道交通的优势如下：

(1) 列车编组化运行使得轨道交通运量大，单向最高断面可达5万人/h；
(2) 运行系统封闭独立使得轨道交通稳定、干扰小、速度快，可达35km/h；
(3) 轨道交通可采用地下和高架辐射方式，占用地面空间小；
(4) 永久的固定线路，容易形成交通习惯；
(5) 采用电能清洁环保；
(6) 技术水平高，发展余地大。

不过轨道交通优势是相对的、有条件的。这些优势也伴随着这种方式的局限性。例如，沿线土地容量限制了客流需求规模的情况下，建设轨道交通并无意义；道路畅通的情况下，轨道交通速度优势也并不明显；不占用地面空间、封闭的交通系统及技术水平高，则需要较高的经济投入。与道路分离，同时高速度、高投入意味着交通可达性较差。集约高效化的运行，与人们采用自由支配的交通方式相违背。综上所述，轨道交通的优势表现在沿线道路交通供给难以满足交通需求的时候。

轨道交通线网规划是城市总体规划完成后，土地控制性详细规划开展之前，城市交通体系中的专项规划。一般来说，好的新网规划具备以下特征：承载性，作为城市综合交通系统的一个有机组成部分，轨道交通线网能协调与其他交通方式的关系；稳定性，即针对外围区的线路和远期修建的线路，方案能够具有灵活变化的适应力；连续性，保持规划的严肃性；可行性，能否实施和实施代价是衡量线网规划优劣的最终标准；符合性，必须符合总体规划意图。还需要考虑泉水的因素，在轨道交通建设过程中要做到不明显减少泉水的补给量、不阻挡（不揭露）泉水的径流通道、不改变泉眼出露结构。随着线网方案的不断优化和勘测成果的不断更新，最终形成互为指导、以保泉论证成果为技术支撑的轨道交通线网规划成果。总而言之，就是轨道交通建设不会导致泉水流量发生显著变化。

2018年，济南市规划局和轨道交通集团联合组织开展《济南市泉域轨道交通线网规划》，要求结合《济南市城市空间发展战略研究》，对市域范围内的轨道交通体系进行整体规划，全面梳理轨道交通各功能层次，进一步发挥轨道交通在社会经济发展中的交通骨干和规划引导作用。2019年4月，济南市人民政府下发了《关于同意济南市泉域轨道交通线网规划的批复》。发展目标是在济南市域范围内构筑支撑并引导城市空间发展、与土地利用相协调、功能层次清晰、高度一体化的轨道交通网络，逐步形成以城市轨道交通为骨干、中运量系统为骨干补充、常规公交为主体、融合个体交通的多元化城市客运交通体系。规划方案充分利用了"三桥一隧"跨河通道资源，支撑新旧动能转换先行区发展，同时衔接老城区与周边各中心组团，疏解中心城区交通拥堵。

但是，对于济南，在城市建设活动中，特别是城市化大规模发展阶段，高层建筑的建设中，深基坑开挖曾多次触动泉脉，引起地下水喷涌，造成名泉喷涌量下降。城市建设活动，特别是深基础工程、地下隧道工程等，对济南的泉水景观带来极大的潜在威胁。

独特的地质构造和水文特点造就了名泉,形成了济南独特的泉水文化,同时这种地质结构与水文特性使得泉水在人类生活生产活动面前显得特别脆弱。济南轨道交通将有力地促进城市的经济社会发展,提升城市的形象,提高城市的综合竞争力,能够为城市带来更多的发展动力,为城市居民提供更加高质量的生活。泉水作为城市生态环境、城市文化的重要组成部分,是济南市城市灵魂的载体。轨道交通建设与泉水保护都是未来城市赖以发展的基础,是城市可持续发展的重要组成部分。

"轨道交通线网规划"是一个不断优化的决策过程。城市轨道交通线路一般沿人口稠密、岗位集中的交通走廊布设。在大城市中心区,线路一般沿主干道设置,并且敷设方式尽量选用地下线;在外围,线路一般采用高架或者地面形式。因此,在线网规划初始阶段,初步选取可能的线路通道,为保泉勘测提供初步勘测范围,勘测的结果反馈于线网规划。随着线网方案的不断优化和勘测成果的不断更新,最终形成互为指导、以保泉论证成果为技术支撑的轨道交通线网规划成果。评价标准是轨道交通建设不会导致泉水流量发生显著变化。在轨道交通建设过程中就要做到不明显减少泉水补给、不阻挡(揭露)泉水的径流通道、不改变泉眼出露结构。

结合济南城市特点、道路网及交通流特点以及轨道交通系统技术要求,济南轨道交通在线网规划中采用如下的泉水保护和轨道交通线路规划策略。

(1) 泉水保护敏感区作为线网规划的泉水保护敏感区,即经十路、明湖路、顺河高架、历山路围成的区域。

(2) 泉水保护敏感区外可按常规方式规划,敷设方式不受地质与泉水的影响;敏感区内线网规划应首先研究敷设方式,优先研究高架与地面线的可能性,然后再研究地下线的可能性。

(3) 保护敏感区内,线路如果必须采用地下形式,必须严格避开保泉研究中"不宜修建轨道交通"的通道,如泺源大街、泉城路。

(4) 若规划线路以地下线形式通过泉水保护敏感路段,则应明确线路平纵断面要求,深化区间及车站方案研究,以"工程方案可行"作为线网规划的基本前提。

(5) 对因保泉而未能布设轨道交通的重要客流廊道(如泉城路、泺源大街),加强区域综合交通规划研究,提出有效的交通衔接方案,保证重要发展区具备较高的交通可达性,弥补轨道交通系统的不足。

城市轨道交通线网规划和近期建设规划等规划阶段宜开展安全风险分析、重大安全风险因素识别等工作,以专章或专题报告形式体现在规划方案文件中。

规划阶段安全风险分析的主要内容包括:

(1) 线路选择不合理的风险;

(2) 重大不良地质条件与复杂周边环境条件对工程建设的影响风险;

(3) 不同规划方案的风险比选。

规划阶段重大安全风险因素识别主要考虑以下几方面:

(1) 邻近或穿越既有轨道线、铁路;

(2) 邻近或穿越重要既有建(构)筑物(包括文物古迹、桥梁、市政管线等);

(3) 邻近或穿越既有军事保护区及设施;

(4) 邻近、穿越或跨河湖;

(5) 影响结构和施工安全的特殊不良地质条件(如黏性土透水、泉水敏感区、岩溶、厚层填土、断裂带、沉降区等)。

规划阶段宜采用修改线路方案、重新拟订方案等风险处理方案。

3.3.2 可行性研究阶段安全风险管理

(1) 城市轨道交通工程建设可行性研究宜开展可行性研究方案安全风险分析和主要安全风险因素识别等工作,并以专题报告或专章形式体现在可行性研究报告文件中。

(2) 可行性研究阶段安全风险管理应收集分析可研勘察、周边环境和地质灾害危险性评估、环境影响评价和地震安全性评价等资料或报告,并进行现场踏勘核查。

(3) 可行性研究方案安全风险分析的主要内容包括:
① 线位、站位选择不合理的风险;
② 工程建设可行性方案的建设风险比选;
③ 重要、特殊或关键节点工程的设计和施工方法的适用性;
④ 特殊不良地质条件及复杂周边环境条件对工程建设的影响风险。

(4) 可研阶段要进行主要安全风险因素识别,如规划阶段安全风险管理中规划阶段重大安全风险因素识别(见 3.3.1 节),并编制可行性研究方案的主要风险清单。

(5) 可行性研究阶段应针对重大建设风险提出风险控制方案,宜采用优化可行性方案、更换施工方法等风险处置措施。

3.4 勘察及周边环境调查安全风险管理

3.4.1 岩土工程勘察

1. 一般规定

(1) 岩土工程勘察主要包括可行性研究勘察、初步勘察、详细勘察和专项勘察。工程需要时可开展专项勘察和施工勘察。

(2) 工程设计方案发生变化的,总工办应当及时书面通知勘察单位进行补充勘察工作。施工阶段因设计或施工方案变更、出现新的地质问题或发生工程险情时建设子公司应当组织勘察单位开展施工勘察。施工勘察宜由原详细勘察单位实施。

(3) 对一些特殊地质(如黏性土透水、泉水敏感区、岩溶、厚层填土、受构造影响严重的断裂带等)可开展专项勘察。专项勘察应委托具有相应资质和业绩的勘察单位实施。

(4) 工程设计方案发生变化的,总工办或项目管理中心应当及时书面通知勘察单位进行补充勘察工作。

(5) 当建设场地水文地质条件复杂或工程需要时,勘察单位宜进行深入的水文地质勘察研究,并形成专门的水文地质勘察报告。

(6) 勘察单位应对地质风险进行识别和评价,以专章形式体现在勘察报告中。

2. 管理目标

进一步明确各阶段勘察工作主要内容并加强过程审查和成果验收,确保勘察成果满足工程设计及施工等需要,避免因勘察不准确、不完整或深度不够等可能导致的设计或施工风险。

3. 管理内容

(1) 勘察工作的安全风险管理主要针对如下内容和环节进行:

① 各阶段勘察工作的勘察技术要求的提供;

② 各阶段勘察大纲的审查论证;

③ 勘察实施过程中重点环节的控制与检查;

④ 各阶段勘察成果文件要求(含地质风险评价专章)与审查验收。

(2) 勘察监理单位协助总工办或建设子公司开展勘察阶段的相关安全风险管理工作,并提供咨询评价意见或形成咨询报告。

4. 管理职责

(1) 勘察工作的安全风险管理主要涉及总工办、建设子公司、勘察单位、详细勘察强制性审查单位、设计单位、施工单位和勘察监理单位。

(2) 总工办负责组织完成初步勘察工作,包括勘察技术要求提供、勘察大纲审查、勘察实施过程督查和勘察成果文件的审查验收及备案、移交。

(3) 建设子公司负责组织完成详细勘察、施工图勘察文件审查和施工勘察工作,包括勘察技术要求的提供,勘察大纲审查及勘察实施过程的督查,施工图勘察文件的预审、审查及备案、移交和交底说明。

(4) 勘察单位负责完成合同任务内的初步勘察、详细勘察(含专项勘察)及施工勘察工作,包括勘察大纲及勘察成果文件的编制、审查意见的落实、勘察实施过程的质量和安全控制、勘察成果文件及地质风险的交底说明和设计施工配合。

(5) 施工图审查单位负责完成合同任务内详细勘察成果文件的施工图审查。

(6) 设计单位负责提供勘察技术要求、专项勘察需求,参与对勘察大纲、勘察成果文件的验收与审查,参与勘察成果文件及地质风险的交底说明,以及必要的设计变更处理。

(7) 勘察监理单位负责协助总工办或建设子公司审查勘察方案,检查与监管勘察实施过程中的重点环节,审查、评价及验收勘察成果文件等咨询服务工作。

5. 管理程序

总工办负责可行性研究勘察、初步勘察、详细勘察、专项勘察的管理和协调工作。勘察、设计和施工等单位可根据工程需要,对重要一级环境风险工程提出施工(专项)勘察需求。建设子公司负责施工(专项)勘察的管理和协调。勘察工作完成后,勘察单位应当对设计、施工等进行勘察文件及地质风险的交底说明,并及时配合设计、施工过程中与地质有关的问题的解决。各类勘察管理程序如下:

1) 初步(详细)勘察

(1) 总工办组织设计单位提出初步(详细)勘察的技术要求,送交勘察监理单位,勘察监理单位协助总工办审查设计单位下发的初步(详细)勘察技术要求,勘察实施前,设计单位对勘察单位进行技术交底。

(2) 勘察单位依据初步(详细)勘察技术要求、勘察经验和合同文件等,制定初步(详细)勘察大纲,提交总工办审查。

(3) 勘察监理单位协助总工办对初步(详细)勘察大纲进行审查,形成审查意见。

(4) 勘察单位按照审查意见修改完善后实施初步(详细)勘察工作,勘察过程中进行质量和安全控制,然后完成初步(详细)勘察成果,并提交总工办。

(5) 勘察监理单位协助总工办对初步(详细)勘察成果进行审查,并形成审查意见。

(6) 勘察单位按照审查意见修改完善初步勘察成果,完成后提交总工办。总工办确认、备案并组织移交设计单位。

(7) 详细勘察成果完成后,勘察单位需提交施工图审查单位进行强制性审查,并出具强制性审查意见。

(8) 勘察单位按照强制性审查意见修改完善详细勘察成果后,提交总工办。总工办对详细勘察成果进行备案,并组织移交给设计单位,开工前移交施工单位和监理单位。

2) 施工(专项)勘察

(1) 建设子公司组织设计单位提出施工(专项)勘察的技术要求,送交勘察监理单位,勘察监理单位审查设计单位下发的施工勘察技术要求,勘察实施前设计单位对勘察单位进行技术交底。

(2) 勘察单位依据施工(专项)勘察技术要求、勘察经验和合同文件等,制订施工(专项)勘察大纲,提交建设子公司审查。

(3) 勘察监理单位协助建设子公司对施工(专项)勘察大纲进行审查,形成审查意见。

(4) 勘察单位按照审查意见修改完善施工(专项)勘察大纲后实施施工勘察工作,对勘察过程进行安全和质量控制,完成施工(专项)勘察成果,提交建设子公司。

(5) 勘察监理单位协助建设子公司对施工(专项)勘察成果审查,形成审查意见。

(6) 施工(专项)勘察成果完成后,勘察单位需提交施工图审查单位进行强制性审查,并出具强制性审查意见。

(7) 勘察单位按照强制性审查意见修改完善施工(专项)勘察成果后,提交建设子公司。建设子公司对施工(专项)勘察成果进行备案,并组织移交给设计单位、施工单位和监理单位。

3.4.2 周边环境调查

1. 一般规定

(1) 轨道交通周边环境是指城市轨道交通工程建设影响范围内的建(构)筑物、管线、暗沟、桥梁、涵洞、隧道、道路、边坡、轨道交通设施、地表水体、沟渠、地下障碍物以及文物等。

(2) 周边环境调查应分阶段进行,不同阶段的周边环境调查内容应满足相应阶段的深度要求。工程需要时可对重点地下管线、水渗漏情况等进行专项调查。

(3) 周边环境调查宜委托有相应工程勘察或检测资质的单位进行。

(4) 周边环境调查工作完成后宜形成环境调查成果报告,环境调查资料应真实、准确、完整,满足相应阶段的勘察设计或施工的深度要求和工作需要。

(5) 施工单位应在开工前开展施工核查,即结合环境调查报告资料,对周边环境状况进行现场核查,当周边环境实际状况与环境调查成果资料不一致或不能满足工程需要时,应进行必要的补充调查。

2. 管理目标

明确各阶段周边环境调查工作的内容并加强其过程审查和资料验收,确保其成果满足工程勘察、设计、施工等的需要,避免因环境资料不准确、不完整或深度不够等可能导致的后期勘察设计或施工风险。

3. 管理内容

(1) 周边环境调查的安全风险管理主要针对如下内容和环节进行:①阶段周边环境调查的技术要求的提供;②周边环境调查成果的审查验收。

(2) 周边环境调查单位应当就环境调查成果向设计、施工等单位进行交底说明,并及时配合解决设计、施工中与周边环境调查有关的问题。

4. 管理职责

(1) 周边环境调查的安全风险管理主要涉及总工办、建设子公司、环境调查单位、设计单位、施工单位和监理单位。

(2) 可行性研究、总体设计、初步设计、施工图设计阶段,由总工办组织设计单位向其委托的周边环境调查单位进行技术交底,内容包括调查技术要求提供、调查实施过程督查和调查成果资料的审查验收及备案、移交和交底说明。

(3) 施工阶段,建设子公司负责组织施工单位完成周边环境调查工作,对周边环境资料进一步核实和补充完善。

(4) 在可行性研究阶段、总体设计阶段,周边环境调查单位应通过收集地形图、管线图等方式获取工程项目周边环境资料。在初步设计阶段、施工图设计阶段、施工阶段完成合同任务内的初步调查、详细调查工作,包括调查纲要及调查报告编制、审查意见落实、调查实施过程的质量和安全控制、调查成果资料、交底说明、设计施工配合等工作。

(5) 设计单位负责提供调查技术要求,参与对周边环境调查报告的审查验收,参与环境调查资料的交底说明。

(6) 施工阶段,施工单位应配合建设子公司完成合同标段(工点)的施工核查工作,包括调查核实周边环境调查单位提交的周边环境调查报告,并由周边环境调查单位对环境资料进一步核实和补充完善。

(7) 监理单位负责监督施工单位的周边环境施工核查工作及签认。

5. 管理程序

1) 可行性研究、总体设计、初步设计、施工图设计阶段周边环境调查管理程序

(1) 总工办组织设计单位提出对周边环境调查的技术要求,以技术工作联系单形式提交环境调查单位。

(2) 周边环境调查单位按照技术要求和合同文件等实施调查工作,完成周边环境调查报告,并提交总工办。

(3) 总工办对周边环境调查报告组织审查,形成验收意见。验收时宜邀请设计单位参加。

(4) 周边环境调查单位按照审查意见进行补充调查或修改完善调查报告后提交总工办。总工办备案,并组织移交设计单位。总工办组织周边环境调查单位将周边环境调查报告转交设计单位。

2) 施工阶段周边环境调查管理程序

(1) 建设子公司组织设计单位提出周边环境调查的技术要求，以技术工作联系单形式提交周边环境调查单位。

(2) 周边环境调查单位按照技术要求和合同文件等，实施调查工作，完成周边环境调查报告，提交建设子公司。

(3) 建设子公司对周边调查报告审查，形成审查意见。审查时宜邀请设计、施工、监理单位参加。

(4) 周边环境调查单位按照审查意见进行补充调查或修改完善，完成后提交建设子公司。建设子公司对周边环境调查报告备案，并组织移交设计、监理和施工单位，并就环境调查成果向设计、施工、监理等单位进行交底说明，及时配合解决设计、施工中与环境调查有关问题。

3.5 总体设计阶段安全风险管理

1. 一般规定

总体设计或方案设计应识别出全线一级风险工程，形成风险工程清单，同时针对一级风险工程进行安全风险初步分析，宜以专篇或专章形式体现在设计文件中。

2. 管理目标

初步识别一级风险工程并针对性地进行风险分析和设计，规避和降低由线位、站位和施工工法等方案设计不合理、不安全等可能导致的安全风险。

3. 管理内容

(1) 总体设计阶段的安全风险管理主要包括一级风险工程识别及审查、总体设计或方案设计文件及有关重大技术方案的审查论证等内容。

(2) 总工办组织总体设计阶段的安全风险管理工作。

4. 管理职责

(1) 总体设计阶段安全风险管理主要涉及总工办、总体设计单位。

(2) 总工办负责组织全线风险工程分级和总体设计或方案设计及有关重大技术方案的审查论证。

(3) 总体设计单位负责完成全线一级风险工程的初步识别，编制一级风险工程清单，编制总体设计或方案设计文件及有关重大技术方案。

(4) 总工办负责对风险工程分级、总体设计或方案设计、重大技术方案的实施及相关成果进行审查论证。

5. 管理程序

(1) 总体设计单位在进行总体设计或方案设计时应初步识别一级风险工程，形成一级风险工程清单，单独或同总体设计或方案设计文件及有关重大技术方案一并报总工办。

(2) 总工办对全线一级风险工程清单和总体设计或方案设计文件等进行初步审查，提出审查论证意见。

(3) 总体设计单位按照审查论证意见修改完善,完成后提交总工办。
(4) 总工办进行确认、备案,初步设计开始前移交工点设计单位。

3.6 初步设计阶段安全风险管理

1. 一般规定

(1) 初步设计应全面识别全线工程自身风险和环境风险,进行风险工程分级和专项设计,编制形成安全风险评估报告(包括全线风险工程分级清单和专项设计等内容),并进行审查论证。

(2) 一级环境风险工程宜进行专项设计,并作为安全风险评估报告的一部分内容。一级自身风险工程宜包含风险控制专项措施和下一步设计优化方向及建议等内容,宜以专章或专节形式体现在初步设计文件中。

(3) 为满足招标第三方监测单位的需要,工点设计单位在初步设计文件中宜包含第三方监测的内容和要求,由总体设计单位汇编形成全线第三方监测设计招标技术文件。也可根据实际需要,委托有相应资质和经验的单位编制第三方监测设计招标技术文件。

(4) 对初步确定采用降水方案的工程,宜委托降水专业设计单位完成降水设计,并汇编形成专册。

(5) 对符合抗震设防专项论证要求的地下工程,应按照相关主管部门的规定形成抗震设计专项文件,并组织抗震设防专项论证。

2. 管理目标

通过对安全风险进行全面识别,明确各级风险工程,重点对一级环境风险工程专项设计和降水设计、抗震设计等的合理性、安全性和可实施性等进行审查、论证,避免初步设计不合理、不安全等可能带来的安全风险。

3. 管理内容

(1) 初步设计审查前,应开展如下安全风险管理内容或环节,以作为初步设计方案调整优化和初步设计审批的基础资料:
① 安全风险评估及其审查论证;
② 降水初步设计及审查论证;
③ 地下工程抗震设防专项论证;
④ 初步设计文件的审查论证。

(2) 总工办负责风险工程分级、专项设计、降水设计等的审查论证工作,并提供咨询意见或形成报告。

4. 管理职责

(1) 初步设计阶段安全风险管理主要涉及总工办、安全质量部、建设子公司、总体设计单位、工点设计单位、降水设计单位。

(2) 总工办负责组织完成初步设计工作,包括安全风险工程分级、专项设计、降水设计及相关技术文件等成果的审查论证及备案、移交。例如,建设子公司提前接手初步设计工作,上述总工办的工作由建设子公司负责组织实施。

(3) 建设子公司负责安全风险评估报告(含风险工程分级、专项设计)和第三方监测设计招标技术文件的审查。

(4) 工点设计单位负责完成工点的风险工程分级、专项设计和初步设计(含符合条件的地下工程抗震设计)。

(5) 总体设计单位负责初审工点风险工程分级清单,汇编全线安全风险评估报告,初审和汇编全线风险工程初步设计文件,汇编全线第三方监测设计专册。

(6) 降水设计单位负责完成全线降水专业设计。

5. 管理程序

1) 安全风险评估

(1) 工点设计单位进行工程自身风险和环境风险的全面识别,编制风险工程分级清单,对重要一级环境风险工程进行专项设计,经工点设计单位负责人签认后报总体设计单位。

(2) 总体设计单位初审,经工点设计单位修改完善后,汇编形成安全风险评估报告,报总工办。

(3) 总工办负责对安全风险评估报告进行复审,形成审查意见。复审时应征询安全质量部意见。

(4) 总体设计单位负责组织工点设计单位按照审查意见修改完善报告(设计咨询单位监督检查其落实情况),报总工办备案。

2) 降水初步设计

(1) 降水设计单位进行降水设计,并汇编形成专册,报总体设计单位审查,按审查意见修改完善后报总工办。

(2) 总工办组织预审,形成审查意见。必要时组织专家审查,审查时宜邀请安全质量部、建设子公司参加。

(3) 降水设计单位按照审查意见修改完善,完成后形成降水初步设计专册。

(4) 总工办按照政府主管部门相关要求组织专家论证,形成专家论证意见。

(5) 降水设计单位负责按照专家论证意见修改完善,完成后报总工办备案。

3) 地下工程抗震设防专项论证

(1) 工点设计单位对符合进行抗震设计条件的地下工程工点进行抗震设计,形成抗震设计专项文件,报总体设计单位。

(2) 总体设计单位进行复核,报总工办。

(3) 总工办按照政府主管部门规定组织专家论证,形成专家论证意见。

(4) 工点设计单位负责按照专家论证意见修改完善,完成后报总工办备案。

4) 初步设计

(1) 工点设计单位编制初步设计文件(含第三方监测内容及要求),经工点设计单位技术负责人签认后,报总体设计单位。

(2) 总体设计单位对初步设计文件进行初审,并汇编全线初步设计文件和第三方监测设计技术文件,报总工办。

(3) 总工办对初步设计文件进行复审,形成审查意见。第三方监测设计技术文件审查时应征询安全质量部意见。

(4) 总体设计单位组织工点设计单位按照审查意见进行修改完善,形成全线初步设计报审文件和第三方监测设计技术文件。

（5）总工办组织将全线初步设计文件及相关过程文件（含审查论证意见）报政府主管部门进行审查。

（6）总体设计单位组织工点设计单位根据初步设计审查意见修改完善，形成最终初步设计文件，报总工办备案。

3.7 施工图设计阶段安全风险管理

1. 一般规定

（1）施工图设计前，应在初步设计风险分级的基础上进行风险细化识别，并主要针对地质条件复杂或变化较大（结合详勘等资料）、环境条件复杂或存在变化（结合详细调查等资料）、与初步设计相比发生较大设计变更等情况进行风险工程分级调整，形成风险工程清单。

（2）施工图设计前，宜对重要一级环境风险工程开展施工影响安全评估工作（简称"工前评估"）。工前评估应结合设计方案等进行，宜委托具有相应资质和评估经验的咨询单位或环境对象原设计单位完成。

（3）重要一级环境风险工程应进行专项设计，作为正式设计文件的补充文件和辅助文件。其中工前评估结论、环境安全保护设计措施、环境监控量测设计与控制指标等有关内容应体现到正式施工图设计文件中。

（4）自身风险工程施工图设计应包含施工影响预测、工程处理或风险控制专项措施、工程监测设计与控制指标以及施工风险控制应当注意的重点部位和环节等内容，并以专章或专节形式体现在施工图设计文件中。

2. 管理目标

通过对安全风险的细化识别和分级，并开展高级别环境风险工程的工前评估和专项设计，对风险工程分级和施工图设计的合理性、安全性和可实施性进行审查论证，避免由于施工图设计不合理、不安全等带来的安全风险。

3. 管理内容

（1）施工图设计提交强制性审查前，应开展如下安全风险管理内容和环节：①工前评估及审查验收；②风险分级、专项设计与施工图设计预审及其审查论证。

（2）建设子公司负责开展风险分级、工前评估、施工图专项设计等的审查论证或验收等工作。

（3）施工图设计完成后，设计单位应当对施工、监理等进行设计文件及工程风险的交底说明。重要一级环境风险工程应单独组织专项设计交底和工程风险说明。

（4）施工过程中，设计单位应当委派专业技术人员配合施工，及时解释和解决施工过程中与设计有关的问题。

4. 管理职责

（1）施工图设计阶段安全风险管理主要涉及建设子公司、总体设计单位、工点设计单位、评估单位、施工图审查单位。

（2）建设子公司负责组织施工图设计的实施，对工前评估需求、评估报告及施工图设计

(含风险分级调整、专项设计等)进行成果验收或审查论证。

(3) 工点设计单位负责提出工前评估需求,参加评估报告的审查验收,完成施工图设计,进行设计交底和施工配合。

(4) 总体设计单位负责初审工前评估的需求,参加评估报告的审查验收,初审施工图设计文件,汇编全线风险工程分级清单专册。

(5) 评估单位负责完成合同任务内的工前评估及其设计施工配合工作。

(6) 施工图审查单位负责对施工图设计文件进行强制性审查。

5. 管理程序

1) 工前评估

(1) 工点设计单位提出工前评估的需求和相关技术要求,填写评估需求表,经工点设计单位技术负责人签认后,报总体设计单位。

(2) 总体设计单位进行汇总和初审,形成审查意见,报建设子公司。

(3) 建设子公司组织复审,形成复审意见。

(4) 总体设计单位负责组织修改落实和重新汇总,上报建设子公司。

(5) 建设子公司委托评估单位对确定的环境风险工程实施评估。

(6) 评估单位在接到评估任务后制订评估大纲,实施评估工作,编制评估报告,提交建设子公司。

(7) 建设子公司组织专家对评估报告进行审查,形成审查意见。审查时邀请总体设计单位、工点设计单位参加。

(8) 评估单位按照审查意见补充评估或修改完善评估报告,完成后报建设子公司备案。建设子公司组织移交给工点设计单位。

2) 风险分级、专项设计与施工图设计

(1) 工点设计单位对风险进行细化识别和分级调整,编制风险工程分级清单和施工图设计文件(含专项设计),报总体设计单位。

(2) 总体设计单位初审,对重要一级风险工程分级调整及进行相应的专项设计,报建设子公司进行复审,形成审查意见。审查时可根据各工点设计进度的不同分批次进行审查论证。

(3) 建设子公司组织专家进行审查,审查时邀请施工、监理、第三方监测单位参加。

(4) 工点设计单位按照强制性审查意见修改完善,完成后报建设子公司确认。

(5) 建设子公司委托施工图审查单位进行强制性审查,并将审查意见反馈工点设计单位。

(6) 工点设计单位按照强制性审查意见修改完善,完成后形成正式施工图设计文件,报建设子公司备案。开工前组织移交监理、施工单位。

3.8 施工阶段安全风险管理

1. 一般规定

(1) 轨道交通工程施工安全风险管理分为施工准备期和施工过程两个阶段。

(2) 施工准备期应开展勘察报告与设计文件的学习与交底、环境核查等工作,并结合施工方法工艺及施工经验等,进行工程自身风险和环境影响风险的深入识别、分级调整和评估。

(3) 施工、监理、第三方监测等单位应在勘察设计文件、风险工程分级等基础上,编制各自安全风险管控工作实施方案。

(4) 施工准备期和施工过程中,可根据工程实际和需要,开展必要的施工勘察、工程设计变更和风险分级调整等工作。

(5) 为满足施工安全风险监控管理和信息化系统应用的需要,应输入系统所需的各类基础资料,并进行相应的测试、验收和培训等工作。

(6) 施工、监理、第三方监测等单位应按照现行规范、相关规定和合同要求等,开展监测、现场巡检和实时监控等工作,并及时进行施工风险动态评估、工程安全状态评价和信息报送。

(7) 当施工监控过程中发现预警状态时,有关单位应及时组织分析风险情况,并进行处置,同时按程序上报及发布预警。

(8) 土建工程施工完成后,施工、监理、第三方监测等单位宜根据工程需要进行相应的施工安全风险管理总结,并上报建设子公司备案。

2. 管理目标

通过加强施工准备期的地质条件分析与设计文件学习、环境核查风险深入核查识别及风险分级调整等,以及施工过程的安全风险监控、动态评估、预警及响应等风险预防和控制措施,及时发现安全隐患并采取有效控制措施,避免工程风险事件的发生。

3. 管理内容

1) 施工准备期的安全风险管理
(1) 施工安全风险管理组织机构建立与人员配备;
(2) 勘察设计文件的学习与交底;
(3) 环境核查;
(4) 风险深入识别、分级调整与评估;
(5) 安全风险管控方案编制与审查;
(6) 施工风险预告与交底;
(7) 视频监控系统建设;
(8) 信息化系统基础资料录入;
(9) 开工条件核查验收。

2) 施工过程安全风险管理
(1) 工程监控与安全状态动态评价;
(2) 施工风险预警;
(3) 施工风险预警响应与处置;
(4) 信息报送与施工风险台账管理;
(5) 突发事件应急响应;
(6) 施工安全风险管控总结。

4. 管理职责

（1）施工阶段安全风险管理主要涉及安全质量部、建设子公司和施工、监理、第三方监测、勘察、设计和信息化系统研发等单位。

（2）安全质量部负责监管建设子公司的安全风险管理组织机构的建立、人员配备情况，参与重要一级风险工程的安全专项施工方案和高级别预警处置方案的论证，建立全网重大风险工程管理台账，组织、参与或监督检查各线施工风险监控、预警响应和突发事件应急响应等。

（3）建设子公司负责审查风险工程分级调整、第三方监测方案和安全监理实施方案，组织勘察设计交底，参与实施性施工组织设计、安全专项施工方案、预警处置方案的论证及开工条件核查验收，组织综合预警发布，组织、参与或监督检查所辖线路施工风险监控、预警响应和突发事件应急响应等。

（4）施工单位负责施工安全风险管理的全面实施和执行，主要包括：安全风险管理组织机构的建立与人员配备，勘察设计文件的学习与分析，环境核查，风险深入识别与分级调整，实施性施工组织设计和安全专项施工方案编制，施工风险预告与交底，视频监控系统建设，开工条件核查，施工监测、现场巡检和施工风险动态评估、工程安全状态评价与预警及响应，以及监控与预警信息的报送和突发事件应急响应等。

（5）监理单位负责对施工单位的安全风险管理工作进行全面监督和管理，主要包括：监督检查安全风险管理组织机构的建立与人员配备及落实情况，参与和检查监督施工单位对勘察设计文件的学习与分析及勘察设计交底，编制安全监理实施方案，组织实施性施工组织设计、安全专项施工方案的专家论证，参加和检查监督施工风险预告、施工安全技术和风险交底说明，开展开工条件核查、工程监测、现场巡检和视频监控、盾构实时监控的检查，比对分析第三方监测和施工监测异常情况，检查监督工程安全状态评价与预警及响应等。

（6）第三方监测单位负责编制第三方监测实施方案，参与安全专项施工方案（含监控实施方案），协助建设子公司检查监督视频监控系统建设，录入信息化系统基础资料信息，开展第三方监测、现场巡检和施工风险动态评估，施工风险监控、预警、响应及其信息报送、应急处置等。

（7）设计单位（含总体设计单位和工点设计单位）参与设计文件及风险的交底说明，参与风险工程分级调整、安全专项施工方案、施工过程重大风险工程动态评估、预警处置方案的论证，进行必要的设计变更，参与综合预警的响应、处置和突发事件应急响应。

（8）勘察单位参与勘察文件及风险的交底说明，进行必要的施工补勘工作，参与重大风险工程预警处理方案的论证和突发事件应急响应。

（9）信息化系统开发服务单位负责为信息化系统的运行、维护、升级和管理等提供技术支持。

5. 施工准备期安全风险管理

1）组织机构建立与人员配备

（1）施工、监理、第三方监测单位均应结合自身工作需要和合同要求等建立相应的风险管理组织机构，配备与工程规模相适应的项目人员。

（2）建设子公司负责对施工、监理、第三方监测单位的安全风险管理工作进行考核，并协助安全质量部对第三方监测单位进行年度考核。

2) 勘察设计文件的学习与交底

(1) 勘察设计交底前,施工、监理单位应对勘察成果资料和设计文件进行学习和分析,全面熟悉地质条件和施工设计图纸,进行现场踏勘,核对图纸与现场实际情况是否相符,分析设计方案在技术上的合理性和可实施性。

(2) 开工前建设子公司应组织勘察单位、设计单位对施工、监理单位进行勘察交底、设计交底,交底时施工、监理单位可提出地质条件及工程设计安全性、合理性等的有关质疑,勘察单位、设计单位负责答疑。

3) 环境核查

开工前和施工过程中,施工单位应结合环境调查报告、施工图设计文件和风险分级清单等,对工程影响范围内的建筑物、桥梁、地下管线等周边环境进行全面核查和必要的补充调查。监理单位负责监督。

4) 风险深入识别、分级调整与评估

(1) 施工单位应根据对勘察设计文件的学习与交底及环境核查,结合施工经验,对工程自身风险和环境风险进行深入的核查识别和评估,并进行风险工程分级调整,形成分级调整清单。

(2) 监理单位负责初审风险工程分级调整清单,建设子公司复审。

(3) 施工准备期风险评估应在施工图设计阶段风险分级的基础上,结合具体施工方法及工程特点,重点针对以下几方面进行:①地质风险与环境影响风险因素;②工程施工方案安全性、合理性;③施工设备工艺适用性;④工程筹划与施工组织合理性。

(4) 由施工工序改变、未按施工方案实施、施工材料不合格等导致的安全、质量隐患纳入风险深入识别、分级调整与评估范围。

5) 方案编制与审查

(1) 施工单位应编制实施性施工组织设计,并针对各级风险工程编制安全风险专项施工方案,经施工单位技术负责人签认后,报监理单位审查。

(2) 安全风险专项施工方案宜包括:①工程概况;②工程地质水文地质条件;③施工风险分析和分级核查调整;④工程重点、难点;⑤施工方案和主要施工工艺;⑥环境保护措施;⑦施工监测方案;⑧监控量测控制指标(含阶段性控制值)和预警标准;⑨专项预案;⑩应急预案;⑪施工组织管理等内容。

(3) 对深基坑支护与降水过程、暗挖工程、超过一定规模的危险性较大的分部分项工程和其他认为有必要进行专家论证审查的危险性较大分部分项工程,施工单位尚应按照政府规定组织专家论证(参加单位有建设单位、施工单位、监理单位、勘察单位、设计单位、评估单位、第三方监测单位)。施工单位应根据审查意见修改完善专项施工方案,经监理单位审批后方可施工。

(4) 对重要一级风险工程,将根据专家论证意见修改的安全专项施工方案报建设子公司备案。

(5) 监理单位应根据国家、地方和行业相关规范和工程实际编制施工安全风险监理实施细则。

(6) 第三方监测单位应在施工监测方案和第三方监测设计的基础上,编制第三方监测实施方案,并经专家审查。

6) 施工风险预告与交底

(1) 施工单位在正式施工前宜以风险预告的形式,在施工现场以可显现的方式,对施工风险进行提示。

(2) 风险预告的内容宜包括但不限于风险描述(风险工程名称、等级、风险因素及后果、事故征兆等)、监控方案、应急预案、施工注意事项、责任人等。

(3) 风险预告须经施工单位项目技术负责人审核和监理签认。监理负责监督其执行情况,并报项目管理中心备案。

(4) 开工前和施工过程中应结合风险分级和现场安全风险管理的实际要求,对主要管理人员、施工作业班组、人员进行施工风险的交底。

7) 视频监控系统建设

(1) 视频监控系统实行集团层、子公司层和实施层三级管理模式,其中集团层由安全质量部、信息化部、视频监控系统服务单位负责,子公司层由建设子公司负责。

(2) 实施层由施工、监理、第三方监测负责。施工单位负责按照合同要求建立现场视频监控室,安装视频终端设备。监理单位审查建设方案并监督建设情况及视频终端安装,建设子公司组织验收。监理单位及第三方单位负责按相关要求对视频监控系统的使用进行巡检。

8) 开工条件核查验收

(1) 开工前施工单位应对安全风险管理组织机构、安全风险核查识别、施工方案和应急预案及其专家论证情况等进行落实和自查。

(2) 监理单位应对施工单位的开工条件自查情况进行复查验收,复查时邀请建设子公司、设计和第三方监测等单位参加。验收合格后方可施工。

(3) 建设子公司应根据政府及集团相关规定开展重要部位和环节施工前条件核查验收工作。

6. 施工过程安全风险管理

1) 工程监控与安全状态动态评价

(1) 施工过程中应通过工程监测、现场巡视和实时监控等手段,在施工准备期施工风险评估的基础上,及时进行安全状态动态评价,并重点针对以下几方面进行:①开挖面(工作面)地质状况;②围(支)护体系安全性;③周边环境受施工影响情况;④施工工艺及设备的适用性;⑤施工组织管理及作业状况的合理性、合规性。

(2) 施工单位应将工程监测和现场巡检作为一道基本工序,按照施工组织设计和专项施工方案等,实施工程监测和现场巡检,并及时整理、分析监测数据和巡检信息,编制监测巡检成果资料。监理检查实施情况。

(3) 第三方监测单位应按照合同规定的范围、对象和内容等,开展第三方监测和现场巡检,并及时整理、分析监测数据和巡视信息,编制监测巡检成果资料。建设子公司检查其实施情况。

(4) 监理单位在现场监理过程中同时开展监测数据复核、视频监控、盾构实时监控和现场巡检工作,填写视频监控值班记录和编制巡视成果。建设子公司检查其实施情况。

(5) 施工过程中施工、监理、第三方监测等单位在工程监测、实时监控和现场巡检过程中,应及时进行风险动态评估,分析评价工程结构自身和周边环境的安全状况,并在监测巡视或风险管理成果报告中予以体现。

(6) 安全质量部或建设子公司根据工程进度和现场状态,分别组织集团层、建设子公司层有针对性地开展专家巡检与咨询活动。

(7) 当施工过程中出现风险状况或达到预警时,施工、监理、第三方监测单位应根据实际情况,增强工程监测或现场巡检的内容、范围及频次,并加强包含信息化系统方式在内的信息报送。

(8) 施工过程中对一级环境风险工程应进行重点监控。当出现风险状况或达到预警时,建设子公司应组织设计、施工、监理、第三方监测及相关评估单位等进行专题分析,必要时开展环境安全核查评估工作,为设计、施工优化处理措施提供依据。

2) 施工风险预警

(1) 监测预警由第三方监测单位独立发布,第三方监测单位在完成本日监测工作后,依据监测预警判别标准判断是否需发布预警。

(2) 巡检预警由监理、第三方监测单位独立发布。巡检单位在完成本日巡检工作后,存在巡检预警时,应在当日发布。一方发布预警后,在预警期内其他单位不得针对同一工程部位发布同类别、同等级的预警。

(3) 综合预警由安全质量部、建设子公司、监理、第三方监测单位依据各自风险状况评价结果发布。

(4) 出现风险事件后,不得对发生风险事件的工程部位发布巡检预警或综合预警,但若风险事件可能引发次生灾害、邻近部位可能导致风险状况,可发布预警。

(5) 如现场风险状况没有有效控制,监理单位、第三方监测单位可将预警级别升级。

3) 预警响应与处置

(1) 当施工过程发生或判定为预警时,施工单位应对预警部位加强分析,及时采取必要措施。相关各单位应对已发布预警的工程部位及工程周边环境加强监测和巡检,施工单位应避免风险事件的发生。

施工、监理、第三方监测、建设子公司、安全质量部等单位应根据不同预警类型、等级组织参与预警响应与处置。各单位的响应时间不得晚于集团相关规定。

(2) 在预警处置结束后,施工单位应根据实际提出消警建议,监理、建设子公司分别负责对不同类型和级别的消警建议进行审查。

(3) 消警建议宜采用报表并以书面或信息化系统等形式进行逐级上报,施工单位根据消警审核意见加强后续风险处置与管理。

4) 信息报送

(1) 施工过程中各相关单位应及时对监控、风险评估和预警等各类数据、信息和施工风险管控成果进行报送。

(2) 施工、监理、第三方监测单位应通过信息化系统及时报送当日监测数据、现场巡检、风险动态评估及预警等相关信息和施工风险管控成果(日报、周报、月报和预警快报等)。

(3) 各单位可根据实际需要,以电话、短信等快捷方式进行预警快报,并随后在信息化系统补充相关记录。

(4) 施工、监理和第三方监测等单位可根据工程实际和需要,将预警信息及时通报设计单位驻地代表,其根据预警情况按相关程序处理。

(5) 施工、监理、第三方监测等单位应根据建设子公司要求,建立施工风险管控记录台账。

5) 突发事件应急响应

(1) 施工过程中当突然发生险情(含预兆)、风险事件或事故时,应先启动本单位应急预案,采取应急措施,组织现场先期处理。

(2) 当发生施工突发风险事件时,有关单位应遵循政府规定和轨道交通集团《生产安全事故综合应急预案》的有关程序,确定事件等级,进行相应的应急响应。

3.9 工后阶段安全风险管理

1. 一般规定

(1) 土建工程施工完成且周边环境变形稳定后,当周边环境的正常使用功能遭受不良影响或分析研究认为有必要时,宜对周边环境进行工后检测评估。

(2) 工后检测评估应委托具有相应资质和经验的检测评估单位实施,宜由工前检测评估单位承担。

(3) 当工后检测评估结论认为周边环境存在安全隐患时,建设子公司应组织设计、施工和监理等单位分别进行相应的修复设计、处理等工作。

2. 管理目标

通过工后风险检测评估和工程修复处理,避免或减少土建工程竣工后对周边环境安全性造成不良影响和正常使用的安全风险。

3. 管理内容

(1) 工后检测评估;

(2) 工后修复处理(包括设计、施工、监测等)。

4. 管理职责

(1) 工后阶段安全风险管理主要涉及建设子公司、设计单位、评估单位、施工单位、监理单位和第三方监测单位。

(2) 设计单位负责工后恢复的设计,参加工后检测评估、第三方监测和工程修复施工处理等需求和方案的评审。

(3) 检测单位负责工后检测和评估工作。

(4) 施工单位负责工程修复施工处理的实施和施工风险管理总结。

(5) 监理单位负责工程修复施工处理的方案审查、实施过程的监理和施工风险管理监理总结。

(6) 第三方监测单位负责工后修复施工处理的第三方监测和第三方监测施工风险管理总结。

(7) 建设子公司负责工后检测评估、工后恢复设计、第三方监测和工程修复施工处理等的组织实施,参与工后检测评估、工后恢复设计和工程修复处理的需求及方案的评审。

5. 管理程序

1) 工后检测评估

（1）施工、第三方监测、监理和设计单位均可提出工后检测评估的需求，汇总至建设子公司。

（2）建设子公司负责组织专家进行论证，确定工后检测评估的项目和相关要求。论证时应邀请集团有关部门、相关参建单位等参加。

（3）工后检测评估工作正式开始前，建设子公司应组织专家对评估大纲的评审论证，形成论证意见。评审论证时应邀请监理、施工、设计、第三方监测和原评估单位参加。

（4）评估单位负责按照论证意见修改完善评估大纲，实施检测评估工作。

（5）评估单位应依据相关规范、规程和合同规定，结合评估对象的监控量测或第三方监测的实测数据和工程环境评估成果（现状检测评估、施工附加影响分析、施工过程评估），进行工后检测评估，编制工后检测评估报告，报项目管理中心。

（6）建设子公司组织工后检测评估报告的专家评审，对重要一级风险工程，尚应提请总工办组织审查。评审时应邀请监理、施工、设计、第三方监测和原评估单位参加。

（7）评估单位负责按评审意见修改完善，完成后报建设子公司备案。建设子公司根据工后评估的具体情况反馈设计、监理和施工单位，并按照相关管理程序组织处理。

2) 工后修复处理

（1）工后修复设计单位根据原设计、施工资料及工后检测评估报告等进行修复设计，报建设子公司组织专家论证并经修改、完善后，由建设子公司移交施工和监理单位。

（2）施工单位或其委托的专业单位负责工后修复施工处理，必要时实施第三方监测工作。

（3）监理单位负责监督、检查修复施工的实施，并按有关程序组织验收。验收时邀请建设子公司、设计单位和相关产权单位参加。

第4章

安全风险控制技术

4.1 保泉技术

针对济南独特的水文地质环境,在济南修建轨道交通需要采取特殊的保泉措施。结合近年来在勘察、设计、施工以及新技术、新装备应用上对保泉工程的实践,济南轨道交通的参建单位研究出了系列保泉措施。

4.1.1 勘察管理及监测措施

提高勘察技术精度要求和现场勘察管理要求,涉及保泉区段工点,勘察精度均按复杂场地考虑。现场勘察施工时确保泥浆材料不对地下水产生水质影响,施工完毕后及时采取有效措施封孔。施工期加强对第四系孔隙水、基岩裂隙水、深部岩溶水的监测,同时加强对地下水水质的监测。施工前对特殊地段再进一步探明地下水情况。

4.1.2 设计措施

(1) 减少车站埋深措施。设置地面站厅,减少车站埋深,增加设备走廊以降低站厅层层高。

(2) 缩小车站规模措施:①调整混变、降变变电所设置和配线设置,整体减小保泉范围内车站规模。②采用集中冷站模式及云平台方案,取消车站通信设备室、通信电源室、AFC设备室、公安通信设备室、综合监控设备室、电源室、信号设备室、站台门设备室等系统房间,仅保留车控室、站长室等管理用房及环控机房、变电所房间。③调整车站系统方案,取消轨行区排热以减少风道面积。④将车站管理及设备用房就近设置在地面的附属建筑内。

(3) 优化车站及区间结构措施:①围护体系主要采用济南当地成熟且刚性较大的"围护桩(墙)+内支撑体系",严控车站围护结构插入比,必要时采取封底措施,确保基坑结构安全;基坑按需降水,及时回灌。回灌技术已成功用于1、2号线。②车站地板不设置泄压孔,采取全包防水,等级达到一级防水要求,提高车站建设及运营期间防渗能力。③车站实时对岩溶水进行深层监测,并在正式施工前进行基坑试降水,若试降水过程中发现浅部基层裂隙水与深层岩溶水存在水力联系或水位异常,查明原因,并及时调整车站方案或埋深等。④区间进行线路纵断面优化,尽量浅埋,适当加大区间纵向刚度,特殊区间设置内置泵房,区间采用盾构机施工；管片采用橡胶止水带＋全断面嵌缝处理措施,拼缝处埋置遇水膨胀止水条,外侧采用刚性防水材料嵌缝。⑤盾构推进过程中采用环保型同步注浆及二次注浆浆液,不造成区间施工对地下水的水质影响。浆液由砂、粉煤灰、膨润土、石灰、水及减水剂等外加剂按适当比例拌和而成。

（4）工程筹划措施。结合保泉要求及地下水常年观测资料,除了设计方案确保对地下水的影响降到最低外,同时对地下工程采取错峰施工的方式,并结合区域地下水丰枯季的变化,如二轮建设规划中,4、6号线临近泉水敏感区域相邻车站及区间分期实施,最大限度地减少施工对区域地下水的临时叠加影响。对这两条线的省体育中心站、泉城公园站、千佛山站、山大路南站、大明湖站、大明湖东站开挖施工时采用分块分段实施,减少基坑大面积降水对周边地下水的影响。

4.1.3 封闭降水＋原位回灌

富水地层的地下车站施工采取基坑"封闭降水＋原位回灌"保泉关键技术。

降水回灌施工原理为：将水注进回灌井内部,回灌井附近的地下水位便持续升高,升高以后的水位叫作回灌水位。因地下水位和回灌井里的回灌水位具有水头压力差,流入回灌井内的水才会朝着含水层产生渗流作业。在注入量和渗流量达到平衡后,回灌水位就稳定下来,不再持续升高。这是在回灌井周围产生水位上升锥,这个形状和抽水的下降漏斗极其相似但是方向相反。和周围水位相比,回灌井里的水位最高,内部水朝四周流动,回灌水位不断降低,最终和地下水位重合。工作原理示意见图4-1。

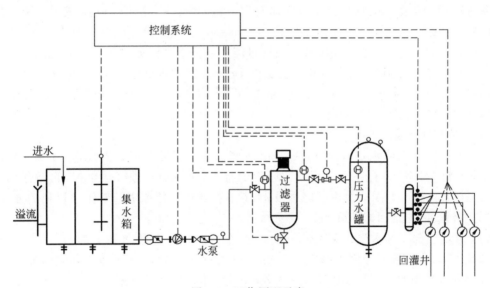

图4-1 工作原理示意

济南轨道交通建设采用对帷幕外围地下水水位影响较小的咬合桩封闭降水工艺。降水回灌既能有效保护地下水资源,又能控制周边地质环境的影响。济南地铁1号线演马庄西站（运营名：方特站）开始回灌率30%,通过增加回灌井数量,改进回灌井结构和回灌设备,采用加压回灌措施,使回灌率逐渐提升,两个月左右的时间回灌率达到80%以上。在1号线玉符河—王府庄明挖段基坑工程降水回灌工程中,回灌率从开始的90%到接近100%。

建设者们不断探索地下水回灌技术,改进适合济南地区的回灌方法和设备,在2号线轨道交通车站基坑工程中普遍采用并不断进行回灌系统的升级。

1. 富水砂卵石地层基坑案例

1)工程概况

济南地铁1号线王府庄站位于济南市槐荫区刘长山路,基坑总长340.95m;标准段开挖深度17.4m,开挖宽度20.7m;端头井开挖深度19.4m,开挖深度25m。基坑工程采用明挖法施工,围护结构深29m、直径1000mm的套管咬合钻孔灌注桩,并作为侧向止水帷幕。基坑工程北部距山东省邮电学校教学楼约30m,距济南理工中等职业学校教学楼约26m,南部为大片农田。该深基坑位于泉城地下水保护区域,地下水资源丰富,含水层渗透性较好,渗透系数高达200m/d。如何确保基坑降水施工安全,同时又避免对坑外地下水环境的干扰,是工程施工的难点。

2)地质条件

地面标高41m。自地面往下,地层岩层依次为杂填土层、黄土⑦层(厚度5.5~9.8m)、粉质黏土⑧层(厚度3.9~11.2m)、砂卵石$⑧_1$层(厚度1.8~5.7m)、砂卵石$⑩_1$层(厚度2.3~8.7m)、粉质黏土$⑪_1$层(厚度0.5~13.7m)、砂卵石$⑪_1$层(厚度3.6~13.3m)、粉质黏土⑫层。场地范围内地下水主要分为3层:潜水层,水位标高27.99~29.57m,地层岩性主要为粉质黏土⑧层;第一层承压水,水位标高27.85~28.76m,地层岩性主要为卵石;第二层承压水,水位标高28.06~28.89m,地层岩性主要为卵石$⑪_1$层。

3)风险分析

基坑范围内存在多层厚度较大的砂卵石层,渗透系数大,富水性极强,砂卵石$⑧_1$层与$⑩_1$层连通厚度达12m,砂卵石$⑩_1$层下存在粉质黏土$⑪_1$层,但厚度变化较大,最大厚度只有0.5m,因此砂卵石$⑩_1$层存在极大的连通可能。基坑降水任务主要是对基坑范围内第一层承压水进行疏干,达到坑内水位降至基底以下1m。在抽水试验时,第一承压水完整井的单井涌水量为96~108m³/h,涌水量较大,基坑内降水难度较大,东端头井为盾构始发井,存在地下水突涌风险。此外,仅有侧向止水帷幕作用,基坑降水易对周边建筑物产生较大影响。

4)基坑封闭降水

王府庄站基封闭降水技术如下:一是基坑底部采用弱隔离层加固技术,针对粉质黏土$⑪_1$层厚度变化不均匀,存在地下水突涌风险的特点,对该层土进行注浆加固,增强隔水效果;二是在基坑端头井采取加固及降水技术,对盾构隧道一定范围的土体进行加固处理,并设置辅助降水井,必要时减压降水。

(1)基坑底部弱隔水层加固关键技术。根据理论分析,当粉质黏土$⑪_1$层小于2m时,采取注浆加固措施,确保该层土厚度大于2m。采用基于有限差分原理的数值模拟工作,预测基底弱隔水粉质黏土$⑪_1$层加固实施效果,并进一步优化加固方案。

分别针对未加固、加固120m厚度2m、加固200m厚度2m三种工况进行数值模拟。未加固工况下,仅左侧约1/3基坑长度水位埋深在19m以下,基坑降水后效果较差;加固120m工况下,除中间约1/3基坑长度外,坑内其他区域水位埋深均在19m以下,因此加固120m时,需对基坑中部风险较大的区域采取局部注浆加固等措施;加固200m工况下,基坑内水位埋深均在19m以下,基坑开挖施工安全性最高。

选取袖阀管进行注浆加固,为保证袖阀管注浆在富水砂卵石层的施工质量,采取以下控制措施：

① 钻孔时先钻周边孔，再由外向内逐步钻孔。注浆时，应由外向内进行，先对加固范围线上的钻孔进行注浆，阻断浆液漏失通道后，再逐步加密注浆孔，将区域中部的注浆压密，每排注浆孔按照隔一跳一的施工顺序注浆。当地下水流速较大时，先从水头高的一端开始注浆。

② 套壳料一般由黏土和水泥配制而成，配比范围为水泥∶黏土∶水＝1∶1.5∶1.88，浆液比重约为1.5，漏斗黏度24～26s，注浆用水pH值不得小于4，壳料凝固时间和强度增长速率控制在2～5d内灌浆。

③ 灌浆前要严格把控止浆工艺质量，待孔口段止浆料凝固后才能灌浆。止浆工艺施工时，在孔口上部2m孔段压入止浆固管料，止浆固管料采用速凝水泥浆，水∶水泥＝1∶1.5，可采用水玻璃或氯化钙作为速凝剂，止浆料的待凝时间控制在2～5d内。

④ 严把浆液配制质量，水灰比一般为1∶1，水泥浆与水玻璃浆液体积比为1∶1；浆液配制时水温在30～35℃，并且在注浆液体静止状态下，浆液不得暴露于阳光下。精细调控袖阀管注浆压力，开环压力控制在0.35MPa，且注浆压力自下而上可适当调大，控制在2.0～3.0MPa。

(2) 端头井加固及减压降水关键技术。为防止盾构井始发时出现地层坍塌或突涌漏水，采取始发处盾构隧道周围土体加固，并设置封闭降水帷幕，布设辅助降水井，必要时进行含水层降水减压。

① 注浆加固及封闭止水帷幕。封闭止水帷幕采取素混凝土咬合灌注桩围堵与高压旋喷桩补强相结合的方案。在盾构隧道结构周围3m范围内，用高压旋喷桩进行注浆加固，形成复合土体。高压旋喷桩采用双重管施工工艺，布置为$\phi800@600mm$，高压旋喷桩加固体长度9m，桩底位于隧道结构以下6m，混凝土设计强度等级为C20。

② 辅助降水井布置。经计算，辅助降水井共设置5口。在隧道两侧加固体以外，分别布置2口辅助降水井，两降水井的井心间距约7m；在隧道之间加固体以外的中间位置，布置1口辅助降水井，井边缘紧邻基坑围护结构，井中心距离两侧加固体边约3m。

③ 质量控制。在止水帷幕施工时，重点控制素混凝土咬合灌注桩垂直度，保证相邻桩间的有效咬合；同时，在素混凝土咬合桩与基坑围护结构搭接处，可采用高压旋喷桩补强，在一般平行围护结构方向设置两根同咬合桩桩长一致的旋喷桩，两根咬合桩间咬合200mm，并且旋喷桩同基坑围护结构咬合200mm，以控制封闭效果。在辅助降水井施工时，注意对既有围护结构的保护，一般选用管井降水井，并且宜选用反循环成孔，可适当增大泥浆黏度，以提高成井质量及降水井疏水能力。

5) 基坑回灌

王府庄站基坑地处济西水源地，是济南市泉脉的重要补源。为实现轨道交通建设与泉水喷涌和谐共生，保护泉城地下水，同时减少越流效益下基坑降水对周围环境的影响，本工程采取基坑回灌技术。

针对传统回灌技术存在的抽灌分离、回灌效率低、运维成本高等缺点，研发了基坑降水回灌一体化系统及配套装备。该系统主要由集水系统、过滤系统、智控系统、加压装置、监测系统等组成，将降水井和回灌井通过抽水泵、集水箱、过滤器、无线传感器、稳压罐、变频器等相连，实现了抽灌的一体化控制。

(1) 回灌水水质处理技术。根据基坑回灌工程的回灌水特点,一般水质处理分为物理处理和化学处理两种方式。物理处理,主要是设置三级沉淀池,并结合粗、细滤网进行过滤,实现对白色垃圾、腐叶、砂石颗料、泥土等大颗粒杂质的截留;化学处理,主要通过设置添加化学成分的过滤层,依次截留回灌水中的颗粒悬浮物、胶体、铁锈、硅、锰、铝等杂质。

(2) 水位联动回灌技术。为更精确地控制回灌井的回灌量,实现对周围环境的"无干扰式"回灌,减少回灌量过大而导致的地表隆起,防止因回灌量不足而导致的差异沉降,在观测井设置水位自动观测系统,根据基坑周围的观测井水位变化趋势,动态调整回灌水的回灌量,实现单个回灌井的精细化、智能化控制。

(3) 自动加压回灌技术。当需要加压回灌时,通过变频式恒压泵、压力传感器,建立恒压自动控制系统,可实现指定压力下回灌的自动控制,实现自动化加压回灌。该系统包括电控系统、电动机、水泵、压力传感器、压力罐、过滤器等。

采用先进的变频控制技术,有软启动、有过载、短路、过压、欠压、缺相、过热等保护功能的电控系统,可以实现自动和手动操作,满足不同工况的要求。在异常情况下可以进行信号报警、自检、故障判断等,还能根据水量的高低自动调整回灌水流量。利用 GPRS—Modem 传感器实现设备有线或无线远程控制,异地实时检测泵的工作状态。监控中心可远程监测设备的状态和运行参数。应用压力传感器、液位控制器、电磁流量计系统实现自动检测。采用变频器调节电动机的转速,使设备始终处于高效率的工作状态,并对故障进行报警记忆处理。

水泵的选择应充分考虑基坑的总排水量。基坑涌水量受地质条件、水位降深和季节影响大,基坑抽水会随着时间的增加而减少,后期达到相对稳定值,初期抽水量一般是稳定值的 4 倍。为保证水泵工作的连续性和经济运行,根据济南市地下水特点及基坑降水施工要求和多年施工经验,选用流量 60~100m^3/h、扬程 60m 的水泵,也可以采用具有变频功能的水泵,实现流量压力自动控制,但成本较高。

过滤器的选择应符合国家对取水回灌水质的要求,避免二次污染及堵塞回灌井滤水管。选用城市供水中级过滤器,电动压差全自动清洗(采用进出水压差或时间控制,电动机带动刷板涮洗过滤器,同时打开排污阀进行排污,清洗时间 5~30s 可调),实现清洗排污自动控制。

采用直径为 1.8m、高 2.2m、额定压力 1MPa,安全性能符合国家安全技术规范基本要求的压力罐。压力罐用于回灌系统的分流、平衡水量及压力,避免水泵频繁开启。

(4) 回灌井施工技术。回灌井的成井质量直接影响回灌系统的回灌能力。为实现良好的回灌效果,首先应根据地质条件,优化回灌井结构,设置合理的过滤器长度、直径及材质,然后控制填料级配,精细化止水段施工,确保止水抗压效果。过滤器一般选用桥式滤水管或双层缠丝过滤器;过滤器上部止水段回填时选用优质黏土球封堵,厚度一般约 5m;黏土球上部至地面部分一般采用袖阀管注浆并回填,控制袖阀管注浆压力不超 0.2MPa。

6) 应用成果分析

基坑开挖期间,地表沉降累计变化量最大值为 -11.11mm,远小于控制值 -26mm,周围地表无隆起、塌陷现象。

2. 粉质黏土地层基坑案例

1) 工程概况

济南地铁 2 号线老屯站位于济南市匡山小区中路和张庄路的交叉位置,是 2 号线和 6

号线的换乘车站。2号线车站沿张庄路北侧走向,呈东西走向,地下结构为岛式二层站台车站。换乘站的标准段基底位于⑭$_1$硬塑粉质黏土层。围护结构采用钻孔灌注桩,止水帷幕采用旋喷止水。地下水稳定水位埋深2.1～2.6m,高程介于25.22～26.25m。

2)地质条件及分析

(1)地质条件。自上而下土层依次为①$_1$杂填土层、①$_2$素填土层、⑦$_1$粉质黏土、⑩$_1$粉质黏土、⑭$_1$粉质黏土、⑲$_1$全风化闪长岩、⑲$_2$强风化闪长岩、⑲$_3$中风化闪长岩,各地层的特征如下。

①$_1$杂填土层:广泛分布、杂色、松散～稍密,稍湿,主要为混凝土块、碎砖块、碎石及少量黏性土。沿线人工填土厚度变化较大、强度不均匀、自稳能力差。由于受城市建设的影响,多次回填改造,回填年限5～10年不等。①$_2$素填土层:局部分布,灰黑色～黄褐色,松散～稍密,稍湿,其中0～0.5m为原路面,主要由沥青及砖块组成,0.5～1.0m主要为黏性土及碎石组成。⑦$_1$粉质黏土:广泛分布,灰褐～浅灰色,软塑～可塑,可见铁锰氧化物,含少量小径姜石。⑩$_1$粉质黏土:广泛分布,黄褐～褐黄色,可塑～硬塑,含有铁锰氧化物,针状孔隙发育,偶见小姜石。⑭$_1$粉质黏土:广泛分布,褐黄～棕黄色,硬塑～可塑性,含有较多铁锰氧化物,含有小径碎石。⑲$_1$全风化闪长岩:广泛分布,灰绿色,岩石的风化严重,原岩构造、结构大部分被破坏,形成岩石矿物严重的风化蚀变,具岩芯出现砂土状,岩芯采取率70%～90%。⑲$_2$强风化闪长岩:普遍分布,岩芯呈砂砾状、短柱状。⑲$_3$中风化闪长岩:普遍分布,灰黄色～灰绿色,粒状结构,块状构造,主要矿物成分是斜长石、角闪石,少部分蚀变、风化节理、裂隙较发育,局部见方解石岩脉,岩芯呈柱状、短柱状。

(2)地下水情况。

沿线地下水可分为两类:①第四系松散层孔隙潜水,主要含水层为①$_1$层、①$_2$层、⑦$_1$层、⑩$_1$层、⑭$_1$层等。其中①$_1$层、①$_2$层人工填土底部、⑩$_1$层、⑭$_1$层为主要含水层,⑦$_1$层粉质黏土富水性和渗透性相对较小。②基岩裂隙承压水赋存于第四系下伏基岩裂隙中和构造裂隙中,属基岩裂隙承压水类型,具有微承压性,含水层主要为⑲$_1$层和⑲$_2$层。强风化闪长岩厚度6.8～28.5m,裂隙发育,风化程度较高,地下水渗流明显,还储存了地下水,该层基岩裂隙水的含水层厚度很大,表现为强富水特点。⑲$_3$层和⑳$_3$层的岩体较为完整,裂隙不发育,可视为不含水且不透水的相对隔水层。

3)粉质黏土地层分析及降水回灌难点

老屯站周边多为2～5层较低矮层的建筑物为主,建筑年代久远,基础形式差,不均匀沉降敏感性强。地质条件中上覆土层具有液限较低、塑性指数小、压缩指数低的特点,遇水情况下,土层极易流动呈泥泞状,降水情况下,固结沉降量大,极易造成建筑物不均匀沉降。地下水形式多为第四系松散层孔隙及下伏基岩裂隙中的潜水类型,埋深为地下2m,水头较高。老屯站降水难点主要分析如下:

(1)基坑面积大、开挖深。老屯站基坑开挖深度达20m多,2号线基坑长度为485m,宽度为21.3m,标准段基坑开挖深度为18.36m,端头井基坑开挖深度为20.3m。6号线基坑长度为200.5m,宽度为21.7m,标准段底板埋深约26.51m,端头井的底板开挖深度约为27.49m。

(2)地下水资源丰富。基坑开挖涉及的地下水为第四系松散层孔隙潜水及基岩裂隙微承压水。孔隙潜水含水层主要为⑩$_1$层、⑭$_1$层粉质黏土;裂隙承压水含水层主要为⑲$_1$层全风化闪长岩和⑲₁层强风化闪长岩,全—强风化闪长岩厚度10～15m,局部厚度达20～30m,裂隙发育,风化程度较高,便于地下水储存和地下水产生渗流,这层基岩裂隙水富水性很强,含水层厚度很大。

(3) 需进行抗突涌设计。由于⑲₂强风化闪长岩为承压含水层,上部相对隔水层为⑭₁层粉质黏土,⑭₁层沿车站纵向厚度变化较大,小里程最厚处达9.8m,大里程最薄处约2.3m,基坑降水设计应充分考虑基坑开挖过程中⑲₂层承压水产生突涌的风险。

(4) 地层较为特殊。基坑采用旋喷桩止水帷幕,止水帷幕底深入强风化闪长岩隔水层中,没有隔断坑内承压含水层与外界含水层之间的水力联系,增加了地下水控制难度。⑭₁层为相对隔水层,具有一定的透水性,上部第四系孔隙潜水与下部基岩裂隙承压水具有一定的水力联系,存在越流补给,增加了基坑降水的难度。基坑施工在一定范围内改变了地下水的渗流路径和分布状态,基坑范围20～30m全部为粉质黏土,地下水回灌难度较大。

4) 基坑降水回灌施工技术

含水层的渗透性直接关系着回灌井的回灌量,若含水层的渗透性差别很大,则回灌井的回灌量也不同。达到一定回灌效果和保证回灌量的前提下,若含水层的渗透性好,则回灌井内需回灌的水量就少,反之就多。

(1) 基坑外回灌系统的设置。本工程的回灌水由抽水井提供,回灌的目的层是⑩₁层。在回灌系统作业时,在灌井上安装一系列的回灌设备及仪表,主要包括回灌系统设备、回水阀、止水阀、压力表、水表等。该系统工作时,降水井首先进行抽水,这些水流入集水箱,在集水箱里,水体中的泥沙进行陈定,再经过水泵进行抽水,然后流入电控全自动清洗过滤器进行水体过滤,然后流入压力罐,流过分水器后,流入回灌井,由压力罐压力自动控制与集水箱水位计对水泵的启动和停止进行控制,由压力变送器与电磁流量计把信号远程输送到监测中心。

(2) 回灌系统管理。为了回灌过程中不出现漏水情况,回灌井口应进行密封,也要严格控制注浆压力。压力不能太大,在灌流量增加不显著时,也不要随意加大回灌压力,否则会在回灌井附近产生突涌情况,导致回灌井结构破坏;回灌水不可污染地下水,不能采用被污染的水,最好采用同层回灌,将抽出的地下水经沉淀后回灌到同一地层;回灌水中不可含有土、砂和其他杂质等固体物质,以免严重影响回灌效果。另外,要加强回灌系统的巡查,保持性能完好。

(3) 回灌井设计。老屯站采用高压旋喷桩作为止水帷幕,在基坑开挖过程中,回灌井沿着基坑两侧设置,总计设置36口回灌井,回灌井孔径600mm,采用钢管,外井直径377mm,回灌井深20m,井间距约30m,回灌井与围护内侧降水井间距不小于10m。回灌井布置应以避开管线为原则,回灌最好采用无压回灌,需根据回灌试验确定。以试验井来确定回灌压力、回灌层位、回灌井数目、回灌水量、回灌位置等。

(4) 回灌井结构设计。经过计算,回灌井井底进入⑭₁层。回灌的目的层要求渗透系数一般,所以将⑩₁层作为回灌的目的层,回灌井过滤器也设置在该层。根据地层实际情况,面对过滤器的长度进行调整,过滤器有效长度为3～5m。

(5) 施工措施。根据济南市有关部门对降水的要求,对基坑外回灌采取如下措施:在坑外地下水降低明显部位,设置回灌区域,结合现场水位监测情况,对回灌部位进行设置,且疏干井和回灌井的间距要大于10m;在⑩₁层设置全部回灌井的过滤管;在坑外进行回灌施工时,要采取措施控制该区域的潜水水位降低的趋势;回灌井成井时,钻进过程中试验地层造浆,若地层造浆不满足施工要求,将膨润土等辅助造浆材料投入泥浆池内,以此来保证回灌井成井的施工质量;严格控制泥浆相对密度,一般控制在1.05,若施工中遇到砂层,为避免坍塌,可提高泥浆的相对密度至1.2~1.3;钻进施工中,大吊钩要使用减压钻进,缓慢钻进,防止钻具出现一次弯曲,当开孔时,要注意接头与机上钻杆不可出现大幅摆动;每次钻进1根钻杆后,要进行1次重复扫孔,还要对孔内泥块进行清理,再重新钻杆,终孔施工完毕后,要彻底清孔,当返回的泥浆里没有泥块后,再进行提钻。

5)降水回灌监测

采用信息化监测方式,监测项目主要包括周边地面沉降、临近建(构)筑物沉降、地下管线位移、坑外浅层地下水位监测等。重点对围护结构和周边建筑物进行监测。按照4倍开挖深度布设监测点,同时要考虑监测对象的结构、重要性、距离、基础类型、允许变形量等因素。

4.1.4 海绵城市

济南轨道交通与济南海绵城市建设相结合,车站附近采用海绵城市设计,增加绿化范围,设置下沉式绿地、生物滞留设施,在轨道交通沿线规划雨水渗、滞、蓄等工程,有效保护地下水资源。

车站及区间周边环境主要指城市轨道交通设计施工影响范围内的建(构)筑物、桥涵、地下管线、地下构筑物、既有轨道交通设施(含铁路)、地表水体、市政道路、文物等。

4.2 环境调查技术

4.2.1 总则

(1)为加强济南市轨道交通工程建设的安全风险管理工作,避免和减少周边环境安全事故的发生,根据国家、行业、山东省、济南市的相关法律、法规和现行标准、规范,结合济南市轨道交通工程周边环境调查经验和工程建设实际,制订本规范。

(2)本规范所述的周边环境主要指城市轨道交通设计施工影响范围内的建(构)筑物、桥涵、地下管线、地下构筑物、既有轨道交通设施(含铁路)、地表水体、市政道路、文物等。

(3)环境调查应明确设计单位的要求,精心调查、精心分析,提供真实准确、评价确切合理的环境调查成果资料。

(4)本规范适用于在建及后续新建轨道交通工程。

(5)本规范所涉及的相关内容和工作要求等不替代勘察、设计等相关参建单位按照法律法规应尽的技术责任。

(6)环境调查除应符合本规范规定外,尚应满足设计单位要求,符合国家现行强制性标准的规定。

4.2.2 基本规定

(1)城市轨道交通工程环境调查,根据设计和施工的需要可主要分为初步调查、详细调查、重点环境现状检测和施工阶段环境核查。

（2）初步调查是为满足初步设计阶段要求而对周边建（构）筑物及管线等环境条件的普查（包括管线初查），详细调查是为满足施工图设计阶段要求而进行的周边环境及其重点部位的详细调查（包括管线详查）。初步调查和详细调查任务一般由相应线路的勘察单位承担，其中管线调查可委托具有相应测绘资质的单位进行。

（3）重点环境现状检测是在详细调查基础上，为满足专项评估和专项设计等要求，在初步设计审批前，对一级和重要二级的环境对象进行的更深入的结构现状检测和必要的评价工作。现状检测任务宜委托有相应检测资质的单位进行。

（4）施工阶段环境核查是施工单位在开工前和施工过程中，为满足工程施工和环境风险控制的需要，对详细调查等资料进行核对和必要的补充调查工作。

（5）线路调查范围内如果存在文物，应初步调查文物基本情况，对位于施工影响区内的文物，建设单位应委托文物部门进行专项调查。

（6）环境调查实施前，建设单位应组织设计总体和各工点设计单位向调查单位说明环境调查要求（必要时采用技术联系单），明确调查内容、范围和相关要求。

（7）环境调查过程中如资料管理方不允许复印、抄阅等无法获取资料的情况时，建设单位应协调环境调查单位和设计单位等在现场或资料所在地查看信息。

（8）环境调查所涉参建各单位宜采用技术联系单（书面文件）形式进行任务联系和资料传递。

4.2.3 初步调查

1. 一般规定

（1）初步调查的目的是为选定工程场地、设计方案和编制初步设计文件提供必须的场地建（构）筑物环境依据。

（2）初步调查阶段所有调查对象均应调查其名称、建成年代、产权单位、使用单位、管理单位、勘察单位、设计单位、施工单位等一般属性。

（3）初步调查阶段调查范围为线路两侧不小于40m的范围，或设计给定的调查范围。

（4）初步调查阶段调查方法可以实地调查和资料调阅为主。

（5）初步调查阶段的管线初步调查详见第5章。

2. 房屋建筑

（1）房屋建筑包括住宅、厂房、办公楼、公共设施等。

（2）房屋建筑应调查其用途、外观、建筑材料、地质条件等常规属性。

（3）房屋建筑还应调查结构形式、地上地下层数、层高、荷载、基础形式及基础埋深等结构属性。

（4）对于采用桩基的建筑物，应获取桩位布置图、桩长、桩径、外廓尺寸、使用状态、荷载传递特征等参数。

3. 桥涵

（1）桥涵包括城市立交桥、跨河桥、过街天桥以及涵洞等。

（2）桥涵调查应调查桥涵类型、规模、建筑材料。

(3) 桥涵调查还应调查桥涵的结构形式、基础形式、跨度、桩位布置图、桩长、桩径、外廓尺寸、设计荷载等级、荷载传递特征等结构属性。

4. 既有轨道交通设施

(1) 既有轨道交通设施应调查线路的敷设方式（地下线、地面线、高架线）、线路形式（有缝线路、无缝线路）、道床形式（碎石道床、整体道床）等常规属性。

(2) 地下线路还应调查隧道底板埋深、隧道断面尺寸、结构形式。

(3) 地面线路还应调查路基填料、结构和路基的填筑厚度。

(4) 高架线路还应调查桩位、桩长、桩径、荷载、受力模式等。

(5) 铁路（主要包括国铁、地方铁路和铁路专用线）除按(1)～(4)进行调查外，尚应调查路基填料、结构和路基的填筑厚度、铁路的变形控制标准、铁路的牵引方式、养护状况、发车间隔、荷载等。

5. 地表水体

(1) 地表水体包括河流、湖泊、水库、池、塘、沟、渠等。

(2) 地表水体应调查水体的尺寸、水深与水面标高、水量大小、流速、水质、补给来源、水底结构及衬砌情况。

(3) 对于水工建筑还应调查其基础形式、堤岸的结构形式。

6. 市政道路

(1) 市政道路包括高速公路、城市快速路、城市主干道、次干道、支路等。

(2) 市政道路应调查道路的管理单位、道路等级、路面材料、路面宽度、车辐宽度、修建年代、养护周期、道路平整度要求、车流量状况、路基填料、结构及路基的填筑厚度等。

7. 文物

(1) 文物调查包括地上和地下的文物，应委托文物部门进行专项调查。

(2) 文物调查应包括其名称、管理单位、文物等级、修建年代、结构形式、分布范围、基础形式、埋置深度、历史损坏和修复情况等。

8. 成果资料

(1) 初步调查阶段环境调查应形成报告，报告宜包括工程概述、调查依据、调查的范围、内容、对象、方法、工作量完成情况、调查对象成果表、调查对象平面位置图、调查对象的影像资料等内容。

(2) 调查对象平面位置图宜以 1∶1000 带状地形为调查范围，图面上按低层、多层、高层、桥梁、地下构筑物等分别进行标识。

(3) 调查对象的编号应与总图对应，各调查对象资料宜按照设计标段装订成册。

4.2.4 详细调查

1. 一般规定

(1) 详细调查的目的是进一步调查影响线路稳定的环境对象，为方案的稳定提供详细的环境资料。

(2) 详细调查应充分熟悉和利用初步调查阶段的资料，在初步调查工作的基础上详细了解调查对象的信息。

（3）详细调查的范围由设计单位给定，一般为影响线路或站位设置以及环境安全等级为一级和二级的建（构）筑物和管线。

（4）详细调查的方法以资料调阅和实地量测为主。

（5）详细调查阶段应对下列内容进行分析：①查明各类建（构）筑物的使用状态及其与线路的关系；②分析不同的施工方法可能对沿线各类建（构）筑物造成的影响；③分析各类建（构）筑物的存在对城市轨道交通设计施工的影响；④详细调查阶段的管线详查（见第6章）。

2. 房屋建筑

（1）应调查房屋建筑结构的老化情况，结构的裂缝情况。

（2）应对调查对象进行详细描述，并进行素描或拍照。

（3）对于有地下室等地下结构的房屋建筑宜调查基坑支护结构及降水井等施工属性。

（4）搜集调查对象基础的平面、立面图纸，维护结构的设计施工图纸，降水井的结构和位置图等设计和竣工资料，建筑物设计时允许的沉降变形量和建筑物的实测变形资料等。

（5）搜集的资料还应包括浅基础平面布置坐标、桩位平面布置坐标、桩型图、设计说明等。

3. 桥涵

（1）应调查桥涵的养护情况、外观（新旧）、桥面破损、结构裂缝、沉降变形情况等。

（2）应对桥涵限载、限速等使用属性进行调查。

（3）还应调查桥涵工作状态，搜集竣工资料及相关维修、维护资料。

4. 既有轨道交通设施

（1）既有轨道交通线路应调查线路车辆荷载与振动、运行速度、轨道变形要求等使用属性。

（2）地下线路还应调查隧道的施工方法、施工开挖范围、支护措施等，并对结构使用现状进行判断。

（3）对于使用年代较长、结构损伤严重的既有轨道交通线路地段宜进行结构现状鉴定。

5. 地下构筑物

（1）地下构筑物包括地下人防工程、化粪池、过街通道、地下油库、地下暗河、古井、墓穴，以及各种地下管线隧道等。

（2）地下构筑物应调查主体结构形式、外廓尺寸、厚度、顶板和底板标高等结构属性；以及施工方法、是否降水、使用状况、所用材料等。

（3）若地下构筑物设有排水泵站，还需查明泵井的深度、结构形式、常年水位标高等。

（4）对于人防工程，重点查明结构形式、基础埋置深度、使用现状、出入口的准确位置、充水情况等。

（5）调查过程中应注意发现遗弃的隐蔽地下设施。

（6）搜集地下构筑物竣工图纸、结构平面、剖面、设计说明等。

6. 地表水体

（1）地表水体应调查水底淤泥厚度及其与地下水的关系等。

(2) 对于河流、湖泊、水库等还应调查堤岸的防洪水位、标高、通航要求、历史最高洪水位、建成年代、工作状态等。

(3) 地表水体通过现场观测和试验确定其与地下水的联系,搜集水工建筑的设计、竣工资料。

7. 其他

(1) 文物调查应调查文物的结构图纸和沉降观测资料,必要时进行结构现状鉴定。

(2) 古树调查应包括其名称、种类、位置、管理单位、树龄、树干直径、树冠的投影直径等。

8. 成果资料

(1) 详细调查阶段环境调查应形成报告,要求同初步调查报告。

(2) 详细调查成果资料宜以图纸资料为主,一般包括重要建(构)筑物、桥梁的设计、竣工图纸以及沉降观测资料的复印件。

4.2.5 管线初查

1. 一般规定

(1) 管线初查可分为普查和重点管线详查,其目的是为可行性研究和初步设计提供初步管线资料。

(2) 管线普查资料一般由建设单位提供,总工办负责资料接收工作。

(3) 重点管线详查一般由建设公司的技术管理部门负责组织实施。

(4) 管线初查的一般范围。①车站:线路中线两侧各 70m 范围(含车站两端各外延 50m 范围)内(路口段各 100m)且包括车站上方及相邻道路路宽范围内的管线。②区间:线路中线两侧各 50m 范围内(路口段各 100m)且包括区间上方及相邻道路路宽范围内的管线。③设计有要求时,按照设计要求的范围进行工作。

(5) 管线按照其敷设形式可分为架空管线和埋地管线,埋地管线按照其介质情况可分为无介质管线和有介质管线,有介质管线按照其工作压力情况又分为无压管线和压力管线。

(6) 管线初查的调查方式主要为资料搜集和现场量测。

(7) 重点管线详查应按照管线详查的要求进行工作。

2. 架空管线

(1) 常见的架空管线包括高架输电线、架空电缆、架空光缆等。

(2) 架空管线应调查管线类型、线塔或线杆的位置、管线走向等。

3. 无介质管线

(1) 常见的无介质管线包括埋地电缆、埋地光缆等。

(2) 无介质管线应调查管线的类型、位置、走向、埋置高程检查井位置等。

4. 无压管线

(1) 常见的无压管线包括雨水、污水等管线。

(2) 应调查无压管线的类型、位置、走向、埋置高程、检查井位置、直径等。

5. 压力管线

（1）常见的压力管线包括埋自来水、燃气、供水、热力、输油管道等管线。

（2）应调查压力管线的类型、位置、走向、埋置标高、管径、埋设方式（直埋、管沟）等。

6. 成果资料

（1）管线初查成果主要以管线平面图的形式呈现，还应包括管线调查工作说明。

（2）平面图除标明管线的位置和走向，还应列表说明管线的类型、埋置标高、管径等信息。

（3）管线调查说明中应包括调查工程概况、调查的工作方法和手段、调查的工作量情况等。

4.2.6 管线详查

1. 一般规定

（1）管线详查是在初查的基础上对场地内的管线进行全面深入调查和探测，其目的是为施工图设计、管线综合提供详细管线资料。

（2）管线详查一般由建设单位负责组织实施。

（3）管线详查范围可按照 4.2.5 节 1.一般规定中（4）执行。

（4）管线详查在设计方案稳定后，应由设计提供详细调查范围和技术要求，作为管线详查依据进行工作。

（5）管线详查的工作方式在资料调阅、业主访谈、现场量测的基础上进行管线探测，必要时进行挖探。

（6）在进行管线探测时应按照《城市地下管线探测技术规程》（CJJ 61—2017）执行。

2. 架空管线

（1）在初查的基础上应调查管线的权属单位、管理单位、控制闸位置、修建时间、其与拟建工程的位置关系等。

（2）调查架空管线的悬高，高压线塔的基础形式。

（3）调查电缆的电压大小，通信光缆的重压性（总线、支线）。

3. 无介质管线

（1）同 4.2.6 节 2.架空管线中（1）的内容。

（2）调查管线的埋设方式（直埋、加保护层埋设、管沟埋设等）及 4.2.6 节 2.架空管线中（3）规定的内容。

4. 无压管线

（1）同 4.2.6 节 2.架空管线中（1）的内容。

（2）调查管线的材质、管节长度、接口形式、介质的填充情况、介质的流量、介质的输送时间、管线的工作情况（正常、废气、渗漏）。

5. 压力管线

（1）同 4.2.6 节 2.架空管线中（1）的内容。

（2）调查管线的材质、管节长度、接口形式、工作压力、修建年代、质量情况、节门的位置等。

6. 成果资料

（1）管线详查成果资料的组成应包括：管线调查说明、管线调查成果表、管线平面位置图、管线的影像资料等。

（2）管线调查说明中应说明调查工程概况、调查的目的、范围、工作方法及成果分析与评价。

4.2.7 重点环境现状检测

1. 一般规定

（1）检测单位应依据设计单位的要求和工程实际情况，确定现状检测项目、内容及范围。

（2）必要时可对现状检测结果进行专家评审。

2. 现状检测要点

（1）检测工作主要包括结构外观检测、混凝土内部情况检测、结构既有变形检测等内容，对于既有线或铁路还应对轨道结构进行调查。

（2）结构外观：混凝土的表面情况（开裂、脱皮）、钢筋外露、渗漏情况。

（3）混凝土内部情况：混凝土的强度、混凝土的密度、钢筋锈蚀、碳化深度、保护层厚度、碱骨料反应、氯离子含量等。

（4）结构既有变形：结构已发生的累计沉降量、沉降缝两侧差异沉降、结构既有倾斜、挠曲等。

（5）轨道结构调查：轨道线路平面及纵断面现状测量、轨道维修养护现状、轨枕及扣件的完好情况、钢轨扣件的调整情况、整体道床的裂缝情况等。

3. 成果资料

环境现状检测应形成报告，报告宜包括工程概述、检测依据、检测内容、范围与方法、工作量完成情况、检测结果、评价与结论、相关现状检测影像资料等内容。

4.2.8 施工阶段环境核查

1. 一般规定

（1）施工阶段环境核查的范围为施工影响区内的建（构）筑物和管线，一般不小于基坑周边2倍深度或隧道两侧1.5倍底板埋深。

（2）施工阶段环境核查的方法以现场量测、探测和挖探为主。

2. 环境核查要点

（1）施工单位进场后应对照环境调查报告核查场地周边环境条件的变化情况，并对因环境变迁或设计变动出现的新的环境调查对象进行重新调查。

（2）对场地周边施工影响区内的桥梁、建（构）筑物等重点核查其使用现状、结构裂缝等病害，并做详细描述和拍照。

（3）对于地表水体的淤泥厚度，应进行实地量测。

（4）施工调查应特别注意地下管线和地下构筑物环境的调查，应做到"动土必挖"，对所有需要开挖范围内的地下环境进行详细的调查和确认。

（5）采用现场量测，确定各个环境对象与工程的准确位置关系。

（6）对雨水、污水管线应重点核查管线中介质的填充情况、介质的流量、介质的输送时间、管线的渗漏情况等，必要时应通过挖探加以验证。

（7）对自来水、燃气、供水、热力等压力管道应重点核查其工作压力及控制节门的位置。

（8）重点核查地下构筑物的充水情况，尤其是化粪池等应重点核查其位置和渗漏情况。

（9）注意探查废弃的管线和地下工程，必要时开挖确认并妥善处置。

3. 成果资料

（1）施工阶段环境核查的成果资料包括文字报告、调查对象成果表、调查对象平面位置图、调查对象现场实测数据及影像资料等。

（2）文字报告应包括现场核查情况及各个环境对象与工程的确切位置关系。

（3）施工阶段环境核查报告应报建设单位备案，并反馈给设计单位。

4.2.9 成果分析及管理

（1）将调查到的所有资料按照调查对象归类，按照工点进行整理。

（2）对于在使用过程中出现不均匀沉降、开裂等现象，又位于施工影响区的建（构）筑物，应建议开展结构安全鉴定和专项评估。

（3）对以下情况进行重点分析和判断：①沿线人防工程、人工洞室充水的可能性。②地下空洞存在的可能性。③管线的渗漏情况。

（4）各调查阶段的环境调查报告或成果资料应由建设单位会同设计单位（或监理单位）进行验收。

4.3 环境安全风险评估技术

4.3.1 总则

（1）为加强轨道交通工程建设安全风险技术管理，规范环境安全风险评估工作，依据国家、行业和山东省、济南市的有关法规及相关规范、标准、规程和指南，结合济南市轨道交通工程建设的实际情况，制定本规范。

（2）本规范主要为新建轨道交通工程穿越或者邻近的地铁、铁路、市政桥梁、通道、建（构）筑物等一、二级环境风险工程的环境对象安全风险评估提供技术指导。

（3）轨道交通工程建设的环境安全风险评估工作应体现"分阶段、分等级、分对象"的基本原则，满足轨道交通工程建设的实际需要。

（4）本规范适用于在建和后续新建轨道交通工程。

（5）本规范所涉及的相关内容和工作要求等不替代设计、检测、施工、监理等相关参建单位按照法律法规应尽的技术责任。

(6) 环境安全风险评估工作除应符合本规范规定外,尚应严格遵循国家、行业、山东省、济南市所颁发的有关规范、规程、技术标准。涉及既有线、市政桥梁等基础设施的环境安全风险评估,除应满足本规范外,尚应遵循政府主管部门的相关要求。

4.3.2 基本规定

(1) 环境安全风险评估包括工前评估、施工过程评估、工后评估。

(2) 工前评估应在环境现状调查和检测的基础上,进行施工附加影响分析,评估环境的剩余抗力指标,并给出环境对象控制指标及措施建议,为风险设计及优化提供依据。

(3) 轨道交通工程施工过程中或施工完成后,已开展工前评估的环境对象风险控制出现异常并达到评估条件时,应针对其安全状态及加固或防护方案进行施工过程评估或工后评估。

(4) 环境安全风险评估应委托环境对象原设计单位或者具有类似工程设计经验的设计单位完成。工前评估、施工过程评估、工后评估工作原则上应由同一单位分阶段完成。

(5) 施工附加影响分析是环境安全风险评估的重要环节和内容,应根据环境现状调查及检测结论,结合环境对象与新建轨道交通工程空间位置关系,多角度分析新建工程施工对环境对象可能产生的附加影响,评价其结构构件、使用设施抵抗破坏或变形的能力。

4.3.3 组织机构与职责

(1) 建设子公司负责评估的技术管理工作。

(2) 环境调查及检测单位负责对环境对象进行专项调查、检测,编制环境调查及检测评价报告,为工前评估或工后评估提供基础资料。

(3) 评估单位负责工程建设中需要评估的环境风险工程的安全性评估工作,为风险工程专项设计、施工或工后恢复处理等提供必要的基础资料和依据。

(4) 总体设计单位负责全线专项设计的标准统一,汇总和审查工点设计单位提请的工前评估对象,审查和监督各工点设计单位的专项设计,并配合工前、施工过程及工后评估的审查。

(5) 工点设计单位负责工前评估需求的提请、专项设计、工后修复设计,配合工前、施工过程及工后评估的审查。

(6) 第三方监测单位负责施工过程评估需求的提请,施工过程及工后评估基础资料的收集、汇总和分析,配合施工过程及工后评估的审查。

(7) 监理单位负责施工过程评估及工后需求的提请,组织开展施工过程评估,并配合工后评估的审查。

(8) 施工单位负责施工过程评估和工后评估的基础资料收集、汇总和分析,配合施工过程及工后评估的审查。

4.3.4 工前评估

1. 一般规定

(1) 工前评估应在施工图设计阶段的环境调查及现状检测完成后,环境安全专项设计方案评审前开展。

(2) 工前评估需求由工点设计单位提出，总体设计单位全线汇总及初审，经集团总工办组织复审后备案。

(3) 工前评估宜结合以往类似工程统计数据，采用工程类比及专家评议等方法进行，必要时采用理论解析、数值计算方法。

(4) 剩余抗力指标的确定原则应征求环境对象的产权单位、原设计单位的意见。

2．内容及程序

(1) 基础资料收集。

(2) 评估范围及项目确定。

(3) 施工附加影响分析。

(4) 环境剩余抗力指标确定。

(5) 环境监测项目及监测控制指标确定。

(6) 给出环境风险工程专项设计及施工的建议，是否采取针对性的防护措施（如轨道防护措施）等。

3．评估要点

(1) 开展工前评估前应收集环境风险工程的地勘资料、环境工前调查资料、工前检测报告、环境原设计资料、竣工资料、大修或专项维修资料等基础资料。

(2) 工前评估范围应依据工前检测报告、新建工程与环境之间的空间位置关系等，结合环境受影响程度确定。

(3) 工前评估应主要针对环境对象的主体结构、附属结构、轨道结构等，以及人防门、电梯、消防管道等重要使用设施开展。

(4) 施工附加影响分析应包括选用评估方法、建立评估模型、确定评估参数、计算分析等主要内容，必要时结合模型试验或现场试验进行分析。①根据环境对象的不同，其他新建工程的空间位置关系，可选取计算分析、工程类比、模型试验、现场试验及专家经验等不同的评估方法。②评估模型应包括评估范围内的主要地层、环境对象，并能够反映各对象的空间位置关系与结构尺寸，且评估模型应验证其合理性。③评估参数主要包括土层物理力学参数、环境对象结构力学参数、设施的振动力学参数等，评估中应对环境对象评估参数的确定依据及合理性进行说明。④评估计算分析针对评估对象的受力及变形情况进行，主要包括结构变形分析、强度及承载力验算、使用设施的变形及差异变形分析等。

(5) 剩余抗力指标应包括承载能力极限状态剩余抗力指标（结构或其构件处于承载能力极限状态时抵抗破坏或变形的能力）和正常使用极限状态剩余抗力指标（结构或其构件处于正常使用极限状态时抵抗破坏或变形的能力）。

(6) 根据环境对象的自身特性、构件或内部设施受外部影响的敏感性等，提出环境对象的主要重点监测部位、监测项目及其监控量测控制指标（包括累计控制值及变形速率双控指标）。

(7) 给出环境风险工程专项设计及施工的建议，是否采取针对性的防护措施（如轨道防护措施）等。

4. 评估成果

工前评估方案应包括评估对象、评估范围、评估目的、评估方法、评估依据、评估内容及项目、评估要点等主要内容。

(1) 工程概况应包括工程名称、新建轨道工程结构形式、既有环境对象的结构形式、相互位置关系(平面、剖面)、关键部件的位置(沉降缝、桩基)等主要内容。

(2) 现状调查及检测主要结论。

(3) 评估方案应包括评估范围、目的、依据、方法及手段、内容及要点等主要内容。

(4) 形成的主要评估成果应包括成果的文件组成、评估报告格式等内容。

工前评估成果应包括施工附加影响分析、结构及设施剩余抗力指标、控制指标、设计及施工措施建议等内容。工前评估报告主要内容如下。

(1) 工程概况。

(2) 评估目的、范围、内容及依据。

(3) 评估方法及手段。

(4) 结构安全风险评估应包括评估范围、评估内容、施工附加影响分析(含评估假定、评估模型、评估参数、评估工况、评估结果分析等)、结构剩余抗力指标(含整体结构及主要构件剩余抗力指标)等内容。

(5) 使用设施安全风险评估。

(6) 监测项目及控制指标。

(7) 结论与建议。

4.3.5 施工过程评估

1. 一般规定

(1) 施工过程评估工作为工程实施方案优化工作提供依据,为工后评估提供参考。

(2) 施工过程评估需求由监理单位或第三方监测单位提出,由子公司组织设计、评估等单位审核。

(3) 施工过程评估的方法宜采用专家评议方法进行,必要时采用工程类比、理论解析、数值计算方法。

(4) 施工过程评估工作一般由监理单位组织,建设单位和评估、设计、施工单位参加,必要时邀请环境对象原设计及产权单位参加;当出现危及环境对象安全等重大风险情况时,宜由建设子公司组织,评估、设计、监理、施工单位参加,必要时邀请环境对象原设计及产权单位参与。

2. 内容及程序

(1) 施工过程中,当环境对象实测值达到控制值时,且变形或内力有进一步发展趋势时,宜开展施工过程评估。

(2) 施工过程评估工作内容有:①收集相关资料,提请评估;②环境安全状态的判定、评估;③环境风险处置方案的评估。

3. 评估要点

(1) 达到评估条件后,开展施工过程评估前应收集环境对象的工前调查及检测评价报告、工前评估报告、设计及施工方案、历史监测数据、历史预警事件及处置过程资料等,并对资料进行汇总分析。

(2) 应对环境对象的主体结构、附属结构及内部使用设施等的安全状态进行综合判定、评估。

(3) 应对环境专项设计及施工方案的实际效果进行分析、评价,包括采取的措施可行性及效果,措施实施的范围、时机,采取的施工工序、施工工艺及设备的合理性等。

(4) 当施工过程评估需要采取计算分析时,可参照工前评估相关要求执行。

4. 评估成果

(1) 施工过程评估的成果根据是否采取措施分为两种形式,若专家评议环境对象状态为安全,形成专家评议意见;若为不安全,则应形成施工过程评估报告,内容应包括关键工序监测数据总结与分析、环境对象安全状态评定、风险工程处置方案评估等。

(2) 施工过程评估报告主要内容有:①工程概况,包括工程施工概况、工前评估主要内容及结论等。②评估范围、内容及依据。③施工过程资料汇总及分析,包括结构及使用设施监测数据、历史预警事件及处置过程资料等的总结及分析。④环境对象的安全状态判断。⑤环境风险工程设计及施工方案评估。⑥结论与建议。

4.3.6 工后评估

1. 一般规定

(1) 工后评估应在工后环境调查与检测完成后,工后修复设计方案评审前开展。

(2) 工后评估工作为环境安全风险工后恢复设计和施工处理工作提供依据。

(3) 工后评估需求由监理单位根据政府相关管理文件,并结合环境对象监控情况提出,建设子公司组织审核,必要时报安全质量部或公司技术委员会审定。

(4) 工后评估宜采用现场会议讨论、工程类比、专家评议等方法,必要时采用理论解析、数值计算方法。

(5) 工后评估由建设子公司组织,工后调查与检测单位、工后评估单位、设计单位、施工单位、监理单位参加,必要时请环境风险工程产权单位、原设计单位参与。

2. 内容及程序

(1) 环境风险工程完工后,新建轨道交通工程竣工验收前,当环境对象出现功能无法正常使用、危及环境安全时,宜开展工后评估。

(2) 工后评估的工作内容有:①达到评估条件后,收集相关资料,提请评估。②环境风险工程安全状态的评定。③工后修复设计及施工方案的评估。

3. 评估要点

(1) 当达到评估条件后,开展工后评估前,应收集环境对象的工前调查及检测评价报告、工前评估报告、设计及施工方案、历史监测数据、历史预警事件及处置过程资料、施工过程评估报告等,并对资料进行汇总分析。

(2) 在工后现状调查及检测成果基础上,通过对监测数据进行深入分析、必要的计算分析,得出环境风险工程当前状态的安全系数,通过与原设计安全系数进行比较分析,评判环境风险工程工后修复的必要性。

(3) 对工后修复的技术可行性以及经济合理性做出分析和评价,从而提出加固修复的范围、内容及措施建议。

4. 评估成果

(1) 工后评估的成果应包括环境对象安全状态的评定、工后修复的必要性判断、工后修复可行性、技术和经济合理性分析以及拟采取的加固措施建议等主要内容。

(2) 工后评估报告主要内容有:①项目背景及工程概况,应包括项目背景、新建轨道工程施工概况、工后现状调查及检测主要成果结论、工前评估及施工过程评估主要内容及结论等。②评估范围、内容及依据。③资料汇总及分析,应包括结构及使用设施历史监测数据、历史预警事件及处置过程资料等的总结及分析。④环境对象安全状态评定。⑤工后修复必要性分析。⑥工后修复可行性、技术、经济合理性分析。⑦结论及建议。

4.4 建设工程监测技术

4.4.1 总则

(1) 为规范济南市轨道交通集团工程建设的工程监测工作,做到技术先进、经济合理、成果可靠,及时反馈监测信息,指导设计和施工,制定本规范。

(2) 本规范适用于集团所辖在建和后续新建轨道交通工程的工程监测,包括施工监测和第三方监测方案编制、监测项目选取、测点布设、测点标识和验收、测点保护、监测方法、资料存档等。工程监测是工程施工的必要手段和耳目,应为验证设计和施工及环境保护等方案的安全性和合理性、优化设计和施工参数、分析和预测工程结构和周边环境的安全状态及其发展趋势、实施信息化施工等提供资料。集团所辖其他类工程参考本规范执行。

(3) 工程监测应编制合理的监测设计和监测方案,精心组织和实施监测,为动态设计、信息化施工和工程安全管理及时提供准确、可靠的监测成果。

(4) 本规范所涉及的相关内容和工作要求等不替代设计、施工、监理、第三方监测等相关参建单位按照法律法规应尽的责任。

(5) 工程监测工作除遵循本规范外,还应符合国家、山东省和济南市现行有关城市轨道交通工程监测的规范、规程和技术标准。

4.4.2 基本规定

(1) 工程监测包括施工监测和第三方监测,监测单位应按照合同、设计文件和相关规范的要求开展监测工作。

(2) 设计单位应根据线路地质条件、施工方法、环境保护要求和风险等级等开展工程设计工作,设计文件中应包含仪器监测、现场巡检的内容和相关技术要求。

(3) 施工单位和第三方监测单位应编制工程监测方案,监测方案应全面、系统和有针对性。

（4）施工单位和第三方监测单位应根据工程规模和监测工作量配备相应的监测技术人员和仪器、设备，并严格按照监测方案的相关要求开展工程监测工作。

（5）工程监测应采用仪器量测、现场巡检等多种手段相结合的综合方法进行信息采集，对穿越既有轨道交通、重要的建（构）筑物等安全风险较大的周边环境宜采用远程自动化实时监测。

（6）工程监测实施过程中，第三方监测单位应根据风险工程情况有针对性地选取施工监测点进行同点监测，同时采集初始值，并对施工监测异常点进行复核。

（7）施工单位和第三方监测单位应开展现场安全巡检工作，综合监测数据和现场巡检结果判断工程自身和周边环境的安全状态。

（8）施工单位和第三方监测单位应及时处理、分析和反馈各类监测信息，按时向信息系统上报监测数据等信息，发现影响工程及周边环境安全的异常情况时，应立即报告建设子公司。

（9）当工程遇到下列情况时，应编制专项监测方案：①穿越或邻近既有轨道交通、铁路设施；②高速公路、桥梁以及产权单位有特殊需求的建（构）筑物等；③穿越河流、湖泊等地表水体；④需进行应急抢险的环境对象；⑤其他重要或特殊的环境风险工程。

（10）监理单位应对施工监测进行监督、审核，及时进行监测数据比对、分析和预警管理工作。

4.4.3 监测项目及要求

1. 一般规定

（1）工程监测对象的选择应在满足工程支护结构安全和周边环境保护要求的条件下，针对不同的施工方法、支护结构设计方案、周围岩土体及周边环境条件综合确定，设计文件有特殊要求的以设计文件为准。监测对象宜包括下列内容：①基坑工程中的支护桩（墙）、立柱、支撑、锚杆、土钉等结构，矿山法隧道工程中的初期支护、临时支护、二次衬砌及盾构法隧道工程中的管片等支护结构；②工程周围岩体、土体、地下水及地表；③工程周边建（构）筑物、地下管线、高速公路、城市道路、桥梁、既有轨道交通、铁路设施及其他城市基础设施等环境。

（2）工程监测项目应根据监测对象的特点、工程监测等级、工程影响分区、设计及施工的要求合理确定，并应反映监测对象的变化特征和安全状态。

（3）各监测对象和项目应相互配套，满足设计、施工方案的要求，并形成有效、完整的监测体系。

2. 仪器监测项目

（1）明（盖）挖法基坑、竖井围护结构和周围岩土体仪器监测项目应根据表4-1选择。

（2）盾构法隧道管片结构和周围岩土体仪器监测项目应根据表4-2选择。

（3）矿山法隧道支护结构和周围岩土体仪器监测项目应根据表4-3选择。

表 4-1 明(盖)挖法基坑、竖井围护结构和周围岩土体仪器监测项目

序号	监测项目	工程监测等级		
		一级	二级	三级
1	支护桩(墙)、边坡顶部水平位移	✓	✓	✓
2	支护桩(墙)、边坡顶部竖向位移	✓	✓	✓
3	支护桩(墙)体水平位移	✓	✓	○
4	支护桩(墙)结构应力	○	○	○
5	立柱结构竖向位移	✓	✓	○
6	立柱结构水平位移	✓	○	○
7	立柱结构应力	○	○	○
8	支撑轴力	✓	✓	✓
9	顶板应力	○	○	○
10	锚杆、锚索拉力	✓	✓	✓
11	土钉拉力	○	○	○
12	地表沉降	✓	✓	✓
13	竖井初期支护井壁净空收敛	✓	✓	✓
14	土体深层水平位移	○	○	○
15	土体分层竖向位移	○	○	○
16	坑底隆起(回弹)	○	○	○
17	支护桩(墙)侧向土压力	○	○	○
18	地下水位	✓	✓	✓
19	孔隙水压力	○	○	○

注:✓—应测项目;○—选测项目。

表 4-2 盾构法隧道管片结构和周围岩土体仪器监测项目

序号	监测项目	工程监测等级		
		一级	二级	三级
1	管片结构竖向位移	✓	✓	✓
2	管片结构水平位移	✓	○	○
3	管片结构净空收敛	✓	✓	✓
4	管片结构应力	○	○	○
5	管片连接螺栓应力	○	○	○
6	地表沉降	✓	✓	✓
7	土体深层水平位移	○	○	○
8	土体分层竖向位移	○	○	○
9	管片围岩压力	○	○	○
10	孔隙水压力	○	○	○

注:✓—应测项目;○—选测项目。

表 4-3 矿山法隧道支护结构和周围岩土体仪器监测项目

序号	监测项目	工程监测等级		
		一级	二级	三级
1	初期支护结构拱顶沉降	√	√	√
2	初期支护结构底板竖向位移	√	○	○
3	初期支护结构净空收敛	√	√	√
4	隧道拱脚竖向位移	○	○	○
5	中柱结构竖向位移	√	√	○
6	中柱结构倾斜	○	○	○
7	中柱结构应力	○	○	○
8	初期支护结构、二次衬砌应力	○	○	○
9	地表沉降	√	√	○
10	土体深层水平位移	○	○	○
11	土体分层竖向位移	○	○	○
12	围岩压力	○	○	○
13	地下水位	√	√	√

注：√—应测项目；○—选测项目。

（4）当遇到下列情况时，应对工程周围岩土体进行监测：①基坑深度较大、基底土质软弱或基底下存在承压水且对工程影响较大时，应进行坑底隆起（回弹）监测；②基坑侧壁、隧道围岩的地质条件复杂，岩土体易产生较大变形、空洞、坍塌的部位或区域，应进行土体分层竖向位移或深层水平位移监测；③在软土地区，基坑或隧道邻近对沉降敏感的建（构）筑物等环境时，应进行孔隙水压力、土体分层竖向位移或深层水平位移监测；④工程邻近或穿越岩溶、断裂带等不良地质条件，或施工扰动引起周围岩土体物理力学性质发生较大变化，并对支护结构、周边环境或施工可能造成危害时，应结合工程实际，选择岩土体仪器监测项目。

（5）周边环境监测项目应根据表 4-4 选择。当主要影响区存在高层、高耸建（构）筑物时，应进行倾斜监测。既有城市轨道交通高架线、地面线和新建桥梁的监测项目可按照桥梁和既有铁路的监测项目选择。

表 4-4 周边环境监测项目

检测对象	监测项目	工程影响分区	
		主要影响区	次要影响区
建（构）筑物	竖向位移	√	√
	水平位移	○	○
	倾斜	○	○
	裂缝	√	○
地下管线（含综合管廊）	竖向位移	√	○
	水平位移	○	○
	差异沉降	√	○
高速公路与城市道路	路面路基竖向位移	√	○
	挡墙竖向位移	√	○
	挡墙倾斜	√	○

续表

检测对象	监测项目	工程影响分区	
		主要影响区	次要影响区
桥梁	墩台竖向位移	√	√
	墩台差异沉降	√	√
	墩柱倾斜	√	√
	梁板应力	○	○
	裂缝	√	○
既有城市轨道交通	隧道结构竖向位移	√	√
	隧道结构水平位移	√	√
	隧道结构净空收敛	○	○
	隧道结构变形缝差异沉降	√	√
	轨道结构(道床)竖向位移	√	√
	轨道静态几何形位(轨距、轨向、高低、水平)	√	√
	隧道、轨道结构裂缝	√	○
既有铁路(包括城市轨道交通地面线)	路基竖向位移	√	√
	轨道静态几何形位(轨距、轨向、高低、水平)	√	√
重要的建(构)筑物、桥梁等	爆破振速	√	√

注：√—应测项目；○—选测项目。

(6) 当工程周边存在既有轨道交通或对位移有特殊要求的建(构)筑物及设施时，监测项目应与有关管理部门或单位共同确定。

(7) 采用钻爆法施工时，应对爆破振动影响范围内的建(构)筑物、桥梁等高风险环境进行振动速度或加速度监测。

4.4.4 监测点布设原则

1. 一般规定

监测点的布设应符合下列基本要求：

(1) 监测设计前，设计单位应对施工现场进行复核。监测点布设位置应合理可行、便于观测，并不影响和妨碍监测对象的正常受力和使用，并避免因施工影响而破坏。

(2) 监测点应综合考虑周边环境与支护结构情况进行优化布设，一般首先根据支护结构和周边环境情况布设支护结构监测点，其次选取影响范围内的建(构)筑物、桥梁进行监测点布设，再次布设地下管线监测点、市政道路监测点，最后结合支护结构和周边环境监测点情况布设地表监测点。

(3) 周边环境、支护结构监测点应尽量布设在同一断面。

(4) 监测点布设于能够反映施工影响的典型部位，能够切实反映工程安全状态。

监测设计中监测点的布设部位和监测点间距应根据施工工法、工程风险等级、地质条件及监测方法的要求综合确定，并应满足反映监测对象实际状态、位移和内力变化规律及分析监测对象安全状态的要求。监测点布设宜符合表 4-5～表 4-8 的规定。

表 4-3　明(盖)挖法基坑工程监测点布设原则

序号	监测项目	监测点布设原则
1	支护桩(墙)、边坡顶部水平位移和竖向位移	(1) 监测点应沿基坑周边布设,且监测等级为一级、二级时,布设间距宜为10～20m;监测等级为三级时,布设间距宜为20～30m; (2) 基坑各边中间部位、阳角部位、深度变化部位、邻近建(构)筑物及地下管线等重要环境部位、地质条件复杂部位等,应布设监测点; (3) 对于出入口、风井等附属工程的基坑,每侧的监测点不应少于1个; (4) 水平和竖向位移监测点宜为共用点,监测点应布设在支护桩(墙)或基坑坡顶
2	支护桩(墙)体水平位移	(1) 监测点应沿基坑周边的桩(墙)体布设,且监测等级为一级、二级时,布设间距宜为20～40m,监测等级为三级时,布设间距宜为40～50m; (2) 基坑各边中间部位、阳角部位及其他代表性部位的桩(墙)体应布设监测点; (3) 监测点的布设位置宜与支护桩(墙)顶部水平位移和竖向位移监测点处于同一监测断面
3	支护桩(墙)结构应力	(1) 基坑各边中间部位、深度变化部位、桩(墙)体背后水土压力较大部位、地面荷载较大或其他变形较大部位、受力条件复杂部位等,应布设竖向监测断面; (2) 监测断面的布设位置与支护桩(墙)体水平位移监测点宜共同组成监测断面; (3) 监测点的竖向间距应根据桩(墙)体的弯矩大小及土层分布情况确定,监测点竖向间距不宜大于5m,在弯矩最大处应布设监测点
4	立柱结构竖向位移、水平位移和结构应力	(1) 竖向位移和水平位移监测数量不应少于立柱总数量的5%,且不应少于3根。当基底受承压水影响较大或采用逆作法施工时,应适当增加监测数量; (2) 竖向位移和水平位移监测宜选择基坑中部、多根支撑交汇处、地质条件复杂处的立柱; (3) 竖向位移和水平位移监测点宜布设在便于观测和保护的立柱侧面上; (4) 水平位移监测点宜在立柱结构顶部、底部上下对应布设,必要时可在中部增加监测点; (5) 结构应力监测应选择受力较大的立柱,监测点宜布设在各层支撑立柱的中间部位或立柱下部的1/3部位,可沿立柱周边均匀布设4个监测点
5	支撑轴力	(1) 宜选择基坑中部、阳角部位、深度变化部位、支护结构受力条件复杂部位及在支撑系统中起控制作用的支撑; (2) 应沿竖向布设监测断面,每层支撑均应布设监测点; (3) 每层支撑的监测数量不宜少于每层支撑数量的10%,且不应少于3根; (4) 监测断面的布设位置与相近的支护桩(墙)体水平位移监测点宜共同组成监测断面; (5) 采用轴力计监测时,监测点应布设在支撑的端部;采用钢筋计或应变计监测时,可布设在支撑中部或两支点间1/3部位,当支撑长度较大时也可布设在1/4点处,并应避开节点位置
6	盖挖法顶板应力	(1) 应选择具有代表性的断面进行顶板应力监测; (2) 监测点宜布设在立柱(或边桩)与顶板的刚性连接部位和两根立柱(或边桩与立柱)的跨中部位,每个监测点纵横两个方向均应进行监测
7	锚杆拉力	(1) 宜选择基坑各边中间部位、阳角部位、深度变化部位、地质条件复杂部位及周边存在高大建(构)筑物部位的锚杆; (2) 应沿竖向布设监测断面,每层锚杆均应布设监测点,每层锚杆的监测数量不应少于3根; (3) 每根锚杆上的监测点宜布设在锚头附近或受力有代表性的位置

续表

序号	监测项目	监测点布设原则
8	土钉拉力	(1) 宜选择基坑各边中间部位、阳角部位、深度变化部位、地质条件复杂部位及周边存在高大建(构)筑物部位的土钉; (2) 应沿竖向布设监测断面,每层土钉均应布设监测点; (3) 每根杆体上的监测点应布设在受力有代表性的位置; (4) 监测点布设位置与支护桩(墙)体水平位移监测点宜共同组成监测断面
9	地表沉降	(1) 沿平行基坑周边边线布设地表沉降监测点不应少于2排,排距宜为3~8m,第一排监测点距基坑边缘不宜大于2m,每排监测点间距宜为10~20m; (2) 应根据基坑规模和周边环境条件,选择有代表性的部位布设垂直于基坑边线的横向监测断面,每个横向监测断面监测点的数量和布设位置应满足对基坑工程主要影响区和次要影响区的控制,每侧监测点数量不宜少于5个; (3) 监测点及监测断面的布设位置应与周边环境监测点布设相结合
10	竖井井壁支护结构净空收敛	(1) 沿竖向每3~5m应布设一个监测断面; (2) 每个监测断面在竖井结构的长、短边中部应布设监测点,每个监测断面不应少于2条测线
11	坑底隆起（回弹）	(1) 应根据基坑的平面形状和尺寸布设纵向、横向监测断面; (2) 监测点宜布设在基坑的中央、距坑底边缘的1/4坑底宽度处以及其他能反映变形特征的位置,当基底土质软弱、基底以下存在承压水时,宜适当增加监测点; (3) 回弹监测标志应埋入基坑底面以下20~30cm
12	地下水位	(1) 应根据水文地质条件的复杂程度、降水深度、降水影响范围和周边环境保护要求,在降水区域及影响范围内分别布设地下水位观测孔,观测孔数量应满足掌握降水区域和影响范围内的地下水位动态变化的要求; (2) 当降水深度内存在2个以上含水层时,应分层布设地下水位观测孔观测各层地下水位变化情况; (3) 降水区靠近地表水体时,应在其附近增设地下水位观测孔,观测和分析地表水对地下水的影响
13	支护桩(墙)侧向土压力	(1) 监测点应布设在受力、土质条件变化较大或其他有代表性的位置; (2) 平面布设上基坑每边不宜少于2个监测点,在竖向布设上,监测点间距宜为2~5m,下部宜加密; (3) 当按土层分布情况布设时,每层应至少布设1个测点,且布设在各层土的中部
14	土体深层水平位移	(1) 宜布设在基坑周边的中部、阳角处及有代表性的位置。监测点水平间距宜为20~50m,每边监测点数目不应少于1个; (2) 用测斜仪观测深层水平位移时,测斜管长度不宜小于基坑开挖深度的1.5倍,并应大于支护墙的深度。以测斜管底为固定起算点时,管底应嵌入稳定土体
15	土体分层竖向位移	应布设在靠近被保护对象且有代表性的位置,数量视具体情况确定。在竖向布设上测点宜布设在各层土的界面上,也可等间距布设。测点深度、测点数量应视具体情况确定
16	孔隙水压力	宜布设在基坑受力、变形较大或有代表性的部位。监测点竖向布设宜在水压力变化影响深度范围内按土层分布情况布设,竖向间距宜为2~5m,数量不宜少于3个

表 4-6　盾构法隧道工程监测点布设原则

序号	监测项目	监测点布设原则
1	盾构管片结构竖向、水平位移和净空收敛	(1) 在盾构始发与接收段、联络通道附近、左右线交叠或邻近段、小半径曲线段等区段应布设监测断面； (2) 存在地层偏压、围岩软硬不均、地下水位较高等地质条件复杂区段应布设监测断面； (3) 下穿或邻近重要建(构)筑物、地下管线、河流湖泊等周边环境条件复杂区段应布设监测断面； (4) 每个监测断面宜在拱顶、拱底、两侧拱腰处布设管片结构净空收敛监测点，拱顶、拱底的净空收敛监测点可兼做竖向位移监测点，两侧拱腰处的净空收敛监测点可兼做水平位移监测点
2	盾构管片结构应力、管片围岩压力、管片连接螺栓应力	(1) 应布设垂直于隧道轴线的监测断面，监测断面宜布设在存在地层偏压、围岩软硬不均、地下水位较高等地质或环境条件复杂地段，并与管片结构竖向位移和净空收敛监测断面处于同一位置； (2) 每个监测项目在每个监测断面的监测点数量不宜少于 5 个或每环管片数量
3	地表沉降	(1) 监测点应沿盾构隧道轴线上方地表布设，自身风险等级为一级时，监测点间距宜为 5~10m；自身风险等级为二级、三级时，监测点间距宜为 10~30m，始发和接收段应适当增加监测点； (2) 应根据周边环境和地质条件布设垂直于隧道轴线的横向监测断面，自身风险等级为一级时，监测断面间距宜为 50~100m；自身风险等级为二级、三级时，间距宜为 100~150m； (3) 在始发和接收段、联络通道等部位及地质条件不良、易产生开挖面坍塌和地表过大变形的部位，应有横向监测断面控制； (4) 横向监测断面的监测点数量宜为 7~11 个，在强烈影响区监测点间距宜为 3~5m，显著影响区间距宜为 5~10m
4	土体深层水平位移和分层竖向位移	(1) 地层疏松、土洞、溶洞、破碎带等地质条件复杂地段，软土、膨胀性岩土、湿陷性土等特殊性岩土地段，工程施工对岩土体扰动较大或邻近重要建(构)筑物、地下管线等地段应布设监测孔及监测点； (2) 监测孔的位置和深度应根据工程需要确定，并应避免管片背后注浆对监测孔的影响； (3) 土体分层竖向位移监测点宜布设在各层土的中部或界面上，也可等间距布设
5	孔隙水压力	(1) 宜选择在隧道管片结构受力和变形较大、存在饱和软土和易产生液化的粉细砂土层等有代表性的部位进行布设； (2) 竖向监测点宜在水压力变化影响深度范围内按土层分布情况布设，竖向监测点间距宜为 2~5m，数量不宜少于 3 个

表 4-7　矿山法隧道工程监测点布设原则

序号	监测项目	监测点布设原则
1	初期支护结构拱顶沉降、净空收敛	(1) 应布设垂直于隧道轴线的横向监测断面，车站监测断面间距宜为 5~10m，区间监测断面间距宜为 10~15m； (2) 监测点宜在隧道拱顶、两侧拱脚处(全断面开挖时)或拱腰处(半断面开挖时)布设，拱顶的沉降监测点可兼做净空收敛监测点，净空收敛测线宜为 1~3 条； (3) 分部开挖施工的每个导洞均应布设横向监测断面； (4) 监测点应在初期支护结构完成后及时布设

续表

序号	监测项目	监测点布设原则
2	初期支护结构底板竖向位移	监测点宜布设在初期支护结构底板的中部或两侧,监测点的布设位置与拱顶沉降监测点宜对应布设
3	隧道拱脚竖向位移	在隧道周围岩土体存在软弱土层时应布设隧道拱脚竖向位移监测点
4	车站中柱沉降、倾斜及结构应力	应选择有代表性的中柱进行沉降、倾斜监测。当需进行中柱结构应力监测时,监测数量不应少于中柱总数的10%,且不应少于3根,每柱宜布设4个监测点,并在同一水平面内均匀布设
5	围岩压力、初期支护结构应力、二次衬砌应力	(1) 在地质条件复杂或应力变化较大的部位布设监测断面,应力监测断面与净空收敛监测断面宜处于同一位置; (2) 监测点宜布设在拱顶、拱脚、墙中、墙脚、仰拱中部等部位,监测断面上每个监测项目不宜少于5个监测点; (3) 需拆除竖向初期支护结构的部位应根据需要布设监测点
6	地表沉降	(1) 监测点应沿每个隧道或分部开挖导洞的轴线上方地表布设,自身风险等级为一级、二级时,监测点间距宜为5~10m;自身风险等级为三级时,监测点间距宜为10~15m; (2) 横通道(含挑高段)布点间距宜为3~5m; (3) 应根据周边环境和地质条件沿地表布设垂直于隧道轴线的横向监测断面,自身风险等级为一级时,监测断面间距宜为10~50m;自身风险等级为二级、三级时,间距宜为50~100m; (4) 在车站与区间、车站与附属结构、明暗挖等的分界部位,洞口、隧道断面变化、联络通道、施工通道等部位及地质条件不良、易产生开挖面坍塌和地表过大变形的部位,应由横向监测断面控制; (5) 横向监测断面的监测点数量宜为7~11个,监测点间距宜为3~10m
7	土体深层水平位移和分层竖向位移	(1) 地层疏松、土洞、溶洞、破碎带等地质条件复杂地段,软土、膨胀性岩土、湿陷性土等特殊性岩土地段,工程施工对岩土体扰动较大或邻近重要建(构)筑物、地下管线等地段应布设监测孔及监测点; (2) 监测孔的位置和深度应根据工程需要确定,并应避免管片背后注浆对监测孔的影响; (3) 土体分层竖向位移监测点宜布设在各层土的中部或界面上,也可等间距布设
8	地下水位	(1) 应根据水文地质条件的复杂程度、降水深度、降水的影响范围和周边环境保护要求,在降水区域及影响范围内分别布设地下水位观测孔,观测孔数量应满足掌握降水区域和影响范围内的地下水位动态变化的要求; (2) 当降水深度内存在2个以上含水层时,应分层布设地下水位观测孔观测各层地下水位变化情况; (3) 观测孔数量应根据工程需要确定

表 4-8　周边环境监测点布设原则

序号	监测项目	监测点布设原则
1	建(构)筑物竖向位移	(1) 监测点应布设在外墙或承重柱上,位于强烈影响区时监测点沿外墙间距宜为10~15m,或每隔2根承重柱布设1个监测点;位于显著影响区时监测点沿外墙间距宜为15~30m,或每隔2~3根承重柱布设1个监测点;在外墙转角处应有监测点控制; (2) 在高低悬殊或新旧建(构)筑物连接、建(构)筑物变形缝、不同结构分界、不同基础形式和不同基础埋深等部位的两侧应布设监测点; (3) 对烟囱、水塔、高压电塔等高耸构筑物,应在其基础轴线上对称布设监测点,每栋构筑物监测点布设数量不应少于3个; (4) 风险等级较高的建(构)筑物应适当增加监测点数量
2	建(构)筑物水平位移	监测点应布设在邻近基坑或隧道一侧的建(构)筑物外墙、承重柱、变形缝两侧及其他有代表性的部位,可与建(构)筑物竖向位移监测点布设在同一位置
3	建(构)筑物倾斜	(1) 监测点应沿主体结构顶部、底部上下对应按组布设,必要时中部增加监测点; (2) 每栋建(构)筑物倾斜监测数量不宜少于2组,每组监测点布设数量不应少于2个; (3) 采用基础的差异沉降推算建(构)筑物倾斜时,监测点的布设应符合竖向位移监测点的布设要求
4	桥梁墩台竖向位移	监测点应布设在墩柱或承台上,每个墩柱和承台监测点的布设数量不应少于1个,群桩承台宜适当增加监测点
5	桥梁墩柱倾斜	采用全站仪监测时,监测点应沿墩柱顶、底部上下对应按组布设,每个墩柱倾斜监测的布设数量不应少于1组,每组监测点的布设数量不宜少于2个;采用倾斜仪时,监测点的布设数量不应少于1个
6	桥梁结构应力	监测点宜布设在桥梁梁板结构中部或应力变化较大部位
7	地下管线竖向位移、水平位移和差异沉降	(1) 地下管线监测点埋设形式和布设位置应根据地下管线的重要性、修建年代、类型、材质、管径、接口形式、埋设方式、使用状况以及与工程的空间位置关系等综合确定; (2) 地下管线位于强烈影响区时,竖向位移监测点布设间距宜为5~15m;位于显著影响区时,布设间距宜为15~30m; (3) 监测点宜布设在地下管线的节点、转角点、位移变化敏感或预测变形较大的部位; (4) 地下管线邻近基坑或隧道时,宜采用位移杆法在管体上布设直接监测点对管线变形进行监测;距离基坑或隧道较远且无法布设直接监测点时,可在地表或土层中布设间接监测点对管线变形进行监测; (5) 隧道下穿污水、供水、燃气、热力等地下管线且风险很高时,应布设管线结构直接监测点及管侧土体监测点,对管线变形及管侧土体变形进行监测,判断管线与管侧土体的协调变形情况; (6) 地下管线水平位移监测点的布设位置和数量应根据地下管线特点和工程需要确定; (7) 地下管线密集、种类繁多时,应对重要的、抗变形能力差、容易渗漏或破坏的管线进行重点监测

续表

序号	监测项目	监测点布设原则
8	高速公路与城市道路的路面路基竖向位移	(1) 监测点的布设应与路面下方的地下构筑物和地下管线的监测工作相结合,做到监测点布设合理、相互协调; (2) 路面竖向位移监测应根据施工工法,按地表沉降的要求布设监测点,并结合路面实际情况布设监测点和监测断面。对高速公路和城市重要道路应适当增加监测断面数量; (3) 隧道下穿高速公路、城市重要道路时,应适当布设路基竖向位移监测点,路肩或绿化带上应有地表监测点控制
9	高速公路与城市道路的挡墙竖向位移	监测点宜沿挡墙走向布设,挡墙位于强烈影响区时,布设间距宜为5~10m;位于显著影响区时,布设间距宜为10~15m
10	高速公路与城市道路的挡墙倾斜	监测点应根据挡墙的结构形式选择监测断面布设,每段挡墙监测断面的布设数量不应少于1个,每个监测断面上、下监测点应布设在同一竖直面上
11	既有轨道交通隧道结构变形	(1) 既有轨道交通隧道结构竖向位移、水平位移和净空收敛监测应按监测断面布设,既有隧道结构位于强烈影响区时,监测断面间距宜为5m;位于显著影响区时,监测断面间距不宜大于10m。每个监测断面宜在隧道结构顶部或底部、结构柱、两边侧墙布设监测点; (2) 既有轨道交通高架桥结构监测点布设可按桥梁的要求进行布设; (3) 既有轨道交通地面线的路基竖向位移监测可按道路路基竖向位移的要求布设监测断面,每个监测断面中的每条股道下方的路基及附属设施均应布设监测点; (4) 既有轨道交通整体道床或轨枕的竖向位移监测应按监测断面布设,监测断面与既有隧道结构或路基的竖向位移监测断面宜处于同一里程; (5) 轨道静态几何形位监测点的布设应按城市轨道交通或铁路的工务维修、养护标准的要求合理确定; (6) 既有轨道交通附属设施监测点可按照建(构)筑物的要求进行布设
12	建(构)筑物、桥梁、既有轨道交通隧道结构、轨道结构的裂缝宽度	(1) 裂缝宽度监测应根据裂缝的分布位置、走向、长度、宽度、错台等参数,分析裂缝的性质、产生的原因及发展趋势,选取应力或应力变化较大部位的裂缝或宽度较大的裂缝进行监测; (2) 裂缝宽度监测宜在裂缝的最宽处及裂缝首、末端按组布设,每组2个监测点,并应分别布设在裂缝两侧,且其连线应垂直于裂缝

注:监测点应根据工程与环境对象的空间位置关系进行适当调整,一般符合近密远疏的原则。

2. 第三方监测选点原则

第三方监测重点对工程周边环境、明(盖)挖法基坑及竖井的支护结构进行监测,监测项目应涵盖《城市轨道交通工程监测技术规范》(GB 50911—2013)中对以上监测对象要求的应测项目,并辅以部分选测类项目。

第三方监测项目的选择应在监测对象确定的基础上,综合考虑工程地质条件与水文地质条件、工程规模与施工技术难点(支护结构形式、施工方法、埋深等)及周边环境条件等因素,同时兼顾经济性的要求。

第三方监测支护结构监测范围包括:

(1) 桩(墙)顶水平位移监测范围为主体基坑及附属结构四周的支护结构；

(2) 桩(墙)体变形监测范围为主体基坑四周的支护结构以及邻近重要建(构)筑物、地下管线等特殊附属结构的支护结构；

(3) 明挖基坑中部的立柱；

(4) 支撑轴力监测范围为主体结构的每层支撑；

(5) 锚杆(锚索)拉力监测范围为主体基坑的每层锚杆(锚索)；

(6) 洞室收敛监测范围为矿山法暗挖隧道初支结构侧壁收敛、盾构法隧道管片结构净空收敛；

(7) 隧道沉降监测范围为矿山法暗挖隧道初支结构拱顶(隧底)沉降或盾构法隧道管片结构顶部或底部沉降；

(8) 其他支护结构监测项目的监测范围参考相关规范和设计要求确定。

第三方监测的监测内容选取应遵循下列原则：

(1) 第三方监测的周边环境监测点应与施工监测同点位。

(2) 支护结构和地表沉降监测应选择工程关键部位的监测点进行监测，工程关键部位主要包括基坑各边中间部位、阳角部位、深度变化部位、邻近建(构)筑物及地下管线等重要环境部位、地质条件复杂部位，盾构法隧道始发和接收段、联络通道等部位及地质条件不良、易产生开挖面坍塌和地表过大变形的部位，以及矿山法隧道在车站与区间、车站与附属结构、明暗挖等的分界部位，洞口、隧道断面变化、联络通道、施工通道等部位及地质条件不良、易产生开挖面坍塌和地表过大变形的部位，盾构隧道换刀部位。

(3) 支护结构和地表沉降监测在其他部位的监测点间距可取施工监测点间距的 2~3 倍。

(4) 城市轨道交通既有线、既有铁路的变形监测点应根据评估影响及轨道防护提出的要求布设，对既有结构、道床、轨道均应布设监测点。

(5) 工程穿越的既有轨道交通设施、重要建(构)筑物、高速公路、桥梁、地下管线、机场跑道等需专项监测的监测对象，应根据产权单位的要求综合确定监测点的布设位置和间距。

(6) 发生预警时根据现场风险情况酌情选取测点数量。

4.4.5 监测方法及技术要求

1. 一般规定

监测方法的选择应根据监测对象和监测项目特点、工程监测等级、设计要求、精度要求、场地条件、当地经验等因素综合确定，应合理易行。

监测基准点、工作基点布设应符合下列要求：

(1) 基准点应布设在施工影响范围以外的稳定区域，且每个监测工程的竖向位移观测的基准点不应少于 3 个，水平位移观测的基准点不应少于 4 个。

(2) 工作基点应选在工程影响范围以外的相对稳定和方便使用的位置。在通视条件良好、距离较近、观测项目较少的情况下，可直接将基准点作为工作基点。

(3) 基准点和工作基点应在施工影响前埋设，并应埋设在相对稳定土层内，经观测确定其稳定后方可使用。

（4）监测期间，基准点及工作基点应按规范要求定期进行复测。

（5）基准点的埋设宜符合相关规范要求。

监测仪器、设备检定周期不应大于1年，元器件应在使用前进行标定，且校核记录和标定资料齐全；监测过程中应定期进行监测仪器、设备的维护保养以及监测元器件的检查。

监测传感器除应满足观测精度与量程的要求外，还应满足下列特性：

（1）与量测的介质特性相匹配，以减小测量误差；

（2）灵敏度高、线性好、重复性好；

（3）性能稳定可靠、漂移、滞后误差小；

（4）防水性好，抗干扰能力强，成活率高。

对同一监测项目，监测时宜符合下列要求：

（1）采用相同的监测方法和监测路线；

（2）使用同一监测仪器和设备；

（3）固定监测人员；

（4）在基本相同的时段和环境条件下工作。

工程周边环境与周围岩土体监测点应在施工前埋设，工程支护结构监测点应在支护结构施工过程中及时埋设。监测点埋设并稳定后，应至少连续独立进行3次观测，并取其稳定值的平均值作为初始值，第三方监测测点应取施工监测与第三方监测测值的平均值作为初始值。

监测精度应根据监测项目、控制值大小、工程要求、国家现行有关标准等综合确定，并应满足监测对象的受力或变形特征分析的要求，监测精度不宜大于控制值的5%。

监测过程中，应做好监测点和传感器的标识和保护工作。测斜管、水位观测孔、分层沉降管等管口应砌筑窨井，并加盖保护，爆破振动、应力应变等传感器应防止信号线被损坏。

工程监测新技术、新方法应用前，应与传统方法进行验证，且监测精度应符合相关规范的规定。

2. 水平位移监测

（1）水平位移监测方法适用于基坑围护桩墙、边坡顶部、盾构管片结构、周边建（构）筑物、地下管线、桥梁墩台和既有线隧道结构等水平位移监测项目。

（2）测定特定方向的水平位移宜采用小角法、投点法、激光准直法、方向线偏移法、视准线法等。测定任意方向的水平位移可视监测点的分布情况，采用前方交会、后方交会、导线测量、极坐标等方法。当监测点与基准点无法通视或距离较远时，可采用GPS测量法或三角、三边、边角测量与基准线法相结合的综合测量方法。

（3）水平位移监测基准点的埋设应按现行行业标准《建筑变形测量规范》(JGJ 8—2016)、国家标准《城市轨道交通工程测量规范》(GB/T 50308—2017)执行，宜布设有强制对中的观测墩。测角、测边水平位移监测网宜布设为近似等边三角形网。水平位移监测控制网主要技术要求应符合现行国家标准《城市轨道交通工程测量规范》的规定。

（4）水平位移监测网可采用假设坐标系系统，并进行一次布网。水平位移监测网应定期进行检测。每次变形监测前，应对水平位移基准点进行稳定性检查，并以稳定点为起算点。基坑桩顶水平位移、坡顶水平位移监测点的埋设宜在基坑冠梁或坡顶上设置强制对中的观测标志，观测装置宜采用棱镜连接杆。

(5) 形状较规则的基坑(矩形、圆形等)桩顶水平位移和坡顶水平位移可通过计算监测点相对所在基坑边线的垂距变化来比较。监测点水平位移也可根据两次测量的坐标差值进行计算,公式为

$$\Delta D = \sqrt{\Delta X^2 + \Delta Y^2} \tag{4-1}$$

式中,ΔD:监测点水平位移;ΔX:x 方向位移与上次监测 x 方向位移差值;ΔY:y 方向位移与上次监测 y 方向位移差值。

3. 竖向位移监测

(1) 竖向位移监测方法适用于基坑围护桩墙、边坡顶部、坑底隆起(回弹),盾构管片结构,矿山法拱顶、底板、中柱,地表、周边建(构)筑物、地下管线、桥梁墩台、既有线隧道结构和轨道结构等竖向位移监测项目。

(2) 竖向位移监测可采用几何水准测量、光电距三角高程测量、静力水准测量等方法。地表、管线和建筑物等沉降监测应符合二等水准测量相关要求。

(3) 采用精密水准仪测量时,工作基点和附近基准点联测取得初始高程,观测时各项限差宜严格控制,对不在水准路线上的观测点,一个测站不宜超过 3 个,如超过,应重读后视点读数,以作核对。

(4) 监测时通过测得各测点与基准点(基点)的高程差 ΔH 和基准点高程 H,可得到各监测点的高程 $\Delta h_t = H + \Delta H$,然后与上次测得高程进行比较,差值 Δh 即为该测点的本次沉降值,即

$$\Delta h(1,2) = \Delta h_t(2) - \Delta h_t(1) \tag{4-2}$$

4. 深层水平位移监测

(1) 深层水平位移监测方法适用于基坑围护桩墙和土体深层水平位移监测项目,宜采用在桩墙体或土体中预埋测斜管、通过测斜仪观测各深度处水平位移的方法。

(2) 测斜管埋设可采用钻孔法,测斜管与钻孔孔壁之间宜回填密实。在地下连续墙、钻孔排桩、SMW 工法桩等围护结构中宜采用绑扎法、钢抱箍法,测斜管埋设深度应与钢筋笼或型钢深度基本相同。

(3) 深层水平位移监测前,宜用清水将测斜管内冲刷干净,并采用模拟探头进行试孔检查后再使用。监测时应将测斜仪探头放入测斜管底,恒温一段时间后自下而上以 0.5m 间隔逐段量测。每监测点均应进行正、反两次量测,并取其平均值为最终值。深层水平位移计算时,应确定固定起算点,固定起算点可设在测斜管的顶部或底部;当测斜管底部未进入稳定岩土体或已发生位移时,应以管顶为起算点,并应测量管顶的平面坐标进行水平位移修正。

(4) 滑动式测斜仪的监测方法与计算原理如下:

每次测量时,将探头导轮对准与所测位移方向一致的槽口,缓缓放至管底,待探头与管内温度基本一致、显示仪读数稳定后开始测量。一般以管口作为计程标志,按探头电缆上的刻度分划,均速提升,每隔一定距离(宜为 500mm)进行仪表读数,并做记录。待探头提升至管口处,旋转 180°,再按上述方法测量一次,以消除测斜仪自身的误差。

测斜仪采用带导轮的测斜探头,再将测斜管分成 n 个测段(图 4-2),每个测段的长度为 l_i(l_i = 500mm),在某一深度位置上所测得的两对导轮之间的倾角为 θ_i,通过计算可得到这一区段的变位 Δ_i,计算公式为

$$\Delta_i = l_i \sin\theta_i \qquad (4\text{-}3)$$

某一深度的水平变位值 δ_i 可通过区段变位 Δ_i 的累计得出，即

$$\delta_i = \sum \Delta_i = \sum l_i \sin\theta_i \qquad (4\text{-}4)$$

设初次测量的变位结果为 $\delta_i(0)$，则在进行第 j 次测量时，所得的某一深度上相对前一次测量时的位移值 Δx_i 为：

$$\Delta x_i = \delta_i^{(j)} - \delta_i^{(j-1)} \qquad (4\text{-}5)$$

相对初次测量时总的位移值为：

$$\sum \Delta x_i = \delta_i^{(j)} - \delta_i^{(0)} \qquad (4\text{-}6)$$

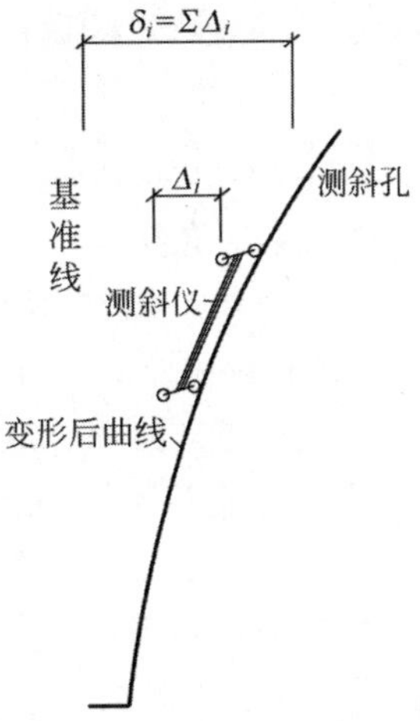

图 4-2　测斜管测量示意

5. 土体分层竖向位移监测

（1）土体分层竖向位移可通过埋设磁环式分层沉降标，采用分层沉降仪进行量测；或者通过埋设深层沉降标，采用水准测量方法进行量测。

（2）磁环分层沉降标可通过钻孔在预定位置埋设。安装磁环时，应先在沉降管上分层沉降标的设计位置套上磁环与定位环，再沿钻孔逐节放入分层沉降管。分层沉降管安置到位后，应使磁环与土层黏结固定。

（3）磁环分层沉降标埋设后应连续观测 1 周，至磁环位置稳定后，测定孔口高程并计算各磁环的高程。采用分层沉降仪量测时，应以 3 次测量平均值作为初始值，读数极差不应大于 1.5mm；采用深层沉降标结合水准测量时，水准测量精度应符合二等水准测量精度要求。

（4）采用磁环分层沉降标监测时，应对磁环距管口深度采用进程和回程两次观测，并取进、回程读数的平均数；每次监测时均应测定分层沉降管管口高程的变化，然后换算出分层沉降管外各磁环的高程。沉降速率及累计值的计算可参考竖向位移监测的计算方法。

6. 倾斜监测

（1）倾斜监测应根据现场观测条件和要求，选用投点法、激光铅直仪法、垂准法、倾斜仪法或差异沉降法等观测方法。倾斜观测精度应符合国家现行标准《工程测量标准》(GB 50026—2020) 和《建筑变形测量规范》(JGJ 8—2016) 的有关规定。建筑物倾斜监测点示意见图 4-3。

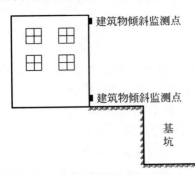

图 4-3　建筑物倾斜监测点示意

（2）投点法应采用全站仪或经纬仪瞄准上部观测点，在底部观测点安置水平读数尺直接读取偏移量，正、倒镜各观测一次取平均值，并根据上、下观测点高度计算倾斜度。

（3）倾斜仪法可采用水管式、水平摆、气泡或电子倾斜仪等进行观测，倾斜仪应具备连续读数、自动记录和数字传输功能。

（4）当采用全站仪或经纬仪进行外部观测时，仪器设置位置与监测点的距离宜为上、下点高差的 1.5~2.0 倍。

（5）采用投影法进行建筑物主体的倾斜观测时，应通过全站仪等测定建筑物顶部观测点

相对于底部观测点的偏移值 ΔD，再根据建筑物的高度 H，计算建筑物主体的倾斜度 i，即

$$i = \tan\alpha = \frac{\Delta D}{H} \tag{4-7}$$

7. 裂缝监测

（1）建（构）筑物、桥梁、既有隧道结构等的裂缝监测内容应包括裂缝位置、走向、长度、宽度，必要时应监测裂缝深度。

（2）裂缝监测可采用以下方法：①裂缝宽度监测宜在裂缝两侧贴埋标志，用千分尺或游标卡尺等直接量测，也可用裂缝计、粘贴安装千分表量测或摄影量测等；②裂缝长度监测宜采用直接量测法；③裂缝深度监测宜采用超声波法、凿出法等。

（3）工程施工前应记录监测对象已有裂缝的分布位置和数量，并对监测裂缝进行统一编号，记录各裂缝的位置、走向、长度、宽度、深度以及初测日期等。裂缝监测标志应便于量测，长期观测可采用镶嵌或埋入墙面的金属标志、金属杆标志或模型板标志；需要测出裂缝纵横向变化值时，可采用坐标方格网板标志。

（4）裂缝宽度量测精度不宜低于 0.1mm，裂缝长度和深度量测精度不宜低于 1.0mm。

（5）当采用测缝传感器自动测计时，应与人工监测数据比对，且数据的观测、传输、保存应可靠。

8. 净空收敛监测

（1）矿山法初期支护结构和盾构法管片结构的净空收敛可采用收敛计、全站仪或红外激光测距仪进行监测。

（2）采用收敛计监测应符合下列规定：

① 应在收敛测线两端安装监测点，监测点与隧道侧壁应固定牢固；监测点安装后应进行监测点与收敛尺接触点的符合性检查，并应进行 3 次独立观测，且 3 次独立观测极差应小于标称精度的 2 倍。

② 观测时应施加收敛尺标定时的拉力，观测结果应取 3 次独立观测读数的平均值。

（3）采用全站仪进行固定测线收敛监测时，应在收敛测线两端固定小棱镜或设置反射片，可通过全站仪对边测量程序或通过测线两端测点三维空间坐标值计算其相对距离。

（4）矿山法隧道开挖后，应及时设置收敛监测点，并进行初始值测量。

9. 爆破振动监测

（1）爆破振动监测系统由速度传感器或加速度传感器、数据采集仪及数据分析软件组成，速度传感器或加速度传感器可采用垂直、水平单向传感器或矢量一体传感器。

（2）爆破振动监测传感器的安装应与被测对象之间刚性黏结，并应使传感器的定位方向与所测量的振动方向一致。监测工作中可采用以下方法固定传感器：

① 被测对象为混凝土或坚硬岩石时，宜采用环氧砂浆、环氧树脂胶、石膏或其他高强度黏合剂将传感器固定在混凝土或坚硬岩石表面，也可预埋固定螺栓，将传感器底面与预埋螺栓紧固相连；

② 被测对象为土体时，可先将表面松土夯实，再将传感器直接埋入夯实土体中，并使传感器与土体紧密接触。

（3）仪器安装和连接后应进行监测系统的测试；监测期内整个监测系统应处于良好工

作状态。

(4) 爆破振动监测仪器量程精度的选择应符合现行国家标准《爆破安全规程》(GB 6722—2014)的有关规定。

10. 孔隙水压力监测

(1) 孔隙水压力应根据工程测试的目的、土层的渗透性和测试期的长短等条件,选用封闭或开口方式埋设孔隙水压力计进行监测。

(2) 孔隙水压力计的量程应满足被测孔隙水压力范围的要求,可取静水压力与超孔隙水压力之和的 2 倍,精度不宜低于 0.5% F.S,分辨率不宜低于 0.2% F.S。

(3) 孔隙水压力计的埋设可采用钻孔埋设法、压入埋设法、填埋法等。当在同一测孔中埋设多个孔隙水压力计时,宜采用钻孔埋设法;当在黏性土层中埋设单个孔隙水压力计时,宜采用不设反滤料的压入埋设法,在填方工程中宜采用填埋法。采用钻孔法埋设孔隙水压力计时,钻孔应圆直、干净,钻孔直径宜为 110~130mm,不宜使用泥浆护壁成孔。孔隙水压力计的观测段应回填透水材料,并用干燥膨润土球或注浆封孔。

(4) 孔隙水压力计应在施工前埋设,并应符合下列规定:

① 孔隙水压力计应进行稳定性、密封性检验和压力标定,并应确定压力传感器的初始值,检验记录、标定资料应齐全;② 埋设前传感器透水石应在清水中浸泡饱和,并排除透水石中的气泡;③ 传感器的导线长度应大于设计深度,导线中间不宜有接头,引出地面后应放在集线箱内并编号;④ 当孔内埋设多个孔隙水压力计,监测不同含水层的渗透压力时,应做好相邻孔隙水压力计的隔水措施;⑤ 埋设后,应记录探头编号、位置并测读初始读数。

(5) 孔隙水压力监测的同时,应测量孔隙水压力计埋设位置的地下水位。孔隙水压力应根据实测数据,按压力计的换算公式进行计算。孔隙水压力计安装示意见图 4-4。

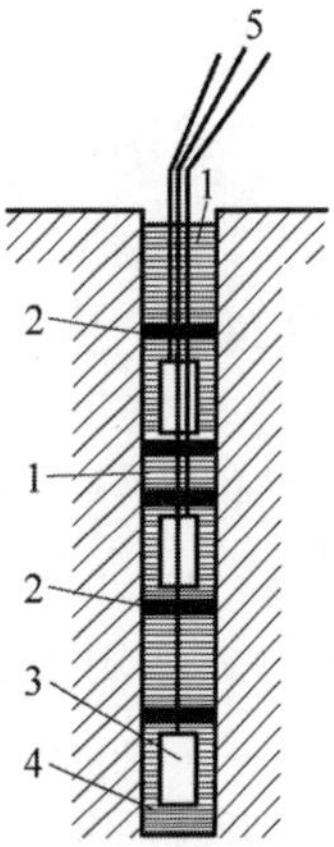

11. 地下水位监测

(1) 地下水位监测宜通过钻孔设置水位观测管,采用测绳、水位计等进行量测。

(2) 地下水位应分层观测,水位观测管的滤管位置和长度应与被测含水层的位置和厚度一致,被测含水层与其他含水层之间应采取有效的隔水措施。

1—水泥浆或膨润土;
2—膨润土;3—孔压计;
4—沙粒;5—电缆。

图 4-4 孔隙水压力计安装示意

(3) 水位观测管埋设稳定后应测定孔口高程并计算水位高程。人工观测地下水位的测量精度不宜低于 20mm,仪器观测精度不宜低于 0.5% F.S。

(4) 水位管的安装应符合下列规定:

① 水位观测管的导管段应顺直,内壁应光滑无阻,接头应采用外箍接头;

② 观测孔孔底宜设置沉淀管;

③ 观测孔完成后应进行清洗,观测孔内水位应与地层水位一致,且连通良好。

(5) 水位观测管宜至少在工程开始降水前一周埋设,且宜逐日连续观测水位并取得稳定初始值。

12. 岩土压力监测

（1）基坑支护桩（墙）侧向土压力、盾构法及矿山法隧道围岩压力宜采用界面土压力计进行监测。

（2）土压力计的测试量程可根据预测的压力变化幅度确定，其上限可取设计压力的2倍，精度不宜低于0.5%F.S，分辨率不宜低于0.2%F.S。

（3）基坑工程开挖前，应至少经过1周时间的监测并取得稳定初始值；隧道工程土压力计埋设后应立即进行检查测试，并读取初始值。

13. 锚杆和土钉拉力监测

（1）锚杆和土钉拉力宜采用测力计、钢筋应力计或应变计进行监测，当使用钢筋束作为锚杆时，宜监测每根钢筋的受力。

（2）测力计、钢筋应力计和应变计的量程宜为对应设计值的2倍，量测精度不宜低于0.5%F.S，分辨率不宜低于0.2%F.S。

（3）锚杆张拉设备仪表应与锚杆测力计仪表相互标定。

（4）锚杆或土钉施工完成后应对测力计、钢筋应力计或应变计进行检查测试，并应将下一层土方开挖前连续2d获得的稳定测试数据的平均值作为其初始值。

14. 结构应力监测

（1）结构应力监测方法适用于基坑支撑、立柱、盖挖法的顶板，盾构法的隧道管片，矿山法的隧道初期支护、中柱等结构应力监测项目。

（2）混凝土构件可采用钢筋应力计、混凝土应变计、光纤传感器等量测；钢构件可采用轴力计或应变计等量测。

（3）结构应力监测值应考虑温度变化等因素的影响，钢筋混凝土结构应考虑混凝土收缩、徐变以及裂缝的影响。

（4）结构应力监测传感器埋设前应进行性能检验和编号。仪器导线应引至地面，导线端部应做好防护措施。

（5）在盾构法施工的隧道中，钢筋应力计、混凝土应变计、光纤传感器可在衬砌管片预制时安装。

（6）钢筋应力计或应变计的量程宜为设计内力值的2倍，精度不宜低于0.25%F.S。

4.4.6 监测点布设与保护

1. 监测点布设

1）地表沉降监测点的埋设要求

首先用钻机等设备钻透地面硬化层，采用洛阳铲等掏挖成孔以后埋入沉降测点，在钻孔内放入钢套筒隔离钢筋与周边土体，上部回填砂砾等。测点要埋设牢固，上部安设保护盖，做好标记。

2）建筑物沉降监测点的埋设要求

沉降监测点埋设为直接在监测对象上钻孔，埋入"L"形测点，埋入端用水泥或锚固胶与监测对象浇筑连成一个整体，另一端打磨成半圆形，监测时放置铟钢尺保证测量的准确性。

对于不具备钻孔条件的部位,经监理单位同意可考虑采用在结构墙面上粘贴条码尺或粘贴测点的方式进行监测。建筑倾斜测点的埋设可采用安装棱镜或激光反射标志的方式进行。

3) 管线沉降监测点的埋设要求

(1) 管线沉降监测点埋设时应注意准确调查核实管线的埋设深度、位置,确保测点尽量能够准确地反映管线变形。观测范围内有检查井的管线,且检查井可方便利用时可直接打开检查井将监测点布设到管线上或者管线承载体上。正在改迁或已开挖暴露出来的重要管线,可采用抱箍法埋设,测点与管线直接抱箍连接在一起;测杆直接引出路面,测点上部采用套筒保护。不具备开挖环境条件或风险较低的管线采用埋设地表测点模拟管线点的方式,埋设方式同地表沉降测点。

(2) 采用钻孔埋设方式测点埋设前应探明钻孔区地下管线、线缆状况,避免对其造成破坏,确保埋设作业安全。

4) 测斜管埋设要求

(1) 支护桩(墙)体测斜管埋设宜采用与钢筋笼绑扎一同下放的方法;采用钻孔法埋设时,测斜管与钻孔孔壁之间应回填密实。

(2) 土体水平位移测斜管应在基坑或隧道支护结构施工 7 天前埋设。

(3) 埋设前应检查测斜管质量,测斜管连接时应保证上、下管段的导槽相互对准、顺畅,各段接头应紧密对接,管底应保证密封。

(4) 测斜管埋设时应保持固定、竖直,防止发生上浮、破裂、断裂、扭转;测斜管一对导槽的方向应与所需测量的位移方向保持一致。

(5) 测斜管破坏时应采取补救措施。

5) 钢筋应力计的安装埋设要求

(1) 钢筋应力计应尽量焊接在同一直径的受力钢筋上并保持在同一轴线上,焊接时尽可能使其处于不受力状态,特别不应处于受弯状态。

(2) 钢筋应力计的焊接可采用对焊、坡口焊或熔槽焊。对于直径大于 28mm 的钢筋,不宜采用对焊焊接,可采用并联式焊接或绑扎连接的钢筋应力计进行安装和监测。

(3) 焊接过程中,仪器测出的温度应低于 60℃,为防止仪器温度过高,可采用停停焊焊的方法,可在钢筋应力计部位包上湿棉纱浇水冷却,但不得在焊缝处浇水,以免焊层变脆硬。

6) 应变计的安装埋设要求

(1) 将试件上粘贴应变计的部位用丙酮等有机溶剂清除表面的油污;表面粗糙不平时,可用细砂轮或砂纸磨平,再用丙酮等有机溶剂清除表面残留的磨屑。

(2) 在试件上划制两根光滑、清楚且互相垂直交叉的定位线,使应变计基底上的轴线标记与其对准后再粘贴。

(3) 粘贴时在准备好的应变计基底上均匀地涂一层黏结剂,黏结剂用量应保证黏结胶层厚度均匀且不影响元器件的工作性能。

(4) 用镊子夹住引线,将应变计放到粘贴位置,在粘贴处覆盖一块聚四氟乙烯薄膜,且用手指顺应变计轴向,向引线方向轻轻滚压应变计。挤出多余胶液和黏结剂层中的气泡,用力加压保证黏结剂凝固。

7) 光纤传感器的安装埋设要求

(1) 光纤传感器应先埋入与工程材料一致的小型预制件中,再埋入工程结构中。

(2) 钢筋混凝土结构中,光纤传感器可黏结到钢筋上,以钢筋受力、变形反映结构内部应力、应变状态。

(3) 可先用小导管保护光纤传感器,在黏结剂固化前将导管拔出。

8) 轴力计的安装埋设要求

(1) 钢支撑轴力采用轴力计测试时,安装前须确定要预留足够的尺寸,在制作钢支撑时予以考虑;安装轴力计处钢支撑端头的防坠托盘应在原设计基础上加长 200mm 以上,同时钢支撑应安装防坠钢丝绳。轴力计量程应与设计值匹配,并考虑足够的富余量。

(2) 采用专用的轴力计安装架固定轴力计,安装架圆形钢筒上没有开槽的一端面与支撑的端头钢板电焊焊接牢固。焊接时钢支撑中心轴线必须与安装中心点对齐,保证各接触面平整,支护结构受力状态通过轴力计正常传递。

(3) 待焊接冷却后,将轴力计推入安装架圆形钢筒内,并用螺丝把轴力计固定在安装架上。

(4) 在钢支撑吊装前,应将轴力计的电缆绑在安装架的两翅膀内侧,防止在吊装过程中损伤电缆。

(5) 在轴力计与墙体(或钢围檩)中间加一块加强钢垫板(250mm×250mm×25mm),以扩大轴力计受力面积,防止轴力计受力后陷入钢板影响测试结果。

9) 土压力计的埋设可采用埋入式

(1) 埋设前应对土压力计进行稳定性、密封性检验和压力、温度标定,且检验记录、标定资料应齐全。

(2) 受力面与所监测的压力方向应垂直,并紧贴被监测对象。

(3) 应采取土压力膜保护措施。

(4) 采用钻孔法埋设时,回填应均匀密实,且回填材料宜与周围岩土体一致。

(5) 土压力计导线长度可根据工程监测需要确定,导线中间不应有接头,导线应按一定线路集中于导线箱内。

(6) 做好完整的埋设记录。

10) 拱顶沉降与收敛测点规定

(1) 拱顶沉降与收敛测点可采取接触式或非接触式监测点埋设。

(2) 接触式监测点需将监测点焊接在需布设隧道断面位置,并在喷射混凝土前需套袋保护,在喷射混凝土后,将套袋取下,每次观测前需对测点进行清理。

(3) 非接触式测点采取反光片+监测元件,将监测元件焊接在需布设隧道断面位置后,将反光片贴在监测元件上,并在喷射混凝土前套袋保护,在喷射混凝土后,将套袋取下,每次观测前需对测点进行清理。

2. 监测点保护

(1) 监测点是实施一切监测工作的基础,施工单位是现场监测点保护的第一责任单位,日常工作中要加强对监测点的巡检和保护。

(2) 监测单位和施工单位要做好测点保护工作,发生测点损坏的,应及时修复。

(3) 监测单位和施工单位在日常的工作中应注意做好以下测点保护工作。

① 对于地表及管线沉降测点,当测点位于道路路面上时,应安装测点保护筒等装置,防止测点被碾压破坏;当测点位于场地围挡内时,除了安装保护筒等措施外,还需在临近位置设置醒目的标识,防止测点被材料或施工设备占压。

② 桩(墙)顶水平竖向位移测点宜布设在冠梁侧面或顶面,并设置明显标识,防止支撑、钢筋等材料吊装施工时触碰破坏。

③ 支撑轴力等应力监测点安装完成后,电缆数据线应妥善安放固定,避免受触碰被拉断。冠梁等施工时做好预留空洞,以方便电缆线绕过门式起重机轨道等设施。

④ 暗挖隧道内拱顶沉降及收敛测点应在测点所在断面悬挂监测点标识牌,测点应埋设牢固不晃动,高度较低易受碰撞时收敛测点宜不露出初支结构表面以免破坏,并用油漆标识清楚。

3. 监测点标识

(1) 施工现场监测点应进行标识,标识牌应简洁美观,规格统一。

(2) 对位于场地或道路路面上的地表、管线沉降测点可采用油漆就近书写编号或在附近灯杆、树木上悬挂标识牌,油漆书写编号应美观大方。

(3) 标识牌应采取铝塑板或铁板制作,标识牌尺寸不能小于 300mm×200mm,对位于围护结构周边的桩(墙)顶位移、桩(墙)体位移测点可在测点附近的护栏、围挡上悬挂或粘贴测点标识牌,标识牌应醒目端正,文字清晰。隧道内拱顶收敛测点所在处应用喷漆喷涂标记,并在测点所在断面收敛点处悬挂测点标识牌。

4.4.7 监测点编号原则

1. 一般编号原则

(1) 监测项目代号和图例应具有唯一性。

(2) 工程监测断面、监测点编号应结合监测项目及其图例,按工点统一编制。监测点编号宜符合下列规定:

① 监测点编号组成格式宜由监测项目代号与监测点序列号共同组成;

② 监测项目代号宜采用大写英文字母的形式表示;

③ 监测点序列号宜采用阿拉伯数字并按一定的顺序或方向进行编号。

(3) 为便于对监测点识别和区分,同时便于自动化监测系统数据上传,监测点编号时还宜符合表 4-9 编号原则。

表 4-9 监测点编号原则

序号	监测类型		编号	编号原则
1	地表沉降		DBC	(DBC)-(断面号)-(测点编号)如 DBC-01-01,每一个临时工程、附属工程设唯一断面号
2	管线沉降	雨水管线	YSG	(管线类型)-(管线编号)-(测点编号)如 YSG-01-01
		污水管线	WSG	
		上水管线	SSG	
		燃气管线	RQG	
		热力管线	RLG	
		电力管线	DLG	
3	管线倾斜			管线倾斜以两个沉降点变化如 YSG-01-01(YSG-01-02)

续表

序号	监测类型		编号	编号原则
4	建(构)筑物沉降	框架沉降	KJC	(建筑类型)-(建筑物编号)-(测点编号),沉降监测即为C,同一建筑物编号唯一
		砌体沉降	QTC	
		筏板沉降	FBC	
		条基沉降	TJC	
		桩基沉降	ZJC	
		独立基础沉降	DJC	
5	建(构)筑物倾斜	框架倾斜	KJQ	(建筑类型)-(建筑物编号)-(测点编号),倾斜监测即为Q,同一建筑物编号唯一
		砌体倾斜	QTQ	
		筏板倾斜	FBQ	
		条基倾斜	TJQ	
		桩基倾斜	ZJQ	
		独立基础倾斜	DJQ	
6	基坑围护结构监测	桩(墙)体水平位移监测	ZQT	(ZQT)-(断面号)-(测点编号)
		桩(墙)顶水平位移监测	ZQS	(ZQS)-(断面号)-(测点编号)
		桩顶沉降	ZQC	(ZQC)-(断面号)-(测点编号)
		锚索轴力	ML	(ZQC)-(断面号)-(层数)
		钢支撑轴力	GZL	(GZL)-(断面号)-(层数)
		混凝土支撑轴力	HZL	(HZL)-(断面号)-(层数)
		中立柱沉降	ZZC	(HZL)-(断面号)

2. 监测项目代号和图例

(1) 支护结构监测图例宜符合表 4-10～表 4-12 的规定。

表 4-10 明挖法和盖挖法的基坑支护结构监测图例

监测项目	图例	监测项目	图例
支护桩(墙)、边坡顶部水平位移	⊖	立柱结构应力	■
支护桩(墙)、边坡顶部竖向位移	⊖	支撑轴力	⊠
支护桩(墙)体水平位移	⊕	顶板应力	⊓
支护桩(墙)结构应力	□	锚杆拉力	━■━
立柱结构竖向位移	⊖	土钉拉力	━■━
立柱结构水平位移	⊕	竖井井壁支护结构净空收敛	▷---◁

表 4-11 盾构法隧道管片结构监测图例

监测项目	图例	监测项目	图例
管片结构竖向位移	↓	管片结构净空收敛	▷---◁
管片结构水平位移	⊕	管片结构应力、管片连接螺栓应力	□

表 4-12 矿山法支护结构监测图例

监测项目	图例	监测项目	图例
初期支护结构拱顶沉降	↓	中柱结构竖向位移、倾斜	⊘
初期支护结构底板竖向位移	↑	中柱结构应力	□
初期支护结构净空收敛隧道拱脚竖向位移	▷—·—◁	初期支护结构、二次衬砌应力	■—

（2）周边岩土体监测图例宜符合表 4-13 的规定。

表 4-13 周围岩土体监测图例

监测项目	图例	监测项目	图例
地表沉降	▼	支护桩（墙）侧向土压力管片围岩压力、围岩压力	⌂
土体深层水平位移	⊕	地下水位	⊖
土体分层竖向位移	⊖	空隙水压力	≈
坑底隆起（回弹）	↑		

（3）周边环境监测图例宜符合表 4-14 的规定。

表 4-14 周边环境监测图例

监测项目	图例
建（构）筑物、桥梁墩台、挡墙竖向位移	
建（构）筑物、地下管线、桥梁墩台差异沉降	
隧道结构竖向位移、轨道结构（道床）竖向位移	●
建（构）筑物、隧道结构水平位移	
隧道结构变形缝差异沉降	
轨道静态几何形位（轨距、轨向、高低、水平）	
建（构）筑物倾斜	
桥梁墩柱倾斜、挡墙倾斜	◐
建（构）筑物裂缝	
桥梁裂缝	◐
隧道、轨道结构裂缝	
地下管线竖向位移	▼
地下管线水平位移	
路面竖向位移	▼
路基竖向位移	
桥梁梁板应力	■—
爆破振动	○

4.4.8 监测频率与周期

1. 一般规定

(1) 监测频率应根据施工方法、施工进度、监测对象、监测项目、地质条件等情况和特点,并结合当地工程经验进行确定。

(2) 监测频率应使监测信息及时、系统地反映施工工况及监测对象的动态变化,并宜采取定时监测。

(3) 对穿越既有轨道交通和重要建(构)筑物等周边环境风险等级为一级的工程,在穿越施工过程中,应提高监测频率,并宜对关键监测项目进行实时监测。

(4) 施工降水、岩土体注浆加固等工程措施对周边环境产生影响时,应根据环境的重要性和预测的影响程度确定监测频率。

(5) 当遇到下列情况时,应适当提高监测或现场巡检频率:

① 监测数据异常或变化速率较大;
② 存在勘察未发现的不良地质条件,并影响工程安全;
③ 地表、建(构)筑物等周边环境发生较大沉降、不均匀沉降;
④ 盾构始发、接收以及停机检修或更换刀具期间;
⑤ 矿山法隧道断面变化及受力转换部位;
⑥ 工程出现异常;
⑦ 工程险情或事故后重新组织施工;
⑧ 暴雨或长时间连续降雨;
⑨ 邻近工程施工、超载、振动等周边环境条件较大改变;
⑩ 当监测数据达到预警标准,或者巡检过程中发现预警情况时。

(6) 施工阶段工程监测应贯穿工程施工全过程,满足下列条件时,可结束监测工作:

① 基坑回填完成或矿山法隧道进行二次衬砌施工后,可结束支护结构的监测工作;
② 盾构法隧道完成贯通、设备安装施工后,可结束管片结构的监测工作;
③ 支护结构监测结束后,且周围岩土体和周边环境变形趋于稳定时,可结束监测工作;
④ 满足设计要求结束监测工作的条件。

(7) 建(构)筑物变形稳定标准应符合现行行业标准《建筑变形测量规范》的有关规定,道路、地下管线等其他周边环境的变形稳定标准宜根据地方经验或评估结果确定。

2. 明(盖)挖法

(1) 明(盖)挖法基坑工程施工中支护结构、周围岩土体和周边环境应同时段监测,监测频率应符合表4-15的规定。

(2) 对于竖井井壁支护结构净空收敛监测频率,在竖井开挖及井壁支护结构施工期间应1次/1d,竖井井壁支护结构整体完成7d后宜1次/2d,30d后宜1次/7d,经数据分析确认井壁净空收敛达到稳定后可1次/(15~30d)。

(3) 坑底隆起(回弹)监测不应少于3次,并应在基坑开挖之前、基坑开挖完成后、浇筑基础混凝土之前各进行1次监测,当基坑开挖完成至基础施工的间隔时间较长时,应增加监测次数。

表 4-15　明(盖)挖法基坑工程周边环境及自身工程监测频率表

施工工况		基坑设计深度/m				
		≤5	5～10	10～15	15～20	>15
基坑开挖深度/m	≤5	1次/1d	1次/2d	1次/3d	1次/3d	1次/3d
	5～10	—	1次/1d	1次/2d	1次/2d	1次/2d
	10～15	—	—	1次/1d	1次/1d	1次/1d
	15～20	—	—	—	(1～2)次/1d	(1～2)次/1d
	>20	—	—	—	—	2次/1d

注：1. 基坑工程开挖前的监测频率应根据工程实际需要确定；
　　2. 底板浇筑后可根据监测数据变化情况调整监测频率；
　　3. 支撑结构拆除过程中及拆除完成后3d内监测频率应适当增加。

3. 盾构法

盾构法隧道工程施工中隧道管片结构、周边环境和周围岩土体监测频率应符合表4-16的规定。

表 4-16　盾构法施工周边环境和周围岩土体监测频率表

监测部位	监测对象	开挖面至监测点或监测断面的距离	监测频率
开挖面前方	周围岩土体和周边环境	5D<L≤8D	1次/(3～5)d
		3D<L≤5D	1次/2d
		L≤3D	1次/1d
开挖面后方	管片结构、周围岩土体和周边环境	L≤3D	(1～2)次/1d
		3D<L≤8D	1次/(1～2)d
		L>8D	1次/(3～7)d

注：1. D—盾构法隧道开挖直径(m)，L—开挖面至监测点或监测断面的水平距离(m)；
　　2. 管片结构位移、净空收敛宜在衬砌环脱出盾尾且能通视时进行监测；
　　3. 监测数据趋于稳定后，监测频率宜为1次/(15～30)d。

4. 矿山法

矿山法隧道工程施工中隧道初期支护结构、周围岩土体和周边环境的监测频率见表4-17。

表 4-17　矿山法隧道工程监测频率

监测部位	监测对象	开挖面至监测点或监测断面的距离	监测频率
开挖面前方	周围岩土体和周边环境	2B<L≤5B	1次/2d
		L≤2B	1次/1d
开挖面后方	初期支护结构、周围岩土体和周边环境	L≤1B	(1～2)次/1d
		1B<L≤2B	1次/1d
		2B<L≤5B	1次/2d
		L>5B	1次/(3～7)d

注：1. B—矿山法隧道或导洞开挖宽度(m)，L—开挖面至监测点或监测断面的水平距离(m)；
　　2. 当拆除临时支撑时应增大监测频率；
　　3. 监测数据趋于稳定后，监测频率宜为1次/(15～30)d。

5. 地下水位

地下水位监测频率应根据水文地质条件复杂程度、施工工况、地下水对工程的影响程度以及地下水控制要求等进行确定,监测频率宜为 1 次/(1~2)d。

6. 爆破振动

钻爆法施工首次爆破时,对所需监测的周边环境对象均应进行爆破振动监测,以后应根据第一次爆破监测结果,并结合环境对象特点确定监测频率。重要建(构)筑物、桥梁等高风险环境对象每次爆破均应进行监测。

4.4.9　监测仪器设备

(1) 工程监测单位使用的设备应依据《中华人民共和国计量法》及《中华人民共和国法治管理的器具目录》实施计量检定管理的计量器具进行计量检定。

(2) 未按照规定申请计量检定、计量检定不合格或者超过计量检定周期的计量器具,不得使用。

(3) 修理后应当由使用者按照规定申请修理后检定。未按照规定申请修理后检定或者修理后检定不合格的计量器具,不得使用。

(4) 监测仪器台账应填写仪器设备名称、规格型号、生产厂家、出厂编号、最后一次检定日期、有效期、检定单位、检定正式编号,每台仪器均应将以上内容填写完整。

(5) 监测仪器台账应附上每台仪器的检定证书原件,并将原件扫描后上传信息系统。

4.4.10　测点埋设标准化

1. 基准点

1) 浅埋式基准点

(1) 浅埋式基准点、保护筒材质规格参数要求有:①选取不锈钢材质;②测点规格:杆长 16cm、杆直径 1.6cm、冒直径 2cm(顶部带十字丝)、标识圆盘直径 6cm、厚度 0.3cm;③保护筒规格:内径 15cm、高度 10cm、壁厚 0.3cm,配备链条式保护盖,保护盖正面印"水准基点"字样,背面喷涂基准点点号。

(2) 浅埋式基准点埋设技术要求

① 基准点应布设在施工影响范围以外的稳定区域,且每个监测工程的竖向位移观测的基准点不应少于 3 个;

② 人工开挖坑口直径 90cm,坑底直径 80cm,不小于冻土线以下 50cm 的圆形坑槽,开挖完成后,对底部土体压实处理;

③ 制作直径 70cm、高 20cm 的圆柱体墩台底座;底座上部制作直径 30cm、底部直径 50cm,高 80cm 的标石,标石制作同时将带盖保护筒预埋至标石中心位置,将基准点构件置于保护筒中心位置;

④ 测点埋设完成后对坑槽进行加固处理,并采用铸铁盖进行保护,待沉降稳定后使用。

2) 建筑物式基准点

(1) 建筑物式基准点材质规格参数要求有：①选取不锈钢材质；②基准点规格：杆长16cm，直径5cm。

(2) 建筑物式基准点埋设技术要求有：①在建(构)筑物基准点位置开直径5cm的孔，打入不锈钢预埋件，长度嵌入建筑物12cm，外露4cm；②孔与测点四周空隙用水泥砂浆或锚固剂填实。

2. 桩(墙)顶水平位移测点

1) 设站点

(1) 明挖基坑周边必须设置观测台，表面喷涂警示颜色，颜色与场地护栏颜色一致。

(2) 观测台尺寸根据现场情况确定，以能保证作业空间和作业安全为宜。观测台与基坑边水平距离以及底座高度根据护栏高度及视线情况确定。

(3) 将强制对中观测盘置于墩台底座上部。

(4) 观测墩台数量应根据基坑长度确定，在满足规范监测精度要求的前提下，观测墩台间距应不大于100m。

2) 后视点

(1) 桩(墙)顶水平位移监测必须设置固定后视点。

(2) 在基坑影响区范围外开挖深60cm坑，将直径30cm、长220cm的PVC管件埋入坑内，保证地面硬化后外露部分不低于100cm，并满足后视通视条件。

(3) 硬化路面的同时向PVC管件内灌注混凝土，过程中保证管件的垂直稳定。

(4) 混凝土灌注完成之后，将对中盘支架置入PVC管内混凝土中，对中盘表盘置于外表面，并进行整平处理。

(5) 待强度及稳定性达到要求后进行观测使用。

(6) 后视点设置保护栏，保护栏尺寸：长60cm×宽60cm×高100cm，颜色与场地护栏一致。

(7) 每测站后视点数量不少于4个。

3) 测点埋设技术要求

(1) 桩(墙)顶水平位移测点采用棱镜型，制式要保证统一。

(2) 在冠梁顶开孔，打入顶部磨圆且长度18～22cm、直径不小于1.6cm不锈钢预埋件，长度嵌入冠梁9cm，孔与测点四周空隙用水泥砂浆或锚固剂填实。

(3) 有条件部位宜结合桩(墙)顶竖向位移测点布设(推荐)。

(4) 测点采用保护罩装置进行保护(推荐)。

3. 桩(墙)体深层水平位移测点

1) 测点埋设技术要求

(1) 围护结构桩(墙)体深层水平位移利用预埋在围护结构钢筋笼内的测斜管进行监测。

(2) 材质及规格要求有：①测斜管选取ABS塑料或PVC材质；②测斜管外径71mm，内径59mm。

2) 测斜管埋设技术要求

(1) 测斜管绑扎固定在成型钢筋笼内侧通长主筋上，在围护结构吊装下放前绑扎完成；

(2) 测斜管长度应根据围护结构深度确定，相邻节应对接良好、紧密无缝隙，内壁导向凹槽顺畅；相邻管接头三重防护（螺丝紧固、密封胶密封、胶带保护），螺丝长度不得穿透测斜管内壁；底部应采用尖端橡胶材质堵头封堵，并包裹密封；

(3) 测斜管通长应确保垂直，避免纵向扭转；

(4) 测斜管绑扎时应调正方向，安装时将其中 1 对凹槽对准需要监测的位移方向，即埋设就位的测斜管必须保证内壁 2 对凹槽分别与基坑围护结构呈垂直、平行方向；

(5) 测斜管与钢筋笼牢固绑扎，绑扎间距不宜大于 1m；管底宜与钢筋笼底部持平或略短于钢筋笼（管底不超出钢筋笼）；

(6) 测斜管顶部外套管保护（避免剔凿桩头浮浆造成管口损坏，且管口外露部分以便于醒目标记为宜），保护范围应至少覆盖冠梁底标高以下 20cm 至冠梁顶面；

(7) 测斜管放置于围护结构迎土侧。

3) 测斜管外露部分技术要求

(1) 由于冠梁顶部设有一定高度挡墙，应保证冠梁以上测斜管的竖向铅直和稳固，测斜管露出挡墙部位高度以便于安装保护措施为宜；

(2) 测斜管固定在回填土内时，外露部分应高于硬化地面约 20cm，并于管周砌筑混凝土保护墩台或采用保护箱形式进行保护。

4) 分段测斜管埋设技术要求

(1) 当围护结构钢筋笼较长、需要分段制作且两次吊装时，测斜管应随之采取分段处理，且分段长度与钢筋笼各段长度一致，绑扎固定在两段钢筋笼对接的同一主筋上；

(2) 测斜管应在钢筋笼制作后且分段前完成通长连接，测斜管分段位置应与钢筋笼分段位置保持一致，并将测斜管相邻段接头置于分段位置；

(3) 分段钢筋笼吊装在孔口搭接的同时进行测斜管的连接，对接处测斜管内导向凹槽角度吻合，管体无缝搭接，以满足内槽连贯通顺。

5) 地下连续墙测斜管埋设

(1) 测斜管埋设时通过直接绑扎将其固定在地下连续墙钢筋笼内，绑于槽内/槽外方向视钢筋笼加工条件及测斜管绑扎条件确定，绑扎位置以不影响地下连续墙导管浇筑、压浆施工及预留锚杆为宜；

(2) 地下连续墙测斜管埋设同围护桩测斜管埋设技术要求一致。

6) 施测条件技术要求

基坑坑边护栏安设应充分考虑围护结构深层水平位移施测条件，测斜管固定在挡墙内或位于护栏内，监测难度较大时，应制作监测作业系统，防护标准及警示颜色与挡墙、护栏一致。

4. 桩（墙）顶竖向位移测点

桩（墙）顶竖向位移测点同建筑物测点埋设技术要求一致。

5. 支撑轴力测点

1) 测点埋设技术要求

(1) 支撑轴力计宜布设于钢支撑固定端；

(2) 支撑轴力计线缆应从轴力计下部引出；

(3)对线缆引出端进行标识,将带有编号的线缆末端引进保护箱内固定。

2)轴力计线缆保护箱规格

不小于20cm×30cm×15cm,材质为金属。

6. 道路、地表及管线(浅层点)沉降测点

1)测点埋设技术要求

(1)道路、地表、管线沉降测点应布设于冻土线以下原状土内;

(2)道路沉降测点应穿透道路表面结构层,将其埋设在较坚实的地层中;

(3)埋设于道路路面的测点应埋设平整,防止由于高低不平影响人员及车辆通行;

(4)测点埋设稳固,做好清晰标记,方便辨识;

(5)测点应设置保护筒及保护盖。

2)测点标志预制件要求

(1)测点标志采用钢筋直径不小于22cm、长度不小于100cm的螺纹钢材质。

(2)测点标志顶端须制作为半球状。

(3)测点标志顶端宜选用不锈钢材质(推荐)。

3)测点保护要求

(1)测点应设置保护筒,保护筒宜采用ABS工程塑料、铸铁或不锈钢材质,保护筒尺寸内径不小于13cm,长度不小于20cm,护筒壁厚不小于0.2cm。

(2)测点需设置保护盖,保护盖宜采用ABS工程塑料保护盖(推荐)或铸铁保护盖,应采用不同颜色的保护盖以区分地表沉降测点和管线沉降测点,颜色选择宜适合周边环境,每条线路保护盖颜色应统一。

7. 建(构)筑物沉降测点

1)测点埋设技术要求

(1)建筑物测点布设形式首选布设钻孔式测点,钻孔式测点无法布设时,可依次按螺栓式测点、粘贴式测点、条码尺测点的优先顺序选择布设形式。

(2)钻孔式测点埋设要求应依据《城市轨道交通工程监测技术规范》(GB 50911—2013)附录B建(构)筑物竖向位移监测点埋设要求。

(3)标志点距离地面高度不宜低于30cm。

(4)测点埋设稳固,做好清晰标记,方便辨识。

2)测点标志预制件要求

(1)钻孔式测点采用钢筋材质或不锈钢材质,直径不小于18cm,长度不小于8cm。

(2)螺栓式测点采用钢筋材质或不锈钢材质,各部尺寸应满足《建筑变形测量规范》(JGJ 8—2016)要求。

(3)粘贴式测点采用钢筋材质或不锈钢材质,粘贴部分为不小于6cm×6cm的方形。

(4)条码尺测点采用的条码尺长度为40cm,并将条码尺标志塑封后粘贴使用。

8. 测点标识

(1)施工现场监测点应进行标记,标识牌应简洁美观,规格统一。

(2)当测点位于场地内时,应设标识牌,按断面进行标识,标识牌应含有测点类型、测点编号、埋设时间、联系人及联系方式,标识牌应采取铝塑板或铁板制作,标识牌尺寸不能小于

30cm×20cm,对位于围护结构周边的桩(墙)顶位移、桩(墙)体位移测点可在测点附近的护栏、围挡上悬挂或粘贴测点标识牌,标识牌应醒目端正,内容清晰。埋设于地表的测点保护盖上正反面都标识测点编号。

(3)当测点位于施工场地外时,标识内容仅为测点编号,保护盖正反两面均应设置测点标识。

(4)共用测点、仅施工测点区分颜色,标识颜色可采用共用测点为绿色,仅施工测点为蓝色。

4.5 浅埋暗挖施工安全控制技术

4.5.1 总则

(1)为提高施工单位对浅埋暗挖隧道工程施工技术水平,做到安全适用、技术先进、经济合理,根据《地下铁道工程施工标准》(GB/T 51310—2018)、《城市超小净距浅埋暗挖隧道施工技术标准》(DB 37T—5152—2019)等国家、山东省和行业相关标准、规范,结合工程建设实际,为满足对浅埋暗挖施工安全的要求,制定本规范。

(2)本规范适用于济南轨道交通集团管辖范围内的浅埋暗挖隧道工程的施工,其他类工程也可参照本标准执行。

(3)浅埋暗挖隧道工程施工中应根据地质预报及监控量测信息实施动态管理。

(4)浅埋暗挖隧道工程的施工,除应符合本规范外,尚应符合国家、山东省及行业现行有关标准的规定。

4.5.2 施工准备

1. 施工调查

施工调查前应查阅设计文件和相关资料,制订调查提纲,并根据调查情况编写书面的施工调查报告。

2. 管线保护及交通组织

(1)应对影响隧道施工安全的管线进行保护或迁改。
(2)应对隧道开挖线范围内的绿化带进行防渗处理。
(3)应根据周边道路调查情况制订交通组织方案,重型车辆不宜在隧道开挖线内路面行驶。

3. 设计文件现场核对

1)设计文件现场核对的内容
(1)标准、技术条件、设计原则等。
(2)隧道的平面及纵断面。
(3)隧道的勘测资料,如地形、地貌、工程地质、水文地质、钻探图表等。
(4)设计各专业的接口及相互衔接的施工方法和技术措施。
(5)隧道穿过不良地质地段的设计方案,隧道施工对环境可能造成影响的预防措施。

(6) 洞口位置、洞门式样、洞口边坡与仰坡的稳定程度、衬砌类型、辅助坑道的类型和位置等。

(7) 洞内外排水系统和排水方式等。

2) 核对后工作

在施工调查和设计文件现场核对后,应将结果及存在的问题,以书面形式报送建设、设计、监理等相关单位。

4. 施工组织方案选择

隧道施工组织方案应根据施工图纸、施工条件、地质条件、隧道长度、隧道横断面、埋置深度、工期要求、环境保护资源配置等因素综合选定。

5. 风险评估

地质复杂及高风险隧道应结合周边环境及现场实际情况分析工程及水文地质资料,进行风险评估,制订施工技术方案和专项应急救援预案。施工场地与临时工程应做到:

(1) 事先统筹规划,分期安排,便于各项施工活动有序进行,避免相互干扰。

(2) 有利于安全生产、文明施工、节约用地和保护环境。

(3) 隧道内、外施工场所应设置禁止标识、警告标识、指令标识、提示标识,并配以相应的警示语句。

6. 作业人员的教育和培训

(1) 隧道施工前和施工过程中,应对管理人员和作业人员进行安全教育。

(2) 应根据施工方案、安全施工专项方案对作业人员进行交底和培训。

(3) 特种作业人员应持证上岗,其他人员应经培训并考核合格后上岗。

4.5.3 施工方法

1. 一般规定

(1) 隧道施工方法的选择应根据环境条件、地质条件、断面大小、埋深、结构形式、隧道长度、设备配置、工期要求、经济效益以及环境保护等因素综合确定。

(2) 浅埋暗挖隧道不宜采用钻爆法施工。当确需采用钻爆法时,宜通过论证后实施。

(3) 隧道地质条件变化时,应及时调整施工方法,做好工序衔接,并采取相应的工程措施。

(4) 隧道开挖应根据围岩级别及其自稳能力控制进尺。

(5) 隧道开挖后,应及时喷射混凝土封闭围岩,并及早完成初期支护。采用分部开挖,初期支护设有钢架时,下部开挖后应及时安装钢架,严禁拱脚长时间悬空。

(6) 软弱围岩隧道,初期支护应选用锁脚锚管(杆)、扩大脚拱、临时仰拱等措施,以控制围岩及初期支护变形量。

(7) 当围岩地质较差、开挖掌子面不稳定时,可采用喷射混凝土或锚杆等对掌子面进行加固。

(8) 采用中隔壁、双侧壁导坑法施工,临时支撑的拆除应在初期支护封闭成环,并通过监控量测确认稳定后进行,一次拆除长度不应大于15m。拆除过程应加强监控量测。

(9) 掌子面上方行车道路面宜覆盖厚度不小于30mm的钢板,随掌子面移动。

2. 开挖方法

城市浅埋暗挖隧道开挖方法主要有全断面法、两台阶法、中隔壁(CD)法、交叉中隔壁(CRD)法和双侧壁导坑法、洞桩(PBA)法等,应根据不同工况合理选用。

1) 全断面法施工应符合的规定

(1) 全断面法施工工序见图4-5。

(2) 加强对开挖面前方的工程地质和水文地质的调查。对不良地质情况,要及时预测预报、分析研究,随时准备好应急措施(包括改变施工方法),以确保施工安全和工程进度。

(3) 加强各种辅助作业和辅助施工方法的设计与施工检查。尤其在软弱破碎围岩中使用全断面法开挖时,应对支护后围岩的变形进行动态量测与监控,使各种辅助作业的三管两线(即高压风管、高压水管、通风管、电线和运输路线)保持良好状态。

(4) 全断面法开挖选择支护类型时,应优先考虑锚杆和锚喷混凝土、挂网、撑梁等支护形式。

2) 两台阶法施工应符合的规定

(1) 侧壁导坑形状宜近似椭圆形断面,导坑断面宽度宜为整个断面宽度的1/3。使用此方法,一般地层较好,将断面分成上下两个台阶开挖,上台阶长度一般控制在1~1.5倍洞径(D)以内,上台阶高度控制在2.5m。必须在地层失去自稳能力之前尽快开挖下台阶,支护后形成封闭结构,见图4-6。

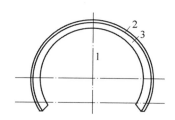
1—土体开挖;2—施作初支;3—施作二衬。
图4-5 全断面法施工工序示意

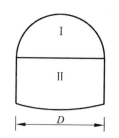
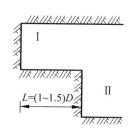
Ⅰ—上台阶开挖;Ⅱ—下台阶开挖。
图4-6 两台阶法施工工序示意

(2) 软弱地层施工时,单线台阶长度超过1.5倍洞径时应及时封闭,双线隧道台阶长度超过1倍洞径时应及时封闭,未封闭长度大于纵向承载拱跨时,会产生变位骤增现象。

(3) 上台阶架设拱架时,拱脚必须落在实处,采用锁脚锚管(注浆)稳固拱脚,防止拱部下沉。

(4) 个别破碎地段可配合喷铺支护和挂钢丝网施工,防止落石和崩塌。

(5) 采用钻爆法开挖石质隧道时,应采用光面爆破技术和振动量测控制振速,以减少对围岩的扰动。

3) 中隔壁法施工应符合的规定

(1) 中隔壁法左右部的台阶高度应根据地质情况、隧道断面大小和施工设备确定。每侧按两部或三部台阶开挖,开挖后应及时施作初期支护、中隔壁;两侧先后距离宜保持10~15m,上下断面距离宜保持3~5m。

(2) 各部开挖时,相邻部位的喷射混凝土强度应达到设计强度的70%以上。

(3) 中隔壁在浇筑仰拱前逐段拆除。中隔壁一次拆除长度应根据试验段量测结果确定,不宜大于15m,钢架应逐榀拆除,不得数榀钢架同时拆除。拆除后应及时施作仰拱和二次衬砌。

(4) 中隔壁拆除试验段长度不宜大于6m,间隔拆除中隔壁拱架。中隔壁拆除前,中隔壁周围布设变形监测点,记录初始值,拆除作业时随时观测变形情况。

(5) 特殊情况下可将中隔壁浇筑在仰拱中,待铺设防水板时再割断。

(6) 钢架拆除过程中,拱顶下沉异常时,暂停钢架拆除并采取加固措施。特别异常时,应立即发出警报,通知洞内人员立即撤离。

(7) 中隔壁法施工工序见图4-7。

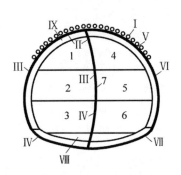 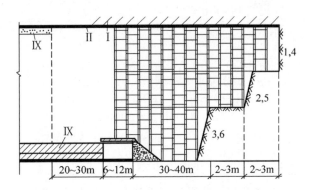

1—左侧上部开挖;2—左侧中部开挖;3—左侧下部开挖;4—右侧上部开挖;5—右侧中部开挖;6—右侧下部开挖;7—拆除中隔墙;Ⅰ—超前支护;Ⅱ—左侧上部初期支护;Ⅲ—左侧中部初期支护;Ⅳ—左侧下部初期支护;Ⅴ—右侧上部初期支护;Ⅵ—右侧中部初期支护;Ⅶ—右侧下部初期支护;Ⅷ—仰拱及填充混凝土;Ⅸ—拱墙二次衬砌。

图 4-7 中隔壁法施工工序示意

4) 交叉中隔壁法施工应符合的规定

(1) 根据地质条件,隧道断面的分部应以初期支护受力均匀,便于发挥人力、机械效率为原则,水平方向宜分两部、上下分2~3层开挖。

(2) 各部开挖及支护应自上而下,开挖后及时施作初期支护、中隔壁、临时仰拱,步步成环。

(3) 同一层左右两部开挖工作面相距不宜大于15m,上、下层开挖工作面相距宜保持3~4m,且待喷射混凝土强度达到设计强度的70%后开挖相邻部位。

(4) 宜缩短各部开挖工作面的间距,使初期支护尽早封闭成环。

(5) 中隔壁在浇筑仰拱前逐段拆除。中隔壁一次拆除长度应根据试验段量测结果确定,并不应大于15m,钢架应逐层拆除,不得数层钢架同时拆除。拆除后应及时施作仰拱和二次衬砌。

(6) 中隔壁拆除试验段长度不宜大于6m,间隔拆除中隔壁拱架。中隔壁拆除前,中隔壁周围布设变形监测点,记录初始值,拆除作业时随时观测变形情况。

(7) 钢架拆除过程中,拱顶下沉异常时,暂停钢架拆除并采取加固措施。特别异常时,应立即发出警报,通知洞内人员立即撤离。

（8）交叉中隔壁法中工序以设计图方案为主,若设计方案中无明确规定,本规范可作为参考。

（9）交叉中隔壁法施工工序见图4-8。

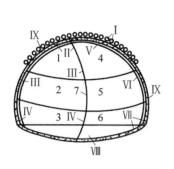 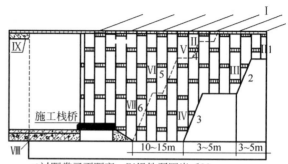

1—左侧上部开挖;2—左侧中部开挖;3—左侧下部开挖;4—右侧上部开挖;5—右侧中部开挖;6—右侧下部开挖;7—拆除中隔墙及临时仰拱;Ⅰ—超前支护;Ⅱ—左侧上部初期支护成环;Ⅲ—左侧中部初期支护成环;Ⅳ—左侧下部初期支护成环;Ⅴ—右侧上部初期支护成环;Ⅵ—右侧中部初期支护成环;Ⅶ—右侧下部初期支护成环;Ⅷ—仰拱及填充混凝土;Ⅸ—拱墙二次衬砌。

图4-8 交叉中隔壁法施工工序示意

5）双侧壁导坑法施工应符合的规定

（1）侧壁导坑形状宜近似于椭圆形断面,导坑断面宽度宜为整个断面宽度的1/3。

（2）侧壁导坑、中槽部位宜采用短台阶法开挖,各部距离应根据隧道埋深、断面大小、结构类型等选取。各部开挖后应及时进行初期支护及临时支护,并尽早封闭成环。

（3）两侧壁导坑超前中槽部位10~15m,可独立同步开挖和支护;中槽部位宜采用台阶法开挖,并保持平行作业。

（4）中槽开挖后,拱部钢架与两侧壁钢架应连接牢固,在两侧壁导坑施工中,钢架的位置应准确定位,各部架设钢架连接后应在同一个垂直面内,避免钢架发生扭曲。

（5）侧壁拆除试验段长度不宜大于6m,侧壁拆除前,侧壁布设变形监测点,记录初始值,拆除作业时随时观测变形情况。

（6）侧壁在浇筑仰拱前逐段拆除。侧壁一次拆除长度应根据试验段量测结果确定,不宜大于15m,钢架应逐榀拆除,不得数榀钢架同时拆除。拆除后应及时施作仰拱和二次衬砌。

（7）钢架拆除过程中,拱顶下沉异常时,暂停钢架拆除并采取加固措施。特别异常时,应立即发出警报,通知洞内人员立即撤离。

（8）双侧壁导坑法施工工序见图4-9。

6）洞桩法施工应符合的规定

（1）宜先开挖下部导洞,后开挖上部导洞;

（2）各导洞贯通后,应及时在下部导洞内施工底纵梁或条形基础,并按设计文件要求施工横向支撑梁,在上部导洞内施工边孔桩及桩顶冠梁、中桩（柱）、边拱初支,形成桩、柱、梁框架受力体系;

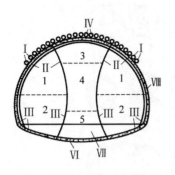
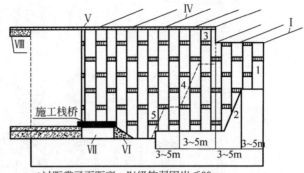

1—左(右)侧导坑上部开挖;2—左(右)侧导坑下部开挖;3—中槽拱部开挖;4—中槽中部开挖;5—中槽下部开挖;Ⅰ—超前支护;Ⅱ—左(右)侧导坑上部支护;Ⅲ—左(右)侧导坑下部支护成环;Ⅳ—中槽拱部初期支护与左右Ⅱ闭合;Ⅴ—中槽下部初期支护与左右Ⅲ闭合;Ⅵ—仰拱及填充混凝土;Ⅶ—拱墙二次衬砌;Ⅷ—拱墙混凝土。

图 4-9 双侧壁导坑法施工工序示意

(3) 应采用台阶法开挖拱部土体,施作初支和二次衬砌,形成全断面二次衬砌扣拱;

(4) 拆除上部小导洞初期支护时,应按设计文件要求加设拉(压)杆等防变形措施后,逐层向下开挖土体,逆作法分段施工结构,可在中立柱受压稳定、边桩设支撑时顺作法施工结构;

(5) 洞桩法施工工序见图 4-10。

4.5.4 辅助施工措施

1. 一般规定

(1) 隧道施工应根据运营通风、施工工期及出渣要求设置竖井或斜井,竖井或斜井的数量、类型、平面位置、断面尺寸、坡度、高程、支护类型和技术要求等应符合现行有关标准的规定。

(2) 当隧道底部位于软弱不良地层时,宜采取微型钢管碎石桩等措施加固仰拱底软弱地基。

(3) 当软弱土层隧道施工时,掌子面宜采取预留核心土、锚杆等预加固措施。

(4) 当采用长大管棚超前支护时,宜分段设置中继施工管棚工作室。

(5) 应根据隧道长度、施工季节采取降温通风措施。

(6) 当隧道处于埋深浅、岩层松散破碎、土质地层等地质条件较差且双线隧道间距较小的隧道时,隧道中岩柱、拱顶宜采取注浆加固。

(7) 当隧道开挖外边界距离周边建(构)筑物较近时,应对周边建(构)筑物采取钢管桩隔离和注浆加固等保护措施。

2. 拱顶地表注浆加固

(1) 当隧道处于Ⅳ、Ⅴ级围岩等情况下,宜对拱顶进行地表注浆加固。

(2) 注浆参数应通过试验选取。

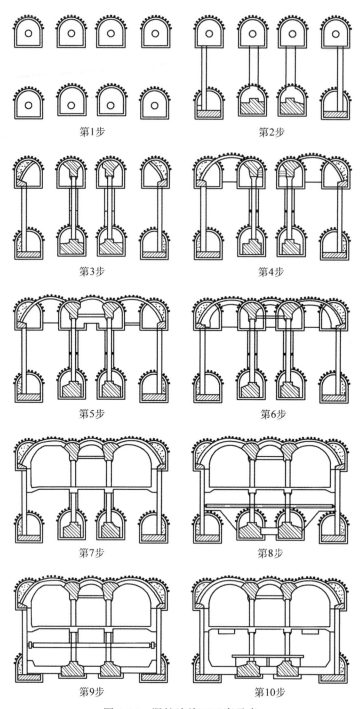

图 4-10　洞桩法施工工序示意

(3) 地表注浆应符合下列规定：

① 先洞口侧、后洞内侧，先外侧、后内侧，地下有流动水时先下游、后上游。

② 应严格控制注浆有效范围，当地层松软破碎时，宜采用跳孔注浆方式。

③ 宜采用单向袖阀式注浆工艺。

(4) 应以单孔注浆量和注浆压力作为控制指标,采用"量、压"双控注浆标准进行注浆控制。

(5) 地表注浆后效果判断和检测宜采用下列方法：
① 在注浆前后用钻孔透视仪测定岩层裂隙和溶洞充填程度。
② 可取芯检测或用钻孔摄影仪拍摄孔壁图像进行检测。
③ 声波测试。

3. 中岩柱加固

(1) 中岩柱加固施工应优先采用地表超前加固的方法。

(2) 中岩柱地表超前预加固施工应符合下列规定：
① 应优先采用微型钢管桩,纵向梅花形布置,管壁钻注浆眼。
② 钢管桩横、纵向间距宜为 0.8~1.2m。
③ 加固区域钢管桩距隧道开挖轮廓线应不小于 1m,避免扰动开挖面土体。
④ 桩底应入岩 2.0m 或低于拱脚 0.5m。
⑤ 注浆加固区高度应不小于拱顶以上 2.0m,宜采用膜袋止浆法控制注浆加固高度。

(3) 双液注浆时宜采用阀控法控制注浆浆液配比,应根据地层可注性及渗漏水点串浆情况,动态调整浆液配比,动态调整注浆参数,控制注浆扩散范围。

(4) 已开挖段注浆终压不得大于 0.2MPa,未开挖段的注浆终压可至 1.0MPa。

(5) 注浆过程中应进行现场巡视,观察有无渗、漏水,地表抬升,支撑弯曲断裂和塌方等现象,并应根据观测情况及时调整注浆参数。

(6) 应采用"量、压"双控注浆结束标准进行注浆控制。

(7) 钻孔过程应安排专人负责,对地质情况及开孔成孔、孔深进行详细记录。在钻孔的过程中,对每个孔的地层变化、钻进状态、地下水及一些特殊情况应及时反馈,采取措施。

(8) 注浆管路及连接件、阀门应采用耐高压装置,防止因压力上升导致管路连接部位爆裂伤人。

4. 超前管棚

(1) 在松散破碎的软弱围岩、浅埋地段或隧道围岩变形大时可采用管棚超前支护。

(2) 管棚钻机的选择应符合下列规定：
① 应具备可钻深孔的大扭矩和破碎地层中坚硬孤石的高冲击力。
② 应能准确定位,可多方位钻孔,深孔钻进精确度高。
③ 轻便,移动灵活方便。

(3) 管棚超前支护参数的选择应符合下列规定：
① 管棚应采用热轧无缝钢管制作,必要时钢管内安装钢筋笼。
② 钢管直径应符合设计要求,设计无要求时直径宜为 70~180mm,钢管中心间距宜为管径的 2~3 倍。
③ 管棚长度应根据地层情况选用,宜为 10~40m。
④ 管棚外插角宜为 0°~3°(不包括路线纵坡)。
⑤ 管棚的终端位置应达到防护对象的长度加上因开挖而造成的开挖工作面松弛范围的长度。纵向两组管棚的搭接长度应符合设计要求并应大于 3m。

⑥ 管棚不得侵入隧道开挖线内,相邻的钢管不得相撞和立交。钻孔外插角允许偏差1°,孔距允许偏差±150mm,孔深允许偏差±50mm,管棚径向误差不大于200mm。

⑦ 管棚注浆前应先做注浆现场试验,注浆参数应通过现场试验按实际情况确定。

(4) 管棚钻孔、安装施工应符合下列规定:

① 当钻进地层易于成孔时,宜采用先钻孔、后插管的方法(引孔顶入法)。

② 当地质状况复杂,遇有砂卵石、岩堆、漂石或破碎带不易成孔时,可采用跟管钻进工艺。

③ 洞口管棚宜采用套拱定位,套拱部位开挖应视现场地质条件及配套设备确定,应做到套拱底脚坚实、孔口管位置准确。

④ 管棚节间应用丝扣连接。

⑤ 管棚安装后,管口应用麻丝和锚固剂封堵钢管与孔壁间空隙,连接压浆管及三通接头。

⑥ 管棚注浆前,应向开挖工作面、拱圈及孔口管周围岩面喷射100mm厚的C25混凝土,以防钢管注浆时岩面缝隙跑浆。

⑦ 注浆后应及时扫排管内胶凝浆液,用水泥砂浆充填密实;对于非压浆孔,可直接充填。

⑧ 每循环管棚施工前,应开挖管棚工作室,工作室大小根据钻机要求确定,但不宜小于2m,管棚工作室顶部扩挖宜为600mm,两侧宜各扩挖300mm。管棚施工前,在长管棚设计位置安放至少三榀用工字钢组拼的管棚导向拱架,导向拱架内设置孔口管作为长管棚的导向管,钻机作业过程中导向拱架不应有变形和移位。

5. 超前小导管

(1) 超前小导管宜用于自稳时间短的软弱破碎带、浅埋段、洞口偏压段、砂层段、砂卵石段、断层破碎带等地段的预支护。

(2) 小导管的制作应符合下列规定:

① 宜采用无缝钢管制作。

② 在小导管的前端做成约100mm长的圆锥状,在尾端焊接直径6~8mm的钢筋箍。距后端1000mm内不开孔,剩余部分按200~300mm梅花形布设直径6mm的溢浆孔。

(3) 小导管的钻孔、安设应符合下列规定:

① 小导管的安设应采用引孔顶入法。

② 钻孔方向应顺直。

③ 钻孔直径应与注浆管径配套,不宜大于50mm,孔深应根据小导管长度确定。

④ 应采用吹管法清孔。

⑤ 小导管外露长度宜为300mm,以便连接孔口阀门和管路。

(4) 超前小导管施工应符合下列规定:

① 沿隧道拱部均匀布设。

② 间距应根据开挖工作面前方的地质条件和自稳能力确定,间距宜为300~500mm。

③ 外插角(与隧道纵轴线的夹角)取值应考虑小导管的长度和钢架的间距,外插角宜为10°~15°。

④ 小导管长度宜为3.5~5.0m,小导管之间的搭接长度不得小于1.0m。

⑤ 小导管应同钢架配合使用。

(5) 第一循环小导管安设后应对开挖工作面进行喷射混凝土封闭,厚度应为100～150mm。封闭范围为开挖工作面及邻近开挖工作面3m范围的环向开挖面。

(6) 小导管注浆应符合下列规定:

① 小导管安装完成后,应进行压水试验,压力不宜大于1.0MPa。

② 超前小导管注浆设计应根据地质条件、隧道断面大小及支护结构形式选用不同的设计参数。

③ 水泥浆液应采用拌和桶配制,配制水泥浆或稀释水玻璃浆液时,应防止杂物混入,拌制好的浆液应过滤后使用。

④ 配制好的浆液应在规定时间内注完,随配随用。

⑤ 注浆顺序应为由下至上,浆液先稀后浓,注浆量先大后小,注浆压力由小到大。

⑥ 当发生串浆时,应采用分浆器多孔注浆或堵塞串浆孔隔孔注浆。当注浆压力突然升高时应停机查明原因;当水泥浆进浆量很大、压力不变时,应调整浆液浓度及配比,缩短凝胶时间,采用小流量低压力注浆或间歇式注浆。

⑦ 注浆压力应符合设计要求,浆液应充满钢管及其周围的空隙。

(7) 当采用单液水泥浆时,开挖时间为注浆后8h,采用水泥水玻璃浆液时为4h。

(8) 开挖过程中应检查浆液渗透及固结状况,并根据压力流量曲线分析判断注浆效果,及时调整预注浆方案。

6. 超前锚杆

(1) 超前锚杆主要适用于地下水较少、岩体软弱较破碎、开挖面有可能坍塌的隧道中,应和钢架配合使用。

(2) 超前锚杆宜采用砂浆锚杆,锚杆体用螺纹钢筋加工,将钢筋头部加工成扁铲形或尖锥形。

(3) 钻孔时用凿岩机或凿岩台车引孔,应控制用水量,以防塌孔。钻孔应保证设计的位置和锚杆外插角。

(4) 孔内可利用注浆泵注入早强水泥砂浆。注浆时,以水引路,将拌和好的砂浆装入注浆器充满管路,并将注浆管插入管口离孔底100mm。打开进风阀门,用高压空气将水泥砂浆压入孔眼中,注浆管逐渐被砂浆向外推挤,注到孔深的2/3以上时停止注浆。

(5) 推入锚杆,挤出孔内多余砂浆,锚杆端头与钢架焊接应牢固。

7. 机械开挖

(1) 应根据地质情况及开挖施工方法合理选择悬臂掘进机、铣挖机、液压破碎锤等掘进施工机械。

(2) 采用机械掘进开挖时,应根据施工机械长度选择步距,制订开挖方案,并经论证后实施。

(3) 当岩层为Ⅰ级围岩时,宜采用钻孔劈裂、凿岩机等辅助方式配合悬臂掘进机进行施工。

(4) 当围岩为卵石时上台阶严禁采用机械开挖,下台阶距开挖轮廓线1m范围内严禁采用机械开挖。

(5) 应严格控制超欠挖。

(6) 开挖清除浮石后应及时进行初支喷护。

4.5.5 初期支护

1. 钢筋网、钢架的加工及架设

(1) 钢筋网和钢架宜在工厂加工。钢架第一榀制作好后应进行试拼装,并经验收合格后方可批量生产。

(2) 钢筋网和钢架采用的钢材种类、型号、规格、加工尺寸等应符合设计文件要求,其施焊应符合设计文件要求及现行行业标准《钢筋焊接及验收规程》(JGJ 18—2012)的规定。

(3) 钢筋网加工及铺设应符合下列规定:
① 钢筋网交叉点可绑扎,也可点焊接,网片整体应平整、牢固;
② 钢筋网片铺设应平整,并与钢架或锚杆连接牢固;
③ 钢架采用双层钢筋网时,应在第一层铺设好后再铺第二层;
④ 每片钢筋网之间应搭接牢固,且搭接长度不应小于200mm。

(4) 钢架加工应符合下列规定:
① 钢筋格栅钢架、型钢钢架,加工除应符合设计文件要求的弧度和尺寸外,还应考虑安装方便;
② 对曲线、连接复杂的钢架应按1∶1的比例制作台具,并应在台具上加工,弯曲时不得采取预热措施;
③ 钢架矢高及弧长不应小于设计文件规定值,组装后应在同一平面。

(5) 钢架应在开挖或初喷射混凝土后及时架设,并应符合下列规定:
① 钢架安装壁面轮廓应坚实并修理平整,每段钢架应架立在原状土(岩)体上,其拱脚或墙脚应支立牢固,不能支立牢固时应进行预加固;
② 打设锁脚锚杆(管),钢架与锁脚锚杆(管)连接应牢固;
③ 与先安装的钢架节点连接应紧密牢固;
④ 钢架与壁面应贴紧,每榀钢架节点及相邻钢架纵向连接筋应连接牢固;
⑤ 钢架安装应垂直线路中线。

2. 锚杆(管)

(1) 抗拔锚杆应在初期支护喷射混凝土后及时安装;支承钢拱架的锁脚锚杆(管)应在钢拱架就位后及时安装。

(2) 锚杆(管)钻孔孔位、孔深、孔径和角度等应符合设计文件要求。

(3) 抗拔锚杆安装应符合下列规定:
① 安装前应将孔内清理干净。
② 杆体插入锚杆孔时,应保持位置居中,插入深度应符合设计文件要求。
③ 砂浆锚杆孔内灌注砂浆应饱满密实。
④ 药包形锚杆、树脂锚杆应先检查药包和树脂卷质量,受潮或变质者不得使用;在杆体插入过程中应注意旋转,使黏结剂充分搅拌。
⑤ 同一批锚杆每100根应取一组试件做抗拔试验,每组3根(不足100根取3根),设计文件或材料变更时应另取试件;同一批试件抗拔力的平均值不得小于设计文件规定的锚

固力,且同一批试件抗拔力最低值不应小于设计文件规定的锚固力的 90%。

(4) 锁脚锚杆(管)施工应符合下列规定:
① 钢拱架就位后,应及时打设,防止钢拱架下沉;
② 根据地层情况,锚杆(管)打设可锤击打入,也可用小型机具预成孔后插入;
③ 安装后杆体与钢拱架间夹角应符合设计文件要求,且应连接牢固;
④ 锚杆(管)与孔壁应紧密,入孔后不得径向锤击;
⑤ 需要注浆的锚杆(管)应及时注浆。

3. 喷射混凝土

(1) 喷射混凝土施工宜采用湿喷工艺,并应符合下列规定:
① 水泥应选用硅酸盐水泥或普通硅酸盐水泥,强度等级不应低于 32.5 级,性能应符合现行国家标准《通用硅酸盐水泥》(GB 175—2007)的要求。
② 速凝剂使用前应做与水泥相容性试验及水泥净浆凝结效果试验,初凝时间不应超过 5min,终凝时间不应超过 10min;应根据水泥品种、水灰比等,通过试验确定速凝剂的最佳掺量,并应在使用时准确计量;不应使用碱性速凝剂。
③ 细骨料应采用硬质洁净的中砂或粗砂,细度模数宜大于 2.5,含水率宜控制在 5%~7%,含泥量不应大于 3%。
④ 粗骨料应采用坚硬耐久的卵石或碎石,粒径不宜大于 15mm。
⑤ 骨料级配宜采用连续级配,含泥量按重量计不应大于 1%。
⑥ 水应符合饮用水标准。

(2) 混凝土的喷射机应具有良好的密封性,输料连续均匀,输料能力应满足混凝土施工的需要。

(3) 混合料应搅拌均匀,并应符合下列规定:
① 水泥与砂石重量比应为 1:4~1:4.5;砂率应为 45%~55%,水灰比应为 0.4~0.45;速凝剂掺量应通过试验确定。
② 水泥和速凝剂原材料称量允许偏差应为±2%,砂石允许偏差应为±3%。
③ 运输和存放中应严防受潮、受冻,大块石等杂物不得混入,装入喷射机前应过筛,混合料应随拌随用,存放时间不应超过 20min。

(4) 喷射混凝土前准备工作应符合下列规定:
① 应清理场地和清扫受喷面。
② 清除浮渣及堆积物后开挖面尺寸应符合设计文件要求。
③ 应埋设控制喷射混凝土厚度的标志。
④ 机具设备应进行试运转。

(5) 喷射水泥混凝土作业应紧跟开挖工作面,并应符合下列规定:
① 混凝土喷射应分片依次自下而上进行,并先喷钢架与壁面间混凝土,然后再喷两钢架之间混凝土;
② 每次喷射厚度边墙应为 70~100mm,拱顶应为 50~60mm;
③ 分层喷射时,应在前一层混凝土终凝后进行,如终凝超 1h 后再复喷时应清洗前一层喷层表面;
④ 喷射混凝土回弹率边墙不宜大于 15%,拱部回弹率不宜大于 25%;挂钢筋网后,回

弹率限制可放宽5%；

⑤ 爆破作业时，喷射混凝土终凝到下一循环爆破间隔时间不应小于3h；

⑥ 喷射混凝土表面平整度应满足防水层对基面的平整度要求。

(6) 喷射混凝土2h后应养护，养护时间不宜少于14d。当气温低于50℃时，不得喷水养护。

(7) 喷射混凝土施工区气温和混合料进入喷射机温度均不得低于50℃。喷射混凝土低于设计文件规定强度的40%前不得受冻。

(8) 同一配合比，区间或小于其断面的导洞，每20m拱和墙应各取一组喷射混凝土抗压强度试件，车站各取两组喷射混凝土抗压强度试件。

(9) 初期支护壁后回填注浆应符合下列规定：

① 注浆孔应在初期支护结构施工时预埋(留)，其间距宜为2～4m。

② 初期支护壁后注浆完成后，应检查壁后注浆密实情况，若存在空洞应及时进行填充注浆处理。

③ 注浆采用水泥浆液、水泥砂浆或掺有石灰、黏土、粉煤灰等的水泥浆液；当注浆兼有堵水作用时，应先注水泥、水玻璃双液浆，后注其他浆液。

4.5.6 二次衬砌

1. 一般规定

(1) 隧道二次衬砌结构混凝土应密实、表面平整光滑、曲线圆顺，并应满足设计强度、防水、耐久性的要求。

(2) 二次衬砌混凝土施工前应对水泥、细骨料、粗骨料、拌制和养护用水、外加剂、掺合料等原材料进行检验。

(3) 根据现场的具体情况，应适当增加二次衬砌的外放值(施工正误差)，不得侵限。

(4) 隧道拱部超挖部分应采用与二次衬砌同强度等级混凝土一次浇筑。

(5) 二次衬砌施工的顺序是仰拱超前，墙、拱整体浇筑。边墙基础的水平施工缝位置应避开剪应力最大的截面，并按设计要求做防水处理。

2. 二次衬砌施工

(1) 二次衬砌施作的条件应符合下列规定：

① 二次衬砌施作应在围岩和初期支护变形趋于稳定后进行。

② 模板台车、拌和站、运输车、输送泵、捣固机械等处于可正常运转状态，设备能力可满足二次衬砌混凝土施工的需要。

③ 二次衬砌作业区段的照明、供电、供水、排水系统能满足衬砌正常施工要求，隧道内通风条件良好。

(2) 仰拱和底板施工应符合下列规定：

① 施工前，应将隧底清除干净，超挖应采用同级混凝土回填。

② 仰拱超前防水层铺设的距离宜保持1～2倍二次衬砌循环作业长度。

③ 仰拱的整体浇筑应采用防干扰作业栈桥等架空设施，以保证作业空间和新浇筑混凝土结构不受损坏。

④ 仰拱开挖后应及时施作仰拱混凝土，仰拱或底板混凝土应整体浇筑，一次成形，填充混凝土应在仰拱混凝土终凝后进行。

(3) 二次衬砌拆模应符合下列规定：

① 在初期支护变形基本稳定后施作的二次衬砌混凝土强度应达到 8MPa 以上。

② 初期支护未稳定前施作的二次衬砌的混凝土强度应达到设计强度的 100%。

③ 拆模时混凝土内部与表层、表层与环境之间的温差不应大于 20℃，结构内外侧表面温差不应大于 15℃；混凝土内部开始降温前不应拆模。

3. 拱顶回填注浆

(1) 二次衬砌拱顶回填注浆常用的方法为注浆导管法、纵向预留管道法，施工中可根据实际需要选用。

(2) 二次衬砌混凝土强度达到设计强度的 100% 后应进行拱顶回填注浆，也可在台车模板拆除前进行带模注浆。

(3) 注浆导管法：在模板台车拱顶处设锥形堵头、埋设注浆导管或预留注浆孔，注浆孔间距宜为 5~6m。

(4) 纵向预留管道法：穿过挡头板在拱顶防水层内纵向贴置 PVC 管，埋设纵向预留管道，如图 4-11 所示。

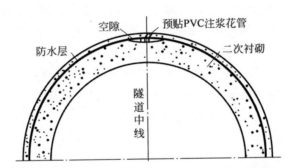

图 4-11　预贴 PVC 注浆花管处理拱顶干缩性空隙示意

(5) 实施补充注浆应符合下列要求：

① 注浆管由 DN32 钢管制成，长度等于衬砌厚度加 200mm（外露），外露端应设连接管路装置。注浆管应在衬砌浇筑时预埋或采用钻孔埋设法，钻孔时钻杆应有限深装置，防止钻破防水层。

② 预贴注浆花管采用 20~30mm 的 PVC 管，长度等于衬砌段长度加 200mm（外露），外露端应有连接管路的装置。

③ 回填注浆应采用微膨胀性的水泥砂浆，有特殊要求的地段可采用强度高、流动性好的自流平水泥浆。自流平水泥基砂浆 3min 后的流动度不小于 260mm，30min 后的流动度不小于 240mm。

④ 待孔口封堵材料达到一定强度后，才能注浆。

⑤ 注浆顺序宜沿线路上坡方向进行，注浆过程中应时刻观察注浆压力和流量的变化。

⑥ 当注浆压力达到 0.2MPa 或相邻孔出现串浆时，即可结束本孔注浆。

(6) 注浆效果检查可采用无损检测法，对不符合要求的地段应进行补孔注浆。

4.5.7 防排水

1. 注浆防水

（1）隧道工程施工应根据地质情况、掘进和支护的方式、支护预期的变形量、相邻隧道的相互影响及其他构筑物的位移、沉降、水资源保护的要求进行注浆防水方案的选择。

（2）对地质预测、预报有大量涌水的软弱地层地段，宜采用地表或洞内全封闭超前预注浆。

（3）在开挖后如有渗漏水或大股涌水时，宜采用支护前围岩注浆。

（4）当初期支护表面有超出设计允许的渗漏水时，应用回填注浆或径向注浆进行处理。

（5）二次衬砌后有渗漏水时应采用衬砌内注浆。

（6）富水隧道宜采用分区隔离防排水技术，区段的长度应根据洞内渗漏水量的大小确定，富水地段可按二次衬砌段长度分区，分区采用带注浆管的背贴式止水带，发生渗漏水时可进行注浆。

2. 施工排水

隧道施工排水应符合下列规定：

① 洞内顺坡排水沟断面应满足洞内渗漏水和施工废水的排出需要。在膨胀岩、土质地层、围岩松软地段，应铺砌水沟或用管槽排水。排水沟应经常清理。

② 洞内反坡排水应采用机械排水，可根据距离、坡度、水量和设备情况布置管路和泵站，一次或分段接力排出洞外。集水坑的容积应按实际排水量确定，其位置确定应减少施工干扰。配备水泵的能力应大于排水量20%以上，并应有备用台数。

③ 利用辅助坑道排泄正洞水流时，应根据流量的大小与需要设置排水沟，保证排水畅通，严防坑道内积水和漫流。

4.5.8 超前地质预报

1. 一般规定

（1）预报任务宜包括以下内容。

① 查明隧道开挖掌子面前方一定范围内的工程地质与水文地质情况。

② 查明隧道开挖段近洞壁附近不良地质体分布情况。

③ 为施工处理和优化工程设计提供地质资料。

④ 为编制竣工文件提供地质资料。

（2）预报内容可包括以下内容。

① 地层预报，包括岩体完整性、地层岩性、软弱地层、软弱夹层、破碎地层及其他特殊岩土层等。

② 构造预报，包括断层、节理密集带、褶皱轴部、破碎带等。

③ 不良地质体预报，包括溶洞、暗河、采空区、坑洞等。

④ 突水突泥预报，包括岩溶管道水、富水断层、富水褶皱、富水地层等。

⑤ 为设计变更或优化而进行的其他探测工作。

2. 地质预报的分级管理与方案设计

(1) 超前地质预报应实行分级管理,根据地质灾害对隧道施工安全的危害程度,对工程进行地质灾害分级,采取不同地质预报方案。

(2) 根据对隧道施工安全的危害程度,地质灾害可分为 A、B、C、D 四级,其影响因素见表 4-18。

A 级:存在重大地质灾害隐患的地段,如大型暗河系统,可溶岩与非可溶岩接触带,软弱、破碎、富水、导水性良好的地层和大型断层破碎带,特殊地质地段,重大物探异常地段,可能产生大型、特大型突水突泥地段,诱发重大环境地质灾害地段,高地应力、瓦斯、天然气问题严重的地段以及人为坑洞等。

B 级:存在中、小型突水突泥隐患的地段,物探有较大异常的地段、断裂带等。

C 级:水文地质条件较好的碳酸盐岩及碎屑岩地段、小型断层破碎带,发生突水突泥的可能性较小。

D 级:非可溶岩地段,发生突水突泥的可能性极小。

表 4-18 综合超前地质预报地质灾害分级影响因素

施工地质分级		A 级	B 级	C 级	D 级
		严 重	较 严 重	一 般	轻 微
地质复杂程度(含物探异常)	岩溶发育程度	极强,厚层块状灰岩,大型溶洞、暗河,岩溶密度>15 个/km²,最大泉流量>50L/s,钻孔岩溶率>10%	强烈,中厚层灰岩夹白云岩,地表溶洞落水洞密集,地下以管道水为主,岩溶密度 5~15 个/km²,最大泉流量 10~50L/s,钻孔岩溶率 5%~10%	中等,中薄层灰岩,地表出现溶洞,岩溶密度 1~5 个/km²,最大泉流量 5~10L/s,钻孔岩溶率 2%~5%	微弱,不纯灰岩与碎屑岩互层,地表地下以溶隙为主,最大泉流量<5L/s,钻孔岩溶率<2%
	涌水涌泥程度	特大(日出水 100 000t 以上)、大型突水(日出水 10 000~100 000t)、突泥、高水压	中小型突水(日出水 1000~10 000t)、突泥	小型涌水(日出水 100~1000t)、涌泥	日出水小于 100t,突水可能性极小
	断层稳定程度	大型断层破碎带,自稳能力差、富水,可能引起大型失稳坍塌	中型断层带,软弱、中~弱富水,可能引起中型坍塌	中小型断层,弱富水,可能引起小型坍塌	中小型断层,无水,掉块
(地质因素)对隧道施工影响程度		危及施工安全,可能造成重大安全事故	存在安全隐患	可能存在安全问题	局部可能存在安全问题
诱发环境问题的程度		可能造成重大环境灾害	施工、防治不当,可能诱发一般环境问题	特殊情况下可能出现一般环境问题	无

(3) 地质复杂隧道的预测预报应坚持隧道洞内探测与洞外地质勘探相结合、地质方法与物探方法相结合、辅助导坑与主洞探测相结合,开展多层次、多手段的综合超前地质预报,并贯穿于施工全过程。不同地质灾害的预报方式见表 4-19。

表 4-19　不同地质灾害的预报方式

预报等级	预 报 方 式
A级预报	宜采用地质分析法、地震波反射法、地质雷达和超前水平钻探进行探测,必要时辅以声波反射法、红外探测和瞬变电磁法等
B级预报	宜采用地质分析法、地质雷达法进行探测,必要时辅以地震波反射法、超前水平钻探、声波反射法、红外探测和瞬变电磁法等
C级预报	以地质分析法为主。对重要的地质(层)界面、断层或物探异常地段可采用地震波反射法或声波反射法进行探测,必要时采用红外探测和超前水平钻孔
D级预报	采用地质分析法

(4) 复杂隧道超前地质预报应编制实施细则,内容包括超前地质预报实施方案、分段预报内容、方法及技术要点,并编制气象、重要泉点、暗河流量、地下水位等观测计划和观测技术要求。

3. 地质调查法

(1) 地质调查法包括隧道地表补充地质调查和洞内地质素描等。地质调查法应根据隧道已有勘察资料、地表补充地质调查资料、洞内开挖工作面地质素描,通过地层层序对比、地层分界线及构造线地下和地表相关性分析、断层要素与隧道几何参数的相关性分析、邻近隧道内不良地质体的前兆分析等,利用地质理论、地质作图和趋势分析等工具,推测开挖工作面前方可能揭示的地质情况。

(2) 隧道地表补充地质调查应在实施洞内地质超前预报前进行,并在实施洞内地质超前预报过程中根据需要随时补充。隧道地表补充地质调查应包括下列主要内容。

① 对已有地质勘察成果的熟悉、核查和确认。

② 地层、岩性在隧道地表的出露及接触关系,特别是对标志层的熟悉和确认。

③ 断层、褶皱、节理密集带等地质构造在隧道地表的出露位置、规模、性质及其产状变化情况。

④ 地表岩溶发育位置、规模及分布规律。

⑤ 煤层、石膏、膨胀岩、含石油天然气、含放射性物质等特殊地层在地表的出露位置、宽度及其产状变化情况。

⑥ 人为坑洞位置、走向、高程等,分析其与隧道的空间关系。

⑦ 根据隧道地表补充地质调查结果,结合设计文件、资料和图纸,核实和修正超前地质预报的重点区段。

(3) 地质素描随隧道开挖及时进行,地层岩性变化处、构造发育部位、岩溶发育带附近等复杂、重点地段每开挖循环应进行一次;一般地段每10~20m进行一次。隧道内地质素描应包括下列内容。

① 工程地质

a. 地层岩性,地层时代、岩性、层间结合程度、风化程度等。

b. 地质构造,褶皱、断层、节理裂隙特征、岩层产状;断层的位置、产状、性质、破碎带的宽度、物质成分、含水情况以及与隧道的关系;节理裂隙的组数、产状、间距、充填物、延伸长度、张开度及节理面特征、力学性质;分析组合特征,判断岩体完整程度。

c. 岩溶,岩溶规模、形态、位置、所属地层和构造部位,充填物成分、状态,以及岩溶展布的空间关系。

d. 特殊地层,煤层、沥青层、含膏盐层、膨胀岩和含黄铁矿层等。

e. 人为坑洞,隧道影响范围内的各种坑道和洞穴的分布位置及其与隧道的空间关系。

f. 地应力,包括高地应力显示性标志及其发生部位,如岩爆、软弱夹层挤出、探孔饼状岩芯等现象。

g. 塌方,塌方部位、形态、规模及其随时间的变化特征,并分析产生塌方的地质原因及其对继续掘进的影响。

h. 有害气体及放射性危害源存在情况。

② 水文地质

a. 地下水分布、出露形态,围岩的透水性、水量、水压、水温、颜色、泥砂含量,以及地下水活动对围岩稳定的影响,必要时进行长期观测;地下水的出露形态分为渗水、滴水、滴水成线、股水(涌水)、暗河。

b. 水质分析,地下水对结构材料的腐蚀性。

c. 出水点和地层岩性、地质构造、岩溶、暗河等的关系。

d. 进行地表相关气象、水文观测,判断洞内涌水与地表径流、降雨的关系。

e. 必要时应建立涌突水点地质档案。

(4) 围岩稳定性特征及支护情况:记录不同工程地质、水文地质条件下隧道围岩的稳定性、支护方式以及初期支护后的变形情况。发生围岩失稳或变形较大的地段,应详细分析、描述围岩失稳或变形发生的原因、过程、结果等。

(5) 影像:对隧道内重要的和具代表性的地质现象应进行摄影或录像。

4. 钻探法

(1) 在富水软弱断层破碎带、岩溶发育区、煤层瓦斯发育区、重大物探异常区等复杂地质地段应采用超前水平钻探预报前方地质情况。

(2) 超前水平钻孔每循环钻探长度一般为30~50m,必要时也可钻100m以上,连续预报时前后两循环钻孔应重叠5~8m。

(3) 超前钻探钻进过程中,应安设孔口止水装置(或采用防突钻机),防止高压水突出,确保工作人员和机械设备的安全,并使地下水处于可控状态。孔口管应锚固可靠,可采用环氧树脂、锚固剂,也可采用HSC浆液或性能相近的TGRM浆液锚固,锚固长度宜为1.5~2.0m,孔口管外端应露出开挖工作面0.2~0.3m,用以安装高压止水球阀。

(4) 对于断层、节理密集带或其他破碎富水地层,断面内每循环可钻1孔。

(5) 在岩溶发育区,断面每循环应钻3~5个孔,需要揭示溶洞厚度时数量应适当增加,并采用地质雷达等物探手段对溶洞规模、发育特征进行精细探测。

(6) 在富含瓦斯的煤系地层或富含石油天然气的沥青质灰岩中,可采用长短结合的钻孔方式将岩体中的有害气体逐渐释放出来。

(7) 对于岩溶发育区及裂隙富水区,除采用水平深孔超前探测外,还应结合爆破钻孔作业,加深部分钻孔,其深度应较爆破孔深2~4m。

5. 物理勘探法

(1) 物理勘探法具有抑制干扰、能区分有用信号和干扰信号的特点,其主要适用于下列范围:

① 对开挖工作面前方和周围较大范围内的地质构造、洞穴、隐伏含水体等的探测。

② 被探测对象与周围介质之间有明显的物理性质差异。

③ 被探测对象具有一定的规模,且地球物理异常有足够的强度。

(2) 地球物理勘探有多种方法,应根据探测对象的埋深、规模及其与周围介质的物性差异,选用有效的方法。

(3) TSP 地震波法适用于极软岩至极硬岩的任何地质情况,对断层、软硬岩接触面等面状结构反射信号较为明显。每次预报距离一般为 100~150m,需连续预报时,前后两次应重叠 10m 以上。

(4) 地质雷达法适宜于岩溶、采空区探测,也可用来探测断层破碎带、软弱夹层等不均匀地质体。在完整灰岩地段有效探测长度在 25m 以内,连续预报时前后两次重叠长度在 5m 左右。

(5) 地震波负视速度法预报面状地质体效果较好,也预报具有一定规模的溶洞、洞穴等。连续预报时前后两次应重叠 10m 以上。

(6) HSP 水平声波剖面法适用于隧道各种地质条件的探测,有效探测距离为 50~100m。连续预报时前后两次应重叠 10m 以上。

(7) 陆地声呐法适合于探查直径大于 0.5m 的溶洞、溶管等不良地质体,连续预报时前后两次应重叠 10m 以上。

(8) 红外探测法适用于探测前方是否有水及水体存在方位,每次预报有效探测距离约为 30m。连续预报时前后两次重叠长度应大于 5m。

(9) 瞬变电磁法可查明含水地质如岩溶洞穴与通道、煤矿采空区、深部不规则水体等。

4.6 地层超前预加固施工技术

4.6.1 总则

(1) 为使城市轨道交通工程建设中的地层超前预加固措施做到技术先进、经济合理、质量可靠,制定本规范。

(2) 本规范适用于公司在建和后续新建的城市轨道交通工程的地层超前预加固施工。

(3) 各参建单位除应遵守本规范外,尚应严格遵守现行国家、行业和山东省、济南市的有关规范、标准等。

4.6.2 基本规定

(1) 地层超前预加固是指在地铁隧道施工中,为了保证围岩的稳定性、保护隧道上方重要风险源以及控制地表沉降所采取的辅助措施。

（2）地层超前预加固方法包括超前小导管注浆、管棚、深孔注浆、冻结法、高压旋喷桩等。

4.6.3 超前预加固方案选择

1. 超前预加固方法

（1）超前小导管注浆是沿隧道开挖轮廓线外一定的范围，以一定的角度将管壁带孔的小导管打入前方的地层内并加注浆液，形成一定范围的加固体，小导管本身起到加筋作用，既能提高围岩的整体稳定性，又能封堵地下水。

（2）管棚超前预加固是指在隧道开挖之前，沿隧道开挖轮廓线外一定范围内，以一定的外插角把钢管打入前方围岩中，通过钢管上预留的梅花形注浆孔把浆液注入周围岩层中，形成一个类似"拱壳"的加固体，与钢拱架共同作用构成一个棚架预支护加固体系，承受管棚上部的荷载。

（3）深孔注浆加固是超前小导管注浆的发展形式，通过钻机打入更长的注浆管，实现长距离注浆加固地层目的。

（4）冻结法超前预加固是指在地层中安装冷冻管，通过低温液体或气体在管内循环，使周围的含水地层结冰形成冻土帷幕，在冻土帷幕的保护下进行施工的加固方法。

（5）高压旋喷超前预加固指以高压旋转的喷嘴将水泥浆喷入土层与土体混合，以形成连续搭接的水泥加固体。

2. 选用原则

地层超前预加固选择应遵循"保证安全、经济合理、技术可行、工期兼顾"的原则。

4.6.4 超前预加固技术要点

1. 超前小导管注浆要点

（1）超前小导管注浆是地铁矿山法隧道施工最为常用的超前注浆预加固处理方法，是浅埋暗挖隧道的常规施工工序，在Ⅳ级及其以上围岩，无特别风险源的情况下被大量采用。

（2）超前小导管主要用作矿山法隧道、倒挂井壁法竖井超前支护，适用于无水或降水后的地层。施工工艺见图4-12。

（3）超前小导管参数设计应满足以下要求。

① 隧道拱部一般按照120°～150°布设小导管，位于填土、粉细砂等土层时按照180°布设；

② 一般应采用单排小导管，当地层稳定性较差或隧道受力转换复杂时，可局部采用双排小导管；

③ 超前小导管环向间距一般采用300mm，必要时可加大，但不应超过400mm；

④ 隧道位于填土、粉土等松软地层时，小导管一般采用$\phi 42$，$t=3.25$钢焊管，其他地层采用$\phi 32$，$t=3.25$钢焊管；

⑤ 隧道初期支护格栅间距为500mm时，填土层中打设的超前小导管宜按照两榀打设，打设角度为15°～25°，长度为2.5～3m。其他地层打设的超前小导管宜每榀打设，打设角度为15°～

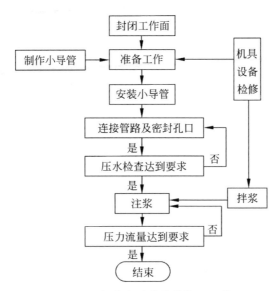

图 4-12 超前小导管注浆施工工艺

25°,长度 2～2.5m。同时,应满足前后相邻两排超前小导管水平投影搭接长度不小于 1m;

⑥ 隧道初期支护格栅间距为 750mm 时,超前小导管宜按照每榀打设,打设角度为 10°～20°,长度为 2.5m。导管参数和打设要求见表 4-20。

表 4-20 导管参数和打设要求

初支厚度/mm	格栅间距/m	小导管设置	小导管建议参数	
			外插角/(°)	长度/m
250	0.75	每榀	15～21	2.1～2.3
250	0.50	每榀	15～21	1.8～2.0
250	0.50	两榀	15～21	2.5～2.8
300	0.75	每榀	20～25	2.2～2.4
300	0.50	每榀	20～25	1.9～2.1

(4) 小导管采用焊接钢管加工而成(图 4-13),小导管前端加工成锥形,以便插打,并防止浆液前冲。小导管中间部位钻 $\phi 6 \sim 10mm$ 溢浆孔,呈梅花形布置(防止注浆出现死角),间距 20cm,尾部 0.8m 范围内不钻孔防止漏浆,末端焊 $\phi 6$ 环形箍筋,以防打设小导管时端部开裂,影响注浆管连接。

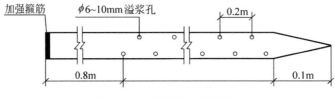

图 4-13 小导管加工示意

(5) 超前小导管的安设满足以下要求。

① 依据不同地质采用不同成孔设备打孔,成孔方向要求顺直,不得弯曲和塌孔。

② 采用吹管将孔内砂石吹出成孔,孔径按与注浆管径配套确定,一般不大于50mm,孔深视导管长度而定。

③ 用风镐、凿岩机顶入小导管。

④ 在孔口用沾有CS胶泥的麻丝缠绕成不小于孔径的纺锤形柱塞。把管子插入孔内,装好丝扣保护帽,再用冲击设备把管子打入要求深度,使麻丝柱塞与孔壁充分挤压紧。然后再用CS胶泥填充孔口。

⑤ 小导管外露长度一般为30cm,以便连接孔口阀门和管路。

⑥ 小导管安设后必须对工作面进行喷射混凝土或模筑混凝土封闭。喷射厚度以5~10cm为宜,范围为整个掌子面及其后的3m范围的环向开挖面。注浆管应设防护帽。

(6) 超前小导管注浆施工需满足以下要求。

① 调查地质情况,按渗透系数确定注浆类型,进行注浆参数设计。

② 超前小导管注浆浆液一般采用单液水泥浆、改性水玻璃或水泥-水玻璃双液浆,若需要采用TGRM、HSG等浆液需经专项论证确定。

③ 填土层、砂卵石地层宜采用单液水泥浆,粉细砂、细中砂地层宜采用改性水玻璃,其余地层宜采用水泥-水玻璃双液浆。

④ 按设计要求通过现场试验确定浆液配比、注浆压力等注浆参数;通过试验确定或调整注浆半径、注浆压力和单管注浆量。

⑤ 水泥浆液应采用搅拌桶配制,根据搅拌桶容量大小,严格按要求投料。

⑥ 配制水泥浆或稀释水玻璃浆液时,禁止水泥包装纸等杂物混入。拌好的浆液在进入储浆槽及注浆泵之前应对浆液进行过滤。未经过滤网过滤的浆液不允许进入泵内。

⑦ 小导管安装完成后,旋紧孔口阀,连接注浆管路后进行压水试验;配制好的浆液应在规定时间内注完,随配随用。

⑧ 注浆压力按分级升压法控制,由注浆泵油压控制调节;浆液先稀后浓、注浆量先大后小,浆液必须充满钢管及其周围的空隙。

⑨ 发生串浆现象,采用多台泵同时注浆或堵塞串浆孔隔孔注浆;注入水泥浆压力突然升高应立即停机检查;水泥浆单液进浆量很大,压力上不去,则应调整浆液浓度及配比,缩短凝胶时间,进行小量低压力注浆或间歇式注浆,但停留时间不能超过混合浆的凝胶时间。

⑩ 注浆结束以终压控制为主,注浆量校核。注浆终压为0.5MPa,扩散半径为0.25m。

(7) 超前小导管施工应注意以下事项。

① 导管应在开挖轮廓线上按设计位置及角度打入,孔位误差不得大于10cm,角度误差不得大于3°,超过允许误差时,应在距离偏大的孔间补管后再注浆;

② 钢管每根实际打入长度不得短于设计长度,否则开挖1m后补管、注浆;

③ 检查钻孔、打管质量时,应画出草图,以孔位编号、逐孔、逐根检查并认真填写记录;

④ 单孔注浆量不得小于计算值的80%,超过偏差必须补管注浆;

⑤ 在注浆过程中,如发生串浆现象,则安装止浆塞或采用多台注浆机同时注浆;

⑥ 水泥浆压力突然升高,则可能发生堵塞,应停机检查,泵压正常后再进行注浆;

⑦ 固结效果检查宜在搭接范围内进行,主要检查注浆量偏少和存在异常钢管。采用撬棍或小锤轻轻敲击钢管附近,判断固结情况,固结不良或厚度不够时要补管注浆。

(8) 超前小导洞注浆施工质量应满足以下要求。

① 钻孔前,按设计精确画出钻孔位置;
② 钻机应在技术人员的指导下摆正,按设计调整好钻孔角度。开钻速度要慢,待钻杆进入岩体 30cm 左右后,常速钻进;
③ 钻孔平面误差≤15cm,钻孔角度误差≤0.5°;
④ 控制钻孔角度,成孔要孔壁圆、角度准、孔身直、深度够;
⑤ 注浆前先注水清孔、引流;注浆时应准确掌握浆液配比,并使浆液在管内充填密实。

2. 管棚施工要点

(1) 管棚一般作为隧道进出口段及大断面隧道施工的超前支护,也是邻近或穿越既有建筑物、公路、铁路及地下结构物等对沉降有特殊要求工程的辅助施工方法。

(2) 管棚的施工方法分为钻孔法、顶管法和夯管法三种。钻孔法是目前较为常用施工方法,适用于各种地层;顶管法主要适用于软弱地层;夯管法主要用于软塑地层。

(3) 钻孔法施工时先采用钻机成孔,而后放入钢管,但在软弱地层中,由于经常出现钻孔卡钻和塌孔等问题,所以一般采用钻孔和进管同时进行的水平导向跟管钻进技术。

(4) 钻孔法常用的钻机有:锚杆钻机、导向钻机、坑道钻机、水平钻机和专用的管棚台车等。施工工艺见图 4-14。

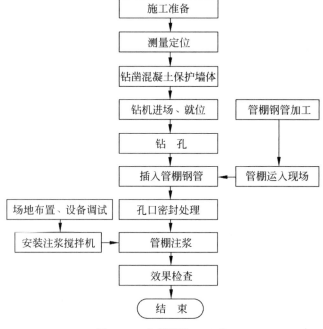

图 4-14 大管棚施工工艺

(5) 顶管法主要是指在软弱地层中采用顶推技术将钢管直接顶入地层,顶管法通常分为压入式、水平钻进式、螺旋钻进式、泥浆加压式等。

(6) 夯管法是指在软塑地层中采用夯管锤直接将钢管打入地层形成管棚。

(7) 管棚的布置形状取决于地形、地层、地质的性质以及地表或周围结构物的位置关系等。一般会采用以下几种布置形式(图 4-15)。

① 扇形布置:用于隧道断面内的地层稳定,但起拱线附近的地层不稳定。半圆形布置

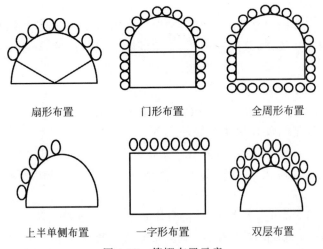

图 4-15 管棚布置示意

是扇形的一种特殊形式;

② 门形布置:用于隧道基础稳定,但在断面内地层及拱部以上地层不稳定;

③ 全周形布置:用于软弱地层、膨胀性及挤出性围岩等比较差的围岩;

④ 上半单侧布置:用于隧道一侧有建(构)筑物、公路、铁路等重要结构物需要保护,或者隧道位于斜坡地层中形成偏压情况;

⑤ 一字形布置:用于在公路、铁路或结构物下方施工;

⑥ 双层布置:用于隧道上部有重要设施,或拱部地层是崩塌性和不稳定性的地层,需要大断面的隧道施工,突破河海底段施工等。

(8) 管棚一般选用 $\phi 70 \sim 180$mm 热轧钢管,环向间距 $0.3 \sim 0.5$m,以 $3 \sim 5$ 倍管径为宜。管节长度根据设计长度及现场情况确定,一般采用丝扣焊接连接。

(9) 管棚安装应符合以下要求。

① 根据设计图纸精确测量定位导向钢管,施作导向墙;

② 钻机安装要求与导向管方向平行,精确核定钻机位置,确保钻机钻杆轴线与导向管轴线相吻合;

③ 钻头直径宜比管径大 20mm 左右,钻进时产生坍孔、卡钻时,需补注浆后再钻进;

④ 钻机开钻时,应低速低压,待成孔 10m 后可根据地质情况逐渐调整钻速,并注意钻进状态判断成孔质量;

⑤ 打设过程中应注意观察钻头角度的变化,如有偏差通过调整钻机从而调整钻头钻进方向;

⑥ 管棚钢管安装前应清孔验孔,确保孔径孔深符合设计要求;

⑦ 接长钢管应满足受力要求,相邻钢管的接头应前后错开。同一横断面内的接头数不大于 50%,相邻钢管接头至少错开 1m。

(10) 管棚注浆应满足以下要求。

① 管棚注浆前,先将钢管口外径与孔口周边的岩石用水泥密封,并预留通气孔;

② 注浆时,使钢管与孔壁的环形空隙内的空气容易从此通气孔冒出,向管口注浆时,直

至浆液由通气孔冒出为止；

③ 注浆可采用多孔同时注浆，或先灌注"单"号孔，待 1～2d 固结后，再灌注"双"号孔；

④ 为提高管棚注浆效果，浆液选用 1：1 水泥砂浆，水灰比控制在 1：1 左右；

⑤ 注浆采用压力、流量双条件控制，建议注浆初压力为 0.5～1.0MPa，终压力为 2.0MPa，具体由现场试验确定；

⑥ 注浆结束后用 M10 水泥砂浆填充，形成钢管混凝土。

(11) 管棚注浆施工出现异常情况处理。

① 在注浆过程中发生串浆时，有多台注浆机的条件下，应同时注浆，无条件时应将串浆孔及时堵塞，串浆孔注浆时拔下堵塞物，用铁丝或细钢筋将孔内杂物清除并用高压风或水冲洗，然后注浆；

② 注浆压力突然升高时，改注清水，待泵压正常时，再进行注浆；

③ 注浆量大，压力长时间不升高，则应调整浆液浓度及配比，缩短凝胶时间，进行小泵量低压力注浆或间歇式注浆，使浆液在裂隙水中有相对停留时间，以便凝胶，但停留时间不能超过水泥砂浆的凝胶时间。

(12) 管棚施工质量应满足以下要求。

① 钻孔前，按设计图纸精确测量钻孔位置；

② 管棚钻机应在技术人员和测量人员的指导下摆正大臂，按设计调整好钻孔角度。开钻速度要慢，待钻杆进入岩体 30cm 左右后，常速钻进；

③ 钻孔平面误差≤15cm，钻孔角度误差≤0.5°；

④ 控制钻孔角度，尤其接长钻杆后钻进角度应严格控制。成孔应孔壁圆、角度准、孔身直、深度够；

⑤ 注浆前先注水清孔、引流，要检查管节两端联接丝扣，有脱扣和裂纹的管节不得使用；

⑥ 注浆时应准确掌握浆液配比，并使浆液在管内充填密实；

⑦ 大管棚接头处要错开，以利于整体受力。

3. 深孔注浆要点

(1) 深孔注浆主要用于地铁工程的地层加固及止水施工，包括矿山法隧道超前支护、隧道及明挖基坑止水、盾构端头加固及地层改良等，通过采用不同注浆材料、浆液配比、注浆工艺，适用于各种地层，尤其二重管双液浆技术通过不同浆液配比组合，不仅能达到加固作用还能起到止水作业。

(2) 深孔注浆超前预加固主要有前进式分段注浆，袖阀管后退式分段注浆及 WSS 后退式分段注浆三种形式。

(3) 前进式分段注浆是一种采取钻、注交替作业的注浆方式。在施工过程中，需根据地层状况，将钻孔注浆长度分为若干段，分段长度一般控制在 1.0～2.0m，采用地质钻机从孔口管内进行钻孔，钻一段注一段，直到设计长度。

(4) 袖阀管后退式分段注浆是利用钻机一次性钻到设计深度，退出钻杆，在孔内下入 PVC 袖阀管，然后进行封孔，在袖阀管内下入带止浆系统的 ϕ22mm 镀锌管，从孔底向外分段进行注浆，一般分段长度为 0.5～1.0m。

(5) WSS 后退式分段注浆实现了钻注一体化。施工时利用采钻机一次性钻到设计深度,利用中空的钻杆将浆液输送到钻头出口,通过一定压力将浆液注入地层。当注浆压力或注浆量达到设计要求后,后退钻杆进行下一段注浆,分段长度一般为 1.5~2.0m(钻杆长度)。

(6) 不同的注浆方式,其优缺点及适用范围各不相同。

① 前进式分段注浆适用范围广,可以适用于任何地层,并且可以利用孔口管防止出现大量流砂涌泥现象。其缺点为:工序转换比较多,需重复扫孔,工作量大,施工效率较低,成本较高。

② 袖阀管后退式分段注浆能很好地保证注浆效果。其缺点为:需要成孔并下入袖阀管,为确保下管顺利,一般都需要带套管进行施工,工艺复杂,工期长,适用范围比较窄。

③ WSS 后退式分段注浆与袖阀管后退式注浆相比,工艺得到简化,不需要成孔下入管材,缩短了工期,适用范围得到扩大。其缺点为:止浆困难。在注单液浆时,容易造成浆液回流,不但造成材料浪费,而且影响注浆效果;注双液浆时,容易造成钻杆抱箍现象。

(7) 超前深孔注浆常用的注浆材料有普通水泥单液浆、超细水泥单液浆、普通水泥-水玻璃双液浆、超细水泥-水玻璃双液浆、改性水玻璃等,不同的注浆材料,其性能及适用范围各不相同。

① 普通水泥单液浆。浆液优点是凝胶时间长,具有较长的可注期;结石体强度较高;价格低廉。浆液缺点是初凝时间长,易被地下水稀释;终凝时间长,强度上升缓慢,不利于注浆完成后立即开挖作业;可注性差;凝固后,有一定的收缩性等。适用范围是适用于宽度大于 0.2mm 的裂隙水注浆;渗透系数 10~20m/s 且地下水流速 80~100m/d 的中粗砂、砂卵石等地层。

② 超细水泥单液浆。浆液优点是凝胶时间长,具有较长的可注期;结石体强度高;可注性好。浆液缺点是价格昂贵;初凝时间长,易被地下水稀释;终凝时间长,强度上升缓慢,不利于注浆完成后立即开挖作业;凝固后,有一定的收缩性等。适用范围是适用于渗透系数 10~20m/s 且地下水流速 80~100m/d 的中细砂层中,有较好的渗透能力。

③ 普通水泥-水玻璃双液浆。浆液优点是凝胶时间可控,几秒至几十分钟均可调控;早期强度高,利于注浆后立即进行开挖作业;注浆体结石率高,可达 95% 以上。浆液缺点是抗压、抗剪强度较低,易被高压水击穿;可注性差;耐久性较差。适用范围是适用于渗透系数 10~20m/s 的中粗砂、粗砂、砂卵石以及断层破碎带注浆堵水工程中。

④ 超细水泥-水玻璃双液浆。该种浆液在配制工艺方面与普通水泥-水玻璃双液浆没有多大差别。由于超细水泥粒径小,与水玻璃的反应更充分,因而在相同配比下结石体的强度会更高,凝胶时间也有变化。

⑤ 改性水玻璃浆液。浆液优点是材料来源广,成本较低;凝胶时间具有一定的可控性,空气中 30~240min;细砂中:5~30min;可注性好。浆液缺点是固砂体抗压强度低;浆液性能受地下水影响非常大。适用范围是一般只用于无水或潮湿的粉细砂层。

(8) 深孔注浆参数设计应满足以下要求。

① 采用深孔注浆加固隧道周围地层时,一般情况下,深孔注浆宜沿隧道拱部 120°~180°设置,隧道初期支护外注浆加固厚度 1~1.5m,当风险较大时,按照相关评审程序确定;

② 采用深孔注浆止水时,应根据地下水特性(有无承压性)、土层特性、地下水水头、水

位与隧道的关系等综合确定,注浆厚度一般可选择2~3m,并应专项论证;

③ 采用深孔注浆加固地层时,优先选择单液水泥浆,根据现场需要经各方协定也可采用水泥-水玻璃双液浆;

④ 采用深孔注浆止水时,宜选择水泥-水玻璃双液浆;

⑤ 填土层、砂卵石地层中,注浆压力宜控制在0.5~1MPa,其余地层中注浆压力宜控制在1~2MPa,扩散半径按照0.4~0.6m考虑。

(9) 隧道内深孔注浆布孔方式需满足以下要求。

① 优先选择平行隧道初期支护布孔,无操作空间时,可自隧道掌子面斜向隧道初支外打设,起点可设在掌子面位于初支向内0.5m位置;

② 注浆孔端部间距宜为0.6~0.8m;

③ 砂卵石地层中,注浆孔沿隧道纵向轴线的投影长度宜为8~10m,其余地层宜为10~15m;

④ 采用多排成孔注浆时,应选择梅花形布孔;

⑤ 沿隧道分段深孔注浆情况下,用于加固地层是应考虑2m长的搭接,用于止水时应考虑不小于隧道外注浆厚度的搭接。

(10) 深孔注浆钻孔前钻孔施工前必须封闭掌子面,施作止浆墙,以防止在注浆时漏浆。

(11) 止浆墙宜选择喷射混凝土,厚度200~300mm,内设单层钢筋网片,墙体范围内设置1.5~2m长,直径为$\phi 22mm$,间距$500mm \times 500mm$钢筋锚杆。

(12) 钻孔前在掌子面标示出孔口位置,钻孔角度根据现场具体情况调整;孔位偏差不得大于20mm,钻孔角度偏差不得大于1°;在凿孔定点上,施工人员应严格按照辐射角度要求进行钻孔注浆。

(13) 严格掌握钻杆深度,要慢速运转;掌握地层对钻机的影响情况,以确定该地层条件下的钻进参数;密切观察溢水出水情况,出现大量溢水时应立即停钻,分析清楚实际原因后方可继续施工。

(14) 严格按照注浆参数控制每孔注浆量、提升速度、注浆压力。注浆时还应密切关注浆液流量,当压力突然上升、下降、浆液溢出时应立即停止注浆,查明异常原因,采取必要的措施(调节注浆参数、移位、打斜孔等方式)后方可继续注浆。

(15) 注浆结束标准应严格按照定量-定压相结合原则进行,即前序孔达到设计单孔单段注浆量的1.2~1.5倍,后序孔应达到设计终压,注浆速度5~10L/min。若注浆过程中,地层吸浆量很大,注浆压力长时间不上升,可通过调换浆液、调整浆液配比、缩短浆液凝胶时间的方式,进行大泵量、低压力注浆,使浆液在地层裂隙中有相对停留的时间,以便凝胶,达到控域注浆目的。

(16) 深孔注浆完成后,在隧道正式开挖前应检验注浆效果,并需满足以下要求:

① 用于隧道周围地层加固时,注浆后土体无侧限抗压强度为0.5~0.8MPa。

② 用于止水施工时,注浆后土体无侧限抗压强度为0.5~0.8MPa,渗透系数不大于1×10^{-6}cm/s。

4. 冻结法施工要点

(1) 冻结法是一种对含水地层进行加固的特殊方法,主要用于地铁盾构隧道端头加固、双线区间隧道联络通道和泵房井施工、地下工程堵漏抢救施工等方面。施工工艺见图 4-16。

(2) 冻结孔施工应符合下列规定。

① 在打钻设备就位前,用仪器精确确定开孔孔位,以提高定位精度。

② 冻结孔开孔钻进,每 3m 时测斜一次,用灯光测斜,如果偏斜不符合设计要求,立即采取调整钻孔角度及钻进参数等措施进行纠偏,如果钻孔仍然超出设计规定,则进行补孔。

③ 冻结孔应按设计深度施工,冻结孔开孔时,准确测量钻杆尺寸,控制钻进深度。钻孔到底后应用泥浆冲孔,再下冻结管。

④ 冻结管必须采用无缝钢管。每批新钢管应抽样进行压力试验,其压力应为 7MPa,无渗漏现象为合格;当复用旧钢管时,应逐根除锈,试验压力与新钢管同。

⑤ 冻结管的连接可采用钢制管接头或加管箍焊接,当采用管接头连接时,应预先在地面预组装进行渗漏试验;当采用管箍焊接时,对焊缝应进行检测。所有管箍的材质应与管材材质相同。

⑥ 冻结管下入钻孔后,必须进行试压。试验压力应为全冻结管内盐水柱与管外清水柱的压力差及盐水泵工作压力之和的 2 倍,经试压 30min 压力下降不超过 0.05MPa,再延续 15min 压力不变为合格。

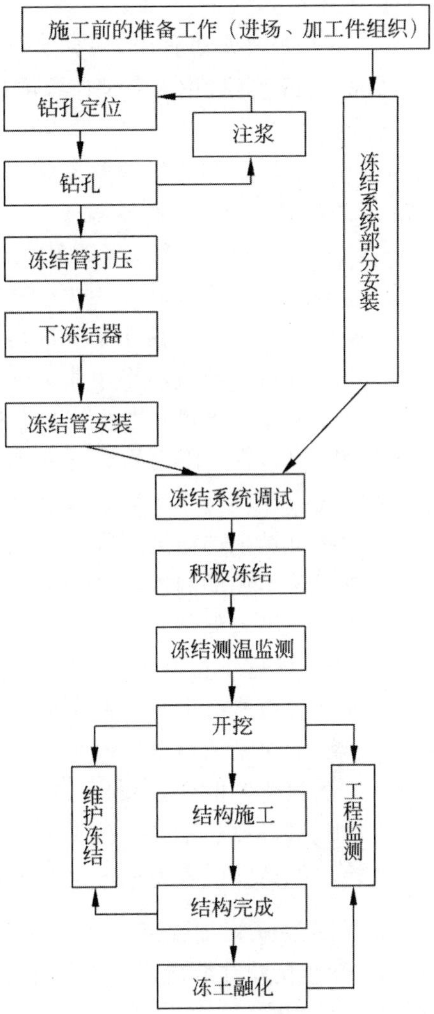

⑦ 测温孔应布置在偏值较大的冻结孔的界面上,孔数不应少于 3 个,孔深应按设计规定施工。

图 4-16 冻结法施工工艺

⑧ 冷冻站不得占用工业广场永久建筑物位置,距被冻结场地不宜大于 50m,易布置在冻结孔布线的中线处,使之距离两端相等;站房结构应通风良好,并应设置防火、防毒、避雷等安全设施。

⑨ 盐水管路系统必须进行压力试验,试验压力不得小于盐水泵工作压力的 1.5 倍,并持续 15min 压力不下降为合格。

⑩ 冷媒宜采用氯化钙溶液,其比重应根据设计盐水温度确定。

⑪ 冷冻的低温管路必须进行隔热和防潮处理,冷量的损失不得超过冷冻站工作制冷能力的 20%。

⑫ 当室外气温高于 35℃时,高压储液槽、冷凝器、氨瓶等应设遮阳凉棚。

⑬ 冷冻站安装完成后要进行试漏和抽真空,确保安装质量符合设计要求。

(3) 正式运转前应进行试运转,检验系统是否达到设计要求;运转过程中应有日志记录,并应采取措施保证冻结站的冷却效率,正式运转后不得无故停止或减少供冷,必要时应采取应急预案。

(4) 在积极冻结过程中,根据实测温度数据判断冻土帷幕是否交圈和达到设计厚度,测温判断冻土帷幕交圈并达到设计厚度后进行探孔试挖,确认冻土帷幕内土层无流动水后进行正式开挖。

(5) 正式开挖后,通过调整冻结系统运行参数,提高或保持盐水温度,降低或停止冻土的继续发展,进入维护冻结阶段。

(6) 质量控制应符合下列要求。

① 全孔偏斜率应控制在3‰之内。
② 盐水中固体氯化钙含量应满足设计要求。
③ 冻结孔单孔流量不小于 $5m^3/h$。
④ 盐水降温的梯度:当盐水温度处于正温时,每天降温梯度不宜大于5℃;当盐水降至0℃或负温后,每天降温梯度不宜小于2℃。
⑤ 下管深度不得小于设计深度0.5m。
⑥ 积极冻结期的温度不高于-28℃。
⑦ 维护冻结期的温度不高于-25℃。
⑧ 冻结壁平均温度不高于-10℃。

(7) 冻结法施工检测内容应符合下列规定。

① 冻结孔应全孔检测孔深和偏斜率;
② 检查冻结管的质量检验报告和试压试验记录;
③ 监测氯化钙的含量和盐水的温度;
④ 检验测温孔的温度是否满足设计要求;
⑤ 检验冻结壁的发展速度是否满足设计冻结速度。

5. 高压旋喷施工要点

(1) 高压旋喷注浆施工主要用于明挖基坑地层加固及止水,盾构区间始发与接收段、联络通道地层加固。

(2) 高压喷射注浆法是利用钻机把带有喷嘴的注浆管钻进土层的预定位置后,以高压设备使浆液或水(空气)成为20~25MPa的高压射流从喷嘴中喷射出来,冲切、扰动、破坏土体,同时钻杆以一定速度逐渐提升,将浆液与土粒强制搅拌混合,浆液凝固后,在土中形成一个圆柱状固结体(即旋喷桩),以达到加固地基或止水防渗的目的。旋喷桩施工工艺流程见图4-17。

(3) 旋喷工艺优先选择二重管方式,用于明挖基坑桩外止水时,优先采用桩间旋喷或桩外单排咬合旋喷。

(4) 旋喷桩直径一般采用600~800mm,咬合宜为200~300mm。采用多排咬合旋喷时,应采用梅花形布置。

(5) 高压旋喷注浆参数设计应满足以下要求。

① 旋喷注浆浆液宜采用普通硅酸盐水泥浆;
② 对盾构区间始发与接收段、联络通道或泵房自地面旋喷注浆加固时,隧道周围加固厚度范围内应进行注浆,其余成孔范围内不注浆,但应对孔位回填;
③ 盾构区间始发与接收段、联络通道或泵房周围土体加固厚度宜为3m;

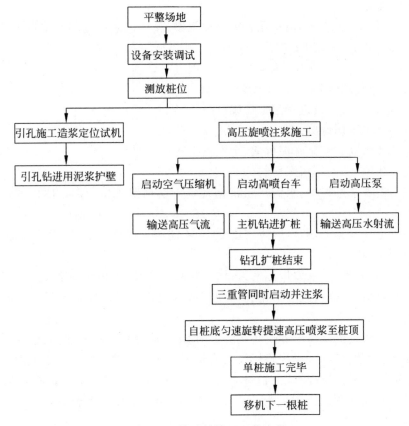

图 4-17 旋喷桩施工工艺流程

④ 隧道范围内存在地下水时,盾构区间始发段加固长度宜为盾构机身长度范围内,接收段加固长度宜为盾构机身长度加 2m 范围内;隧道范围内无地下水时,接收段加固长度为盾构机身长度;

⑤ 盾构区间联络通道隧道范围内存在地下水时,应沿联络通道通长范围加固;无地下水时,自正线位置向联络通道加固长度宜为 3m。

(6) 高压喷射注浆时,应先采用工程钻机引孔。引孔钻进时,原则上采用清水钻进,若出现垮孔,采用优质膨润土作为制浆用主要材料,新制泥浆配合比拟为:水 750L,黏土 650kg,碳酸钠 6~8kg,如采用双重管引孔旋喷一体机,则引孔由旋喷台车自身完成。

(7) 高喷灌浆采用 32.5 普通硅酸盐水泥或复合水泥,浆液水灰比应满足设计要求,采用高速搅拌机搅拌,纯拌和时间不少于 1min,且应连续制浆。

(8) 施工时应保证钻孔的垂直度满足设计要求,旋喷桩之间或与灌注桩相互搭接不宜小于 200mm。

(9) 喷管先至指定深度后,拌制水泥浆液,即可供浆、供风、供水开喷。待各压力参数和流量参数均达到要求,且孔口已返出浆液时,即可按既定的提升速度进行喷射灌浆。

(10) 喷射压力、提升速度对成桩直径(喷射板墙的有效长度)有较大影响,应根据深度及土质条件进行调控。

(11) 高喷灌浆保持全孔连续一次作业,作业中因拆卸喷射管而停顿后,重复高喷灌浆长度不小于 0.3m。

(12) 在高喷灌浆过程中,出现压力突降或骤增、孔口回浆浓度和回浆量异常,甚至不返浆等情况时,查明原因后及时处理。

(13) 当孔内出现严重漏浆,拟采取以下措施进行处理。

① 降低喷射管提升速度或停止提升;

② 降低喷水压力、流量进行原地灌浆;

③ 喷射水流中掺加速凝剂;

④ 加大浆液密度或灌浆水泥砂浆、水泥黏土浆;

⑤ 向孔内冲填砂、土等堵漏材料。

(14) 在高喷灌浆过程中,水泥用量根据现场土层情况确定,保证 180~250kg/m(180°摆喷)。

(15) 供浆正常情况下,孔口回浆密度变小、不能满足设计要求时,拟采取加大进浆密度或进浆量的措施予以处理。

(16) 装、卸喷射管时,采取措施密封、加快装卸动作,以防止喷嘴堵塞。

(17) 高喷灌浆结束后,充分利用孔口回浆或水泥浆液对已完成孔进行及时回灌,直至浆液面不下降为止。

(18) 施工中如实记录高压旋喷灌浆的各项参数、浆液材料用量、异常情况及处理等。

(19) 旋喷止水施工时还应按照相关规范要求对其施工质量进行严格控制。

(20) 盾构区间始发与接收段、联络通道旋喷注浆加固完成后,隧道开挖前应检验注浆效果,加固后土体无侧限抗压强度为 0.5~0.8MPa,渗透系数不大于 1×10^{-6} cm/s。

4.7 地下水控制技术

4.7.1 总则

(1) 为使城市轨道交通工程建设中的地下水控制做到技术先进、安全可靠、技术合理、确保质量、控制风险制定本规范。

(2) 本规范根据《建筑与市政工程地下水控制技术规范》(JGJ 111—2016)、《建筑地基处理技术规范》(JGJ 79—2012)、《建筑基坑支护技术规程》(JGJ 120—2012)、《城市轨道交通工程质量安全管理暂行办法》(建质〔2010〕5 号)等国家、行业以及山东省和济南市相关标准、规范及制度要求制定。

(3) 本规范适用于集团在建和后续新建的城市轨道交通工程的地下水控制。

(4) 地下水控制设计前应具备相应的水文地质勘察资料,当工程勘察资料不能满足设计要求时,应进行专项勘察工作。

(5) 地下水控制方案的选择应以不影响周边环境和地下水环境为前提。当预测可能对环境产生危害时,应提出相应的防治措施。

4.7.2 基本规定

(1) 地下水控制分为前期准备、水文地质勘察、地下水控制设计、地下水控制施工、工后处理五个环节,其中地下水控制设计又分为总体设计、初步设计、施工设计。

(2) 根据含水层岩性、地下水埋藏条件、结构底板埋深等,将场地水文地质条件分为复杂、中等、简单三个等级。

① 符合下列条件之一者为水文地质条件复杂。

a. 结构底板位于含水层中,且地下水位高于结构底板 5m 以上;

b. 结构底板虽在地下水位以上,但下部存在承压水,且相对隔水层厚度小于承压水头的一半;

c. 结构底板埋深大于 20m,且结构底板以上分布多个含水层;

d. 结构位于地表水体附近,且地表水与地下水可能存在补给关系。

② 符合下列条件之一者为水文地质条件中等。

a. 结构底板位于含水层中,地下水位高于结构底板 1~5m;

b. 结构底板以上含水层岩性为渗透性相对较小的粉土层,地下水位高于结构底板 5m 以下;

c. 结构底板在地下水位以上,下部存在承压水,但下部相对隔水层厚度大于承压水头的一半。

③ 符合下列条件之一者为水文地质条件简单。

a. 结构底板位于含水层中,但地下水位仅高于结构底板 1m 以下;

b. 结构底板位于地下水位以上,且下部无承压水;或相对隔水层厚度远大于承压水水头;

c. 结构底板以上为较稳定的基岩。

(3) 可根据场地周边建筑、市政设施分布情况,将场地周边环境条件分为复杂、中等和简单三个等级。

① 结构边界至结构边界外 1 倍(含)结构底板埋深范围内有永久性建筑物和市政设施可定为场地周边环境条件复杂;

② 结构边界至结构边界外 1 倍(含)结构底板埋深范围内无永久性建筑物和市政设施,但 1~2 倍(含)范围内有永久性建筑和市政设施可定为场地周边环境条件中等;

③ 结构边界至结构边界外 2 倍(含)结构底板埋深范围内无永久性建筑和市政设施可定为场地周边环境条件简单。

(4) 地下水控制等级可根据水文地质条件复杂程度和场地周边环境条件复杂程度划分为一级、二级、三级。划分原则参见表 4-21。

表 4-21 地下水控制等级划分

水文地质复杂程度	场地周边环境条件		
	复 杂	中 等	简 单
复杂	一级	一级	二级
中等	一级	二级	三级
简单	二级	三级	三级

注:地下水控制等级为二级的项目,当有地区成熟的地下水控制经验时,可按三级考虑。

(5) 地下水控制设计与施工过程控制应符合《地下水管理条例》相关规定的要求,当现有的勘察资料不能满足设计要求时,应进行专门的水文地质勘察及现场抽水试验。

(6) 地下水控制应做到动态设计和信息化施工,以提高地下水控制设计水平和施工质量。

(7) 地下水控制设计与施工应备有工程抢救辅助措施,保证地下水控制顺利进行。

4.7.3 地下水控制方案选择

1. 地下水控制方法

(1) 地下水控制就是为确保基坑、隧道的开挖、支护结构施工、基础施工及其基坑周边环境安全而采取的抽排水、降水、止水或回灌等措施。

(2) 抽排降水主要有明(盲)沟加集水井、轻型井点、喷射井点、真空管井、管井井点、渗井、辐射井降水等。

(3) 止水方法主要有地下连续墙、深层搅拌止水、SMW 工法止水、高压喷射注浆止水、压力注浆止水、冻结法等。

2. 选择原则

(1) 地下水控制应遵循"保护优先、综合利用、兼顾经济和环境效益"的原则,以最大程度减少地下水抽排。

(2) 应进行帷幕隔水方案经济合理性判定,确定能否采用施工降水方案。

(3) 当出现下列情况时,可判定帷幕隔水方案技术不可行,宜选用施工降水。

① 明挖法基坑工程:基底位于砂、卵砾石含水层(包括砂、卵砾石、粉土)中,且基底以下 5m 之内无适当的隔水层。

② 暗挖法工程:矿山法(PBA 法除外)施工的地铁车站;变断面、大断面的地铁隧道。

③ 线性工程或大型工程,若采用帷幕隔水方案,对区域卵砾石含水层或厚度大于 10m 的砂土含水层中地下水流场存在较大影响。

4.7.4 降水设计技术要点

1. 一般规定

(1) 降水设计应在搜集地层、地下水等相关的勘察资料和工程环境、结构设计图纸、施工部署、工期等资料的基础上进行。内容如下。

① 地层岩性、厚度及顶、底板标高;

② 地下水类型、埋藏深度、地下水位标高与动态变化规律以及各含水层之间的关系;

③ 各含水层的水文地质参数以及与降水有关的工程地质参数;

④ 各含水层的补给、径流条件,基坑与附近大型地表水源的距离关系及其与地下水的水力联系;

⑤ 地下水水质;

⑥ 拟建工程的平面图、剖面图;

⑦ 周围建(构)筑物及其与拟建工程距离、基础资料、支护方式以及使用现状;

⑧ 拟建结构的施工方法、施工部署,基坑支护设计形式以及施工工期。

(2) 降水工程设计成果应包括但不限于以下内容:

① 工程概况及设计依据;
② 地质条件、工程环境和现场条件;
③ 降水方法;
④ 降水技术方案应根据基础平面形状、技术要求和降水地质条件,把选择的降水井和排水设施的数量和位置布置在图上,组成降水方案布置图并加以说明;
⑤ 降水井设计图的剖面图应包括地质纵断面图和降水井结构图,其中地质纵断图中应包括车站结构,降水井结构图应包括地层和结构底板的指示;
⑥ 预测降水水位和基坑涌水量;
⑦ 提出降水工程的辅助措施和补救措施;
⑧ 应对降水影响范围内的周边环境条件设计沉降观测点,并给出合理的控制指标和观测频次、周期;
⑨ 计算地下水水位下降引起地表沉降,对一级工程环境问题应进行保护方案设计;
⑩ 排水管布置图中应合理设置沉淀池,必要时在排水口安装流量计;
⑪ 配电系统图应符合现行《供配电系统设计规范》(GB 50052—2009)相关要求,对于地下水量大和承压水区域应设计备用电源;
⑫ 地下水综合利用措施;
⑬ 施工围挡布置。

(3) 车站降水设计应配合施工过程,先进行车站主体的设计再进行附属结构设计。主体设计时,应考虑附属结构施工时降水井的重复利用。

2. 降水方法选择

(1) 降水设计和施工应满足支护结构设计要求,应根据场地及周边工程地质条件、水文地质条件和环境条件,并结合基坑支护和基础施工方案综合分析、确定。可按表 4-22 选用。

表 4-22 降水方法及适用条件

降水井类型		适用条件		
		土质类别	渗透系数/(m/d)	降水深度/m
集水明排		填土、黏性土、粉土、砂土	<20.0	<5
降水	轻型井点	粉质黏土、粉土、细砂、中细砂	0.1~20.0	单级<6 多级<12
	喷射井点	粉土、砂土	0.1~20.0	<20
	管井	粉质黏土、粉土、砂土、碎石土、岩石	>1	不限
	辐射井	粉砂、细砂、中砂、粗砂、卵石和黏性土	>0.1	不限

(2) 当地下水难以疏干时,应评价其可能造成的后果,并通过真空管井或集水明排等补救措施保证基坑的施工安全。

(3) 当采用渗井时,应考虑上部含水层的水质是否存在污染,并考虑渗井能力随时间的不断衰减以及混合水位是否满足基坑开挖要求。

3. 降水设计

(1) 降水井井位布置应避开地下管线,同时减少施工对地面交通及周边环境的影响。

(2) 对承压水含水层进行减压降水时,应根据帷幕隔水进入承压水含水层中的长度选择基坑外降水或基坑内降水。

(3) 水位降深确定应符合下列要求:

① 设计降水深度在基坑范围内不宜小于基坑底面以下 0.5m,施工中地下水位应保持在基坑底面以下 0.5~1.5m。

② 涉及多层地下水时,应根据各含水层的地下水位确定水位降深值,而不应统一取为第一层地下水降低至基底以下的水位降低值。

③ 降水管井的井内水位为基坑中心点的水位降深和管井与中心点的距离与水力坡度乘积,同时应考虑井损和水跃值。

(4) 降水井的深度应符合下列要求:

① 应根据降水深度、含水层的埋藏分布、地下水类型、降水井的设备条件以及降水期间的地下水位动态等因素确定,也可通过计算确定。

② 降水井的深度可按式(4-8)计算确定。

$$H_w \geqslant H_{w1} + H_{w2} + H_{w3} + H_{w4} + H_{w5} + H_{w6} \tag{4-8}$$

式中,H_w 为降水井深度,m;H_{w1} 为开挖深度,m;H_{w2} 为降水水位距离基坑底的深度,m;H_{w3} 为井中水位与基坑中心地下水位差值,$H_{w3}=ir_0$,i 为水力坡度,在降水井分布范围内宜为 1/10~1/15;r_0 为基坑中心与降水井排最大垂直距离或降水井排间距的 1/2,m;H_{w4} 为降水期间的地下水位变幅,m;H_{w5} 为降水井过滤器工作长度,m;H_{w6} 为沉砂管长度,m。

③ 应根据地层结构将过滤器部分设置在较厚的透水性能较好的砂卵层中,避免处于影响井的出水能力的透镜体中。

④ 轻型井点过滤器顶端宜位于坑底以下 1.0m。

⑤ 喷射井点深度与井点管排距有关,应比基坑设计开挖深度大 3.0~5.0m。

⑥ 引渗井深度宜揭穿被渗层,当厚度大时,揭露厚度不宜小于 3.0m。

(5) 应通过计算确定下列参数:

① 基坑涌水量;

② 单井出水量;

③ 井数及井间距;

④ 地下水位下降引起地表沉降。

(6) 基坑涌水量估算应根据地下水类型、补给条件,降水井的完整性以及布井方式等因素,依据相关规范进行计算。

(7) 设计单井出水量应小于单井出水能力,单井出水能力应根据地下水类型、地层条件、降水方法等因素,依据相关规范进行确定。

(8) 降水井的数量和井点间距根据基坑涌水量、地层条件、基坑形状、地区经验等综合确定。

(9) 因地下水位下降引起的土层固结沉降可采用分层总和法进行计算。

滤水管类型及适用范围可根据工程条件按表 4-23 选择。

表 4-23　过滤器类型及适用范围

过滤器类型		骨架材料	孔隙率/%	适用范围
圆孔过滤器		钢管	30～35	不稳定裂隙岩层、松散碎石、卵石层
		铸铁管	20～25	
条形过滤器		钢管塑料管	10～30	中粗砂砾石层
缠丝过滤器	钢筋骨架过滤器	圆钢	50～70	中粗砂砾石层
	钢制过滤器	钢圆孔管	35	
	铸铁过滤器	铸铁圆孔管	25	
	钢筋混凝土过滤器	钢筋混凝土穿孔管	15～20	
填砾过滤器		缠丝包网过滤器	10～75	细中粗砂和砾石层
砾石水泥过滤器		无砂混凝土管	20	细中粗砂和砾石层
无缠丝过滤器		金属管	20～25	粉、细、中、粗、砂、砾石、卵石层
		水泥管	16～20	
模压孔过滤器		钢板冲压后卷焊	桥形孔 10～30mm 帽檐孔 8～19mm	粉、细、中、粗、砂、砾石、卵石层

（10）滤水管长度确定应符合下列要求。

① 对于轻型井点和喷射井点，滤水管的长度不宜小于含水层厚度的 1/3；

② 管井井点滤水管长度宜与含水层厚度一致。

（11）管外填砾料应符合下列要求。

① 人工填充层的砾料应选用圆形、卵圆形；

② 采用的砾料成分宜采用石英岩、石灰岩、卵砾石；

③ 填砾厚度应遵循在砂类土含水层中尽量加大填砾厚度；在砾石、卵石含水层中，填砾厚度可以适当减小。一般情况下，砾料厚度宜为 75～150mm。

4. 排水、配电系统设计

（1）应当按照建设部《城市排水许可管理办法》（建设部令第 152 号）的规定，申领城市排水许可证。

（2）排水系统设计应满足下列要求。

① 排水管路可采用主管集水和单井直排，主管直径应大于所连接支管直径总和，单井直排方式应对排水管进行统一编号。

② 管路宜采用暗埋方式敷设，埋设深度不小于 0.8m，并作防锈处理，冬季应采取有效的保温措施。

③ 排水口处设置不小于 $4m^3$ 的沉淀池，池中间砌一道 1.00m 高的矮墙。水先排入一个半池中，水面高于 1.00m 后流入另一个半池，水中的砂沉淀在进水的半池中，清水通过另一个半池的出水口排出，沉淀池内壁须做防水处理。

④ 接入市政的排水口不应少于两处。

（3）抽排地下水经沉淀池后排入市政雨水管道，不应排入污水管道。

（4）明挖基坑不宜在坡顶外侧设置明沟排水，可采用挡水墙阻水。

（5）基坑内可设置排水盲沟，位置距边坡侧壁不小于 300mm，尺寸可根据排水量选择。为防止水流基坑底部细颗粒被带走造成基底土扰动，应在盲沟中填 $\phi 4～6mm$ 的砾石。

(6) 配电系统设计应满足下列要求。

① 配电线路由总电源引出后采用三级配电，用电线路宜采取穿钢管暗埋，与排水管路同槽敷设；

② 所用配电箱应采用正规厂家生产的产品，并带有漏电保护装置；

③ 现场应配备备用电源，防止临时停电时间过长造成地下水上升，威胁工程安全。

5. 降水监测

(1) 降水监测包含下列内容。

① 地下水位动态监测；

② 抽水量监测；

③ 含砂量监测；

④ 降水引起周边沉降监测。

(2) 地下水位动态监测点布置应符合下列规定。

① 对于影响工程施工的多含水层场地，应分层布置地下水位监测点。

② 在工程降水区域范围内建立地下水位动态监测网，在降水的中心区以及受降水影响较大的建筑物附近布设地下水位监测孔。

③ 地下水位监测孔应根据地下水控制等级布置，三级工程不得少于1组，二级工程为2~3组，一级工程不得少于3组。

(3) 地下水位监测频率满足下列要求。

① 抽水前应进行稳定水位的观测。在完成降水井和地下水位监测点后应立即进行地下水稳定水位的监测，尤其是承压水含水层的稳定水位，这是降水工程中重要的一个参数。抽水前的稳定水位观测可以1次/d。

② 抽水初期应对地下水监测点进行2次/d的观测，必要时，可对降水井内水位进行监测，以了解降水井的抽水情况。

③ 当水位稳定后可每天对地下水位监测点观测1次，如出现水位波动较大，可加密监测。

④ 当出现停电、潜水泵损坏等情况，造成地下水位变化异常，应加大频率测量地下水位，预测可能出现的工程问题，并采取有效措施，避免造成基坑工程事故。

(4) 抽水量可将多个抽水井抽取的水汇入一个总排水管，通过安装流量表，量测总的地下水抽取量。

(5) 降水运行过程中应绘制地下水水位降深曲线，同步绘制抽取水量曲线，及时分析地下水位变化与抽取水量的合理性，如出现异常，可及时分析原因，并采取必要的措施。

(6) 首次(洗井后抽水前)含砂量检测合格后，在抽水期间间隔时间不超过3个月定期进行含砂量检测，异常情况下应根据情况加密检测次数。

(7) 沉降监测应符合下列规定。

① 根据降水设计中计算的抽水影响范围结合工程实际情况对一定范围内典型建筑(高大建筑物、重要建(构)筑物、重要的市政管线等)布设沉降观测点。

② 降水实施期间,降水单位应配合土建施工单位、第三方监测单位进行沉降观测布点与监测。

③ 降水运行过程中应绘制各测点地面沉降曲线,分析各测点地面沉降变化趋势和对基坑及周边环境安全的影响。

4.7.5 止水设计技术要点

1. 一般规定

(1) 止水帷幕设计应在搜集地层、地下水等相关的勘察资料和工程环境、设计图纸、工期等土建资料的基础上进行。内容如下。

① 查明场地内地层岩性、厚度及顶、底板标高;

② 确定地下水类型、埋藏深度、地下水位标高与动态变化规律以及各含水层之间的关系;

③ 各土层的水文地质参数以及有关的工程地质参数;

④ 各含水层的补给、径流条件,基坑与附近大型地表水源的距离关系及其水力联系;

⑤ 地下水水质;

⑥ 拟建工程的平面图、剖面图;

⑦ 周围建(构)筑物与拟建工程距离、基础资料、基坑支护方式以及使用现状。拟建结构的施工方法、基坑支护设计形式以及施工工期。

(2) 止水设计成果应包括但不限于以下内容。

① 工程概况及设计依据;

② 论述地质条件、工程环境和现场条件;

③ 选择确定止水方法;

④ 止水帷幕应根据基础平面形状、技术要求和地质条件布置平面图,并加以说明;

⑤ 止水帷幕设计还应提供止水帷幕范围内地下水水量计算值,并布置合理的疏干井;

⑥ 设计中需提出止水工程的辅助措施和补救措施;

⑦ 当采取悬挂式止水帷幕时,应计算地下水水位下降引起地表沉降,对一级工程环境应进行保护方案设计。

2. 止水方法选择

止水帷幕的设计和施工应满足支护结构设计要求,应根据场地及周边工程地质条件、水文地质条件和环境条件并结合基坑支护和基础施工方案综合分析、确定。可按表 4-24 选用。

3. 止水帷幕设计

(1) 止水帷幕设计应与支护结构、排水方案的设计统一考虑。

(2) 当采用落底式止水帷幕时,其插入相对隔水层深度不宜 2~3m,也可按照相关规范进行计算确定。

表 4-24 止水帷幕方法及适用条件

隔水方法		适用条件		
		土质类别	开挖深度/m	施工及场地条件
地下连续墙		除岩溶外的各种地层条件	不限	(1) 基坑侧壁安全等级一、二、三级 (2) 基坑周围施工宽度狭小，邻近基坑边有建筑物或地下管线需要保护
连续排列的排桩墙	桩锚+搅拌桩帷幕	黏性土、粉土等地层条件，搅拌桩不适用砂、卵石等地层	不限	(1) 基坑侧壁安全等级一、二、三级 (2) 基坑较深、临近有建筑物不允许放坡、不允许附近地基有较大下沉和位移等条件
	桩锚+高压喷射桩帷幕	黏性土、粉土、砂土、砾石等各种地层条件	不限	(1) 基坑侧壁安全等级一、二、三级 (2) 基坑较深、临近有建筑物不允许放坡、不允许附近地基有较大下沉和位移等条件
	钻孔咬合桩	黏性土、粉土、砂土、砾石等各种地层条件	不限	基坑侧壁安全等级宜为二、三级
SMW 工法		黏性土和粉土为主的软土地区	一般适用于开挖深度 6~10m，采用较大尺寸型钢和多排支点时深度可加大	基坑侧壁安全等级宜为二、三级
重力式挡墙（高压喷射注浆或深层搅拌法）		淤泥、淤泥质土、黏性土、粉土	不宜超过 7m	(1) 基坑侧壁安全等级宜为二、三级 (2) 水泥挡墙施工范围内地基土承载力不宜大于 150kPa (3) 基坑周围具备水泥土墙的施工宽度 (4) 对周围变形要求较严格时慎用
袖阀管注浆法		各种地层条件	不宜大于 12m	在支护结构外形成止水帷幕，与桩锚、土钉墙等支护结构组合使用
土钉墙与止水帷幕结合式、土钉墙与止水帷幕分离式		填土、黏性土、粉土、砂土、卵砾石等土层	不宜大于 12m	(1) 基坑侧壁安全等级宜为二、三级的非软土场地 (2) 基坑周围有放坡条件，临近基坑无对位移控制严格的建筑物和管线等
长螺旋旋喷搅拌水泥土桩		各种土层条件	不限	适用于在已施工护坡桩间做止水帷幕，能够克服砂卵石等硬地层条件
冻结法		黏性土、粉土、砂、卵石等各种地层，砾石层中效果不好	不限	大体积深基础开挖施工、含水量高地层，25~50m 的大型和特大型基坑更具造价与工期优势

(3) 采取悬挂式止水帷幕,应按相关规范进行地下水绕过止水帷幕底部的渗流稳定性验算;当不透水层下面含有承压水的砂层时,应进行基坑底抗渗流稳定性验算。

(4) 地下连续墙设计除需满足现行《建筑地基基础设计规范》(GB 50007—2011)和《建筑基坑支护技术规程》(JGJ 120—2012)要求外,对于地下连续墙止水帷幕设计还应满足以下规定:

① 地下连续墙槽段之间的接头应满足防渗隔水的要求,墙体混凝土抗渗等级不宜小于 P8。

② 地下连续墙接头形式主要有:接头管(也称锁口管)、工字钢接头、钢筋混凝土预制桩接头接头箱、隔板、十字钢板。应根据实际情况选用止水效果好的接头,优先选用流水线路较长的接头形式。

③ 连续墙接头外侧加旋喷桩或注浆管注浆,或在预埋接驳器迎土面加焊防水钢板等。旋喷桩搭接不小于 150mm。

(5) 深层搅拌止水的设计应符合下列规定。

① 为符合现场实际情况,必须取样进行加固土的配合比试验,确保水泥土的渗透破坏比降不小于 200。另外考虑实验室与现场施工的差异,现场施工配合比建议加大掺量 1%～2%。

② 防渗墙厚度应根据设计允许破坏坡降和防渗水头差来确定,墙厚的取值必须考虑施工可能造成的允许偏差,最小墙厚一般不宜小于 300mm。

③ 现场必须进行工艺试验,以确定适宜的布置形式。如现场土质复杂,或为了适应在深度的施工要求,可以减小钻头直径或改为单头深搅桩。为保证墙体的防渗性能,建议按照双排梅花形布置。

④ 桩顶标高根据现场条件确定,施工平台必须布置在距地下水位以上大于 50cm,桩底高程根据基坑边坡的抗渗安全计算确定。

⑤ SMW 围护结构的止水作用必须确保水泥土的强度。

⑥ 水泥土厚度的确定应控制好 H 型钢的布置密度。

⑦ 通过调整芯材(如 H 型钢)的刚度,提高水泥土的强度与刚度,适当减小支撑的间排距,使 SMW 围护结构最大水平位移控制在 3～4cm,达到控制墙体抗渗性能的目的。

(6) 高压喷射注浆止水的设计应符合下列规定。

① 一般设计桩径相互搭接不宜小于 300mm。喷射管分段提升的搭接长度不得小于 200mm。

② 当采用普通硅酸盐水泥浆抗渗性能不能满足要求时,可掺入 2%～4% 的水玻璃。

③ 设计桩径可按表 4-25 选用。

表 4-25 设计桩径的选择

土 质	标准贯入击数	方　法		
		单管法/m	双重管法/m	三重管法/m
黏性土	0<N<5	0.5～0.8	0.8～1.2	1.2～1.8
	6<N<10	0.4～0.7	0.7～1.1	1.0～1.6

续表

土 质	标准贯入击数	方　　法		
		单管法/m	双重管法/m	三重管法/m
砂土	0<N<10	0.6～1.0	1.0～1.4	1.5～2.0
	11<N<20	0.5～0.9	0.9～1.3	1.2～1.8
	21<N<30	0.4～0.8	0.8～1.2	0.9～1.5

④ 应根据喷量法和体积法确定注浆量，取二者中较大者为设计注浆量。

(7) 压力注浆止水的设计应符合下列规定。

① 对于上部砂砾层较多的土层，一般宜用分段式自上而下注浆，对于上部砂砾层少或没有的软弱土层，一般宜用分段式自下而上注浆。

② 尽量沿止水范围外 0.5m 的轮廓线布置注浆孔，孔距应在 1～2 倍有效扩散半径之间。一般砂层中孔距不大于 0.5m，残积土及黏土层中不大于 0.8m。

③ 注浆扩散半径可通过注浆压力和现场试验来确定此值，一般取 3～5m。

④ 注浆终压值等于孔口压力与浆液柱压力之和，注浆终压值设计为注浆段底部静水压力的 2.5～3.5 倍(单液水泥浆取 2.5 倍，黏土水泥浆取 3.0～3.5 倍)。

⑤ 浆液注入量可以根据扩散半径、岩层裂隙率、地层平均裂隙率、浆液的填充系数等进行粗略估算，作为注浆参考指标。

(8) 冻结法止水的设计应符合下列规定。

① 对于含水量大于 10% 的任何含水、松散、不稳定地层均可采用冻结法施工。但当地下水含盐量过高及地下水流速度过快时，不易采用该法。

② 冻结孔的间距应根据实际情况来确定，一般距离为 1000mm±200mm。

③ 最大需冷量的计算应充分考虑地层的热扩散系数、冷冻管的长度和冻结器的外径，同时考虑一定的冷量储备系数。

④ 冻结壁交圈时间应根据冻结孔间距、冻结孔深度和相应土层的冻结速度来确定，同时要考虑环境温度场的影响系数。

⑤ 积极冻结期盐水温度易控制在 −25～−30℃，维护冻结期盐水温度 −22～−25℃。帷幕的维护期温度不高于 −8℃。

⑥ 冻结法施工时应对冻结壁相关部位进行监测，冻结帷幕监测内容为：冻结壁温度场、冻结壁与隧道胶结、开挖后冻结壁暴露时间内冻结壁表面位移和开挖后冻结壁表面温度。

⑦ 工程监测贯穿整个施工过程，其主要监测内容为地表沉降监测、隧道变形监测、通道收敛变形监测、冻土压力监测。

4. 止水施工监测

(1) 止水帷幕监测包含下列内容。

① 地下水位动态监测；

② 周边沉降监测。

(2) 监测相关规定同 4.7.4 节降水监测。

4.7.6 降水施工技术要点

1. 一般规定

(1) 降水施工应满足绿色施工要求,合理抽降,减少对地下水资源浪费。同时应符合现行国家标准《建筑与市政工程地下水控制技术规范》(JGJ 111—2016)和《建筑基坑支护技术规程》(JGJ 120—2012)的有关规定。

(2) 降水施工前应以降水工程设计为依据,明确工程范围及相关技术要求,编制降水工程施工组织设计,并满足《危险性较大的分部分项工程安全管理办法》相关规定。

(3) 降水工程施工组织设计内容。

① 工程概况及工程环境;
② 施工要求;
③ 技术方法;
④ 工程布置、工程数量;
⑤ 施工组织、设备材料、加工计划、降水井与排水设施,施工程序;
⑥ 工程措施与辅助措施,质量检查与安全措施;
⑦ 工期安排;
⑧ 附相关图表。

(4) 每个降水井、孔、排水设施竣工后,均应单独进行调试合格满足设计要求后,方可进行降水检验。

(5) 施工降水进场后,可进行施工阶段抽水试验验证水文参数及设计参数的合理性。

(6) 开挖至地下水位标高前的超前抽水时间不少于 20d。

(7) 对地下水控制等级为一级的工程,宜委托具备资质的第三方机构进行质量检测。

2. 管井

(1) 管井施工优先考虑采用泵吸反循环钻井法,根据地层条件也可选用冲击钻、回转钻及旋挖钻进。

(2) 当上部含水层水质较差,需要评价多层地下水混合管井降水对下部含水层水环境的影响;当采用混合管井降水时,应在降水停止后采取有效措施确保管井不使上下含水层连通。

(3) 管井安装后应立即进行洗孔,用空压机自上而下冲洗干净,洗井后安装水泵进行单井试抽。抽水时应做好工作压力、水位、抽水量的记录,如抽水量及水位降值与设计不符,应及时调整降水方案。

(4) 管井施工过程中应对下列内容进行验收。

管井井深:以深度控制的井孔,其允许偏差应为 −200mm、+1000mm;以井底地层控制的井孔,应以地质勘察报告为依据计算井深。

① 管井滤料含泥量应不大于 3%,滤料级配应符合设计要求;
② 管井实际填料量应不小于计算量的 95%;
③ 管井直径允许偏差应为 −20mm;

④ 管井滤水管垂直度应不大于1‰；
⑤ 成井后应用清水洗井至水清砂净或上下含水层串通；
⑥ 管井滤水管孔隙率：钢管应不小于10%，无砂水泥管应不小于15%。

(5) 施工成井后应对单井出水量进行现场抽水复测，以确保满足设计要求。

3. 轻型井点

(1) 对易塌、易缩孔的松软地层，钻探施工应采用清水或稀泥浆钻进或高压水套管冲击施工，达到设计孔深后，应加大泵量、冲洗钻孔、稀释泥浆；对于不易产生塌孔、缩孔的地层，可采用长螺旋钻机施工成孔。

(2) 轻型井点系统由井点管、连接管、集水总管及抽水设备等组成；沿基坑周围以一定的间距埋入井点管（下端为滤管），地面上用水平铺设的集水总管连接各井点管，在一定位置设置离心泵和水力喷射器。

(3) 轻型井点施工应满足下列要求。
① 滤料应填至地面以下 1.0～2.0m，再用黏土封孔；滤料以中粗砂为宜。
② 真空度是判断井点系统是否良好的尺度，应为 55.3～65.7kPa。
③ 轻型井点井深应不小于设计深度，且应比井点管深 500mm。
④ 轻型井点真空度应不小于 60kPa。

4. 喷射井点

(1) 喷射井点真空度应不小于93kPa。
(2) 喷射井点施工要求参见 4.7.4 节。

5. 辐射井

(1) 辐射井的施工应符合下列要求。
① 集水井施工当场地狭小时宜采用沉井法或人工挖井法，有场地条件时宜采用泵吸反循环钻进法，井深应超过最底部降水目的含水层1.0m以上，钻进井径应大于3.0m，并以满足井内水平井施工为准；
② 水平井施工宜采用水力双壁钻杆反循环法或顶进水力正循环法，垂直方向上水平井沿各含水层底部施工，平面上水平井沿结构外缘及不同方向上布设。

(2) 辐射井的安装应符合下列要求。
① 集水井安装要求：集水井井壁管可采用预制钢筋水泥管，壁厚0.15～0.2m，每节管长1～2m，管节之间做防水处理，并连接牢固，沉井法采用自重整体均匀润滑下沉，井底用砼封闭；反循环钻进法的井管安装采用漂浮法，最底节为封闭的圆底。沉井法下端带有刃角，施工到设计井深后用混凝土封底，并处理刃角周围。
② 水平井管安装要求：成孔后立即安装水平井管，或随钻安装，水平管均为滤水管，可用PVC波纹缠丝管、钢丝骨架缠土工织布管和钢管打眼缠丝包网管，全孔下入井管，井管顶端封闭，井管口周围应做密封处理。

(3) 沉设时，沉井混凝土强度应达到设计强度的70%及以上，或符合设计要求。

(4) 封底结束后的位置：刃脚平均标高与设计标高的允许偏差应不大于100mm；刃脚平面中心线位移应不大于1‰H（H为下沉总深度），$H<10$m时，应不大于100mm。

(5) 钢材、对接钢筋、水泥、骨料等原材料的质量应符合设计要求。检验数量：施工单位全数检验,监理单位按施工单位检验数的30%作见证检验或按10%作平行检验。

6. 集水明排

(1) 排水沟的施工应符合下列规定。

① 排水沟的位置距坡脚应不小于300mm;

② 排水沟宽宜取300～600mm;

③ 排水沟深度应为400～500mm;

④ 排水沟应设一定纵坡,坡度应不小于3‰。

(2) 集水井位置距坡脚应不小于400mm,深度应不小于800mm。

(3) 一般采用人工开挖集水井,下入钢护筒或水泥砾石滤水管护壁,下入滤水管时,滤水管外围应回填滤料。

(4) 宜采用污水泵抽水,泵头应包以滤网,以防泥砂进入水泵。

(5) 基坑侧壁如有渗水,应设置导管,将水导出。

(6) 导流管导管长度应为500～1000mm;导管滤管部分孔隙率应不小于10%,且应缠尼龙纱网防止出砂;导管应设置在含水层底部或渗水处。

(7) 排水沟沟底防水施作前,槽底土体应不受长时间浸泡;排水沟宽度应保证水不溢出泡槽。

(8) 集水井滤料粒径宜为2～7mm,含泥量应不大于3%;实际填料量应不小于计算量的95%。

(9) 集水井潜水泵的泵量和扬程应保证集水井内的水及时排出。检验数量:施工单位、监理单位全数检验。

4.7.7 止水施工技术要点

1. 一般规定

(1) 止水帷幕施工应满足绿色施工要求,同时应符合现行国家标准的有关规定。

(2) 止水帷幕施工前应以止水帷幕工程设计为依据,明确工程范围及相关技术要求,并编制止水帷幕工程施工组织设计。

(3) 止水帷幕施工组织设计内容。

① 工程概况及工程环境;

② 施工要求;

③ 技术方法;

④ 工程布置、工程数量;

⑤ 施工组织、设备材料、加工计划、疏干井与排水设施、施工程序;

⑥ 工程措施与辅助措施,质量检查与安全措施;

⑦ 工期安排;

⑧ 附相关图表。

(4) 止水帷幕与支护结构施工顺序应符合下列规定。

① 当采取连续性止水帷幕时,先施工止水帷幕,后施工支护结构;

② 当采取嵌入型止水帷幕时,先施工支护结构,后施工止水帷幕。

(5) 止水帷幕施工前宜进行现场试验,确定加固体范围,检验施工方法、施工技术参数有效性。

(6) 对于闭合式封闭式止水帷幕,在基坑开挖前应做坑内抽水试验,并通过坑内外的观测井观察水位变化、抽水量变化等确认检验止水帷幕的隔水效果和质量可靠性。当存在渗漏时,应根据具体情况采取封堵、加固措施。

(7) 基坑开挖前应根据场地特点和项目特点编制有针对性的应急预案,开挖前物质、设备、人力等落实到位。

(8) 当止水帷幕后土体出现渗漏水的情况时,应及时采取有效堵漏止水措施。

(9) 止水帷幕漏水、流砂使坑外地面下沉、建筑物倾斜、管道断裂时,应立即停止坑内降水和挖土,并采取措施封堵止水帷幕,必要时重新补做止水帷幕。

(10) 止水帷幕施工完成后均应进行止水效果监测,对于环境条件复杂的工程,应进行全段检查。

2. 地下连续墙

(1) 地下连续墙的施工应符合《建筑基坑支护技术规程》(JGJ 120—2012)有关规定。

(2) 导沟、导墙中心线与地下连续墙轴应重合,内外导墙面的净距应等于地下连续墙的设计宽度加50mm,净距误差小于5mm,导墙内外墙面垂直。

(3) 导墙顶部宜高出地面少许。导墙之间净宽略大于连续墙厚度的4~6cm,导墙的埋深一般为1~2m,墙厚0.1~0.2m。

(4) 导墙拆模后,沿导墙纵向每隔1m设二道木支撑,导墙砼没有达到设计强度以前,禁止重型机械在导墙侧面行驶,防止导墙受压变形。

(5) 成槽机械操作要平稳,不能猛起猛落,防止槽内形成负压区,产生槽坍。

(6) 槽壁附近堆载不超过$20kN/m^2$,起吊设备及载重汽车的轮缘距离槽壁不小于3.5m。

(7) 放钢筋笼前,对槽段接头和相邻墙段的槽壁混凝土面用刷槽器等方法进行清刷,清刷后的接头和混凝土面不得夹泥;对设置防渗构件的接头,应将防渗构件装配到位,以保证接头的隔水效果。

(8) 施工工序间的衔接要紧凑,成槽至浇灌完混凝土时间控制在24h以内。

(9) 应有专人能够负责补允泥浆,并随时观察液面高度,泥浆面高度不得低于导墙顶面0.5m。

(10) 在施工中,一旦出现塌槽后,要及时填入砂土,用抓斗在回填过程中压实,并在槽内和槽外(离槽壁1m处)进行注浆处理,待密实后再进行挖槽。

(11) 连续墙施工应重点控制墙体强度、垂直度、墙体连接等项目。

3. 深层搅拌止水

(1) 深层搅拌止水成桩应符合下列规定。

① 根据设计先用经纬仪放出轴线,再用钢卷尺丈量出具体桩位,允许偏值为50mm;

② 搅拌桩机到达指定桩位后,进行对中、调平,允许偏差50mm;

③ 搅拌机钻孔时,下沉速度宜控制在1.2m/min,以利于土体充分破碎,在下沉过程中应边送浆边钻进;

④ 浆液必须按设计配方投料制浆,送浆前必须不停搅拌,防止浆液离析,浆液储备时间

不应超过 1h；

⑤ 当搅拌机下沉到设计深度时停止下沉，然后边搅拌边提升，提升速度控制在 0.97m/min；

⑥ 当搅拌机提升到设计桩顶标高时，重复下沉搅拌，使浆液与土体搅拌均匀；

⑦ 待下沉到设计深度时，边喷浆、边搅拌、边提升，直至提升至地面，控制提升速度 0.97m/min。

(2) 两轴搅拌桩的搭接不应小于 200mm。

(3) 搅拌桩应通过成桩试验确定等工艺参数，以及成桩工艺与施工步骤。

(4) 搅拌机头下沉与提升速度宜控制在一定范围内，并保持匀速下沉或提升。浆液泵送量应与搅拌机头的下沉或提升速度相匹配，保证搅拌桩中水泥掺量的均匀性。

(5) 单桩搅拌次数或搅拌时间应能保证水泥土搅拌桩的成桩质量。对含砂量大的土层，宜增加搅拌次数。

(6) 深层搅拌桩冷缝要记录处理，并在冷缝搭接处采取隔水加强措施。

(7) 深层搅拌止水质量控制应符合下列规定。

① 每根桩开钻前检查钻头直径，要求偏差小于 5mm。

② 严格进行定位控制，要求桩位偏差小于 1cm。

③ 每次开钻之前，钻机就位后，检查钻杆垂直度，垂直度偏差要求小于 1‰。

④ 相邻桩施工间隔时间不能超过水泥土硬化时间 6h，以 2h 内为宜，以保证有效搭接。如超出 16h，采取补桩或增加水泥用量等措施进行处理。

(8) 深层搅拌止水质量检验应符合下列规定。

① 在施工 28d 后，采用钻机在墙体内钻取墙体芯样，并描述芯样的完整性和芯样的均匀情况。对于取出的芯样进行单轴抗压强度、渗透系数、抗渗比降等参数的检测。钻孔的布置为每 300m 布设 1 孔，每孔要求取样 2 组，取样的部位为钻孔的中部和底部。钻孔必须用水泥砂浆封填密实，每标段钻孔不少于 3 个。

② 沿防渗墙轴线每 500m 开挖一处，每处长 3～5m，深 2.5～4m。对开挖出的墙体，要求墙体外观质量好，无蜂窝、孔洞；桩间搭接、墙厚满足设计要求，且墙体整体性好；切割桩体截面，观察搅拌均匀程度；凿取一段桩体，加工成立方体试块，进行抗压强度试验。

③ 围井试验所测得的渗透系数应满足设计要求，即不大于 $i\times10^{-6}(i=1\sim3)$cm/s；无损检测试验主要是检测墙体的连续性及墙体实际深度。

4. SMW 工法

(1) SMW 工法要求连续施工，故在施工前应对围护施工区域进行场地平整和地下障碍物探测清理，保证施工顺利进行

(2) 根据提供的坐标基准点，按照设计图进行放样定位及高程引测工作，并做好永久及临时标志。

(3) 根据基坑围护内边控制线，采用挖土机开挖沟槽，开挖沟槽余土应及时处理，以保证 SMW 工法正常施工，并达到文明工地要求。

(4) 桩机就位，认真检查定位情况并及时纠正，桩机应平稳、平正，线锤进行实施观测以确保钻机的垂直度。

(5) 根据设计要求并结合工程实际情况确定其基本配合比，确保水泥土发挥复合效应，起到共同止水挡土的效果。

(6) 水泥浆配制好后,停滞时间不得超过 2h,搭接施工的相邻搅拌桩施工间隔不得超过 24h。注浆时通过 2 台注浆泵 2 条管路混合注入。注浆压力:0.2~0.6MPa,注浆流量:每台 150~200L/min。

(7) 根据具体施工情况,搅拌桩钻进速度,合理控制供浆量,确保每幅桩水泥用量。

(8) 根据设计要求深度,搅拌桩在下沉和提升过程中均应注入水泥浆液(两次喷浆工艺),同时严格控制下沉和提升速度。根据经验,搅拌桩下沉速度不大于 1m/min,提升速度不大于 2m/min,在水泥搅拌桩底部重复搅拌注浆,停留 2min 左右,并做好原始记录。

(9) 涂刷减摩剂时应符合下列规定。

① 清除 H 型钢表面的污垢及铁锈。

② 减摩剂必须用电热棒加热至完全熔化,用搅棒搅拌时感觉厚薄均匀,才能涂敷于 H 型钢上,否则涂层不均匀,易剥落。

③ 如遇雨天,型钢表面潮湿,先用抹布擦干其表面后涂刷减摩剂。不可以在潮湿表面上直接涂刷,否则将剥落。

④ 如 H 型钢在表面铁锈清除后不立即涂减摩剂,必须在以后涂料施工前抹去表面灰尘。

⑤ 型钢表面涂上涂层后,一旦发现涂层开裂、剥落,必须将其铲除,重新涂刷减摩剂。

(10) 插入型钢时应符合下列规定。

① 水泥搅拌桩施工完毕后,吊机应立即就位,准备吊放 H 型钢。H 型钢使用前,在距其顶端 250mm 处开一个中心圆孔,孔径约 80mm,根据设计的高度控制点,用水准仪引放到定位型钢上,误差控制在±5cm 以内。

② H 型钢下插至设计深度后,用槽钢穿过吊筋将其搁置在定位型钢上,待水泥土搅拌桩达到一定硬化时间后,将吊筋及沟槽定位型钢撤除。

③ 若 H 型钢插放达不到设计标高时,则重复提升下插使其达到设计标高,此过程中始终用线锤跟踪控制 H 型钢垂直度。

(11) H 型钢回收时应符合下列规定。

① H 型隔离措施:浇筑压顶圈梁时,H 型钢挖出并清理干净露出部分表面的水泥土后,在扎圈梁钢筋前,埋设在圈梁中的 H 型钢部分腹板和翼板二侧必须先用泡沫塑料包裹,再用油毛毡片包裹泡沫塑料两层,油毛毡片包裹高度高出圈梁顶 15cm;并用 U 型粗铁丝固定好油毛毡片;

② H 型起拔:拆除插板,或直接装上 T 字形接头,用夹具、液压千斤顶,逐步将 H 型钢顶出地面。用吊车吊牢 H 型钢,待 H 型钢全部拔起后,现场放平并堆放现场;

③ 型钢拔除时须考虑对周边环境的影响,应对型钢拔除后的空隙采用注浆填充等措施。

(12) SMW 桩主要施工技术参数见表 4-26。

表 4-26 SMW 桩主要施工技术参数

序号	项 目	技术指标
1	水泥掺量	≥22%
2	下沉速度	0.8~1.0m/min
3	提升速度	2.0m/min
4	搅拌转速	30~50r/min
5	浆液流量	40L/min

(13) 保证 SMW 桩体的垂直度,可采用以下措施。
① 在铺设道轨枕木处要整平整实,使道轨枕木在同一水平线上;
② 在开孔之前用水平尺对机械架进行校对,以确保桩体的垂直度达到要求;
③ 用两台经纬仪对搅拌轴纵横向同时校正,确保搅拌轴垂直;
④ 施工过程中随机对机座四周标高进行复测,确保机械处于水平状态施工,同时用经纬仪经常对搅拌轴进行垂直度复测。

(14) 为了保证加固体强度均匀,可采用以下措施。
① 压浆阶段时,不允许发生断浆和输浆管道堵塞现象。若发生断桩,则在向下钻进 50mm 后再喷浆提升。
② 采用"二喷二搅"施工工艺,第一次喷浆量控制在 60%,第二次喷浆量控制在 40%;严禁桩顶漏喷现象发生,确保桩顶水泥土的强度。
③ 搅拌头下沉到设计标高后,开启灰浆泵,将已拌制好的水泥浆压入地基土中,并边喷浆边搅拌 1~2min。
④ 控制重复搅拌提升速度在 0.8~1.0m/min 以内,以保证加固范围内每一深度均得到充分搅拌。
⑤ 相邻桩的施工间隔时间不能超过 24h,否则喷浆时要适当多喷一些水泥浆,以保证桩间搭接强度。
⑥ 预搅时,软土应完全搅拌切碎,以利于与水泥浆的均匀搅拌。

(15) 为保证型钢的顺利插入起拔,易采用以下相关措施。
① 为保证型钢表面平整光滑,其表面平整度控制 0.1% 以内。
② 型钢表面应进行除锈,并在干燥条件下涂抹减摩剂,搬运使用应防止碰撞和强力擦挤。且搅拌桩顶制作围檩前,事先用牛皮纸将型钢包裹好进行隔离,以利于拔桩。
③ 型钢应在水泥土初凝前插入。插入前应校正位置,设立导向装置,以保证垂直度小于 1%,插入过程中,必须吊直型钢,尽量靠自重压沉。若压沉无法到位,再开启振动下沉至标高。
④ 型钢回收。采用 2 台液压千斤顶组成的起拔器夹持型钢顶升,使其松动,然后采用振动锤,利用振动方式或履带式吊车强力起拔,将 H 型钢拔出。采用边拔型钢边进行注浆充填空隙的方法进行施工。

5. 高压喷射注浆止水

(1) 高压喷射注浆时,应先采用工程钻机引孔。引孔钻进时,原则上采用清水钻进,若出现垮孔,采用优质膨润土作为制浆用主要材料,新制泥浆配合比拟为:水 750L,黏土 650kg,碳酸钠 6~8kg,如采用双重管引孔旋喷一体机,则引孔由旋喷台车自身完成。

(2) 高喷灌浆采用 32.5 普通硅酸盐水泥或复合水泥,浆液水灰比应满足设计要求,采用高速搅拌机搅拌,纯拌和时间不少于 1min,且应连续制浆。

(3) 施工时应保证钻孔的垂直度满足设计要求,旋喷桩之间或与灌注桩相互搭接不宜小于 200mm。

(4) 喷管先至指定深度后,拌制水泥浆液,即可供浆、供风、供水开喷。待各压力参数和流量参数均达到要求,且孔口已返出浆液时,即可按既定的提升速度进行喷射灌浆。

(5) 喷射压力、提升速度对成桩直径(喷射板墙的有效长度)有较大影响,应根据深度及土质条件进行调控。

(6) 高喷灌浆保持全孔连续一次作业,作业中因拆卸喷射管而停顿后,重复高喷灌浆长度不小于 0.3m。

(7) 在高喷灌浆过程中,出现压力突降或骤增、孔口回浆浓度和回浆量异常,甚至不返浆等情况时,查明原因后及时处理。

(8) 当孔内出现严重漏浆,拟采取以下措施进行处理。

① 降低喷射管提升速度或停止提升;
② 降低喷水压力、流量进行原地灌浆;
③ 喷射水流中掺加速凝剂;
④ 加大浆液密度或灌浆水泥砂浆、水泥黏土浆;
⑤ 向孔内冲填砂、土等堵漏材料。

(9) 在高喷灌浆过程中,水泥用量根据现场土层情况确定,保证 180~250kg/m(180°摆喷)。

(10) 供浆正常情况下,孔口回浆密度变小、不能满足设计要求时,拟采取加大进浆密度或进浆量的措施予以处理。

(11) 装、卸喷射管时,采取措施密封、加快装卸动作以防止喷嘴堵塞。

(12) 高喷灌浆结束后,充分利用孔口回浆或水泥浆液对已完成孔进行及时回灌,直至浆液面不下降为止。

(13) 施工中如实记录高压旋喷灌浆的各项参数、浆液材料用量、异常情况及处理等。

(14) 旋喷止水施工时还应按照相关规范要求对其施工质量进行严格控制。

6. 压力注浆止水

(1) 当土层比较均匀时,可采用全孔注浆法进行施工。当土层变化大需分段注浆时,可采用套管护壁注浆法或袖阀管注浆法,进行分段注浆。

(2) 当土层存在动水或土层较软弱时,可采用双液注浆法来控制浆液的作用范围,并应控制好两种浆液混合后的凝固时间,以及两种浆液混合后在管内的时间应小于浆液的凝固时间。

(3) 注浆孔钻孔直径可为 50mm、75mm 或 91mm(终孔直径)。

(4) 钻孔过程中每循环钻进 5~10m 便进行注浆加固(根据钻孔探测到孔内实际情况适当调节钻孔深度),如此循环钻孔和注浆两个步骤,逐步深入,直至钻孔、加固至设计深度。

(5) 注浆前应进行注浆试验,确定最佳的注浆压力、扩散半径、单孔注浆量及合适的浆液配合比。

(6) 注浆初期采取低压力中流量注入,注浆过程中压力逐步上升,流量逐渐减少,当压力升至注浆终压时,继续压注 5min,即可结束注浆。

7. 冻结法止水

(1) 冻结孔施工应符合下列规定。

① 在打钻设备就位前,用仪器精确确定开孔孔位,以提高定位精度。
② 冻结孔开孔钻每进 3m 时,测斜一次,用灯光测斜,如果偏斜不符合设计要求,立即采取调整钻孔角度及钻进参数等措施进行纠偏,如果钻孔仍然超出设计规定,则进行补孔。

③ 冻结孔应按设计深度施工,冻结孔开孔时,准确丈量钻杆尺寸,控制钻进深度。钻孔到底后应用泥浆冲孔,再下冻结管。

④ 冻结管必须采用无缝钢管。每批新钢管应抽样进行压力试验,其压力应为7MPa,无渗漏现象为合格;当复用旧钢管时,应逐根除锈,试验压力与新钢管同。

⑤ 冻结管的连接可采用钢制管接头或加管箍焊接,当采用管接头连接时,应预先在地面预组装进行渗漏试验;当采用管箍焊接时,对焊缝应进行检测。所有管箍的材质应与管材材质相同。

⑥ 冻结管下入钻孔后,必须进行试压。试验压力应为全冻结管内盐水柱与管外清水柱的压力差及盐水泵工作压力之和的2倍,经试压30min压力下降不超过0.05MPa,再延续15min压力不变为合格。

⑦ 测温孔应布置在偏值较大的冻结孔的界面上,孔数不应少于3个,孔深应按设计规定施工。

⑧ 冷冻站不得占用工业广场永久建筑物位置,距被冻结场地不宜大于50m,宜布置在冻结孔布线的中线处,使之距离两端相等;站房结构应通风良好,并应设置防火、防毒、避雷等安全设施。

⑨ 盐水管路系统必须进行压力试验,试验压力不得小于盐水泵工作压力的1.5倍,并持续15min压力不下降为合格。

⑩ 冷媒宜采用氯化钙溶液,其比重应根据设计盐水温度确定。

⑪ 冷冻的低温管路必须进行隔热和防潮处理,冷量的损失不得超过冷冻站工作制冷能力的20%。

⑫ 当室外气温高于35℃时,高压储液槽、冷凝器、氨瓶等应设遮阳凉棚。

⑬ 冷冻站安装完成后要进行试漏和抽真空,确保安装质量符合设计要求。

(2) 正式运转前应进行试运转,检验系统是否达到设计要求;运转过程中应有日志记录,并应采取措施保证冻结站的冷却效率,正式运转后不得无故停止或减少供冷,必要时要采取应急预案。

(3) 质量控制应符合下列要求。

① 全孔偏斜率应控制在3‰之内;

② 盐水中固体氯化钙含量应满足设计要求;

③ 冻结孔单孔流量不小于$5m^3/h$;

④ 盐水降温的梯度:当盐水温度处于正温时,每天降温梯度不宜大于5℃;当盐水降至0℃或负温后,每天降温梯度不宜小于2℃;

⑤ 下管深度不得小于设计深度0.5m;

⑥ 积极冻结期的温度不高于-28℃;

⑦ 维护冻结期的温度不高于-25℃;

⑧ 冻结壁平均温度不高于-10℃。

(4) 冻结法施工检测内容应符合下列规定。

① 冻结孔应全孔检测孔深和偏斜率;

② 检查冻结管的质量检验报告和试压试验记录;

③ 监测氯化钙的含量和盐水的温度;

④ 检验测温孔的温度是否满足设计要求；
⑤ 检验冻结壁的发展速度是否满足设计冻结速度。

4.7.8 后期处理

(1) 地下水控制后期处理的原则是为后续工程创造条件，确保不留隐患。

(2) 采用止水帷幕进行地下水控制的工程，在施工过程中如遇止水帷幕渗漏要及时采用引排或注浆措施进行处理。

(3) 采用降水措施进行地下水控制的工程，在施工过程中如遇难以处理的界面水，采取止、引、排的综合措施进行处理。

(4) 对于采用无砂管等强度较低的井管可以直接封填，对于采用钢管井等强度较大材料井管应先拔出井管后再封填。

(5) 降水管井在完成其使用目的后，首先切断供电电源，拆除井下水泵、电缆、泵管，采用黏土填入井管内并人工捣实，回填深度为至井口 2.0m。距井口 2.0m 以上采用 C15 素混凝土回填，并人工捣实。

4.7.9 地下水保护应急预案

(1) 当趵突泉监测数位降至标高 28.15m 时(黄色预警线)，要加强巡检工作并增加浅部孔隙水和深部岩溶水水位监测频率(1 次/8h)，确保各工地正常运行。

(2) 当趵突泉监测水位降至标高 27.6m 时(红色警戒线)，停止全部地下工程降水施工，防止区域地下水可能产生的叠加效应。当趵突泉水位降幅异常时，即可停止基坑降排水工作，联系相关咨询单位及名泉办，在未查明降幅异常原因前，禁止基坑降排水。

(3) 受勘察资料精度的限制，在基坑开挖过程中发现相交于车站结构的地下水渗流通道时，立即调整设计方案，增加不低于原断面 1.2 倍的渗漏断面补偿设计，并确保渗漏通道畅通。

(4) 根据实施监测数据，第四系孔隙水降水过程中发现深部岩溶水水位波动时及时停止降水施工，查明原因，如果存在水力联系立即调整设计方案，确保所有实施方案对深部岩溶水无影响。

(5) 施工中全部采用对地下水水质无影响的注浆资料，当地下水水质监测发现异常时，立即停止地下水回灌、注浆、盾构推进等施工，及时查明原因，待隐患消除后方可恢复相应施工。

(6) 当施工中遇到基岩裂隙水涌水或地下水量明显增大时，即刻停止施工并予以回填覆盖，联系泉水保护评价单位，查明地下水来源，根据泉水保护评价单位意见采取处理措施，必要时重新论证施工方案或重新选址规避。

(7) 基坑施工过程中止水帷幕局部渗漏的应及时予以封堵，防止对周围地下水造成影响。发生局部突涌或渗漏破坏的应采取应急砂袋回填等措施，确保基坑安全和地下水环境安全。处理完毕后应及时增加相应区位的地下水回灌量。

(8) 成立应急预案小组，当施工、运营阶段出现地下水监测数据异常或正在发生险情时，应急预案小组及时调配人员、应急物资等，采取针对性的措施；同时，将情况如实上报上级相关部门。

4.8 风险工程分级与设计技术

根据《城市轨道交通地下工程建设风险管理规范》(GB 50652—2011)、《城市轨道交通工程安全质量管理暂行办法》(建质〔2010〕5号)等国家、行业、山东省、济南市相关标准、规范及制度要求，以及公司安全风险技术管理总文件的相关要求，进一步规范和加强轨道交通工程建设中的风险工程分级与设计工作，形成本规范。

本规范是安全风险控制技术文件的子文件，主要用于指导风险工程分级与设计及其安全风险管控工作。

4.8.1 总则

(1) 为加强轨道交通工程建设安全风险技术管理工作，规范和加强风险分级与设计工作，规避和降低工程安全风险，根据国家、行业、山东省、济南市现行法律、法规和标准、规范，在总结以往风险工程分级与设计经验的基础上，制定本规范。

(2) 轨道交通工程建设风险分级与工程设计遵循"分阶段、分等级、分对象"的原则，即面向不同设计阶段和过程、不同风险对象和不同风险等级工程分别开展相应的风险工程设计工作。

(3) 轨道交通工程建设风险工程分级和设计遵循科学客观、安全适用、经济合理和节能环保的原则，并在满足工程安全、质量及方案可实施的前提下，尽可能控制投资和节省工程造价。

(4) 本规范适用于公司管辖的在建及后续新建轨道交通工程。

(5) 本规范所涉及的相关内容和工作要求等不替代设计、检测、施工、监理等相关参建单位按照法律法规应尽的技术责任。

(6) 风险工程分级与设计除执行本规范外，尚应严格遵守国家、行业、山东省和济南市现行法律法规和规范、标准的有关规定。当国家与山东省现行规范、标准发生变更时，本规范也随之修订。

4.8.2 风险工程分级的主要原则

1) 风险工程分类

(1) 自身风险工程分为Ⅰ级、Ⅱ级、Ⅲ级、Ⅳ级。

(2) 环境风险工程分为Ⅰ级、Ⅱ级、Ⅲ级、Ⅳ级。

2) 自身风险工程分级标准

《城市轨道交通工程沿线既有建(构)筑物鉴定评估技术规程》(DB 37/T 5163—2020)和《城市轨道交通地下工程建设风险管理规范》(GB 50652—2011)中规定的自身风险工程分级采用于基本分级和分级修正的方式进行划分，本节结合济南市轨道交通以往建设中分级情况、可能遇到的工法及自身风险等进行细化、整合，将基本分级条件和修正条件综合考虑给出统一的分级标准。

3) 环境风险工程分级标准

环境风险工程分级根据周边环境的重要性、与轨道交通工程接近度，按照轨道交通施工工法(明盖挖法、矿山法、盾构法)分别综合进行，并以简单明了的图示给出。

4.8.3 自身风险工程分级标准

(1) 明(盖)挖法工程自身风险分级宜以基坑开挖深度为基本分级依据,并以基坑形式、地质条件复杂性等进行风险分级修正,并参照表 4-27 确定。

表 4-27 明(盖)挖法自身风险工程分级参照标准及调整依据

自身风险工程等级	基本分级条件	分级修正依据
Ⅰ级	地下四层车站或开挖深度超过25m(含25m)的基坑	对以下情况,可上调一级: (1) 基坑结构平面或断面复杂; (2) 存在偏压基坑; (3) 水文地质和工程地质条件复杂; (4) 基坑工程周边环境条件复杂; (5) 临近江河湖渠施工
Ⅱ级	地下三层或开挖深度在15~25m(含15m)的基坑	
Ⅲ级	地下二层或一层或开挖深度在5~15m(含5m)的基坑	
Ⅳ级	开挖深度小于5m的基坑	

(2) 矿山法工程自身风险分级宜以暗挖隧道的结构层数、跨度、断面形状及大小为基本分级依据,并以地质条件复杂性、隧道空间状态等进行风险分级修正,并参照表 4-28 确定。

表 4-28 矿山法自身风险工程分级参照标准及调整依据

自身风险工程等级	基本分级条件	分级修正依据
Ⅰ级	双层暗挖车站或净跨超过15.5m的暗挖单层车站	对以下情况,可上调一级: (1) 暗挖结构平面或断面复杂; (2) 存在偏压; (3) 暗挖受力体系转换多; (4) 暗挖坡度大; (5) 覆土厚度小; (6) 相邻暗挖隧道间距离近; (7) 群洞效应显著; (8) 采用平顶直墙工法; (9) 结构进入承压水层,且不具备降水条件; (10) 采用盾构扩挖方式形成永久结构的暗挖工程; (11) 地质条件复杂
Ⅱ级	断面大于6m的矿山法工程	
Ⅲ级	一般断面矿山法工程	
Ⅳ级	隧道建设无相互影响的工程	

(3) 盾构法工程宜以相邻隧道空间关系和工程及水文地质条件为基本分级依据,并以盾构机形式与开挖方式、盾构隧道空间状态等进行风险分级修正,并参照表 4-29 确定。

表 4-29 盾构法自身风险工程分级参照标准及调整依据

自身风险工程等级	基本分级条件	分级修正依据
Ⅰ级	较长范围处于非常接近状态的并行或交叠盾构隧道	对以下情况。可上调一级: (1) 坡度大; (2) 覆土厚度小; (3) 地质条件复杂; (4) 单洞双线盾构隧道
Ⅱ级	较长范围处于较接近状态的并行或交叠盾构隧道;盾构始发及到达区段	
Ⅲ级	标准盾构区间区段	
Ⅳ级	隧道建设无互相影响的工程	

(4) 高架结构工程自身风险分级宜根据桥型、结构体系转换、施工方法、基础类型及基坑开挖深度、地质条件等进行划分。其中下部基础施工的风险分级可参考明挖法工程风险分级原则。

4.8.4 环境风险工程分级标准

(1) 本节给出的环境风险工程分级方法将环境风险分为Ⅰ级、Ⅱ级、Ⅲ级、Ⅳ级。按照本节附图-济南市地铁工程环境风险工程分级、控制标准和参考保护措施表分级，其中环境风险工程为Ⅳ级时，按设计加强观察监测以及采取其他必要措施，技术措施未在附图中表示。

其中 S 为城市轨道交通结构外边线与既有建(构)筑物结构外边线的最小净距，H 为基坑开挖深度，B 为矿山法隧道毛洞设计宽度，D 为盾构法隧道设计外径。当隧道采用爆破法施工时，需专项研究爆破振动的影响。

(2) 环境风险工程分级修正调整

城市轨道交通工程沿线地质条件分级应根据地下水状态、岩土分布情况等进行适当的修正。

① 当地下水情况复杂，涉及黏性土透水问题，可上调一级。

② 涉及泉水敏感区地下水问题，可上调一级。

③ 地质情况涉及岩溶问题，可上调一级。

④ 地质情况涉及厚层填土问题，可上调一级。

⑤ 地质情况涉及受构造影响严重，呈碎石、角砾及粉末、泥土状的断层带问题，可上调一级。

⑥ 地质情况涉及软塑状黏性土、饱和的粉土、砂类土等问题，可上调一级。

⑦ 地质结构情况涉及黏性土呈易蠕动的松软结构、砂性土呈潮湿松散结构问题，可上调一级。

⑧ 涉及冲沟问题，可上调一级。

(3) 其他注意事项

① 针对不同环境重要性及与轨道交通接近度关系给出明确的环境风险工程分级。

② 结合济南市轨道交通以往建设相关处理经验，对《城市轨道交通工程沿线既有建(构)筑物鉴定评估技术规程》和《城市轨道交通地下工程建设风险管理规范》中环境设施重要性分级表中的环境进行整合。

③ 考虑环境位于新建轨道交通不同方位，在距离相同情况下，风险大小依然不同，故对《城市轨道交通工程沿线既有建(构)筑物鉴定评估技术规程》和《城市轨道交通地下工程建设风险管理规范》中规定的接近关系做了局部优化，同时对于不可能出现的关系情况，不再给出分级。

④ 新建结构横穿环境风险时，同一环境风险的不同部位位于不同分级(或影响)区域时，按最高的级别进行定级。

⑤ 新建结构与环境风险平行时，应针对不同区段与新建结构的关系分别进行定级。

⑥ 对于已迁改管线，可根据具体实际情况，在本规范的基础上降级。

环境风险类型	既有地铁、铁路线（国家级文物）	
	极 重 要	
工 法		风险保护措施
盾构法	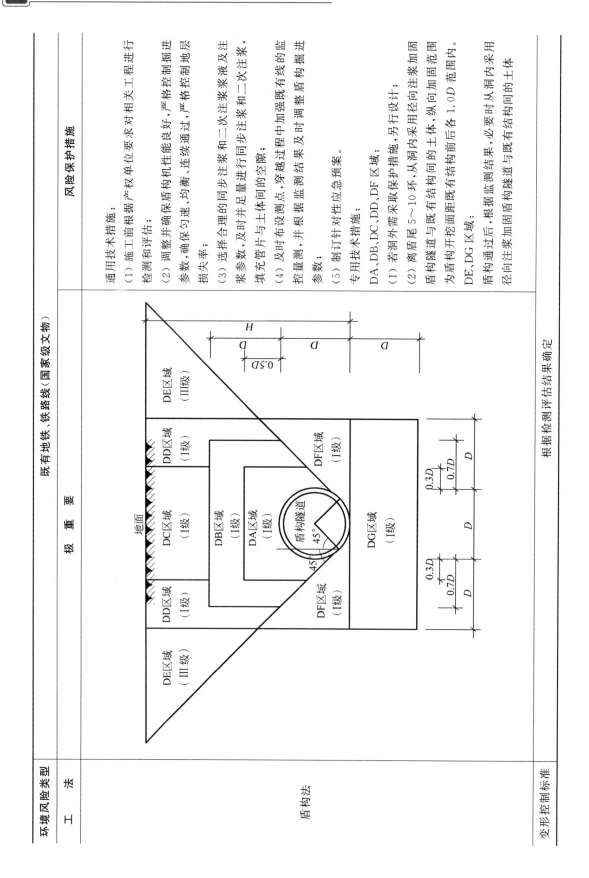	通用技术措施： （1）施工前根据产权单位要求对相关工程进行检测和评估； （2）调整并确保盾构机性能良好，严格控制掘进参数，确保匀速、均衡、连续通过，严格控制地层损失率； （3）选择合理的同步注浆和二次注浆浆液及注浆参数，及时并足量进行同步注浆和二次注浆，填充管片与土体间的空隙； （4）及时布设测点，穿越过程中加强既有线的监控量测，并根据监测结果及时调整掘进参数； （5）制订针对性应急预案。 专用技术措施： DA、DB、DC、DD、DF区域 （1）若洞外需采取保护措施，另行设计； （2）离盾尾5~10环内对既有结构前后各1.0D范围为盾构开挖面距既有结构隧道与盾构隧道径向注浆加固盾构与既有结构的土体。 DE、DG区域 盾构通过后，根据监测结果，必要时从洞内采用径向注浆加固盾构与既有结构的土体
变形控制标准	根据检测评估结果确定	

环境风险类型	既有地铁、铁路线（国家级文物）	
	极 重 要	
工法		风险保护措施
矿山法	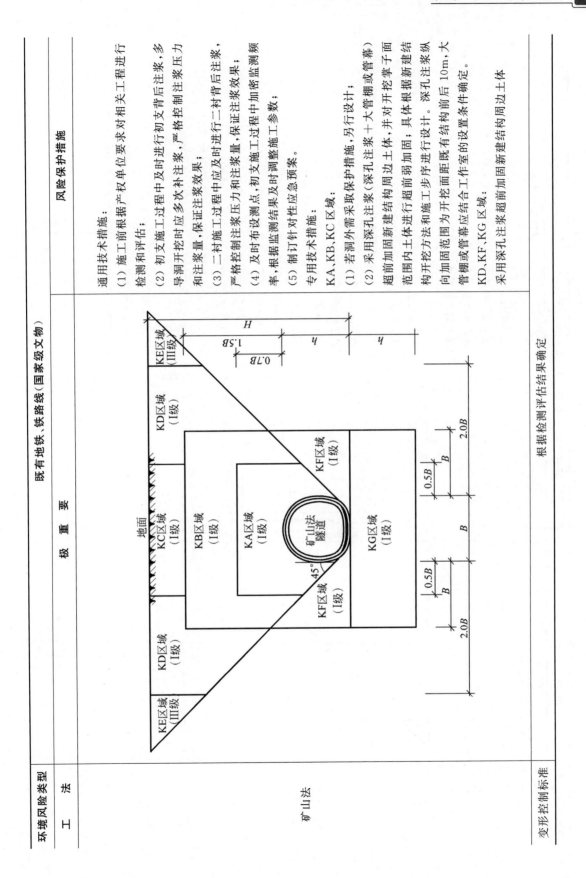	通用技术措施： (1) 施工前根据产权单位要求对相关工程进行检测和评估； (2) 初支施工过程中及时进行初支背后注浆，多导洞开挖时应多次补注浆，严格控制注浆压力和注浆量，保证注浆效果； (3) 二衬施工过程中应及时进行注浆，保证二衬背后注浆效果；严格控制注浆压力和注浆量，保证注浆效果； (4) 及时布设测点，初支施工过程中加密监测频率，根据监测结果及时调整施工参数； (5) 制订针对性应急预案。 专用技术措施： KA、KB、KC区域： (1) 若洞外需采取保护措施，另行设计； (2) 采用深孔注浆（深孔注浆+大管棚或管幕）超前加固新建结构周边土体，并对开挖掌子面范围内土体进行超前加固；具体根据新建结构开挖方法和施工步序进行设计。深孔注浆纵向加固范围为开挖面距既有结构前后10m，大管棚或管幕应结合工作室的设置条件确定。 KD、KF、KG区域： 采用深孔注浆超前加固新建结构周边土体
变形控制标准	根据检测评估结果确定	

环境风险类型	既有地铁、铁路线（国家级文物）	
	极 重 要	
工 法		风险保护措施
暗挖 PBA 工法	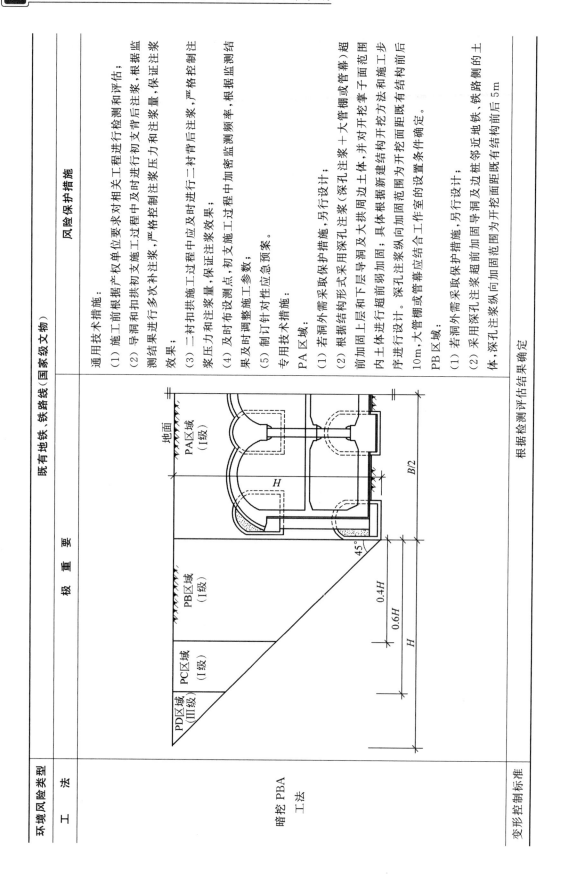	通用技术措施： (1) 施工前根据产权单位要求对相关工程进行检测和评估； (2) 导洞和扣拱施工过程中及时进行初支背后注浆，严格控制注浆压力和扣拱注浆量，保证注浆效果； (3) 二衬扣拱施工过程中应及时进行二衬背后注浆，严格控制注浆压力和扣拱注浆量，保证注浆效果； (4) 及时布设监测点、初支测点、二衬测点，根据监测结果及时调整施工参数； (5) 制订针对性应急预案。 专用技术措施： PA 区域： (1) 若洞外需采取保护措施，另行设计； (2) 根据结构形式采用深孔注浆＋大拱脚（深孔注浆＋大管棚或管幕）超前加固上层和下层导洞及大拱脚周边土体，并对开挖周边范围内土体进行超前加固；具体根据新建结构对开挖方法和施工工序进行设计。深孔注浆纵向加固范围为开挖面距既有结构前后10 m，大管棚或管幕应结合工作室的设置条件确定。 PB 区域： (1) 若洞外需采取保护措施，另行设计； (2) 采用深孔注浆超前加固导洞及邻近地铁、铁路侧的土体，深孔注浆纵向加固范围为开挖面距既有结构前后5 m
变形控制标准	根据检测评估结果确定	

环境风险类型	既有地铁、铁路线（国家级文物）	
	极重要	风险保护措施
工法		
明（盖）挖法	（示意图：MA区域(Ⅰ级)、MB区域(Ⅱ级)、MB区域(Ⅲ级)，标注45°、0.4H、0.6H、H）	通用技术措施： （1）施工前根据产权单位要求对相关工程进行检测和评估； （2）加强明挖基坑围护结构和支撑体系，严格控制桩顶和桩体变形； （3）及时布设测点，明挖基坑施工期间加密监测频率，根据监测结果及时调整施工参数； （4）制订针对性应急预案。 专用技术措施： MA区域： 在基坑与既有结构间设隔离桩或采用深孔注浆加固基坑与既有线侧既有结构侧的土体。隔离桩和深孔注浆的纵向设置范围为既有结构前后各5m范围内。 MB、MC区域： 基坑开挖过程中，根据监测结果，必要时在基坑与既有结构间设隔离桩或采用深孔注浆加固基坑近邻既有线侧土体
变形控制标准	根据检测评估结果确定	

环境风险类型	1. 既有地铁、铁路附属结构；2. 高架桥、立交桥主桥基础；3. 城市快速路、高速路；4. 110kV 及以上高压线杆基础	
工 法	重 要	
盾构法	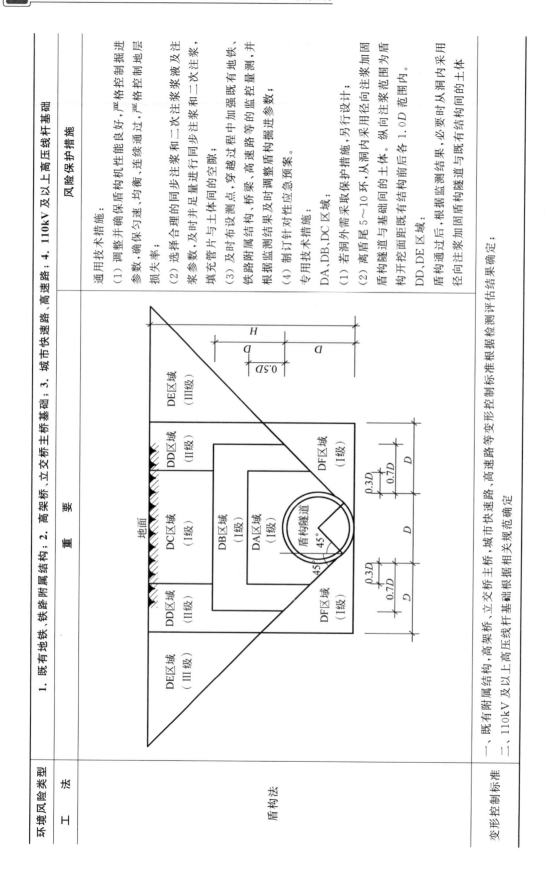	风险保护措施 通用技术措施： （1）调整并确保盾构机性能良好，严格控制掘进参数，确保匀速、均衡、连续通过，严格控制地层损失率； （2）选择合理的同步注浆和二次注浆液及注浆参数，及时并足量进行同步注浆和二次注浆，填充管片与土体间的空隙； （3）及时布设监测点，穿越过程中加强既有地铁、铁路附属结构、桥梁、高速路等盾构掘进参数，根据监测结果及时调整盾构掘进参数； （4）制订针对性应急预案。 专用技术措施： DA、DB、DC 区域： （1）若洞外需采取保护措施，另行设计； （2）盾构尾 5～10 环，从洞内采用径向注浆加固盾构隧道与基础间的土体。纵向注浆范围为盾构开挖面距既有结构前后各 1.0D 范围内。 DD、DE 区域： 盾构通过后，根据监测结果，必要时从洞内采用径向注浆加固盾构隧道与既有结构同的土体；
变形控制标准	一、既有附属结构、高架桥、立交桥主桥、城市快速路、高速路等变形控制标准根据相关规范确定 二、110kV 及以上高压线杆基础根据检测评估结果确定	

环境风险类型	工法	重要	风险保护措施
1. 既有地铁、铁路附属结构；2. 高架桥、立交桥主桥基础；3. 城市快速路、高速路；4. 110kV及以上高压线杆基础	矿山法	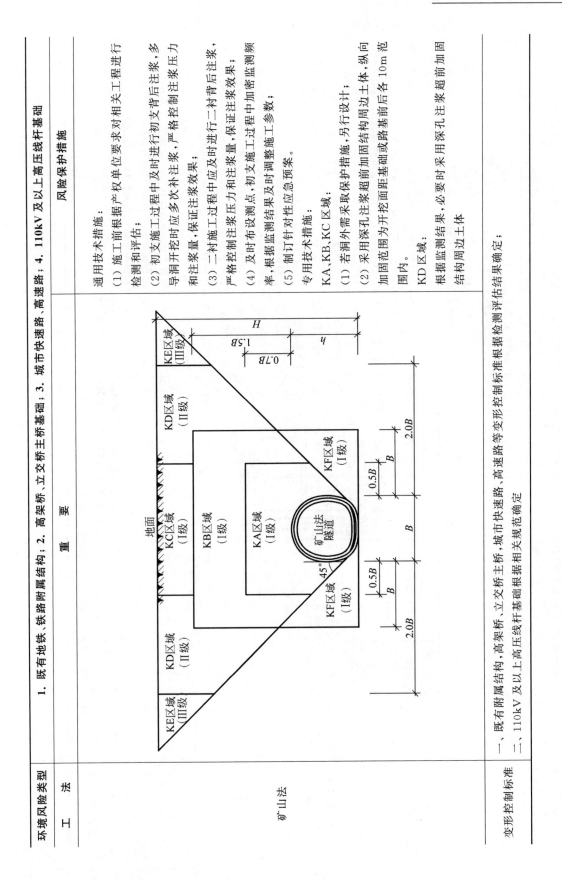	通用技术措施： (1) 施工前根据产权单位要求对相关工程进行检测和评估； (2) 初支施工过程中及时进行初支背后注浆，导洞开挖时应多次补注浆，严格控制注浆压力和注浆量，保证注浆效果； (3) 二衬施工过程中应及时进行二衬背后注浆，严格控制注浆压力和注浆量，保证注浆效果； (4) 及时布设测点，初支施工过程中加密监测频率，根据监测结果及时调整施工参数； (5) 制订针对性应急预案。 专用技术措施： KA、KB、KC区域： (1) 若洞外需采取保护措施，另行设计； (2) 采用深孔注浆为开挖面距基础或路基前后10m范围内，加固范围为开挖面距结构边土体、纵向结构周边土体。 KD区域： 根据监测结果，必要时采用深孔注浆超前加固结构周边土体
变形控制标准	一、既有附属结构、高架桥、立交桥主桥基础根据相关规范确定 二、110kV及以上高压线杆基础、城市快速路、高速路等变形控制标准根据检测评估结果确定		

环境风险类型	1. 既有地铁、铁路附属结构；2. 高架桥、立交桥主桥基础；3. 城市快速路、高速路；4. 110kV及以上高压线杆基础	
工法	重要	风险保护措施
暗挖PBA工法	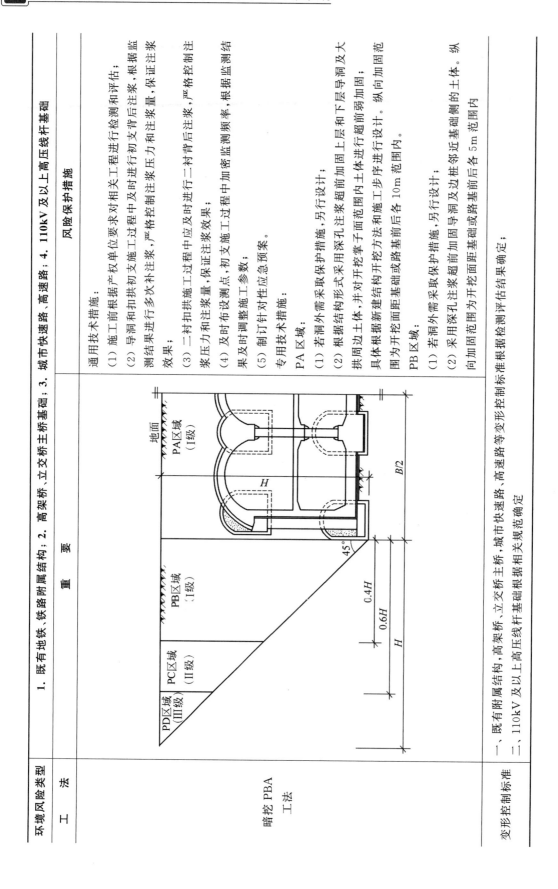	通用技术措施： (1) 施工前根据产权单位要求对相关工程进行检测和评估； (2) 导洞和扣拱施工过程中及时对进行初支背后注浆，根据监测结果进行多次补注浆，严格控制注浆压力和注浆量，保证注浆效果； (3) 二衬扣拱施工过程中应及时进行二衬背后注浆，严格控制注浆压力和注浆量，保证注浆效果； (4) 及时布设观测点，并施工过程中加密监测频率，根据监测结果及时调整施工参数； (5) 制订针对性应急预案。 专用技术措施： PA区域： (1) 若洞外需采取保护措施，另行设计； (2) 根据结构形式采用深孔注浆超前加固上层和下层导洞及大拱脚边土体，并对开挖掌子面进行超前设计。纵向加固范围具体根据新建结构及边桩近邻基础前后各10m范围内。 PB区域： (1) 若洞外需采取保护措施，另行设计； (2) 采用深孔注浆超前加固导洞及边桩近邻基础侧的土体。纵向加固范围为开挖面距路基前后各5m范围内
变形控制标准	一、既有附属结构、高架桥、立交桥主桥、城市快速路、高速路等变形控制标准根据检测评估规范范围确定 二、110kV及以上高压线杆基础根据相关规范确定	

环境风险类型	1. 既有地铁、铁路附属结构；2. 高架桥、立交桥主桥基础；3. 城市快速路、高速路；4. 110kV及以上高压线杆基础	
工　法	重　要	风险保护措施
明（盖）挖法	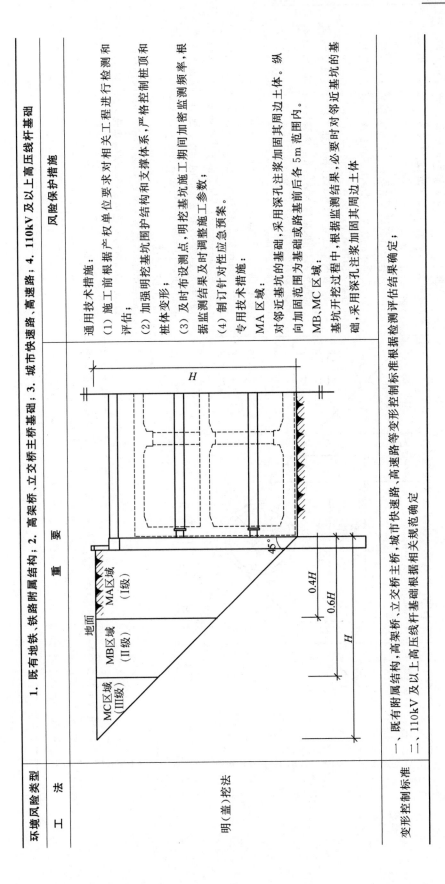	通用技术措施： (1) 施工前根据产权单位要求对相关工程进行检测和评估； (2) 加强明挖基坑围护结构和支撑体系，严格控制桩顶和桩体变形； (3) 及时布设测点，明挖基坑施工期间加密监测频率，根据监测结果及时调整施工参数； (4) 制订针对性应急预案。 专用技术措施： MA区域 对邻近基坑的基础，采用深孔注浆加固其周边土体。纵向加固范围为基础或路基前后各5m范围内。 MB、MC区域 基坑开挖过程中，根据监测结果，必要时对邻近基坑的基础，采用深孔注浆加固其周边土体
变形控制标准	一、既有附属结构、高架桥、立交桥主桥、城市快速路、高速路等变形控制标准根据检测评估结果确定 二、110kV及以上高压线杆基础变形控制标准根据相关规范确定	

环境风险类型	1. 居民住宅建筑；2. 重要建（构）筑物；3. 省级保护性文物	
	重要	
工法	示意图	风险保护措施
盾构法	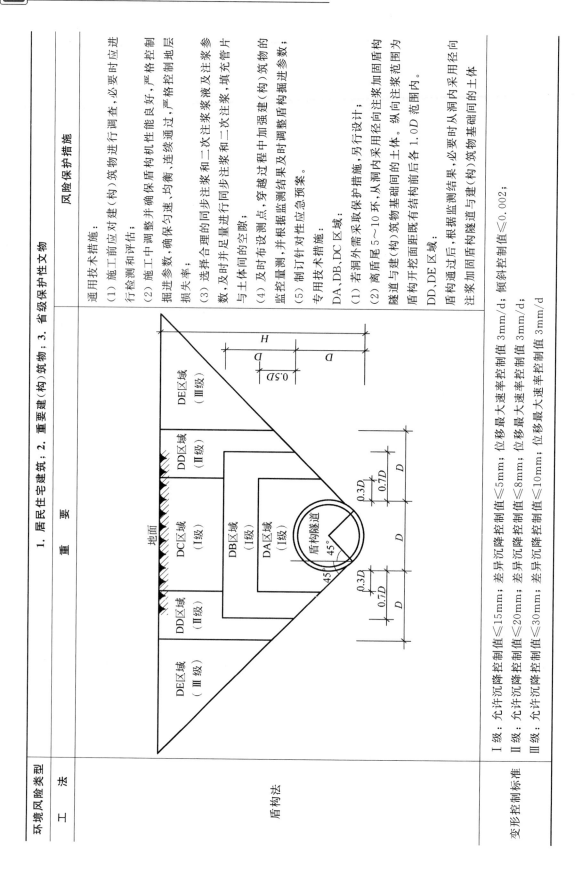	通用技术措施： (1) 施工前应对建（构）筑物进行调查，必要时应进行检测和评估； (2) 施工中调整并确保盾构机性能良好，严格控制掘进参数，确保匀速、均衡、连续通过，严格控制地层损失率； (3) 选择合理的同步注浆一次注浆和二次注浆参数，及时并足量进行同步注浆及二次注浆、填充管片与土体间的空隙； (4) 及时布设测点，穿越过程中根据监测结果及时调整盾构掘进参数； (5) 制订针对性应急预案。 专用技术措施： DA、DB、DC 区域： (1) 若洞外需采取保护措施，另行设计； (2) 离盾尾 5～10 环，从洞内采用径向注浆加固盾构开挖面距既有结构前后各 1.0D 范围内的土体。纵向注浆范围为盾构开挖面距既有结构前后各 1.0D 范围内。 DD、DE 区域： 盾构通过后，根据监测结果，必要时对建（构）筑物基础与盾构隧道间采用径向注浆加固盾构隧道与建（构）筑物基础间的土体
变形控制标准	Ⅰ级：允许沉降控制值≤15mm；差异沉降控制值≤5mm；位移最大速率控制值 3mm/d； Ⅱ级：允许沉降控制值≤20mm；差异沉降控制值≤8mm；位移最大速率控制值 3mm/d； Ⅲ级：允许沉降控制值≤30mm；差异沉降控制值≤10mm；位移最大速率控制值 3mm/d；倾斜控制值≤0.002；	

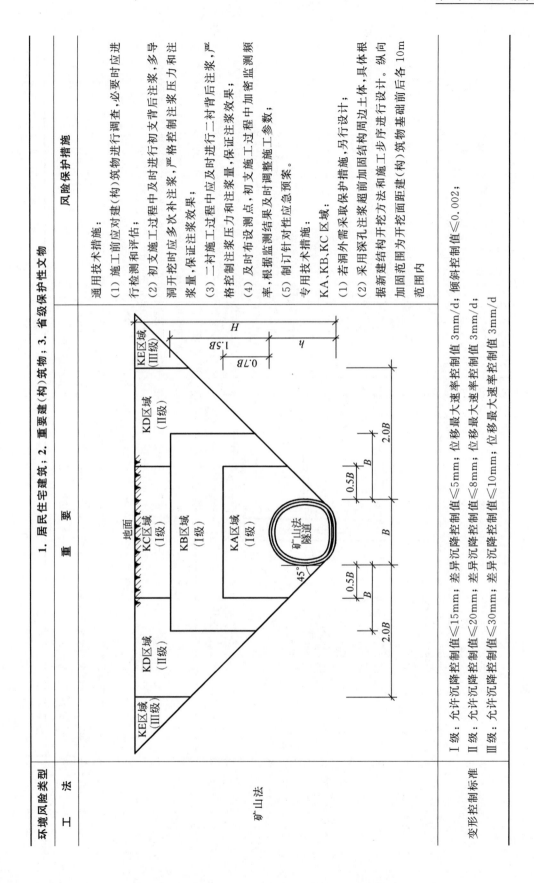

环境风险类型	1. 居民住宅建筑；2. 重要建（构）筑物；3. 省级保护性文物	
	重要	风险保护措施
工法		
矿山法	（图示：矿山法隧道周边区域划分，含KA区域（I级）、KB区域（I级）、KC区域（I级）、KD区域（II级）、KE区域（III级），B、0.5B、2.0B、1.5B、0.7B、H、h等尺寸标注，45°角）	通用技术措施： (1) 施工前应对建（构）筑物进行调查，必要时应进行检测和评估； (2) 初支施工过程中及时进行初支背后注浆，多导洞开挖施工过程中应多次补注浆，严格控制注浆压力和注浆量，保证注浆效果； (3) 二衬施工过程中应及时进行二衬背后注浆，严格控制注浆压力和注浆量，保证注浆效果； (4) 及时布设测点，根据监测结果及时加密监测频率，根据监测结果及时调整施工参数； (5) 制订针对性应急预案。 专用技术措施： KA、KB、KC区域： (1) 若洞外需采取保护措施，另行设计； (2) 采用深孔注浆超前加固结构工步和施工步序进行设计。具体根据新建结构开挖方法和施工步序进行设计。纵向加固范围为开挖面距建（构）筑物基础前后各10m范围内
变形控制标准	I级：允许沉降控制值≤15mm；差异沉降控制值≤5mm；位移最大速率控制值3mm/d；倾斜控制值≤0.002； II级：允许沉降控制值≤20mm；差异沉降控制值≤8mm；位移最大速率控制值3mm/d； III级：允许沉降控制值≤30mm；差异沉降控制值≤10mm；位移最大速率控制值3mm/d	

环境风险类型	1. 居民住宅建筑；2. 重要建（构）筑物；3. 省级保护性文物	
工法	重要	风险保护措施
暗挖 PBA 工法	（示意图：地面下方PA区域（I级）、PB区域（II级）、PC区域（II级）、PD区域（III级），标注 0.4H、0.6H、H、B/2、45°）	通用技术措施： (1) 施工前应对建（构）筑物进行调查，必要时应进行检测和评估； (2) 导洞扣拱和初支施工过程中及时进行初支背后注浆，根据监测结果进行多次补注浆，严格控制注浆压力和注浆量，保证注浆效果； (3) 二衬扣拱施工过程中应及时进行二衬背后注浆，严格控制注浆压力，保证注浆量，保证注浆效果； (4) 及时布设测点，初支施工过程中加密监测频率，根据监测结果及时调整施工参数。 专用技术措施： PA 区域 (1) 若洞外需采取保护措施，另行设计； (2) 根据结构形式采用深孔注浆（深孔注浆+大管棚或管幕）超前加固上层和下层导洞及大拱围边土体；具体根据新建结构开挖方法和施工步序进行设计。深孔注浆纵向加固范围为开挖面距既有结构前后 10m，大管棚或管幕超前加固范围为开挖面距既有结构前后 5m PB 区域 (1) 若洞外需采取保护措施，另行设计； (2) 采用深孔注浆超前加固及桩边邻近建（构）筑物的土体。深孔注浆纵向加固范围为开挖面距既有结构前后 5m
变形控制标准	I 级：允许沉降控制值≤15mm；差异沉降控制值≤5mm；位移最大速率控制值 3mm/d； II 级：允许沉降控制值≤20mm；差异沉降控制值≤8mm；位移最大速率控制值 3mm/d； III 级：允许沉降控制值≤30mm；差异沉降控制值≤10mm；位移最大速率控制值 3mm/d；倾斜控制值≤0.002；	

环境风险类型	1. 居民住宅建筑；2. 重要建(构)筑物；3. 省级保护性文物	
	重 要	
		风险保护措施
工 法	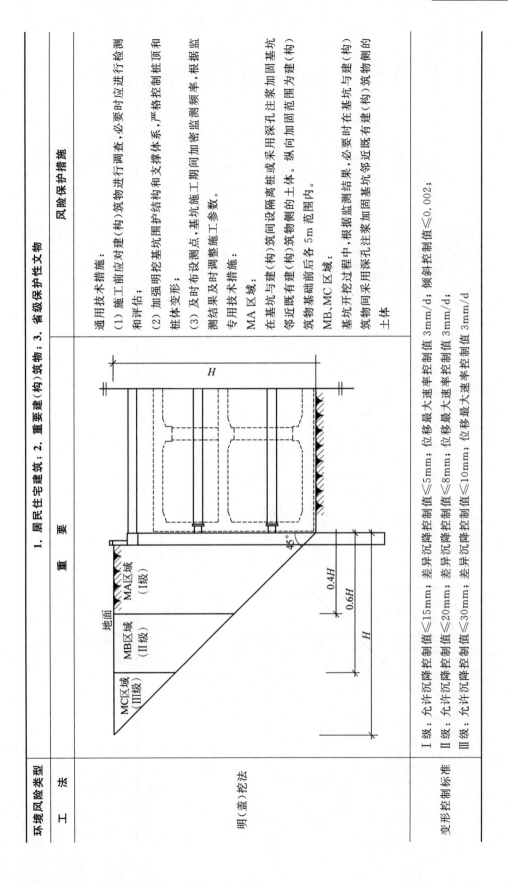	通用技术措施： (1) 施工前应对建(构)筑物进行调查，必要时应进行检测和评估； (2) 加强明挖基坑围护结构和支撑体系，严格控制桩顶和桩体变形； (3) 反时布设测点，基坑施工期间加密监测频率，根据监测结果及时调整施工参数。 专用技术措施： MA 区域 在基坑与建(构)筑物间设隔离桩或采用深孔注浆加固基坑邻近既有建(构)筑物侧的土体。纵向加固范围建(构)筑物基础前后各 5 m 范围内。 MB、MC 区域 基坑开挖过程中，根据监测结果，必要时在基坑与建(构)筑物同采用深孔注浆加固基坑邻近既有建(构)筑物侧的土体
明(盖)挖法		
变形控制标准	Ⅰ级：允许沉降控制值≤15mm；差异沉降控制值≤5mm；位移最大速率控制值 3mm/d；差异沉降控制值 3mm/d；倾斜控制值≤0.002； Ⅱ级：允许沉降控制值≤20mm；差异沉降控制值≤8mm；位移最大速率控制值 3mm/d Ⅲ级：允许沉降控制值≤30mm；差异沉降控制值≤10mm；位移最大速率控制值 3mm/d	

环境风险类型	1. 过街天桥；2. 地下通道	
	较 重 要	
工 法		风险保护措施
盾构法	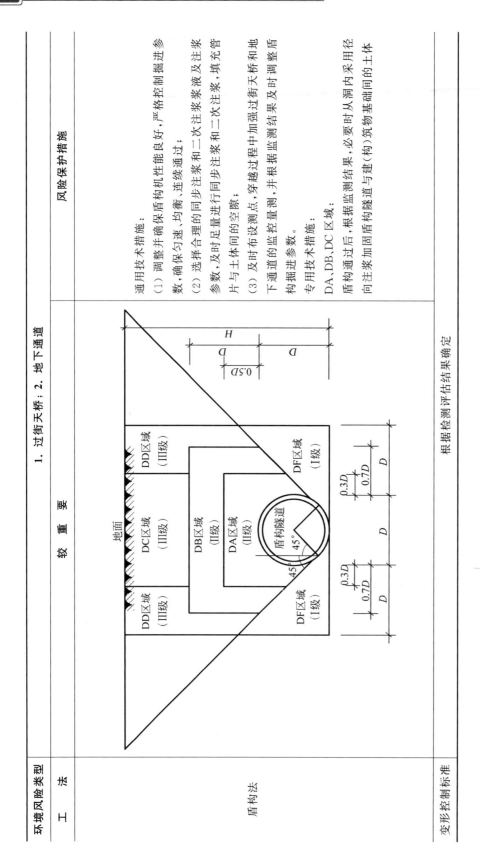	通用技术措施： (1) 调整并确保盾构机性能良好，严格控制掘进参数，确保匀速、均衡、连续通过； (2) 选择合理的同步注浆及注浆参数，及时足量进行同步注浆和二次注浆，填充管片与土体间的空隙； (3) 及时布设量测点，穿越过程中加强过街天桥和地下通道的监控量测，并根据监测结果及时调整盾构掘进参数。 专用技术措施： DA、DB、DC 区域 盾构通过后，根据监测结果，必要时从洞内采用径向注浆加固盾构隧道与建（构）筑物基础间的土体
变形控制标准	根据检测评估结果确定	

环境风险类型	1. 过街天桥；2. 地下通道	
	较 重 要	
工法	风险保护措施	
矿山法	通用技术措施： (1) 施工前根据产权单位要求对过街天桥和地下通道进行检测和评估； (2) 初支施工过程中及时补注浆，严格控制注浆压力和注浆量，保证注浆效果； (3) 二衬施工过程中应及时进行二衬背后注浆，严格控制注浆压力和注浆量，保证注浆效果； (4) 及时布设测点，根据监测结果及时调整监测频率； (5) 制订针对性应急预案。 专用技术措施： KA、KB、KC区域： (1) 若洞外需采取保护措施，另行设计； (2) 采用深孔注浆超前加固结构周边土体，具体根据新建结构开挖方法和施工步序进行设计。纵向加固范围为开挖面距路基前后各 5m 范围内	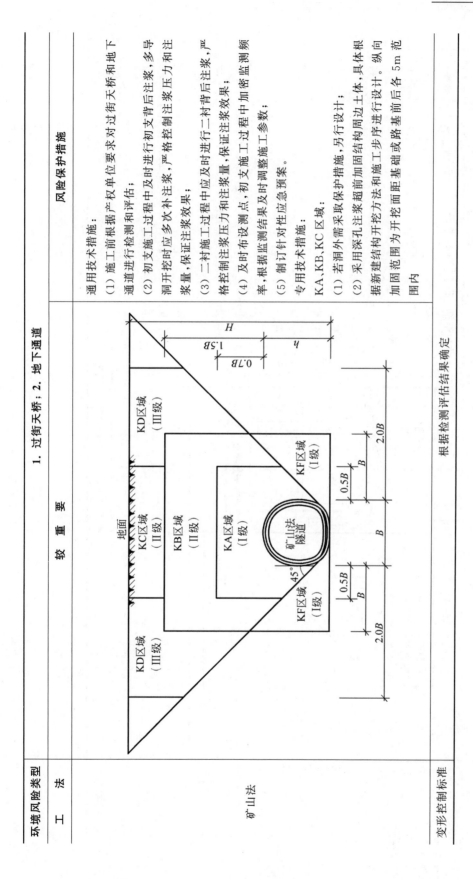
变形控制标准	根据检测评估结果确定	

环境风险类型	1. 过街天桥；2. 地下通道	
		风险保护措施
工法	较重要	通用技术措施： （1）施工前根据产权单位要求对相关工程进行检测和评估； （2）导洞和拱扣拱施工过程中及时进行初支背后注浆，严格控制注浆量，根据监测结果进行多次补注浆，严格控制注浆压力和注浆量，保证注浆效果； （3）二衬扣拱施工过程中应及时进行二衬背后注浆，保证注浆效果； （4）及时布设测点，初支施工过程中加密监测频率，根据监测结果及时调整施工参数； （5）制订针对性应急预案。 专用技术措施： PA区域 （1）若洞外需采取保护措施，另行设计； （2）采用深孔注浆超前加固天桥桥桩； （3）对地下通道，采用深孔注浆超前加固上层导洞和下层导洞及大拱周边土体；具体根据新建结构开挖方法和施工步序进行设计。 PB区域 采用深孔注浆超前加固邻近导洞及边桩的天桥桥桩或地下通道附近加固范围为开挖面距基础前后各5m范围内。纵向加固范围为开挖面距基础前后各5m范围内
暗挖PBA工法	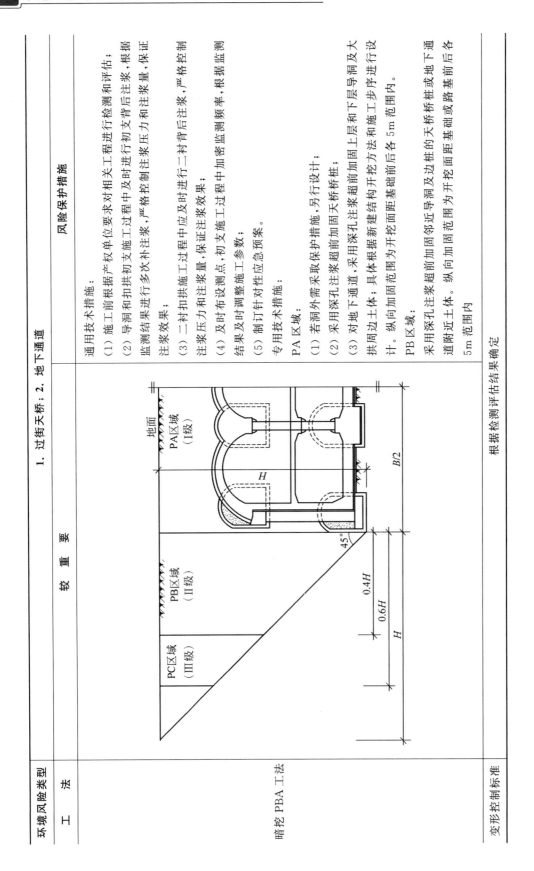	
变形控制标准	根据检测评估结果确定	

环境风险类型	1. 过街天桥；2. 地下通道	
工法	较重要	风险保护措施
明(盖)挖法	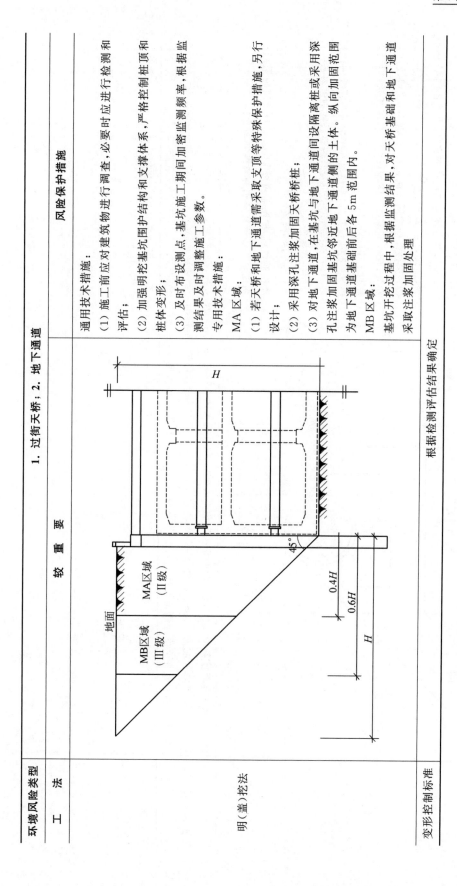	通用技术措施： (1) 施工前应对建筑物进行调查，必要时应进行检测和评估； (2) 加强明挖基坑围护结构和支撑体系，严格控制桩顶和桩体变形； (3) 及时布设测点，基坑施工期间加密监测频率，根据监测结果及时调整施工参数。 专用技术措施： MA区域： (1) 若天桥和地下通道需采取支顶等特殊保护措施，另行设计； (2) 采用深孔注浆加固天桥桩； (3) 对地下通道，在基坑邻近地下通道间设隔离桩或采用深孔注浆加固基坑与地下通道间侧的土体。纵向加固范围为地下通道基础前后各5m范围内。 MB区域： 基坑开挖过程中，根据监测结果，对天桥基础和地下通道采取注浆加固处理
变形控制标准	根据检测评估结果确定	

环境风险类型	1. 中、高压燃气；2. 直径≥400mm直埋热力管；3. 直径≥600mm上水；4. 航油管线	
工法	重要	风险保护措施
盾构法	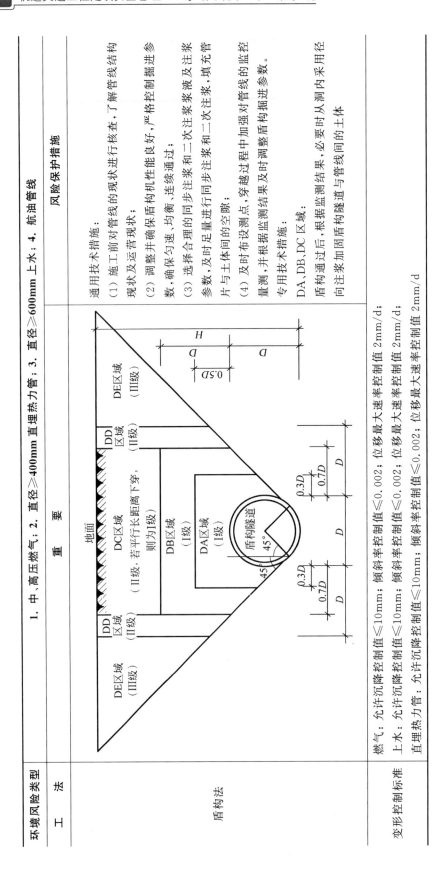	通用技术措施： (1) 施工前对管线的现状进行核查，了解管线结构现状及运营现状； (2) 调整并确保盾构机性能良好，严格控制掘进参数，确保匀速、均衡，连续通过； (3) 选择合理的同步注浆和二次注浆液及注浆参数，及时足量进行同步注浆和二次注浆，填充管片与土体间的空隙； (4) 及时布设测点，穿越过程中加强对管线的监控量测，并根据监测结果及时调整盾构掘进参数。 专用技术措施： DA、DB、DC 区域 盾构通过后，根据监测结果，必要时从洞内采用径向注浆加固盾构隧道与管线间的土体
变形控制标准	燃气：允许沉降控制值≤10mm；倾斜率控制值≤0.002；位移最大速率控制值2mm/d； 上水：允许沉降控制值≤10mm；倾斜率控制值≤0.002；位移最大速率控制值2mm/d； 直埋热力管：允许沉降控制值≤10mm；倾斜率控制值≤0.002；位移最大速率控制值2mm/d	

环境风险类型	1. 中、高压燃气；2. 直径≥400mm直埋热力管；3. 直径≥600mm上水；4. 航油管线	
工法	重 要	风险保护措施
矿山法	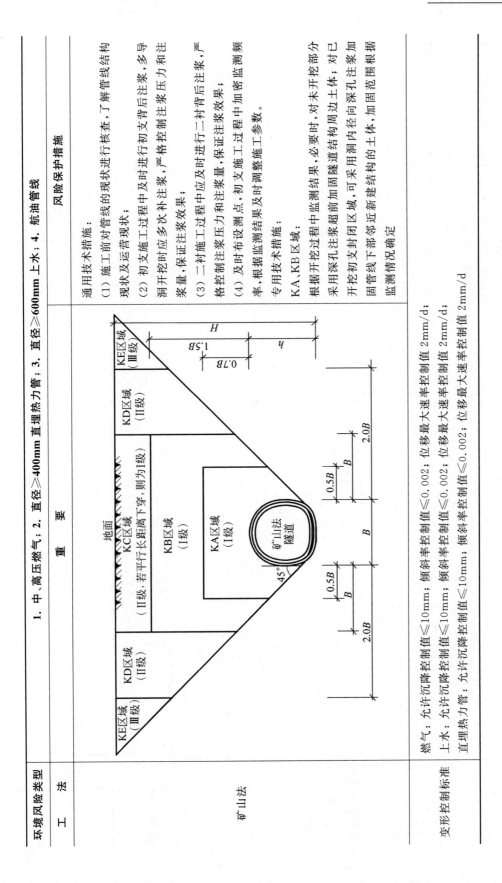	通用技术措施： (1) 施工前对管线的现状进行核查，了解管线结构现状及反运营现状； (2) 初支施工过程中及时进行初支背后注浆，多次补注浆，严格控制注浆压力和注浆量，保证反注浆效果； (3) 二衬施工过程中应及时进行二衬背后注浆，严格控制注浆压力和注浆量，初支施工过程中加密监测频率，根据监测结果及时调整施工参数。 (4) 及时布设测点，初支施工过程中加密监测频率，根据监测结果及时调整施工参数。 专用技术措施： KA、KB区域： 根据开挖过程中监测结果，必要时，对未开挖部分采用深孔注浆封闭加固区域，可采用洞内径向深孔注浆加固管线下部邻近新建结构的土体，加固范围根据监测情况确定
变形控制标准	燃气：允许沉降控制值≤10mm；倾斜率控制值≤0.002；位移最大速率控制值 2mm/d； 上水：允许沉降控制值≤10mm；倾斜率控制值≤0.002；位移最大速率控制值 2mm/d； 直埋热力管：允许沉降控制值≤10mm；倾斜率控制值≤0.002；位移最大速率控制值 2mm/d	

环境风险类型	1. 中、高压燃气；2. 直径≥400mm 直埋热力管；3. 直径≥600mm 上水；4. 航油管线	
工　法	重　要	风险保护措施
暗挖 PBA 工法	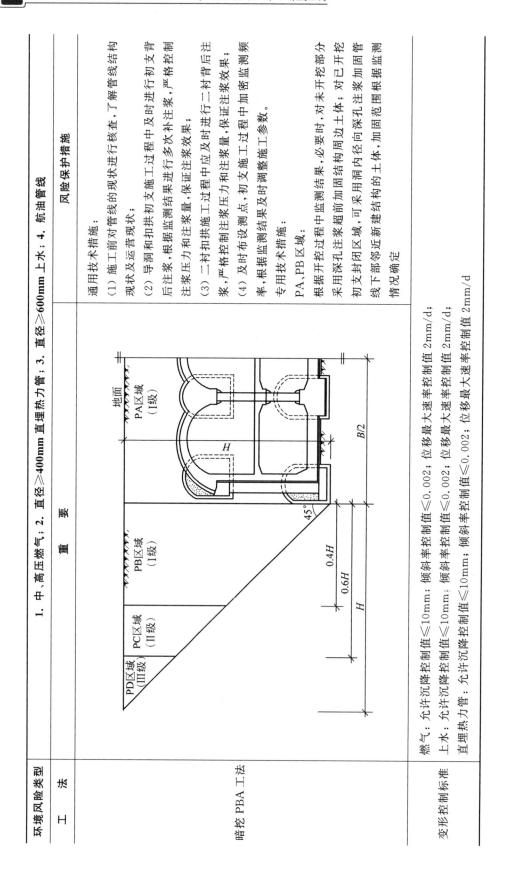	通用技术措施： (1) 施工前对管线的现状进行核查，了解管线结构现状及运营现状； (2) 导洞和扣拱初支施工过程中及时补注浆，根据监测结果进行多次补注浆，严格控制注浆压力和注浆量，保证注浆效果； (3) 二衬扣拱施工过程中应及时进行二衬背后注浆，严格控制注浆压力、初支施工过程中加密注浆，保证注浆效果； (4) 及时布设测点，初支施工过程中加密监测频率，根据监测结果及时调整施工参数。 专用技术措施： PA、PB 区域： 根据开挖过程中监测结果，必要时，对未开挖部分采用深孔注浆超前加固结构周边土体；对已开挖初支闭合区域，可采用洞内径向深孔加固管线下部邻近新建结构的土体，加固范围根据监测情况确定
变形控制标准	燃气：允许沉降控制值≤10mm；倾斜率控制值≤0.002；位移最大速率控制值 2mm/d； 上水：允许沉降控制值≤10mm；倾斜率控制值≤0.002；位移最大速率控制值 2mm/d； 直埋热力管：允许沉降控制值≤10mm；倾斜率控制值≤0.002；位移最大速率控制值 2mm/d	

环境风险类型	1. 中、高压燃气；2. 直径≥400mm 直埋热力管；3. 直径≥600mm 上水；4. 航油管线	
	重 要	风险保护措施
工 法	明（盖）挖法	通用技术措施： (1) 施工前对管线的现状进行核查，了解管线结构现状及运营现状； (2) 加强明挖基坑围护结构和支撑体系，严格控制桩顶和桩体变形； (3) 及时布设测点，基坑施工期间加密监测频率，根据监测结果及时调整施工参数。 专用技术措施： MA 区域： 基坑开挖过程中，根据监测结果，必要时采用深孔注浆加固管线下部土体
	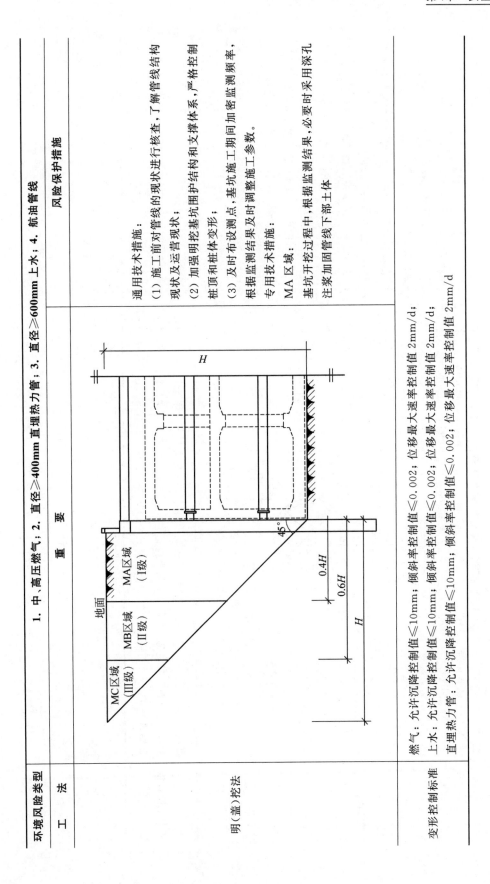	
变形控制标准	燃气：允许沉降控制值≤10mm；倾斜率控制值≤0.002；位移最大速率控制值 2mm/d； 上水：允许沉降控制值≤10mm；倾斜率控制值≤0.002；位移最大速率控制值 2mm/d； 直埋热力管：允许沉降控制值≤10mm；倾斜率控制值≤0.002；位移最大速率控制值 2mm/d	

环境风险类型	1. 低压燃气；2. 直径<400mm 直埋热力管；3. 300mm≤直径<600mm 上水	
工　法	较　重	风险保护措施
盾构法	（示意图：地面下盾构隧道穿越，DA区域（Ⅱ级）、DB区域（Ⅱ级）、DC区域（Ⅲ级：若平行长距离下穿，则为Ⅱ级）、DD区域（Ⅲ级）、DE区域（Ⅲ级），标注 0.3D、0.7D、D、H、0.5D、45°）	通用技术措施： （1）施工前对管线的现状进行核查，了解管线结构现状及运营管现状； （2）调整并确保盾构机性能良好，严格控制掘进参数，确保匀速、均衡、连续通过； （3）选择合理的同步注浆和二次注浆液及注浆参数，及时足量进行同步注浆和二次注浆，填充管片与土体间的空隙； （4）及时布设监测点，穿越过程中加强对管线的监控量测，并根据监测结果及时调整盾构掘进参数
变形控制标准	燃气：允许沉降控制值 20mm；倾斜率控制值≤0.002；位移最大速率控制值 2mm/d； 上水：允许沉降控制值 20mm；倾斜率控制值≤0.002；位移最大速率控制值 2mm/d； 直埋热力管：允许沉降控制值 20mm；倾斜率控制值≤0.002；位移最大速率控制值 2mm/d	

第4章 安全风险控制技术

环境风险类型	1. 低压燃气；2. 直径＜400mm 直埋热力管；3. 300mm≤直径＜600mm 上水	
工法	要	风险保护措施
矿山法	较重	通用技术措施： (1) 施工前对管线的现状进行核查，了解管线结构现状及运营现状； (2) 初支施工过程中及时进行初支背后注浆，严控开挖时应多次补注浆，严格控制注浆压力和注浆量，保证注浆效果； (3) 二衬施工过程中应及时进行二衬背后注浆，严格控制注浆压力和注浆量，初支施工过程中加密监测频率； (4) 及时布设监测点，初支施工过程中加密监测频率，根据监测结果及时调整施工参数。 专用技术措施： KA、KB区域： 根据开挖过程中监测结果，必要时，对未开挖部分采用深孔注浆超前加固隧道结构周边土体；对已开挖初支封闭区域，可采用洞内径向深孔注浆加固管线下部邻近新建结构的土体，加固范围根据监测情况确定
	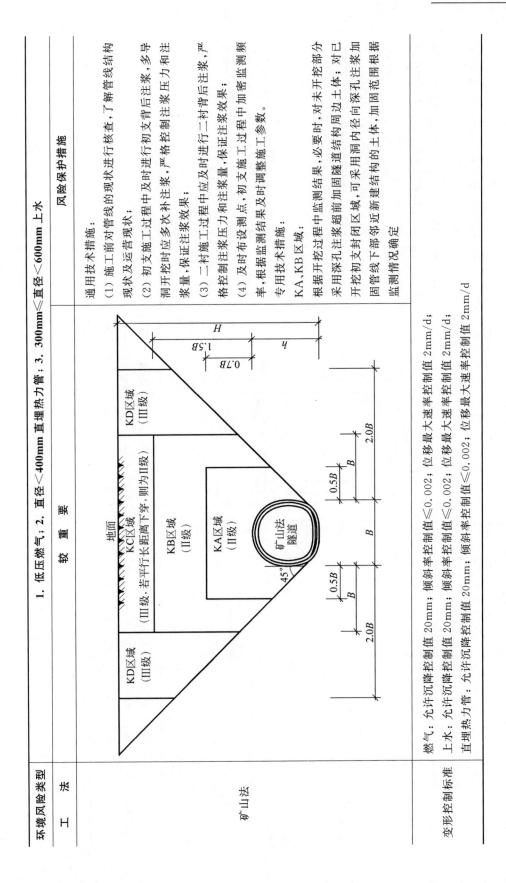	
变形控制标准	燃气：允许沉降控制值 20mm；倾斜率控制值≤0.002；位移最大速率控制值 2mm/d； 上水：允许沉降控制值 20mm；倾斜率控制值≤0.002；位移最大速率控制值 2mm/d； 直埋热力管：允许沉降控制值 20mm；倾斜率控制值≤0.002；位移最大速率控制值 2mm/d	

环境风险类型	1. 低压燃气；2. 直径<400mm 直埋热力管；3. 300mm≤直径<600mm 上水	
	较 重 要	风险保护措施
工 法		
暗挖 PBA 工法	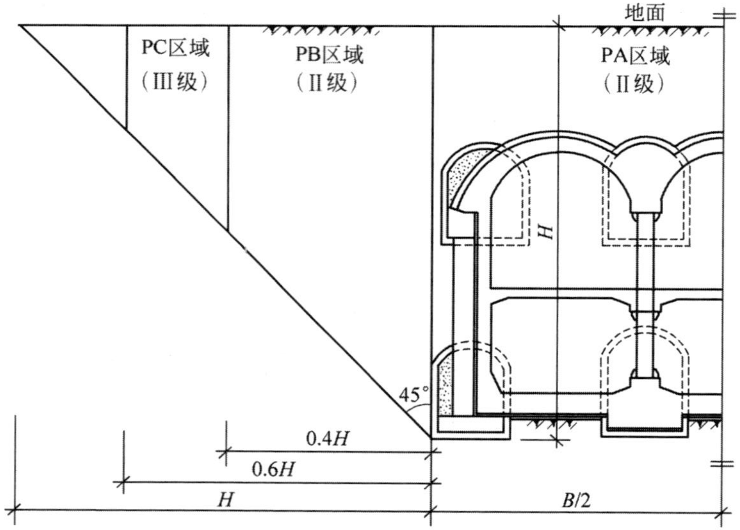 （图示：PC区域（Ⅲ级）、PB区域（Ⅱ级）、PA区域（Ⅱ级）、地面、H、0.6H、0.4H、B/2、45°）	通用技术措施： （1）施工前对管线的现状进行核查，了解管线结构现状及运营现状； （2）导洞和扣拱初支施工过程中及时进行多次补注浆，根据监测结果进行初支背后注浆，根据监测结果进行初支背后注浆，严格控制注浆压力和注浆量，保证注浆效果； （3）二衬扣拱施工过程中应及时进行二衬背后注浆，严格控制注浆压力、初支施工过程中加密监测频率，根据监测结果及时调整施工参数。 专用技术措施： PA、PB 区域： 根据开挖过程中监测结果，必要时，对未开挖部分采用深孔注浆超前加固结构周边土体；对已开挖初支封闭区域，可采用洞内径向深孔注浆加固线下部邻近新建结构的土体，加固范围根据监测情况确定
变形控制标准	燃气：允许沉降控制值 20mm；倾斜率控制值≤0.002；位移最大速率控制值 2mm/d； 上水：允许沉降控制值 20mm；倾斜率控制值≤0.002；位移最大速率控制值 2mm/d； 直埋热力管：允许沉降控制值 20mm；倾斜率控制值≤0.002；位移最大速率控制值 2mm/d	

环境风险类型	1. 低压燃气；2. 直径<400mm直埋热力管；3. 300mm≤直径<600mm上水
	较重要
工法	明(盖)挖法
风险保护措施	通用技术措施： (1) 施工前对管线的现状进行核查，了解管线结构现状及运营现状； (2) 加强明挖基坑围护结构和支撑体系，严格控制桩顶和桩体变形； (3) 及时布设监测点，基坑施工期间加密监测频率，根据监测结果及时调整施工参数。 专用技术措施： MA区域： 基坑开挖过程中，根据监测结果，必要时采用深孔注浆加固管线下部土体
	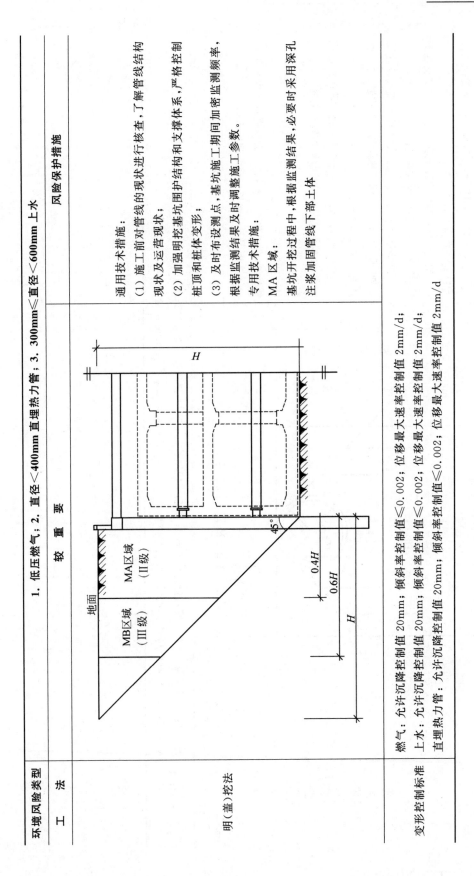
变形控制标准	燃气：允许沉降控制值 20mm；倾斜率控制值≤0.002；位移最大速率控制值 2mm/d； 上水：允许沉降控制值 20mm；倾斜率控制值≤0.002；位移最大速率控制值 2mm/d； 直埋热力管：允许沉降控制值 20mm；倾斜率控制值≤0.002；位移最大速率控制值 2mm/d

环境风险类型	1. 热力沟；2. 电力沟	
工法	重要	风险保护措施
盾构法	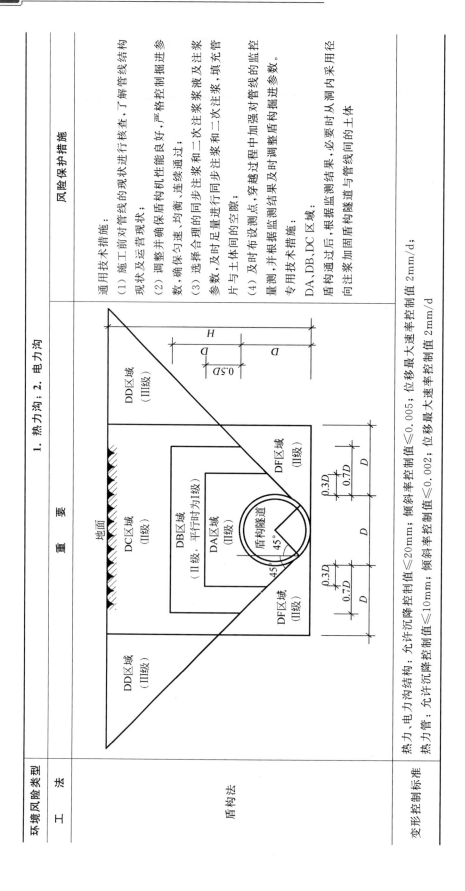	通用技术措施： (1) 施工前对管线的现状进行核查，了解管线结构现状及运营现状； (2) 调整并确保盾构机性能良好，严格控制掘进参数，确保匀速、均衡、连续通过； (3) 选择合理的同步注浆和二次注浆液及注浆参数，及时足量进行同步注浆和二次注浆，填充管片与土体间的空隙； (4) 及时布设测点，穿越过程中加强对管线的监控量测，并根据监测结果及时调整盾构掘进参数。 专用技术措施： DA、DB、DC区域： 盾构通过后，根据监测结果，必要时从洞内采用径向注浆加固盾构隧道与管线间的土体
变形控制标准	热力、电力沟结构：允许沉降控制值≤20mm；倾斜率控制值≤0.005；位移最大速率控制值2mm/d； 热力管：允许沉降控制值≤10mm；倾斜率控制值≤0.002；位移最大速率控制值2mm/d	

环境风险类型	1. 热力沟；2. 电力沟	
	重要	
工法		风险保护措施
矿山法	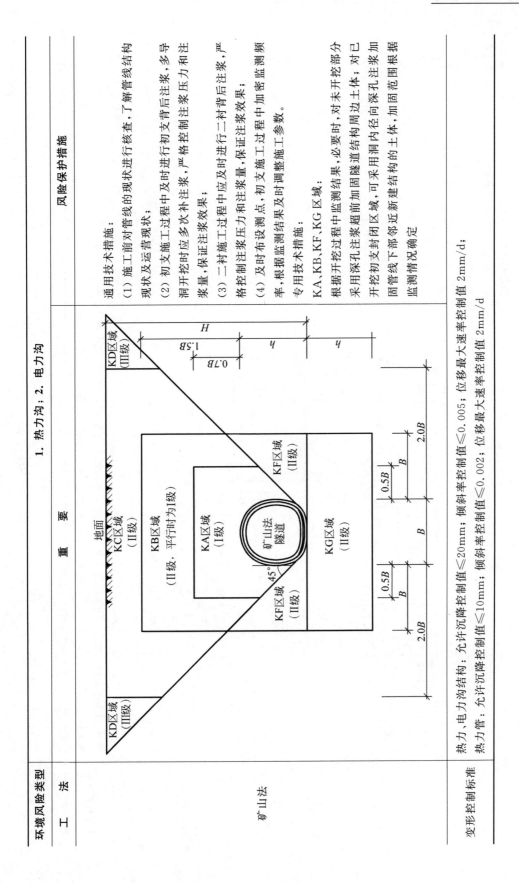	通用技术措施： (1) 施工前对管线的现状进行核查，了解管线结构现状及运营现状； (2) 施工过程中及时进行初支背后注浆，多导洞开挖施工时应多次补注浆，严格控制注浆压力和注浆量，二衬背后注浆时，严格控制注浆压力和注浆量，保证注浆效果； (3) 二衬施工过程中应及时补注浆，初支施工过程中加密监测频率，根据监测结果及时调整施工参数。 (4) 及时布设测点，初支施工过程中加密监测频率。 专用技术措施： KA、KB、KF、KG区域： 根据开挖过程中监测结果，必要时，对未开挖部分采用深孔注浆超前加固隧道结构周边土体；对已开挖初支封闭区域，可采用洞内深孔注浆加固管线下部邻近新建结构的土体，加固范围根据监测情况确定
变形控制标准	热力、电力沟结构：允许沉降控制值≤20mm；倾斜率控制值≤0.005；位移最大速率控制值 2mm/d； 热力管：允许沉降控制值≤10mm；倾斜率控制值≤0.002；位移最大速率控制值 2mm/d	

环境风险类型	1. 热力沟；2. 电力沟	
工法	重要	
暗挖 PBA 工法	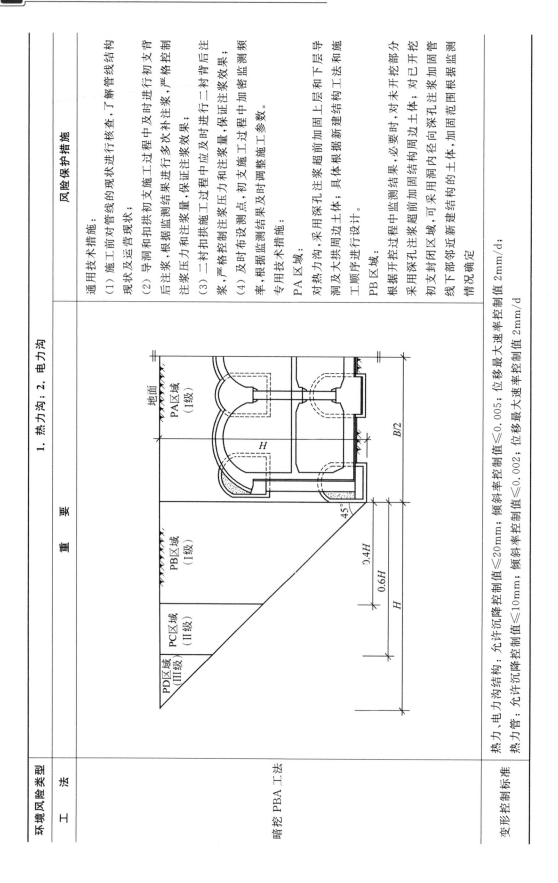	风险保护措施
		通用技术措施： (1) 施工前对管线的现状进行核查，了解结构现状及运营现状； (2) 导洞和扣拱施工过程中及时进行初支背后注浆，根据监测结果进行多次补浆，严格控制注浆压力和注浆量，保证注浆效果； (3) 二衬扣拱施工过程中应及时进行二衬背后注浆，严格控制注浆压力和注浆量，保证注浆效果； (4) 反时布设测点，初支施工过程中加密监测频率，根据监测结果及时调整施工参数。 专用技术措施： PA 区域： 对热力大沟，采用深孔注浆超前加固上层和下层导洞及大拱脚周边土体；具体根据新建结构工法和施工顺序进行设计。 PB 区域： 根据开挖过程中监测结果，必要时，对未开挖部分采用深孔注浆超前加固结构周边土体；对已开挖初支封闭区域，可采用洞内径向深孔注浆加固管线下部邻近新建结构的土体，加固范围根据监测情况确定
变形控制标准	热力、电力沟结构：允许沉降控制值≤20mm；倾斜率控制值≤0.005；位移最大速率控制值 2mm/d； 热力管：允许沉降控制值≤10mm；倾斜率控制值≤0.002；位移最大速率控制值 2mm/d	

环境风险类型	1. 热力沟；2. 电力沟	
工法	重要	风险保护措施
明（盖）挖法	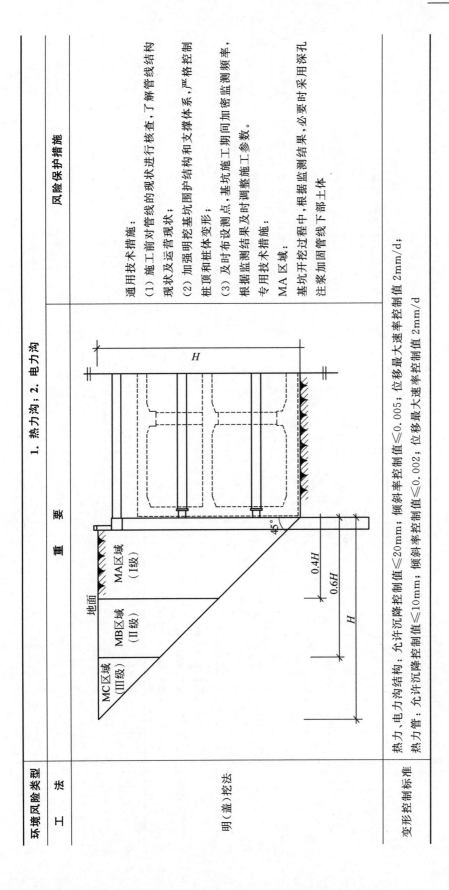	通用技术措施： （1）施工前对管线的现状进行核查，了解管线结构现状及运营现状； （2）加强明挖基坑围护结构和支撑体系，严格控制桩顶和桩体变形； （3）及时布设测点，基坑施工期间加密监测频率，根据监测结果及时调整施工参数。 专用技术措施： MA 区域： 基坑开挖过程中，根据监测结果，必要时采用深孔注浆加固管线下部土体
变形控制标准	热力、电力沟结构：允许沉降控制值≤20mm；倾斜率控制值≤0.005；位移最大速率控制值 2mm/d； 热力管：允许沉降控制值≤10mm；倾斜率控制值≤0.002；位移最大速率控制值 2mm/d	

环境风险类型	直径（宽度）≥600mm 污水管	
	重 要	
工 法		风险保护措施
盾构法	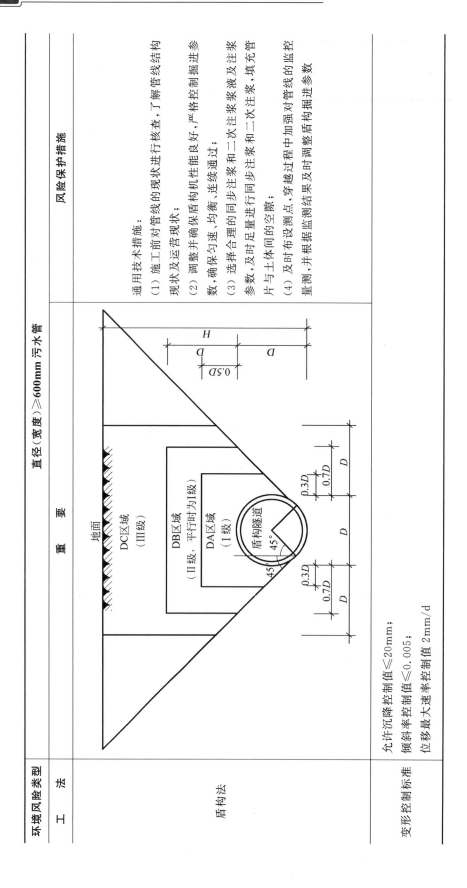	通用技术措施： （1）施工前对管线的现状进行核查，了解管线结构现状及运营现状； （2）调整并确保盾构机性能良好，严格控制掘进参数，确保匀速、均衡、连续通过； （3）选择合理的同步注浆和二次注浆液及注浆参数，及时足量进行同步注浆和二次注浆，填充管片与土体间的空隙； （4）反时布设测点，穿越过程中加强对管线的监控量测，并根据监测结果及时调整盾构掘进参数
变形控制标准	允许沉降控制值≤20mm； 倾斜率控制值≤0.005； 位移最大速率控制值 2mm/d	

环境风险类型	直径（宽度）≥600mm 污水管	
	重要	
工法		风险保护措施
矿山法	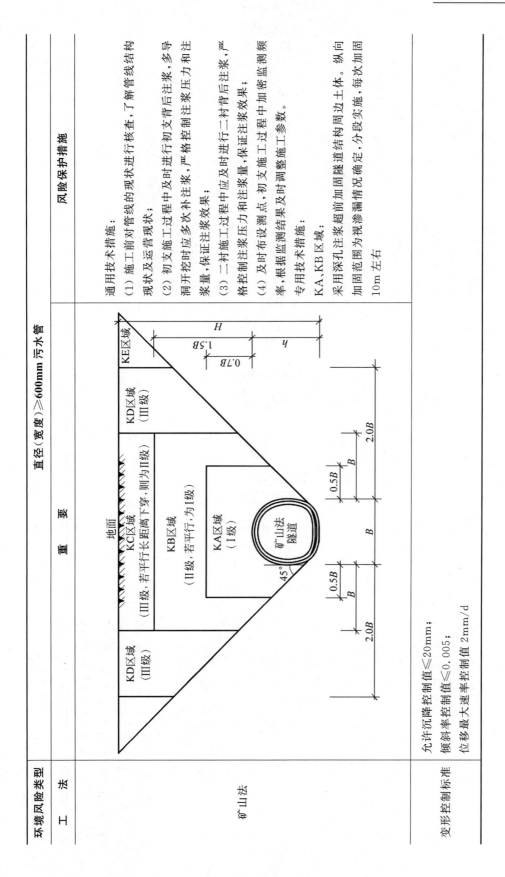	通用技术措施： （1）施工前对管线的现状进行核查，了解管线结构现状及运营现状； （2）初开挖施工过程中及时进行初支背后注浆，多导洞开挖时应多次补注浆，严格控制注浆压力和注浆量，保证注浆效果； （3）二衬施工过程中应及时进行二衬背后注浆，严格控制注浆压力和注浆量，保证注浆效果； （4）及时布设测点，初支施工过程中加密监测频率，根据监测结果及时调整施工参数。 专用技术措施： KA、KB区域： 采用深孔注浆超前加固隧道结构周边土体。纵向加固范围为视渗漏情况确定，分段实施，每次加固10m左右
变形控制标准	允许沉降控制值≤20mm； 倾斜率控制值≤0.005； 位移最大速率控制值 2mm/d	

环境风险类型	直径（宽度）≥600mm 污水管	
	重要	
		风险保护措施
工法		通用技术措施： (1) 施工前对管线的现状进行核查，了解管线结构现状及运营现状； (2) 导洞和扣拱施工过程中及时进行初支背后注浆，严格控制注浆压力和注浆量，保证注浆效果； (3) 二衬扣拱施工过程中应及时进行二衬背后注浆，严格控制注浆压力和注浆量，保证注浆效果； (4) 及时布设测点，初支施工过程中加密监测频率，根据监测结果及时调整施工参数。 专用技术措施： PA 区域： 采用深孔注浆超前加固上层和下层导洞及大拱周边土体；具体根据新建结构开挖方法和施工步序进行设计。纵向加固范围为视渗漏情况确定，分段实施，每次加固10m左右。 PB 区域： 若存在严重渗漏情况，采用深孔注浆加固管线下部邻近新建结构范围的土体。纵向加固范围为视渗漏情况确定，分段实施，每次加固10m左右
暗挖 PBA 工法		
变形控制标准	允许沉降控制值≤20mm； 倾斜率控制值≤0.005； 位移最大速率控制值 2mm/d	

环境风险类型	直径(宽度)≥600mm 污水管		
	重要		
工法			风险保护措施
明(盖)挖法	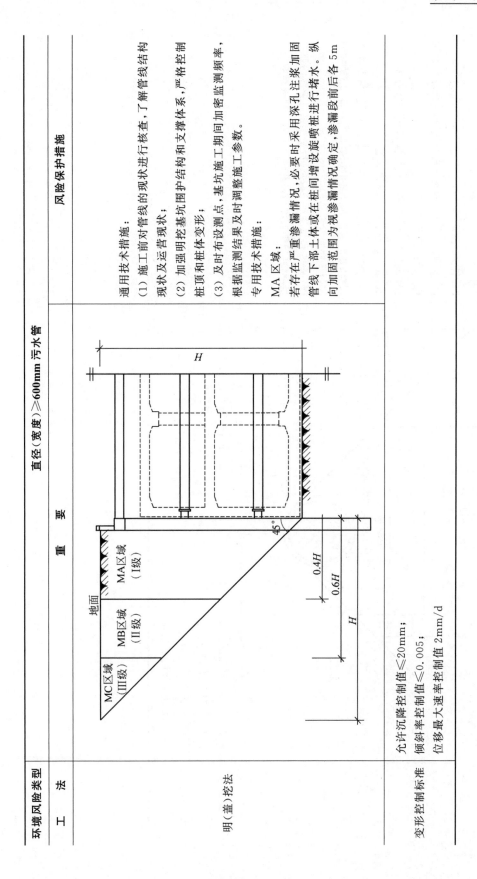		通用技术措施： (1) 施工前对管线的现状进行核查，了解管线结构现状及运营现状； (2) 加强明挖基坑围护结构和支撑体系，严格控制桩顶和桩体变形； (3) 及时布设测点，基坑施工期间加密监测频率，根据监测结果及时调整施工参数。 专用技术措施： MA区域： 若存在严重渗漏情况，必要时采用深孔注浆加固管线下部土体或在桩间增设旋喷桩进行堵水。纵向加固范围为视渗漏情况确定，渗漏段前后各5m
变形控制标准	允许沉降控制值≤20mm； 倾斜率控制值≤0.005； 位移最大速率控制值2mm/d		

环境风险类型	直径(宽度)≥600mm 雨水管线	
	重要	
工法		风险保护措施
盾构法	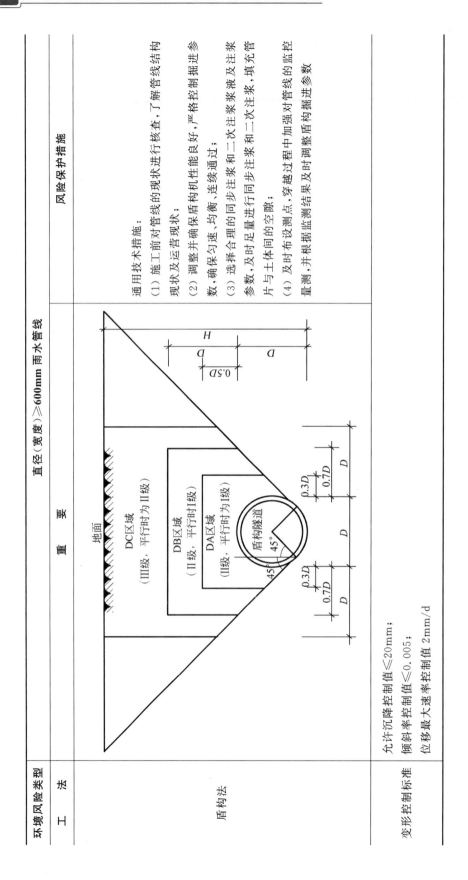	通用技术措施： (1) 施工前对管线的现状进行核查，了解管线结构现状及运营现状； (2) 调整并确保盾构机性能良好，严格控制掘进参数，确保匀速、均衡，连续通过； (3) 选择合理的同步注浆和二次注浆浆液及注浆参数，及时足量进行同步注浆和二次注浆，填充管片与土体间的空隙； (4) 及时布设监测点，穿越过程中加强对管线的监控量测，并根据监测结果及时调整盾构掘进参数
变形控制标准	允许沉降控制值≤20mm； 倾斜率控制值≤0.005； 位移最大速率控制值 2mm/d	

环境风险类型	直径（宽度）≥600mm 雨水管线	
	重要	
工法		风险保护措施
矿山法	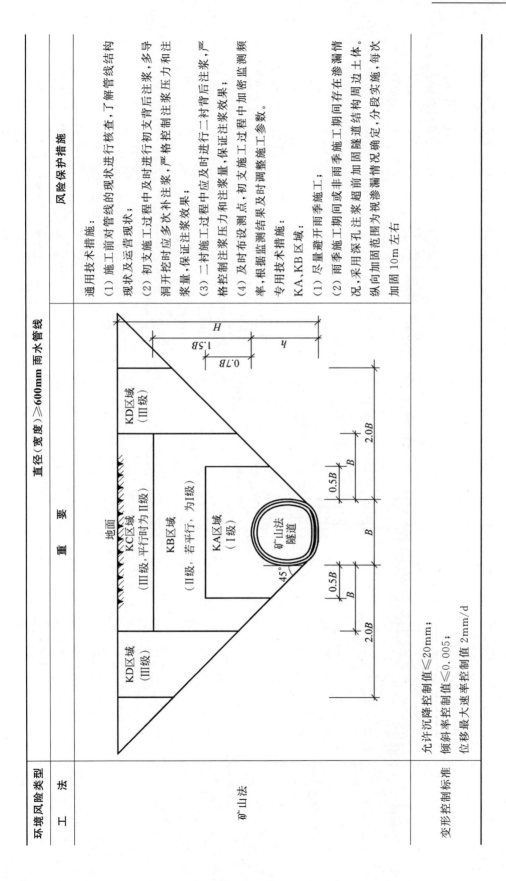	通用技术措施： (1) 施工前对管线的现状进行核查，了解运营现状及反映运营现状； (2) 初支挖时及时进行初支背后注浆，多导洞开挖时应多次补充注浆，严格控制注浆压力和注浆量，保证注浆效果； (3) 二衬施工过程中应及时进行二衬背后注浆，严格控制注浆压力和注浆量，保证注浆效果； (4) 及时布设测点，初支施工过程中加密监测频率，根据监测结果及时调整施工参数。 专用技术措施： KA、KB 区域： (1) 尽量避开雨季施工； (2) 雨季施工期间或非雨季施工期间存在渗漏情况，采用深孔注浆超前加固隧道周边土体，纵向加固范围为视渗漏情况确定，分段实施，每次加固 10m 左右
变形控制标准	允许沉降控制值≤20mm； 倾斜速率控制值≤0.005； 位移最大速率控制值 2mm/d	

环境风险类型	直径(宽度)≥600mm 雨水管线	
	重要	
工法	暗挖 PBA 工法	风险保护措施
	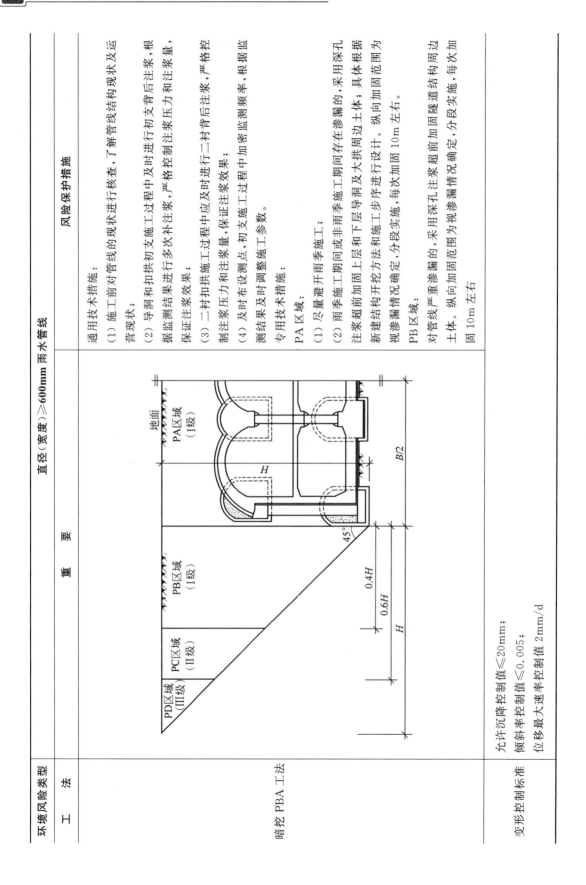	通用技术措施： (1) 施工前对管线的现状进行核查，了解管线结构现状及运营现状； (2) 导洞和扣拱初支施工过程中及时进行初支背后注浆，根据监测结果进行多次补注浆，严格控制注浆压力和注浆量，保证注浆效果； (3) 二衬扣拱施工过程中应及时进行二衬背后注浆，严格控制注浆压力和注浆量，保证注浆效果； (4) 及时布设测点，初支施工过程中加密监测频率，根据监测结果及时调整施工参数。 专用技术措施： PA 区域 (1) 尽量避开雨季施工； (2) 雨季施工期间或非雨季施工期间存在渗漏的，采用深孔注浆超前加固或及大拱脚施工步序进行设计。具体范围根据新建结构开挖方法和施工步序进行设计。纵向加固范围为视渗漏情况土体，分段实施，每次加固 10m 左右。 PB 区域 对管线严重渗漏的，采用深孔注浆超前加固隧道结构周边土体。纵向加固范围为视渗漏情况确定，分段实施，每次加固 10m 左右。
变形控制标准	允许沉降控制值≤20mm； 倾斜率控制值≤0.005； 位移最大速率控制值 2mm/d	

第4章 安全风险控制技术

环境风险类型	直径（宽度）≥600mm 雨水管线	
工法	重要	风险保护措施
明（盖）挖法	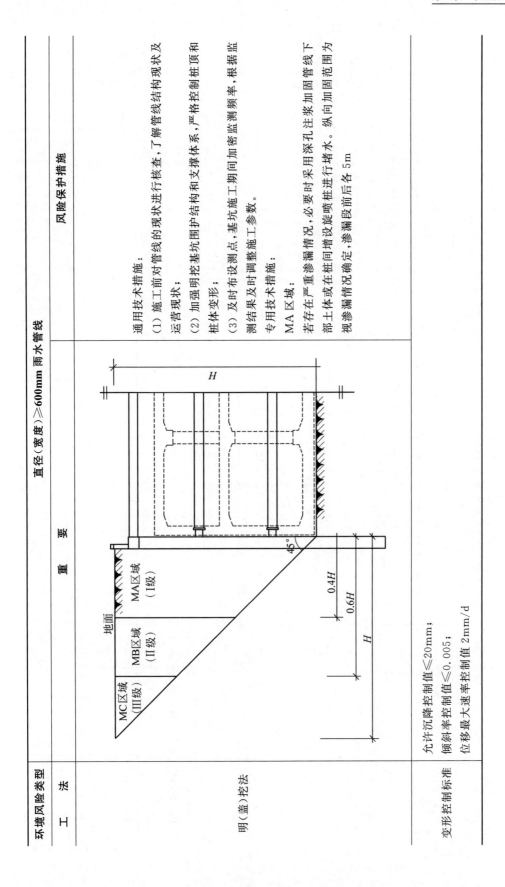	通用技术措施： (1) 施工前对管线的现状进行核查，了解管线结构现状及运营现状； (2) 加强明挖基坑围护结构和支撑体系，严格控制桩顶和桩体变形； (3) 及时布设测点，基坑施工期间加密监测频率，根据监测结果及时调整施工参数。 专用技术措施： MA区域： 若存在严重渗漏情况，必要时采用深孔注浆加固管线下部土体或在桩间同步设旋喷桩进行堵水。纵向加固范围为视渗漏情况确定，渗漏段前后各5m
变形控制标准	允许沉降控制值≤20mm； 倾斜率控制值≤0.005； 位移最大速率控制值2mm/d	

环境风险类型	1. 直径（宽度）＜600mm 雨水管线；2. 直径（宽度）＜600mm 污水管	
	较 重 要	风险保护措施
工 法	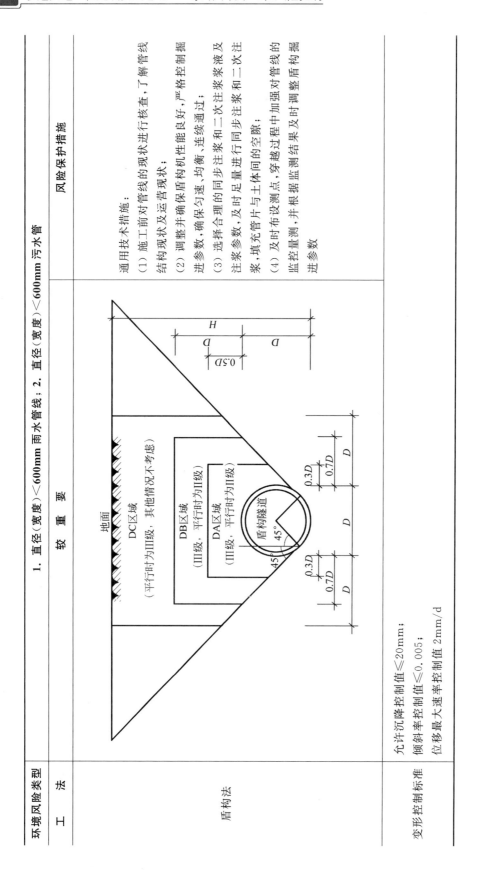	通用技术措施： (1) 施工前对管线的现状进行核查，了解管线结构现状及运营现状； (2) 调整并确保盾构机性能良好，严格控制掘进参数，确保匀速、均衡、连续通过； (3) 选择合理的同步注浆和二次注浆参数，及时足量进行同步注浆和二次注浆，填充管片与土体间的空隙； (4) 及时布设监测点，穿越过程中加强对管线的监控量测，并根据监测结果及时调整盾构掘进参数
盾构法		
变形控制标准	允许沉降控制值≤20mm； 倾斜率控制值≤0.005； 位移量最大速率控制值 2mm/d	

环境风险类型	1. 直径（宽度）＜600mm 雨水管线；2. 直径（宽度）＜600mm 污水管	
	较 重 要	
工法		风险保护措施
矿山法	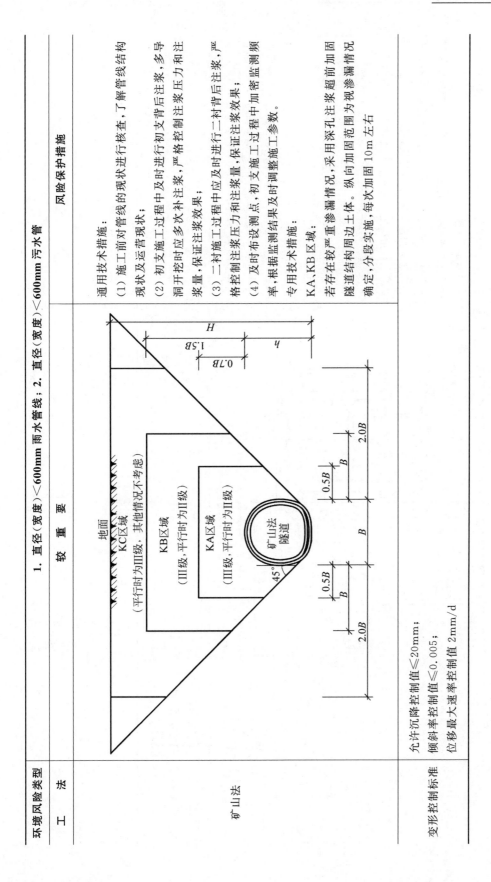	通用技术措施： (1) 施工前对管线的现状进行核查，了解管线结构现状及运营现状； (2) 初支开挖过程中及时进行初支背后注浆，多导洞开挖施工过程应多次补注浆，严格控制注浆压力和注浆量，保证注浆效果； (3) 二村施工过程中应及时反映注浆量，保证注浆效果，二村施工过程中加密监测频率，根据监测结果及时调整施工参数。 专用技术措施： KA、KB 区域： 若存在较严重渗漏情况，采用深孔注浆超前加固隧道结构周边土体。纵向加固范围为视渗漏情况确定，分段实施，每次加固 10m 左右
变形控制标准	允许沉降控制值≤20mm； 倾斜率控制值≤0.005； 位移最大速率控制值 2mm/d	

环境风险类型	1. 直径（宽度）<600mm 雨水管线；2. 直径（宽度）<600mm 污水管	
工 法	较 重 要	风险保护措施
暗挖PBA工法	（图示：PC区域（Ⅲ级）、PB区域（Ⅱ级）、PA区域（Ⅱ级，平行长距离下穿为Ⅰ级）；地面；H、0.6H、0.4H、B/2、45°）	通用技术措施： (1) 施工前对管线的现状进行核查，了解管线结构现状及运营现状； (2) 导洞和扣拱初支施工过程中及时进行初支背后注浆，根据监测结果进行多次补注浆，严格控制注浆压力和注浆量，保证注浆效果； (3) 二衬扣拱施工过程中应及时进行二衬背后注浆，严格控制注浆压力和注浆量，保证注浆效果； (4) 及时布设监测点，初支施工过程中加密监测频率，根据监测结果及时调整施工参数。 专用技术措施： PA、PB区域： 对管线严重渗漏的，采用深孔注浆超前加固管线下部近新建结构的土体。纵向加固范围为视渗漏情况确定，分段实施，每次加固10m左右
变形控制标准	允许沉降控制值≤20mm； 倾斜率控制值≤0.005； 位移最大速率控制值2mm/d	

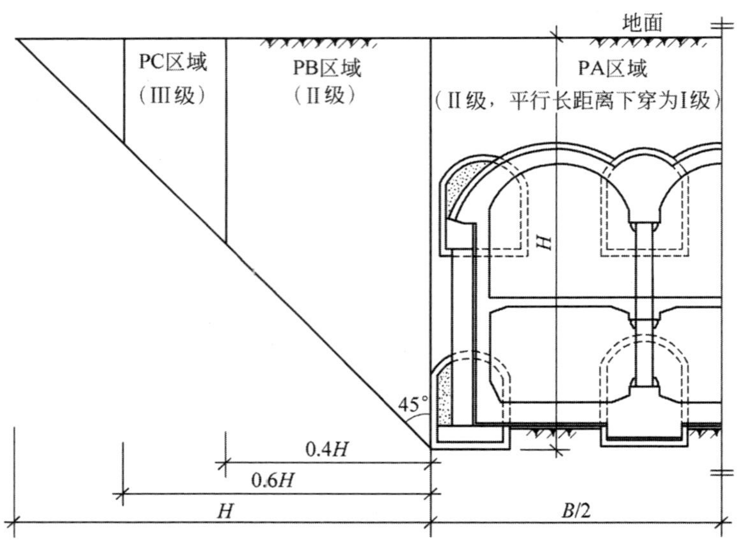

环境风险类型	1. 直径（宽度）＜600mm 雨水管线；2. 直径（宽度）＜600mm 污水管	
	较 重 要	
工 法	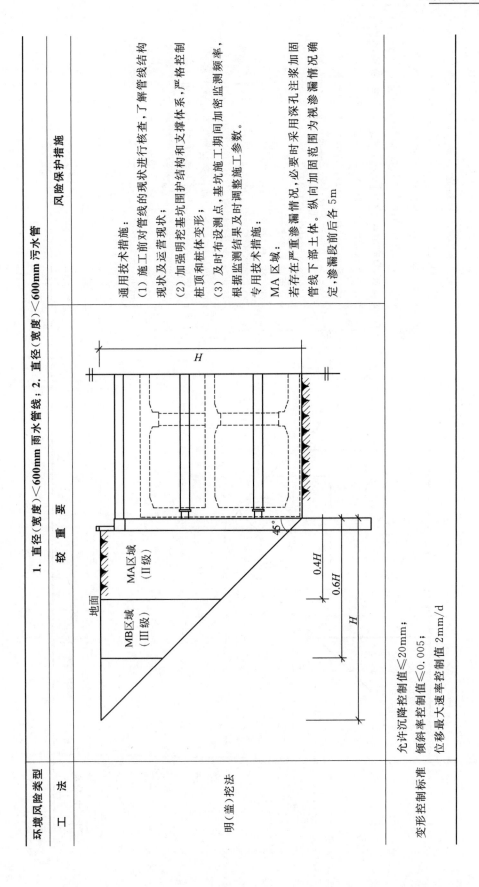	风险保护措施
明（盖）挖法		通用技术措施： (1) 施工前对管线的现状进行核查，了解管线结构现状及运营现状； (2) 加强明挖基坑围护结构和支撑体系，严格控制桩顶和桩体变形； (3) 反时布设测点，基坑施工期间加密监测频率，根据监测结果及时调整施工参数。 专用技术措施： MA 区域： 若存在严重渗漏情况，必要时采用深孔注浆加固管线下部土体。纵向加固范围为视渗漏情况确定，渗漏段前后各 5m
变形控制标准	允许沉降控制值≤20mm； 倾斜率控制值≤0.005； 位移最大速率控制值 2mm/d	

环境风险类型	河湖、渠、通航河道	
	重要	
工法		风险保护措施
盾构法	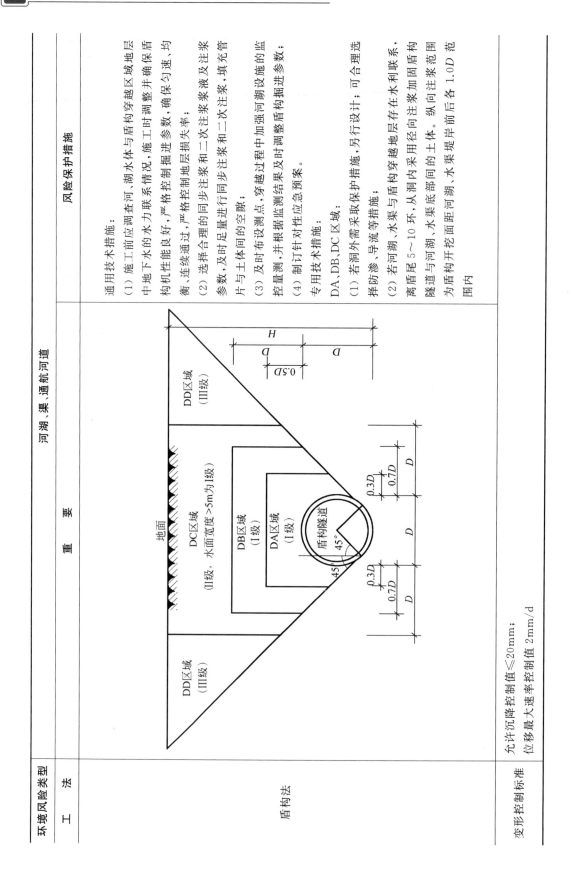	通用技术措施： (1) 施工前应调查河、湖水体与盾构穿越区域地层中地下水的水力联系情况，施工时调整并确保盾构机性能良好，严格控制掘进参数，确保匀速、连续通过；及时足量进行注浆液及注浆参数，及时足量进行注浆液和二次注浆，填充管片与土体间的空隙； (2) 选择合理的同步注浆和二次注浆液及注浆参数，及时足量进行注浆和二次注浆，填充管片与土体间的空隙； (3) 及时布设测点，穿越过程中加强河湖设施的监控量测，并根据监测结果及时调整盾构掘进参数； (4) 制订针对性应急预案。 专用技术措施： DA、DB、DC区域： (1) 若洞外需采取保护措施，另行设计；可合理选择防渗、导流等措施； (2) 若河湖、水渠与盾构穿越地层存在水利联系，盾构尾5~10环，从洞内采用径向注浆加固盾构隧道与河湖、水渠底部的土体。纵向注浆范围为盾构开挖面距河湖、水渠堤岸前后各1.0D范围内
变形控制标准	允许沉降控制值≤20mm；位移最大速率控制值2mm/d	

环境风险类型	河湖、渠、通航河道	
	重要	风险保护措施
工法	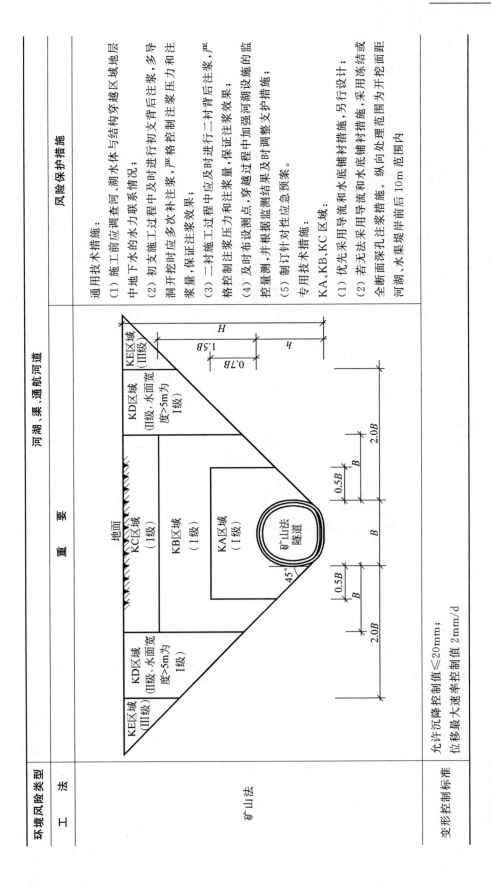	通用技术措施： (1) 施工前应调查河、湖水体与结构穿越区域地层中地下水的水力联系情况； (2) 初支施工过程中及时补注浆，严格控制注浆压力和注浆量，保证注浆效果； (3) 二衬施工过程中应及时进行二衬背后注浆，严格控制注浆压力和注浆量，保证注浆效果； (4) 及时布设测点，穿越过程中加强河湖设施的监控量测，并根据监测结果及时调整支护措施； (5) 制订针对性应急预案。 专用技术措施： KA、KB、KC区域： (1) 优先采用导流和水底铺衬措施； (2) 若无法采用导流和水底铺衬措施，采用冻结或全断面深孔注浆措施，纵向处理范围为开挖面距河湖、水渠堤岸前后10m范围内
矿山法		
变形控制标准	允许沉降控制值≤20mm； 位移最大速率控制值2mm/d	

环境风险类型	河湖、渠、通航河道	
工法	重要	风险保护措施
暗挖PBA工法	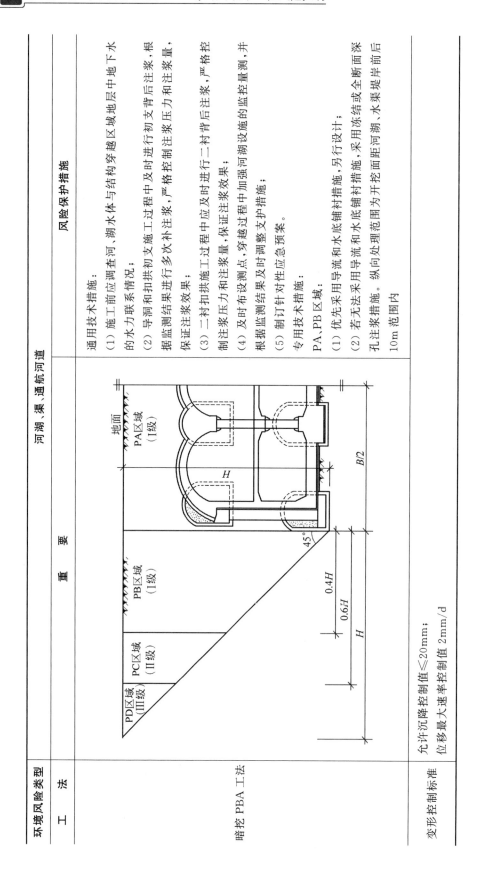	通用技术措施： (1) 施工前应调查河、湖水体与结构穿越区域地层中地下水的水力联系情况； (2) 导洞和扣拱初支施工过程中及时进行初支背后注浆，根据监测结果进行多次补充注浆，严格控制注浆压力和注浆量，保证注浆效果； (3) 二衬和扣拱施工过程中应及时进行二衬背后注浆，严格控制注浆压力和注浆量，穿越过程中加强河湖设施的监控量测，并根据监测结果及时调整支护措施； (4) 及时布设测点，穿越过程中加强河湖设施的监控量测，并根据监测结果及时调整支护措施； (5) 制订针对性应急预案。 专用技术措施： PA、PB区域 (1) 优先采用导流和水底铺衬措施，另行设计； (2) 若无法采用导流和水底铺衬措施，采用冻结或全断面深孔注浆措施。纵向处理范围为开挖面距河湖水渠堤岸前后10m范围内
变形控制标准	允许沉降控制值≤20mm； 位移最大速率控制值2mm/d	

环境风险类型	河湖、渠、通航河道	
	重 要	风险保护措施
工 法	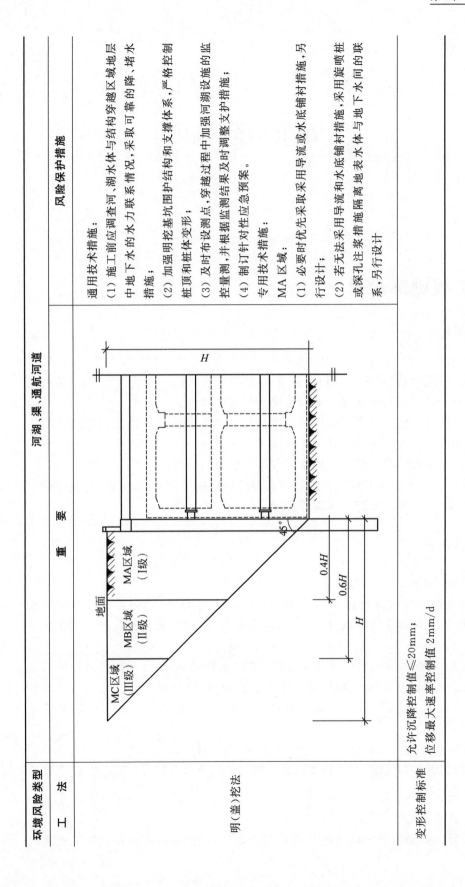	通用技术措施： (1) 施工前应调查河、湖水体与结构穿越区域地层中地下水的水力联系情况，采取可靠的降、堵水措施； (2) 加强明挖基坑围护结构和支撑体系，严格控制桩顶和桩体变形； (3) 及时布设测点，穿越过程中加强河湖设施的监控量测，并根据监测结果及时调整支护措施； (4) 制订针对性应急预案。 专用技术措施： MA 区域： (1) 必要时优先采取采用导流或水底铺衬措施，另行设计； (2) 若无法采用导流和水底铺衬措施，采用旋喷桩或深孔注浆措施隔离地表水体与地下水间的联系，另行设计
明（盖）挖法		
变形控制标准	允许沉降控制值≤20mm； 位移最大速率控制值 2mm/d	

第5章 安全风险管理

5.1 岩土工程勘察管理

5.1.1 总则

(1) 为加强济南市轨道交通岩土工程勘察管理,规范轨道交通工程勘察行为,保证轨道交通工程质量,提高投资效益、环境效益和社会效益,依据国家、地方、行业相关规范、规程及法律和行政法规,结合济南轨道交通建设实际情况特制定本规范。

(2) 本规范适用于轨道交通工程勘察项目,按阶段分为可行性研究勘察、初步勘察、详细勘察、线路或场地附近存在对工程设计方案或施工有重大影响的岩土工程问题时应进行专项勘察,施工阶段可根据需要开展施工勘察。其他工程可参照执行。

(3) 本规范规定了岩土工程勘察的职责划分、管理流程、质量管理、安全管理、文明施工管理、进度管理、投资管理、成果管理和考核管理等。

5.1.2 职责划分

1. 集团相关部门职责

(1) 总工办负责对初步设计阶段(含)之前的工程可行性研究勘察(以下简称工可勘察)、初步勘察进行全面监督管理,负责检查计划落实情况、组织阶段性验收及协调相关工作等。

(2) 项目实施主体(包括济南轨道交通集团建设投资有限公司、济南交通发展投资有限公司、济南轨道交通集团资源开发有限公司等建设子公司)负责对初步设计之后的详细勘察、专项勘察进行全面监督管理,负责检查计划落实情况、组织阶段性验收及协调相关工作等。

(3) 施工勘察由土建施工总承包单位负责,由项目实施主体负责监督管理。

(4) 审计法务部、财务管理部、招标管理办公室参与各勘察阶段招标、合同签订、勘察方案变更、结算等相关工作。

2. 设计单位职责

(1) 根据勘察计划向集团公司或接受其委托的建设单位、勘察咨询单位提供工程概况及勘察技术要求,包括勘探范围、建筑平面图、剖面图、施工工法、基坑深度、围护结构形式、围护结构深度、桩荷载、柱荷载、工程桩桩底标高及需要勘察提供的特殊类参数等。

(2) 参与检查勘察单位提交的中间资料是否满足设计需要,参与审查勘察成果是否符合技术要求,参与勘察成果的验收。

(3) 设计单位会同勘察监理单位,根据勘察现场情况,对钻孔实施进行合理优化提出调整建议;若涉及工程量发生变化的,必须经过集团同意。

(4) 设计总体单位有责任协调设计过程中勘察与各专业间的关系。

3. 勘察监理单位职责

勘察监理单位的项目主要人员应符合合同文件的要求。项目负责人、项目技术负责人的变更应填报《济南轨道交通工程勘察及勘察咨询项目主要人员变更审批表》履行变更审批手续,勘察咨询单位代表集团公司对勘察单位人员、设备、安全生产与文明施工、进度、质量、服务等进行全面管理,具体职责如下。

(1) 编制勘察监理大纲、监理细则、勘察任务及计划,协助集团公司审查设计单位下发的勘察技术要求,并对勘察报告的编制提出要求。

(2) 现场监督、检查勘察单位是否按规定开展工作,发现问题时,应以书面的形式要求勘察单位整改,情况较严重的需同时报送建设单位。

(3) 及时跟踪勘察现场的实施情况,遇到地质条件异常时,及时向建设单位、设计单位反馈。

(4) 审核勘察单位实际完成的工作量是否符合设计要求,对勘察单位完成的工作量进行审核。

(5) 组织勘察单位提交勘察成果,负责检查勘察单位的勘察成果是否满足技术要求,参与勘察成果的验收,出具勘察成果终审验收意见。

4. 勘察单位职责

(1) 勘察单位的项目主要人员包括项目负责人、项目技术负责人。项目主要人员的变更应填报《济南轨道交通工程勘察及勘察咨询项目主要人员变更审批表》履行变更审批手续。勘察单位应按照有关建设工程质量的法律法规、技术标准以及勘察合同实施勘察工作,组建勘察现场项目经理部,代表本单位履行勘察合同。勘察单位项目经理部应建立健全科学有效的安全质量管理体系和责任制度,明确项目负责人、技术负责人,以及与勘察作业有关人员的责任。

(2) 勘察单位应按本管理办法规范作业,满足设计总体单位提出的合理技术需求及进度需求,并服从集团公司及勘察监理单位的监督检查。

5.1.3 管理流程

(1) 岩土工程勘察技术要求确定的流程:由设计单位提出岩土工程勘察技术要求,项目有总体与工点设计单位的,由设计总体单位提出。委托了岩土工程勘察咨询的项目,由监理单位对岩土工程勘察技术要求进行审核。总工办对工可勘察、初步勘察岩土工程勘察技术要求进行审批;详勘、专项勘察项目由实施主体技术部门进行审批。

(2) 按照总工办与实施主体的责任分工向勘察单位下达"岩土工程勘察任务委托书"

(以下简称任务书),任务书中包括本次岩土工程勘察工作的范围、拟建建(构)筑物的特征、勘察开工及提交资料的日期等内容。

(3)勘察单位接到任务书后,即按照勘察合同及任务书的约定开展勘察工作。委托岩土工程勘察咨询的项目,咨询单位按咨询合同及国家、地方、行业相关规范、规程及法律和行政法规的要求进行履职。

(4)设计单位应就勘察技术要求和工作量布置的技术问题与勘察单位充分沟通,保证其规范性和可操作性。

(5)岩土工程勘察大纲的编制、审核、审批:对于轨道线路工程的初勘、详勘、专项勘察,勘察单位编制勘察大纲,经勘察咨询单位审核,由集团公司组织专家评审,勘察咨询单位对经过评审完善后的勘察大纲进行审批,报建设单位备案。

(6)勘察工作的具体实施须严格执行已批准的勘察大纲,因现场条件限制或其他原因需要对勘察大纲进行局部调整的,必须履行勘察大纲变更手续。

(7)勘察方案变更是指勘察外业工作开始后,由于设计方案变化、地质条件复杂引起的已批准的勘察大纲不满足设计及规范要求,需要对勘察大纲按规定的程序进行调整(以下简称勘察变更)。

① 勘察变更分类:Ⅰ类变更为设计变更引起的勘察变更,包括设计方案变化、工法调整、线站位调整、新增工点及其他附属建筑等;Ⅱ类变更为地质条件复杂引起的勘察变更。此类变更分为100万元人民币以上和100万元人民币以下两种情况。

对于上述原因导致的投资调整,勘察监理单位必须以合同条款和事实为依据进行审核。

② 勘察变更流程:由勘察单位提出勘察变更申请,建设、监理单位接到勘察变更申请后,组织相关勘察单位、设计单位对勘察变更原因、内容及相关支撑性文件进行讨论,确定变更的必要性,签署审批意见。

勘察单位根据审批意见编制勘察变更方案,经设计单位、监理单位审核后,报建设单位进行审批。其中,Ⅰ类勘察变更只需签批到总工办或相应的实施主体即可。Ⅱ类勘察变更,若变更费用不大于100万元人民币则只需签批到总工办或相应的实施主体即可;若变更费用大于100万元人民币,需由集团分管副总完成审批。

(8)对于轨道线路工程,初勘报告编制完成后勘察单位应组织专家评审,建设单位、设计单位、勘察咨询单位等应参会并提出意见或建议。

(9)勘察单位编制完成勘察报告,需报送建设单位、勘察咨询单位以及设计单位审核。

(10)对于详勘报告应送至建设单位指定的图审机构,审查通过后的正式文件报送建设单位。

5.1.4 质量管理

(1)勘察单位应当建立健全质量保证体系和质量责任制度,严格执行勘察文件的校核和审签制度,不得以任何理由违反法律法规和建筑工程质量、安全标准。

(2)勘察监理单位应建立健全组织机构,配备足够的专业人员,并保证在勘察咨询全过程中人员的稳定。勘察监理单位应根据工程规划、设计文件、国家有关的勘察规范,以及勘察咨询方案等开展勘察监理工作,制订对工程勘察质量控制和进度控制的程序和措施,并组织实施与管理。

5.1.5 安全管理

(1) 勘察单位要结合勘察钻孔所在地现场实际情况,明确和细化安全管理工作的目标责任。建立健全安全保证体系,设置安全管理机构,制订完善的安全管理制度,并在轨道交通勘察工程各阶段制定相应的风险管理方案。做到人员到位,责任到位,措施到位,监督到位,确保各项安全要求得到贯彻落实,取得成效。

(2) 勘察单位是工程现场安全生产的主要责任人,对工程现场安全生产工作全面负责,勘察施工须确保生产安全、工程安全,并不因工程而危及周边建(构)筑物、各种管线、道路交通等公众环境安全及人身财产安全。勘察单位必须严格遵守国家和省、市有关安全生产的法律、法规和技术规范、标准,不得降低安全生产条件。

(3) 勘察单位要认真组织开展轨道交通勘察施工安全日常检查和专项检查,发现安全隐患,及时落实整改。实行安全责任绩效考核制度,与班组签订建设项目安全生产目标责任书,并定期考核责任制落实情况。

(4) 勘察单位要设立安全主管和专职安全管理机构,统一协调管理项目安全生产、消防安全和职业健康安全工作。

(5) 勘察单位应制订切实可行的专项应急救援预案,建立完善的应急响应机制,编制相应的事故应急救援预案。并配备充足的应急救援物资。出现险情或发生事故时,勘察单位应立即组织抢险,同时向勘察咨询单位、建设单位单位报告,并配合进行事故调查。

(6) 勘察监理单位负责对勘察单位的安全生产情况进行全面监督管理。

5.1.6 文明施工管理

(1) 勘察单位要结合勘察钻孔所在地现场实际情况,明确和细化文明施工管理工作的目标责任,做到人员到位、责任到位、措施到位、监督到位,确保文明施工要求得到贯彻落实,取得成效。

(2) 勘察单位要认真组织开展轨道交通勘察文明施工日常检查和专项检查,发现不文明施工,及时落实整改。

(3) 勘察监理单位负责对勘察单位的文明施工情况进行全面监督管理。

5.1.7 进度管理

(1) 轨道交通工程勘察进度管理的总目标:在保证质量和安全的前提下,采取强有力的措施,确保总工期和关键工期的实现。进度管理工作主要由勘察咨询单位审核和监督。

(2) 审核勘察单位的进度计划(事先控制):①督促勘察单位按时提交进度计划;②审核进度计划,检查进度的安排在时间上是否符合规定的工期要求;检查进度安排的合理性;检查勘察单位的人员、机具设备计划,以确认进度计划能否实现;检查进度计划在顺序安排上是否符合逻辑。

(3) 执行和监督进度计划(事中控制):①若勘察监理单位认为实际进度不符合经批准的进度计划时,勘察单位应根据勘察监理单位的要求,提出一份为保证按期完工而对原进度计划进行必要修改的进度计划;②收集由勘察单位提供的有关报表资料;③通过例会听取工程进度的汇报和讨论,并根据情况及时提出意见。

(4) 调整进度计划(事后控制):①勘察监理单位根据勘察单位的进度报告及在现场跟踪检查所掌握的资料,通过对进度的分析,确定工程实际进度与计划进度之间的偏差,并评价该偏差对关键工期及总工期目标的影响;②当工程实际进度与计划进度出现偏差时,为保证进度控制目标的实现,勘察单位应向勘察监理单位提交调整后的进度计划,以供审批;③由于合同中规定的原因而导致的工期延误,经勘察监理单位批准后工期应相应顺延,进度计划亦相应推后;④由于勘察单位原因而导致的工期延误,不应给予工期顺延。

5.1.8 投资管理

(1) 轨道交通工程勘察投资管理的总目标:在保证质量、工期和安全的前提下,尽最大可能节约勘察投资。投资管理工作主要由勘察监理单位协助建设单位进行开展,工作内容主要包括:工程量和付款申请审核、勘察方案变更、勘察竣工决算等。

(2) 工程量和付款申请审核:①对实际完成的工程量进行准确的计量和审核,对勘察单位提交的勘察进度付款申请进行审核来控制合同价款。②严格控制勘察变更,按本规范规定的控制程序和合同规定的计量方法确定工程变更价款,及时分析勘察变更对控制投资的影响。③在勘察进展过程中进行投资跟踪、动态控制,对投资支出做好分析和预测,即将收集的实际支出数据整理后与投资控制值比较,并预测尚需发生的投资支出值,及时提出报告。

(3) 工程竣工决算:①勘察单位的正式报告通过验收后,勘察单位应在合同规定时间内向建设单位提交结算单,并提供有关资料作为结算依据。②勘察监理单位应对勘察单位提交的结算单进行审查,主要审查实际完成工作量与工程决算内容是否一致。

5.1.9 成果管理

(1) 勘察单位、勘察监理单位分别制订适用于本项目的技术资料管理办法和信息管理办法,认真负责管理勘察资料的收集、整理、保管及归档工作。

(2) 勘察单位、勘察监理单位须按照建设单位规定的格式和数量要求提交勘察资料、成果报告和相应的电子文件并完成归档。

(3) 勘察成果提交后,建设单位及时组织勘察单位向设计单位进行勘察文件交底,在施工前向施工单位进行交底。交底文件应包括场地水文地质、工程地质条件,设计施工须注意问题、需要注意的特殊地质条件等,并形成文字记录,由各方签字并盖章。

5.1.10 考核管理

(1) 建设单位按照集团公司文件对勘察、勘察监理单位进行履约考评。

(2) 总工办组织对勘察单位实行年度考核评定。集团打分权重占70%,勘察咨询单位打分权重占30%。评定结果由总工办负责汇总整理,并以年度考核的成绩为依据进行年终评优。

总工办组织对勘察监理单位实行年度考核评定。

(3) 对年度考核评定为优秀的勘察单位,颁发"济南轨道交通年度勘察优秀单位"奖牌

（旗），通报表扬并抄送其总院，并可视情况经集团公司分管领导批准后给予一定的经济奖励。对年度考核评定为不合格或排名最后一名的，通报批评、抄送其总院、约谈其总院领导，并给予一定的经济处罚。

（4）对勘察单位和勘察咨询单位管理中存在的问题，除上述考核外，还可采取其他相应的处罚措施。

5.2 建设工程监测管理

5.2.1 总则

（1）为加强轨道交通工程建设安全风险技术管理工作，规范和加强工程监测工作，根据《城市轨道交通工程监测技术规范》（GB 50911—2013）及相关的国家、行业、济南市现行法律、法规和标准、规范、在总结以往监测工作的基础上，制定本规范。

（2）本规范适用于轨道交通土建工程，其他类工程可参照本规范执行。

（3）本规范不替代施工、监理、第三方监测等相关参建单位应承担的法律法规所规定的相关责任。

5.2.2 术语

（1）工程自身风险：由工程结构自身特点、地质条件复杂性或工程施工等可能导致工程安全等受到影响或发生不利事件的风险。

（2）环境风险：由工程施工可能导致周边环境受到影响或发生不利事件的风险。

5.2.3 职责与权限

(1) 集团安全质量部负责公司所辖线路工程监测总体管理工作，其主要职责为：
① 负责组织制订工程监测相关管理办法；
② 负责组织对第三方监测单位进行安全风险体系宣贯；
③ 负责组织对工程监测工作进行监督检查；
④ 负责组织对第三方监测单位进行检查与评价；
⑤ 负责对第三方监测单位上传安全管控平台信息系统（以下简称系统）的 GIS 图进行形式审查。

(2) 建设子公司负责所辖工程监测的具体管理工作，其主要职责为：
① 负责协调相关单位向第三方监测单位提供基础资料；
② 负责组织第三方监测单位开工前对施工、监理单位进行安全风险体系宣贯工作；
③ 负责第三方监测招标文件中的技术条款编制及相关招标配合工作；
④ 负责组织第三方监测单位对施工图阶段监测设计图纸会签；
⑤ 负责组织第三方监测单位对施工图阶段监测设计图纸会审；
⑥ 负责组织第三方监测方案审查论证；
⑦ 负责组织设计单位对各参建单位进行安全风险交底；

⑧ 负责组织对第三方监测单位进行检查与考核；
⑨ 负责对工程监测工作日常管理及监督检查；
⑩ 负责第三方监测单位与集团相关职能部门和参建单位的协调工作；
⑪ 负责第三方监测工作的审核并依据合同办理合同款项支付。

（3）设计单位负责合同段内所辖工点的工程监测设计工作，其主要职责为：
① 负责所辖标段内初步设计阶段及施工图设计阶段第三方监测和施工监测设计工作；
② 负责参与所辖工程的安全风险设计交底；
③ 参与所辖工程的监测设计图纸会签及会审工作；
④ 参加工点预警分析会，进行安全风险状态评价并提出处置措施。

（4）第三方监测单位负责合同段内所辖工点第三方监测工作。
① 施工准备期主要职责为：负责编制第三方监测总体及实施方案；参加集团安全质量部组织的安全风险管理体系及系统培训，并负责对施工、监理单位进行安全风险管理体系及系统培训；负责系统信息和基础资料的上传及维护工作；负责制作GIS图并上传系统；对施工单位的监测点埋设进行技术培训和指导，参加测点首件过程验收和检查，并会同监理单位对基准点、监测点进行验收，并将验收单上传系统；负责上传并维护系统风险工程库；参加所辖工点安全风险设计交底；对所辖工点施工图阶段监测设计进行会签及会审；依据施工设计图纸对自身风险工程关键部位进一步识别，并纳入第三方监测实施方案。
② 施工期主要工作职责为：负责对现场监测点进行标识和维护进行监督和检查；负责对系统各类安全风险信息进行维护；会同施工单位对监测点初始值进行采集并按要求将监测点初始值上传系统；根据建设子公司要求针对所辖工点开展视频监控24h值班工作，并形成值班记录；参加施工单位组织的工程安全专项方案专家论证，并将专家意见及方案上传系统；应依据监测方案进行监测、巡检和咨询及预（消）警等工作；对预警信息进行分析，并编制预警分析报告，参加预警分析会；参加现场条件验收，并依据现场监测情况，提出验收意见；配合建设单位组织开展的各类检查和监测检查工作；负责开展安全风险状态评价。
③ 各类监测成果文件编制主要职责为：负责将监测及巡检成果当日上传至系统；负责编制所辖标段安全风险日报；负责对新增监测预警编制监测预警分析报告并上传系统；负责编制周报、月报、年报等监测成果资料上传系统；风险工程穿越完成后，及时编制风险工程穿越评估报告，并上传系统；监测、巡检工作停止前需编制监测或巡检停止报告，经建设单位批准后方可停止监测或巡检工作，并将报告上传系统；各工点监测工作完成后，应按工点编制监测总结报告，并上传系统；编制各类专项技术报告及本合同段监测总结报告，并上传至系统；负责建立并维护各类安全风险管控台账，包括监测方案台账、监测仪器台账、测点验收台账、测点布设台账、测点初始值台账、监测报告台账、预（消）警台账等监测管理台账等。

（5）监理单位负责合同段内工程监测的监管工作，其主要职责为：
① 参加第三方监测单位组织的安全风险管理体系及系统培训；
② 参加风险设计交底和第三方监测设计图纸会审；
③ 负责检查验收监测点的埋设情况；
④ 负责比对第三方监测与施工监测初始值，不符合要求时应要求施工及第三方监测单

位重新测量;

⑤ 负责测点埋设不合格或破坏时,督促施工单位及时补救或原位恢复;

⑥ 对比第三方监测与施工监测数据,当双方数据偏差较大时,应及时分析原因,并按要求发布预警并组织双方对数据进行校核;

⑦ 负责组织参建各方召开预警分析会,并负责监督预警响应会上编制的处理措施的落实情况。

(6) 施工单位负责合同段内施工监测工作,其主要职责为:

① 负责编制施工监测方案,并纳入施工组织及专项施工方案进行相关审查;

② 参加风险设计交底和图纸会审;

③ 负责现场测点埋设工作,并负责施工监测测点标识和维护;

④ 参加建设单位组织的安全风险培训;

⑤ 测点埋设不合格或被破坏,应按照相关标准原位恢复,无法恢复时,应及时进行设计变更或洽商;

⑥ 参加预警分析会,对预警部位进行安全风险状态评价,负责落实预警分析会上编制的处置措施。

5.2.4 工作程序及要求

1. 图纸会签、会审及安全风险设计交底

(1) 监测设计含第三方监测设计及施工监测设计,分初步设计阶段、施工图设计阶段。

(2) 第三方监测单位应对施工图设计阶段施工监测及第三方监测设计文件进行会签,会签意见向设计单位反馈。

(3) 设计单位按会签意见进行完善后提交施工图设计阶段施工监测设计文件,由建设子公司组织施工、监理、第三方监测单位对监测设计进行会审。

(4) 施工图设计交底时应同时进行安全风险设计交底,由设计单位向施工、监理、第三方监测单位对工程安全风险设计进行交底。

2. 第三方监测方案编制

(1) 第三方监测方案含总体方案及实施方案,第三方监测单位进场后,收集本标段工程资料并对现场实际情况进行踏勘,编制第三方监测总体方案,依据施工图阶段第三方监测设计文件编制第三方监测实施方案,第三方监测总体、实施方案须由监测单位技术负责人审核并签字。

(2) 第三方监测单位将审核通过后的第三方监测方案,报送监理单位进行审查,监理单位两个工作日内将审查意见反馈至第三方监测单位,第三方监测单位根据审查意见完善第三方监测方案。

(3) 第三方监测方案审查完毕后,第三方监测单位应邀请不少于三名相关领域专家对方案进行评审,评审通过后根据专家意见进行修改完善并报建设子公司备案及上传系统。

(4) 第三方监测总体方案应包括本标段风险工程、重难点分析、主要监测项目、测点布设原则等方面内容。

(5) 第三方监测实施方案应包括监测范围、风险工程库、关键部位识别、重难点风险、监测点库、现场巡检、监测及巡检频率、控制标准(含各阶段控制标准)、预警标准、测点布设图(含测点编号)等方面内容。

(6) 监测点现场布设完毕后,第三方监测单位应根据现场测点实际布设情况,更新第三方监测方案测点清单及监测点布置图,更新内容作为原方案附件报建设子公司备案并上传系统。

3. 施工监测方案编制及审查

(1) 施工单位应依据施工图阶段施工监测设计文件编制施工监测实施方案,施工监测方案应由施工单位项目技术负责人审核,并由项目负责人签字盖章。

(2) 施工单位将审核通过后的施工监测方案报第三方监测单位审核,第三方监测单位项目负责人签字并盖章。

(3) 施工单位将第三方监测单位审核通过后的方案报专业监理工程师审核,专业监理工程师审核通过后报总监理工程师审批。

(4) 施工监测方案应包括监测范围、风险工程库、关键部位识别、重难点风险、监测点库、现场巡检工作、监测及巡检频率、控制标准、预警标准等方面内容。

(5) 施工监测方案审批完成后,由第三方监测单位将方案上传至系统(含审批表单扫描件)。

4. 监测点埋设、标识和维护

(1) 第三方监测单位应对监测点埋设进行技术指导,并会同监理单位对施工单位测点埋设位置、标准等情况进行验收,填写测点验收单,将各方签字的测点验收单扫描上传系统。

(2) 测点埋设完毕后,施工单位及第三方监测单位应依据《工程监测技术指南》要求,对监测测点进行标识,并定期维护,确保施工期间,测点标识清晰可见。

(3) 监测点由于外部原因,无法布设时,应及时进行设计变更或洽商,变更或洽商结果由第三方监测单位上传系统。

(4) 监测点埋设不合格或发生破坏时,第三方监测单位及监理单位应通知施工单位,监理单位督促施工单位对埋设不合格测点根据相关标准原位恢复,并履行测点验收、初始值采集流程,如测点无法恢复时,应及时办理设计变更或洽商。

(5) 监测设计、监测方案、现场监测点、系统 GIS 图测点点位应保证统一,当监测现场实际测点布设与系统 GIS 图测点布设不符时,应及时调整 GIS 图测点布设,监测单位应向建设子公司提交 GIS 图测点变更申请,并将测点变更依据作为附件,建设子公司审批同意后方可进行 GIS 图测点调整。

5. 监测点库建立和维护

(1) 第三方监测单位应依据第三方监测设计文件,编制监测点库,并将其纳入第三方监测实施方案。

(2) 第三方监测单位应将监测点库(含施工单位测点)内容录入系统,并根据现场施工实际动态,对监测点库定期进行更新维护。

(3) 监测点库应包括测点部位、测点类型、测点编号、对应风险工程、测点布设情况(已布设、未布设等)、布设时间、初始值采集时间、测次、测点停测时间等信息。

(4) 第三方监测实施方案编制完成后,应将监测点编号等信息上传测点库。
(5) 测点验收完毕后,第三方监测单位应将测点坐标、测点状态等信息上传测点库。
(6) 测点初始值采集完毕后,第三方监测单位应将测点初始值、测点状态等信息上传测点库。

6. 风险工程库建立和维护

(1) 第三方监测单位应依据施工图设计文件进一步识别自身风险工程关键部位,并将其纳入第三方监测实施方案。
(2) 第三方监测单位应将风险工程库内容录入系统,并根据现场施工实际动态,对风险工程库定期进行更新维护。
(3) 风险工程库中的风险控制措施需对应设计图纸并详细描述。

7. GIS 图制作和上传

(1) 第三方监测单位应依据 GIS 图制作规定,在工点开工前进行 GIS 图制作,GIS 图制作完毕后,应发送至集团安全质量部进行审核。
(2) 集团安全质量部需在两个工作日内审核完毕,不符合标准的 GIS 图将退回修改,第三方监测单位两个工作日内应修改完毕,并报送集团安全质量部重审。
(3) 审核通过后,集团安全质量部将 GIS 图报送至系统维护单位,系统维护单位收到 GIS 图后两个工作日内上传至系统。
(4) 当现场测点发生变化时,第三方监测单位需向建设子公司提交测点维护申请,建设子公司审批通过后,由第三方监测单位更新系统 GIS 图。

8. 测点初始值采集和上传

(1) 第三方监测单位需会同施工单位同时同点对共用测点初始值进行采集,对施工单位自测测点初始值采集过程进行监督,并在工程施工影响前完成测点初始值采集工作。
(2) 测点初始值采集完毕后,经监理单位对双方共用测点初始值数据对比无误后,由第三方监测单位将全部测点初始值及报告上传系统,并报送施工单位,双方采用同一初始值。

9. 基准点复核

(1) 第三方监测单位和施工单位应按规范要求定期对基准点进行复核。
(2) 第三方监测单位对基准点复核后应将复核报告上传系统。
(3) 基准点复核后发现基准点发生位移的,当基准点不能继续使用时,应由施工单位重新埋设基准点,第三方监测单位和施工单位同时对新基准点初始值进行采集,由第三方监测单位向建设子公司申请更换新基点,建设子公司审批通过后,由施工单位在系统上传新基准点数据,同时废止原基准点。
(4) 基准点复核后发现基准点发生位移的,当基准点可以继续使用时,由第三方监测单位核准基准点数据,并向建设子公司申请更新基准点数据,建设子公司审批通过后,由施工单位在系统更新基准点数据,后续监测采取新基准点数据进行监测。

10. 监测内容洽商

(1) 第三方监测或施工监测设计图中内容需要变更时,由施工单位或第三方监测单位向监理单位提出监测内容洽商申请。

(2) 监理单位通过洽商申请后,由监理单位组织建设子公司、设计单位、施工单位、第三方监测单位召开洽商会,并形成会议纪要,由第三方监测单位上传系统。

11. 监测数据对比

(1) 监理单位应每日对第三方监测及施工监测同点监测数据进行对比,并填写监测点对比报告。

(2) 监理单位发现监测数据对比异常时,应及时组织第三方监测单位和施工单位对监测数据进行复核,并填写监测数据复核报告,各方签字盖章后,由监理单位上传系统。

(3) 监测数据报送错误时,单位应及时将正确数据上传系统。

12. 监测点 GIS 图坐标变更

(1) 第三方监测及施工监测设计图中测点位置洽商变更通过后,第三方监测单位应及时变更监测点 GIS 图坐标位置,监测设计图、监测方案布点图、系统 GIS 图测点坐标位置应相符。

(2) 第三方监测单位依据洽商会议纪要向建设子公司申请监测点 GIS 图坐标变更。

(3) 建设子公司审核通过后,系统维护单位向该单位开放该工点测点 GIS 图坐标更改权限,并由系统记录坐标更改信息。

(4) 第三方监测单位更新 GIS 图坐标完毕后,由系统维护单位关闭权限。

(5) 系统每周按线路形成监测测点 GIS 图变更报告,报送建设子公司、集团安全质量部。

13. 现场监测及巡检

(1) 第三方监测及巡检实施前,第三方监测项目技术负责人应按第三方监测实施方案向监测技术人员、作业人员进行技术交底,并形成交底记录。

(2) 工程监测基准点应设置在工程施工影响范围外的稳定区域,第三方监测单位每两个月对基准点进行复测。

(3) 基准点、监测点应按照规范进行埋设、标识应清晰,并采取有效的保护措施。

(4) 基准点、监测点埋设完成后应报告监理单位组织验收,监理单位和第三方监测单位应出具验收意见,由该工点总监理工程师和第三方监测项目负责人签字确认。

(5) 监测及巡检工作应根据施工进度,按照相关要求进行现场监测和巡检,保证监测数据真实、连续、准确、完整。

(6) 第三方监测单位在监测及巡检过程中发现问题应及时发布预警,依据"5.4 建设工程预警及安全风险状态评价管理"进行相关工作。

(7) 第三方监测单位根据第三方监测方案规定监测和巡检频率进行现场监测和巡检,需调整监测和巡检频率时,应编制监测和巡检频率调整报告,并由建设子公司审批通过后方可调整监测和巡检频率。

(8) 第三方监测单位根据工程进度和"4.4 建设工程监测技术"相关要求可停止监测或巡检时,应分别编制监测、巡检停止报告,由建设子公司审批通过后实施,并上传系统。

14. 风险工程控制效果评价报告编制

第三方监测单位应在风险工程完成一周内编制风险工程控制效果评价报告并上传系统。

15. 监测总结报告编制

（1）第三方监测单位应在工点监测及巡检工作停止后一个月内，编制完成工点监测总结报告并上传系统。

（2）第三方监测单位应在第三方监测标段监测及巡检主要工作完成后一个月内，完成本标段监测总结报告编制，并上传系统。

16. 第三方监测日报编制

（1）由第三方监测单位通过系统编制所辖标段范围内的日报。

（2）建设、施工、监理、设计单位通过系统对第三方监测日报进行查看。

17. 工程监测标准化

（1）第三方监测单位依据工程监测技术指南并结合本标段具体情况，制定本标段工程监测标准化指导书。

（2）第三方监测单位应将本标段工程监测标准化指导书报集团安全质量部审查，审查通过后方可实施。

（3）第三方监测单位监测标准化方案审查通过后，建设子公司组织第三方监测单位对本标段施工、监理单位进行监测标准化工作交底，并形成交底记录。

（4）工程监测单位编制监测实施方案时，应依据工程监测标准化指导书编制实施方案工程监测标准化部分。

（5）集团安全质量部及建设子公司不定期组织相关单位对工程监测标准化情况进行检查。

18. 违约责任追究

（1）在建设过程中如未按合同履行，针对未履约行为依据合同扣除施工单位、监理单位、第三方监测单位相应违约金，具体参考"5.6 建设工程安全风险考核管理"。

（2）考核点

① 第三方监测总体方案、实施方案及技术交底编制；

② 安全风险管理体系培训；

③ 系统基础资料上传；

④ GIS 图制作；

⑤ 监测点埋设、标识及验收；

⑥ 风险工程库建立和维护；

⑦ 测点库建立和维护；

⑧ 监测和巡检；

⑨ 初始值采集及上传；

⑩ 监测数据对比；

⑪ 基准点复核；

⑫ 风险工程穿越评价报告编制；

⑬ 监测总结报告；

⑭ 监测预警分析与处置；

⑮ 日报编制；

⑯ 成果文件编制。

5.3 建设工程安全巡检管理

5.3.1 总则

(1) 为提高现场巡检水平,明确各方职责,有效预防、预控土建施工阶段的安全风险,特制定本规范。

(2) 本规范适用于轨道交通土建工程,其他类工程可参照本规范执行。

(3) 本规范不替代施工、监理、第三方监测等相关参建单位应承担的法律法规所规定的相关责任。

5.3.2 术语

(1) 风险工程:工程实施过程中可能对新建轨道交通工程结构自身或周边环境产生不良影响和工程风险的单位工程或分部工程。可分为自身风险工程和环境风险工程。

(2) 工程自身风险:因工程结构自身特点、地质条件复杂性或工程施工等可能导致工程安全等受到影响或发生不利事件的风险。

(3) 环境风险:因工程施工可能导致周边环境受到影响或发生不利事件的风险,或不良地质、自然灾害等可能导致施工发生不利事件的风险。

(4) 安全风险巡检:采取人工观察的手段和方法收集反映工程施工、运营线路结构以及周边环境对象的特征的信息,并进行分析反馈的活动。

5.3.3 职责与权限

(1) 集团安全质量部负责全网安全风险巡检管理工作,其主要职责为:
① 负责组织制定安全风险巡检相关的管理办法;
② 指导、监督和检查施工、监理、第三方监测单位的安全风险巡检工作;
③ 管理济南轨道交通集团有限公司工程"安全风险管控平台",并依托其开展安全风险巡检管理工作。

(2) 建设子公司负责所辖线路安全风险巡检的管理工作,其主要职责为:指导、监督和检查施工、监理、第三方监测单位的安全风险巡检工作。

(3) 第三方监测单位是所辖线路安全风险巡检责任主体,其主要职责为:
① 进行现场安全风险巡检工作并填写巡检报告;
② 定期对施工、监理单位进行管理巡检;
③ 跟踪巡检发现问题的整改情况。

(4) 监理单位负责所辖标段的安全风险巡检工作,其主要职责为:
① 进行现场安全风险巡检工作并填写巡检报告;
② 定期对施工单位进行管理巡检;
③ 监督施工单位对巡检发现问题及时整改。

(5) 施工单位主要职责为：对第三方监测、监理等单位巡检发现的问题及时整改。

(6) 工点设计单位主要职责为：负责对巡检中涉及的设计问题进行回复。

(7) 勘察单位主要职责为：负责对巡检中涉及的勘察问题及时回复。

5.3.4 工作程序及要求

1. 巡检分类

(1) 现场巡检分为安全风险巡检、管理巡检两类。

(2) 安全风险巡检是指第三方监测、监理单位分别对所辖项目在施风险工程进行巡检。

(3) 管理巡检是指对各风险参建单位应履行的工作职责、工作内容及工作质量进行巡检，集团安全质量部和建设子公司对第三方监测、施工、监理单位进行管理巡检，第三方监测单位对施工、监理单位进行管理巡检，监理单位对施工单位进行管理巡检。

2. 安全风险巡检频率

(1) 第三方监测、监理单位对所辖项目在施自身风险工程及一级环境风险工程每天进行1次巡检，安全风险状态评价结果为存在风险或存在较高风险的工点应加密巡检频率。

(2) 第三方监测、监理单位对所辖项目在施二级、三级、四级的环境风险工程，应3d进行1次巡检，安全风险状态评价结果为存在风险或存在较高风险的工点应加密巡检频率。

3. 管理巡检频率

管理巡检由安全风险咨询单位/第三方监测单位/监理单位每日开展，发现问题发布违约整改通知单。

4. 自身安全风险巡检对象

1) 明(盖)挖法自身安全风险巡检对象

(1) 围护结构；

(2) 土方开挖；

(3) 支护体系；

(4) 侧壁稳定及渗漏水；

(5) 坑边堆载；

(6) 其他。

2) 矿山法自身安全风险巡检对象

(1) 超前支护；

(2) 土方开挖；

(3) 开挖面稳定性；

(4) 初期支护；

(5) 回填注浆；

(6) 马头门施工；

(7) 临时支护体系；

(8) 洞内渗漏水；

(9) 其他。

3) 盾构法自身安全风险巡检对象

(1) 始发、接收；

(2) 开仓检修及换刀；

(3) 盾构掘进参数控制；

(4) 盾构姿态控制；

(5) 洞内渗漏水；

(6) 同步注浆；

(7) 其他。

5. 环境风险工程巡检对象

1) 建（构）筑物

(1) 结构开裂；

(2) 地下室渗漏水。

2) 桥梁

墩台、梁板或桥面、锥体、引道挡墙开裂。

3) 既有线（铁路）

(1) 结构、道床开裂；

(2) 变形缝错台；

(3) 结构混凝土掉块。

4) 地面、道路

(1) 地面、道路开裂；

(2) 地面道路沉陷或隆起。

5) 河湖

(1) 堤坡开裂；

(2) 水面出现水泡、漩涡或其他异物。

6) 架空高压线

(1) 基础及周边地面开裂；

(2) 周边地面沉陷或隆起。

7) 地下管线

(1) 管线对应地表沉陷或隆起；

(2) 管线渗漏。

6. 管理巡检对象

管理巡检对象有仪器设备，方案编制与审查，信息报送，基准点，监测点，监测与巡检，监测数据比对，监测及巡检成果，信息反馈及预警、响应、处置，监控资料归档管理，台账管理，视频监控，测点库，风险工程库，工程资料，工程进度，盾构资料等。

(1) 仪器设备主要包括仪器设备是否满足现场需求、精度是否满足要求、是否在检定期内等；

(2) 方案编制及审查主要包括方案编制及内容是否满足要求；

(3) 信息报送主要包括基础信息、日常报告、巡检报告、监测数据、监测预警分析报告、

风险工程控制效果评价报告、工作资料等各类资料的报送;

(4) 基准点主要包括基准点的埋设、保护、标识、更新等;

(5) 监测点主要包括监测点的埋设、保护、标识、恢复等;

(6) 监测与巡检主要包括初始值采集、监测及巡检频率、数据上传等;

(7) 监测数据比对主要包括数据比对及复核等;

(8) 监测及巡检成果主要包括成果编制质量、报送及时性等;

(9) 信息反馈及预警、响应、处置主要包括信息反馈、预警、响应、处置、消警的及时性;

(10) 监测资料归档管理主要包括监测成果的档案管理等;

(11) 台账管理主要包括风险台账的建立及维护;

(12) 视频监控主要包括视频摄像头安装、移位、监控画面清晰度、双向语音等;

(13) 测点库主要包括监测点上传是否齐全、监测点验收报告、测点破坏报告、测点占压报告、测点停测报告是否上传、测点库填报内容是否与图纸和方案相符;

(14) 风险工程库主要包括风险工程与设计图纸对比是否填报全面、风险工程填报内容是否全面、第三方监测风险工程穿越评价报告是否及时填报、填报质量是否符合要求、风险工程关联测点是否准确;

(15) 工程资料主要包括是否依据现场实际情况在系统建立工程部位、资料类型、建立目录和实际工程进度是否相符、资料是否及时编制并及时上传系统;

(16) 工程进度主要包括工程部位划分是否正确、进度轴线是否正确以及是否齐全、工程进度资料上传是否及时、进度信息填报是否及时、工作面填报是否齐全、系统填报进度是否和实际进度相符;

(17) 盾构资料管理主要包括资料是否及时编制并及时上传系统、盾构导向系统资料(含管片轴线测量结果)上传是否与工程进度相符,盾构同步注浆及出土量抽查频率是否满足《济南轨道交通盾构施工管理办法》的要求。

7. 安全风险巡检预警发布

对现场引起安全风险的作业内容,应及时发布巡检预警,施工单位收到巡检预警后,应及时进行整改。具体参见"5.4 建设工程预警及安全风险状态评价管理"。

8. 安全风险巡检报告

(1) 安全风险巡检应于当日在系统上传巡检报告。

(2) 巡检报告自身风险填报中首先应选择本次巡检现场施工状态,如开挖施工、围护结构施作、盾构掘进、盾构管片拼装等。其次应选择本次巡检工程部位是否为风险管理关键部位及相应工程措施,如矿山法大断面、仰挖施工、盾构法始发和到达等。

(3) 巡检报告填写内容应具体翔实,可反映现场实际施工状态,为安全风险状态评价提供依据。

9. 管理巡检整改通知及处置

监理、第三方监测、安全风险咨询等单位在管理巡检过程中发现未履行工程职责和工作内容落实不到位的情况,巡检单位应填写整改通知单,并通过系统发送到违规单位,相关违规单位收到整改通知单位后,应及时进行整改,在一周内整改完毕并将整改报告通过系统回复,发布单位审核通过后,整改完毕。

5.4 建设工程预警及安全风险状态评价管理

5.4.1 总则

(1) 为明确工程预警、响应、消警及安全风险状态评价等环节各方职责,规范工作流程,特制定本规范。

(2) 本规范适用于轨道交通土建工程,其他类工程可参照本规范执行。

(3) 本规范不替代施工、监理、第三方监测等相关参建单位应承担的法律法规所规定的相关责任。

5.4.2 组织机构及职责

(1) 集团安全质量部负责全网的预警、响应、处置、消警及安全风险状态评价的管理工作,其主要职责为:

① 监督和检查建设子公司、施工、监理、第三方监测单位预警、响应、消警工作;

② 监督和检查施工、监理、第三方监测单位安全风险状态评价工作;

③ 管理"安全风险管控平台",并依托其开展预警、响应、消警及安全风险状态评价等管理工作;

④ 依据预警级别对风险工程预警进行响应并参加预警处置会。

(2) 建设子公司负责所辖线路预警、响应、处置、消警及安全风险状态评价的管理工作,其主要职责为:

① 监督和检查施工、监理、第三方监测单位的预警、响应、处置、消警及安全风险状态评价工作;

② 督促施工单位预警处置的落实;

③ 督促对满足消警条件的工点提出消警申报,督促第三方监测单位对消警条件进行现场审核并及时审批;

④ 督促监理单位及时召开预警分析会,并对预警部位进行安全风险状态评价;

⑤ 依据预警级别对风险工程预警进行响应并参加预警处置会。

(3) 第三方监测单位是所辖线路、工点的预警、响应、处置、消警及安全风险状态评价的技术责任主体,其主要职责为:

① 为建设单位对所辖线路的预警、响应、处置、消警及安全风险状态评价管理工作提供技术支持,为施工、监理单位提供安全风险管理的技术指导;

② 第三方监测单位是所辖线路的预警责任主体,依据工程风险状况发布监测预警、巡检预警、综合预警;

③ 第三方监测单位每日对巡检作业面进行安全风险状态评价;

④ 建立维护所辖线路安全风险管理台账,并定期上报子公司;

⑤ 依据预警级别对风险工程预警进行响应并参加预警处置会、专家论证会,并依据监测数据和巡检信息提供咨询意见;

⑥ 根据预警现场处置情况审批消警申请,履行相应消警程序;

⑦ 跟踪施工单位、监理单位的预警、响应及消警的工作情况并及时反馈建设单位；

⑧ 协助建设单位对施工、监理单位安全风险管理进行检查。

（4）施工单位是其所辖标段的安全风险预警处置及消警的责任主体，其主要职责为：

① 在施工中要避免工程自身及周边环境变形超过控制标准，超过控制标准后应及时采取措施控制变形；

② 在施工中要避免出现导致巡检预警出现的情况，当出现时应及时采取措施予以消除；

③ 参加预警现场分析会、组织专家论证会；

④ 依据预警级别对风险工程预警进行响应、处置并及时落实处置措施；

⑤ 对符合消警条件的工程，编制处置完成报告，并提出消警申请。

（5）监理单位是所辖标段的安全风险预警、响应、处置、消警及安全风险状态评价的监督主体。其主要职责为：

① 依据工程风险状况发布巡检预警、综合预警；

② 每日对所辖工点进行安全风险状态评价；

③ 组织召开预警现场分析会、参加专家论证会，并主持研究风险处置方案，监督落实；

④ 对施工单位预警处置情况进行检查，审核施工单位上报的消警申请；

⑤ 依据预警级别对风险工程预警进行响应并参加预警分析会；

⑥ 协助建设单位对施工单位安全风险管理进行检查。

（6）设计单位是制定所辖标段的监测控制标准的责任单位，其主要职责为：

① 依据相关规范、评估报告及类似工程经验，结合实际情况制定监测控制指标；

② 参与预警分析会、专家论证会，提出处置建议；

③ 依据预警级别对预警进行响应。

（7）勘察单位是所辖标段的安全风险工程预警响应及消警的工程地质、水文地质技术支持单位，其主要职责为：

① 根据监理、建设单位要求参与预警工程的分析与响应；

② 依据预警级别对预警进行响应并参加预警分析会；

③ 对比分析勘察资料与现场揭露的实际工程地质、水文地质情况；

④ 针对现场可能存在的不良地质或特殊岩土体情况，提出相关建议；

⑤ 必要时依据工程需要进行补充或专项勘察。

5.4.3 工作程序及要求

1. 预警分类及判定

（1）预警分为监测预警、巡检预警及综合预警三类。

（2）预警按严重程度由轻到重分为三级，即黄色预警、橙色预警和红色预警。

（3）监测预警是依据监测点的监测值与控制指标值进行对比，并根据其接近或超过控制指标值的程度确定预警等级，监测预警判定标准如下。

① 黄色监测预警：累计变形值、变形速率实测值均达到相应监测对象及项目的控制值的70%（含）以上或两者之一达到控制值85%（含）以上；

② 橙色监测预警：累计变形值、变形速率实测值均达到相应监测对象及项目的控制值的 85%(含)以上或两者之一达到控制值(含)以上；

③ 红色监测预警：累计变形值、变形速率实测值均达到相应监测对象及项目的控制值(含)以上，或两者之一超过控制值(含)，且实测数据持续未收敛。

(4) 巡检预警的判定参见《济南轨道交通集团有限公司安全风险巡检管理办法》。

(5) 综合预警发布应依据工程部位安全风险状态进行综合分析判断，判定标准如下：

① 黄色综合预警，施工安全风险状态评价为存在风险；

② 橙色综合预警，施工安全风险状态评价为存在较高风险，严重程度或影响范围较小；

③ 红色综合预警，施工安全风险状态评价为存在较高风险，严重程度或影响范围大。

2. 预警发布

(1) 监测预警由第三方监测单位独立发布，第三方监测单位在完成本日监测工作后，依据监测预警判别标准判断是否需发布预警，并在当日将数据上传系统。

(2) 巡检预警由监理、第三方监测单位独立发布。巡检单位在完成本日巡检工作后，存在巡检预警时，应当日发布。一方发布预警后，在预警期内其他单位不得针对同一工程部位发布同类别、同等级的预警。

(3) 综合预警由监理、第三方监测单位依据各自风险状况评价结果发布。

(4) 监测预警、巡检预警、综合预警均通过系统填报预警发布单发布预警，发布单位发布时应明确发布预警的具体工程部位、现场风险状况、初步原因分析、可能诱发的风险事件、处置建议等，并附相关工程部位的现场照片。

(5) 出现风险事件后，不得对发生风险事件的工程部位发布巡检预警或综合预警，但若风险事件可能引发次生灾害、邻近部位可能导致风险状况，可发布预警。

(6) 如现场风险状况没有得到有效控制，监理单位、第三方监测单位可将预警级别升级。

3. 预警响应

(1) 施工单位、监理单位、第三方监测单位、勘察单位、设计单位应对发布的预警及时响应。

(2) 各单位的响应时间不得晚于"5.6 建设工程安全风险考核管理"中的规定。

4. 预警处置

(1) 相关各方应对已发布预警的工程部位及工程周边环境加强监测和巡检，施工单位应对预警部位及时采取必要措施，避免风险事件的发生。

(2) 各级风险工程发布预警后应按"表5-1 预警处置要求"进行处置，同时各相关方应将预警、响应、处置及消警信息反馈到当期的日简报、周报、月报中。

(3) 预警分析会应核实分析以下内容，会议纪要由第三方监测单位上传系统：①核实预警信息；②分析预警原因，包含技术因素、环境因素、管理因素等；③预警部位安全风险状态评价；④确定具体的工程处置方案。

表 5-1 预警处置要求

监测预警			巡检预警			综合预警			预警分析会组织单位	预警分析会时间要求
黄	橙	红	黄	橙	红	黄	橙	红		
✓			✓						监理单位组织施工、第三方监测单位分析预警原因,制订对策,并及时落实	
	✓			✓					监理	一周内
		✓			✓	✓			监理	当日内
							✓	✓	监理	第一时间

(4) 新增橙色监测预警时,各单位应及时分析,监理单位在一周内组织工点设计单位、施工单位、第三方监测单位召开监测预警评价及处置会议,对发生的监测预警部位进行安全风险状态评价。

① 评价结果为风险可控时,将橙色监测预警在系统进行标识,形成会议纪要,参会各方签字后 1d 内由第三方监测单位上传系统;

② 评价结果为存在风险或存在较高风险时,应制订处置措施并由施工单位及时实施,形成会议纪要,参会各方签字后 1d 内由第三方监测单位上传系统;

③ 对存在风险或存在较高风险部位施工单位应及时完成处置,并由设计、施工、监理、第三方监测单位进行安全风险状态评价,评价结果为风险可控时,将橙色监测预警在监控系统进行标识,形成会议纪要,参会各方签字后 1d 内由第三方监测单位上传系统。

(5) 新增红色监测预警时,监理单位应在 24h 内组织工点设计单位、施工单位、第三方监测单位召开监测预警评价及处置会议,对发生的监测预警部位进行安全风险状态评价并提出处置措施,施工单位应及时进行处置,第三方监测单位应在 24h 内将会议纪要上传系统。

(6) 第三方监测单位应参加预警分析会并对预警进行分析,应在预警分析会前完成预警分析报告编制,并提出处置措施建议,分析报告应及时报送各参建单位。

(7) 设计单位应参加预警分析会,并在收到分析报告后,依据设计图纸、现场安全状况、预警分析报告对预警部位进行安全状态评价并提出处置措施或建议。

(8) 施工单位应参加预警分析会,并依据预警分析报告、现场安全状况对监测预警部位进行安全状态评价并提出处置措施。

(9) 安全风险状态评价结果为风险可控时,第三方监测单位应在 24h 内完成对监测预警测点系统标识。

(10) 预警发布后,施工单位落实预警分析会纪要的处置措施,监理单位监督,第三方监测单位等跟踪处置效果。

(11) 红色监测、巡检预警及综合预警发布后,施工、监理、第三方监测单位应每日在系统中反馈处置情况,至预警消除后停止反馈。

(12) 巡检预警、综合预警施工单位应在 120h 内完成现场处置,同时在系统上报,监理单位、第三方监测单位现场核查,核查通过后,在系统上完成处置程序。

5. 消警

(1) 工程实施过程中,通过相关技术措施与管理手段,达到工程施工风险可控且具备解除警戒条件的,可进行消警。工程消警分为监测预警消警、巡检预警消警、综合预警消警三类。

(2) 巡检预警消警、综合预警消警应在履行预警处置审核程序后,由第三方监测单位在系统执行消警操作。

(3) 因累计变形值超标触发的监测预警的消警由施工单位编写监测消警申请,并经监理、第三方监测、设计、业主代表批准后,由第三方监测单位实施消警。

(4) 因速率变形值超标触发的监测预警的消警由监控系统根据预警判断标准实施消警。

(5) 巡检预警、综合预警的消警应同时具备以下两个条件。

① 导致发布预警的因素已得到妥善处置;

② 工程自身(含不良地质)、周边环境处于安全状态;

③ 巡检预警、综合预警的消警由第三方监测单位在预警处置审核通过后同时执行消警。

(6) 误发布的预警按照流程响应、消警。

6. 安全风险状态评价

(1) 安全风险状态评价应结合风险工程的监测情况、巡检情况及预警情况综合判断。

(2) 安全风险状态评价结果分为风险可控、存在风险、存在较高风险三种。

(3) 第三方监测单位应每日对巡检工点进行安全风险状态评价。

(4) 监理单位应每日对巡检工点进行安全风险状态评价。

(5) 风险工程安全风险状态应为同时期监理、第三方监测单位评价结果中最不利状态。

(6) 发布橙色以上监测、巡检预警时,监理单位应及时组织召开预警分析会,并对预警部位进行安全风险状态评价,评价结果为风险可控时,正常施工,评价结果为存在风险或存在较高风险时,应制订针对性措施,并督促施工单位及时实施。

5.5 建设工程专家巡检活动管理

5.5.1 总则

(1) 为落实济南轨道交通工程安全风险技术管理的相关要求,高效开展专家巡检活动,明确相应各单位、各层级职责范围,制定本规范。

(2) 本规范适用于轨道交通土建工程,其他类工程可参照本规范执行。

(3) 专家巡检作为在既有法律法规对土建施工阶段安全风险管理要求之外的补充措施,其目的在于增强对重大安全风险的管控力度,应根据现场安全风险状态及工程需要适时组织。包括但不限于重要风险工程、安全风险管控难度较大工点、安全风险状态评价为存在风险或存在较高风险的工点等。

(4) 专家巡检活动通常由内业和外业两个主体组成。内业以听取汇报、查验资料、质询详情等为主,外业以现场查勘、确认实际状态为主。专家通过内业和外业了解工程后,分析原因、推演风险态势变化、进行安全风险状态评价,针对目前或后续的安全风险提出对策和建议。

(5) 本规范不完全替代轨道交通工程建设的日常安全质量管理工作。本规范所规定的安全风险管理工作要求与责任不替代勘察、设计、监理、施工、监测等相关参建单位应尽的法律责任。

5.5.2 组织与职责

(1) 轨道交通工程专家巡检工作分为集团和子公司两个层面。集团层面是指由集团安全质量部牵头组织的专家巡检。子公司层面是指建设子公司安全质量部牵头组织的专家巡检。

(2) 集团安全质量部负责轨道交通集团所辖工程建设的专家巡检管理工作,组织开展集团层专家巡检工作,督促各建设子公司层落实专家巡检意见。

(3) 建设子公司安全质量部负责所辖工程建设的专家巡检管理工作,参与集团安全质量部对所辖工程的专家巡检,组织开展子公司层专家巡检工作,督促项目实施层落实专家巡检意见。

(4) 第三方监测单位依据巡检计划介绍监测、巡检等情况,负责跟踪、评价施工单位对专家意见的落实情况。协助建设单位组织开展专家巡检管理工作,反馈专家意见落实情况,督促项目实施层单位落实专家意见。具体工作包括：向建设单位提请巡检计划、推荐专家、协调现场参建单位做好准备工作、配合专家介绍安全风险情况、撰写《专家巡检报告》,跟踪和评价施工单位对专家意见落实情况等。

(5) 监理单位依据巡检计划介绍施工过程及监理情况,负责监督、指导施工单位对专家意见的落实情况。

(6) 施工单位依据巡检计划介绍工程进度及实施情况,组织相应专业分包单位配合专家了解作业情况,负责具体落实专家意见,以《整改回复报告》形式回复专家意见落实情况。

(7) 设计单位介绍工点设计情况,配合专家了解设计方案、意图,及时回复专家巡检意见涉及的设计问题。

(8) 勘察单位参与专家巡检活动,配合专家了解地质水文情况,及时回复专家巡检意见涉及的勘察问题。

5.5.3 专家巡检准备

(1) 第三方监测单位根据现场安全风险状态及工程需要,向建设单位提请专家巡检计划,经同意后,推荐专家、准备安全风险情况介绍资料,向相关参建单位提出汇报资料要求,协调施工单位做好现场接待准备。

(2) 选择专家时应结合风险工程巡检的特点,考虑各位专家研究方向、拟解决议题、专家身体状况等综合确定。对同一工点的多次巡检应尽量安排相同专家参加,以便保持对安全风险把控的针对性和连贯性。

(3) 参加巡检活动的专家应具备相关丰富工程经验,一般每次巡检活动专家数量不少于3名。

(4) 第三方监测单位、监理单位、施工单位等均应就巡检议题及风险管控重点准备汇报文件,宜包括但不限于以下内容：①工程概况；②工程进度；③工程重难点；④工程自身及环境风险状态；⑤监测、巡检、综合预警状态；⑥预警处置及效果评价；⑦安全风险状态评价;⑧汇报单位认为有利于专家了解情况和作出判断的其他资料。

(5) 施工单位、监理单位、第三方监测单位的汇报材料均由第三方监测单位统一上传系统。

(6) 项目实施层应提前做好技术及资料准备,包括勘察资料、设计图纸、施工日志及相关记录等。

5.5.4 专家巡检

(1) 专家依据勘察及设计资料、施工状况、监控量测数据与信息、巡检与质询情况综合判断工程风险状况,进行现场风险工程点评,明确风险状态(风险可控、存在风险、存在较高风险)并撰写《专家巡检意见》。

(2) 专家巡检活动中施工单位应做好外业组织及安全保障工作。

(3) 专家巡检活动中第三方监测单位应收集各单位电子及纸质汇报材料,汇总后报组织部门存档。

(4) 第三方监测单位应详细记录与专家巡检意见相关的分析,整理形成详细咨询意见记录到《专家巡检咨询报告》中。

5.5.5 巡检成果及意见落实

(1) 专家巡检活动后3d内,第三方监测单位将经过项目负责人审核的《专家巡检咨询报告》上传系统。

(2) 专家巡检活动后7d内,施工单位依据专家巡检意见及时对现场进行整改,并将经过监理、第三方监测单位审核通过的《回复整改报告》上传系统。

(3) 第三方监测单位、监理单位跟踪和评价施工单位对专家巡检意见的落实情况,在周报、月报里反映。

(4) 专家意见落实后,第三方监测单位在信息系统上进行完成确认。

(5) 对于重大风险工程的各施工阶段、巡检后安全风险状态未得到有效改善的工点等,应再次组织专家巡检,以有效控制风险。

5.6 建设工程安全风险考核管理

5.6.1 总则

(1) 为了进一步强化轨道交通建设工程管理,建立、健全安全风险技术管理监督制约与责任追究机制,规范工程安全风险过程控制,对参建单位的风险管控行为进行约束,提高管控效能,确保安全风险管控目标,特制定本规范。

(2) 本规范适用于轨道交通土建工程,其他类工程可参照本规范执行。

(3) 本规范不替代施工、监理、第三方监测等相关参建单位应承担的法律法规所规定的相关责任。

5.6.2 术语

(1) 预警响应：指工程相关参建方为预防和快速处置施工现场安全风险，针对预警信息而采取的应对性预防措施。预警响应应当遵循因险施策、科学应对、分级响应、分层落实的原则。

(2) 预警发布不到位：工程自身及周边环境存在安全风险或处于不安全状态，预警发布相关单位应该发现但未发现或发现后未及时发布巡检预警。

(3) 违约责任：合同当事人不履行合同义务或者履行合同义务不符合约定时，依法承担的民事(法律)责任。

(4) 安全风险考核及违约追究：指集团及建设子公司依据合同和安全风险管理体系相关规定对参建方一定时间内的工作进行检查并给予评定，并对其中不符合合同和安全风险管理体系要求的工作给予处罚的行为。

5.6.3 组织机构及职责

(1) 集团安全质量部负责全网安全风险考核及违约追究管理工作，其主要职责为：
① 督促、指导建设子公司对施工、监理、第三方监测单位开展检查工作；
② 负责对违约责任处罚申诉进行复审。
(2) 集团信息化部负责对系统维护单位开展相关检查活动。
(3) 建设子公司负责所辖工程安全风险考核及违约追究工作，其主要职责为：
① 督促施工、监理和第三方监测单位落实违约整改；
② 负责施工、监理和第三方监测单位相关检查；
③ 配合集团安全质量部对施工、监理、第三方监测单位的工作情况进行检查；
④ 负责对违约责任处罚申诉进行审核；
⑤ 负责施工、监理、第三方监测单位违约责任追究处置单的签认。
(4) 第三方监测单位协助集团、子公司组织安全风险检查，其主要职责为：
① 协助建设单位对施工、监理单位进行相关检查；
② 跟踪施工、监理单位的违约整改；
③ 负责对自身违约行为进行整改落实。
(5) 监理单位负责施工单位日常安全风险检查，其主要职责为：
① 负责对施工单位进行日常检查；
② 跟踪施工单位违约行为的整改落实情况；
③ 负责对自身违约行为进行整改落实；
④ 施工单位、系统维护单位负责对自身违约行为进行整改落实。

5.6.4 安全风险检查

1. 日常检查

1) 自动检查
(1) 自动检查由系统依据相关管理办法对各单位上传信息情况进行检查。

(2) 上传系统的信息检查内容参见"6.7 安全管控信息化系统管理"。
(3) 系统对未满足要求的工作生成违约整改通知单并发送至受检单位。
(4) 每周四 12 点系统生成检查报告并发送至受检及相关单位。
(5) 受检单位收到违约整改通知单后,在一周内完成整改工作并在系统回复整改情况。

2) 巡检检查

(1) 巡检检查通过对各单位开展管理巡检来实现,参见"5.3 建设工程安全巡检管理"。
(2) 巡检检查过程中对未满足要求的工作,由检查人员在系统中填写违约整改通知单,并发送至受检单位,受检单位收到违约整改通知单后,在一周内完成整改工作并编制整改报告经系统报检查单位审核,审核通过后,完成整改工作。
(3) 集团信息化部对系统维护单位进行巡检检查。
(4) 建设子公司组织第三方监测单位对施工、监理单位进行巡检检查。

2. 专项检查

(1) 集团安全质量部、建设子公司根据现场安全风险管控需要对施工、监理、第三方监测单位安全风险管理工作进行专项检查。
(2) 专项检查内容:现场安全风险状态、测点布置、测点标识与保护、监测规范性、上传系统的信息质量、安全风险技术管理体系执行情况、合同要求的安全风险管控工作履行情况等。
(3) 检查单位在检查过程中对未满足要求的工作,由检查人员在系统中填写违约整改通知单,并发送至受检单位,检查完毕后由检查组织单位编制专项检查通报,并向各单位发布。
(4) 各单位收到违约整改通知单后,在一周内完成整改工作并编制整改报告经系统报检查组织单位审核,检查组织单位审核通过后完成整改工作。

5.6.5 违约管理

1. 预警发布、响应、处置违约

(1) 监理、第三方监测单位巡检预警发布不及时构成违约。预警发布不及时认定规则为:第三方监测单位发布巡检预警则监理单位预警发布不及时。
(2) 施工、监理、第三方监测预警响应不及时构成违约。
(3) 施工单位巡检预警、综合预警处置不及时构成违约。
(4) 勘察、设计、第三方监测单位未按一级风险工程监测、巡检及综合预警,一级以下风险工程综合预警 10h 内在系统上未予以响应;一级以下风险工程巡检预警及红色监测预警 24h 内在系统上未予以响应构成违约。
(5) 监理单位未按一级风险工程监测、巡检预警以及综合预警,一级以下风险工程综合预警 8h 内在系统上未予以响应;一级以下风险工程红色监测预警及巡检预警 12h 内在监控系统上未予以响应构成违约。
(6) 施工单位未按一级风险工程监测、巡检和综合预警 6h 内在监控系统上未予以响应;一级以下风险工程红色监测、红色巡检及综合预警 8h 内在系统上未予以响应;一级以下风险工程黄色和橙色巡检预警 12h 内在监控系统上未予以响应构成违约。

(7) 巡检、综合预警未按 120h 内施工单位完成现场处置并提交消警申请构成违约。

2. 管理巡检违约

(1) 施工、监理、第三方监测单位整改不及时构成违约。

(2) 受检单位收到违约整改通知单后未在 120h 内完成整改（以整改流程完成为节点），以违约整改通知单上传系统时间为起始计算时间。

3. 违约责任追究

(1) 违约责任追究形式为扣分、扣除违约金。

(2) 违约金在当期工程款支付中扣除。

(3) 每年对排名靠前的单位，集团进行通报表扬，对排名靠后的单位通报批评或约谈单位主管领导。

(4) 在考核期内，出现以下情况，考核一票否决：

第三方监测、监理单位因预警发布不及时或因其报送的预警错误而造成工程自身或周边环境破坏的；施工单位因预警处置不及时造成工程自身或周边环境破坏的；在上级单位检查中评价较差或受上级单位通报批评的。

4. 违约责任追究标准

(1) 预警发布不及时：红色巡检预警发布不及时扣除违约金 3000 元人民币，橙色巡检预警发布不及时扣除违约金 2000 元人民币，黄色巡检预警发布不及时扣除违约金 1000 元人民币。

(2) 预警响应不及时扣除违约金 1000 元人民币。

(3) 巡检、综合预警处置不及时扣除违约金 10 000 元人民币，因施工单位原因致使预警级别升级或现场风险隐患增加，扣除施工单位违约金 20 000 元人民币。

(4) 管理巡检整改不及时扣除违约金 2000 元人民币。

(5) 新增一项黄色巡检预警扣除施工单位 1 分，新增一项橙色巡检预警扣除施工单位 2 分，新增一项红色巡检预警扣除施工单位 3 分，新增一项综合预警扣除施工单位 5 分。

(6) 巡检预警发布不及时扣除责任单位 2 分。

(7) 预警响应不及时扣除责任单位 1 分。

(8) 巡检、综合预警处置不及时扣除施工单位 3 分，因施工单位原因致使预警级别升级或现场风险隐患增加，扣除施工单位 5 分。

(9) 管理巡检每份违约整改通知单扣除责任单位 2 分。

(10) 修正上传系统信息错误每次扣除责任单位 2 分，造成系统错误无法修正的，扣除责任单位违约金 2000 元人民币。

(11) 上传系统基础资料审核不通过每次扣除责任单位 2 分。

5. 违约款支付流程

建设子公司依据合同进度款支付原则，提出违约责任处置单，经审批后，由子公司在当期的计量支付中执行。

6. 违约责任申诉

(1) 违约责任追究被处罚单位，在接收到违约处罚单 7d 内，可向建设子公司提出申诉，填写违约责任处置申诉单,经子公司审核通过后申诉成功。

(2) 对建设子公司处理的申诉结果有异议的,可提交集团安全质量部复审,复审不成功加倍处罚。

(3) 违约责任申诉有效期为15d,逾期将不予处理。

5.6.6 考核排名

1. 月度考核排名

施工、监理、第三方监测单位每月末依据日常检查扣分情况排名。

2. 季度考核排名

施工、监理、第三方监测单位依据该季度内月度考核平均分排名。

3. 年度考核排名

施工、监理、第三方监测单位依据该年度内季度考核平均分排名。

4. 考核评比

施工、监理单位日常、月度、季度、年度及专项检查结果直接纳入集团考核评比。

5.7 盾构施工管理

5.7.1 编制原则

根据《中华人民共和国建筑法》(2019年修正)、《建设工程安全生产管理条例》(国务院令第393号)、《建设工程质量管理条例》(国务院令第279号)、《城市轨道交通工程安全质量管理暂行办法》(建质〔2010〕5号)、《危险性较大的分部分项工程安全管理规定》(住建部令第37号)、《关于实施〈危险性较大的分部分项工程安全管理规定〉有关问题的通知》(建办质〔2018〕31号)、《地下铁道工程施工及验收规范》(GB/T 50299—2018)、《盾构法隧道施工及验收规范》(GB 50446—2017)及《盾构法开仓及气压作业技术规范》(CJJ 217—2014)等相关法律、法规、标准及规范,并结合济南轨道交通工程盾构施工的实际情况,特制定本规范。

5.7.2 盾构设备管理

1. 管理要求

施工单位应根据本工程地质条件及合同要求选择盾构机,其选型以适应拟投入项目工程特点、保证施工安全及工程质量、满足工期要求为基本原则,不得降低其性能指标。

2. 设备准入审查管理

1) 盾构机准入条件

(1) 选用新盾构机时,盾构设备需根据当前所施工的地层条件确定,经专家评审后确定盾构机选型及相关技术参数,由具备盾构机生产资质的厂家生产,并出具合格证等相关证明材料。

(2) 选用既有盾构机时,应满足以下要求。

① 所有既有盾构机均应返至盾构机制造厂内进行检修维护、组装调试并组织工厂验收。

② 依据掘进里程及主轴承工作时间,执行下列规定。

a. 盾构机掘进里程累计达到 3km,或主轴承工作时间累计达到 3000h,须拆检主驱动内外密封,必要时更换。

b. 盾构机掘进里程累计达到 5km,或主轴承工作时间累计达到 5000h,须拆检主驱动系统,检测主轴承、大齿圈、小齿轮,更换内外密封并测试检查使其合格。根据生产厂使用说明书要求对主驱动系统的驱动电机(液压马达)、减速机进行检测、保养。

c. 盾构机掘进里程累计达到 10km(含拟用项目的掘进里程),或主轴承工作时间累计达到 10 000h,盾构机不予准入。

d. 盾构机更换主轴承或整机进行再制造的,后续累计施工不得超过 5km。

(3) 盾构机人舱除了按相关法规、标准、规范要求外,必须配置作业环境有害气体实时检测系统和视频监控系统。

(4) 盾构机需配备同步注浆实时监测系统,实现在盾构机司机操作室对注浆的填充率实时检测和可视化展示,并具备 PC 端和移动端查看功能。

2) 盾构机准入审查工作流程

(1) 由施工单位选择有资质的、业内行业认可的盾构机制造商及维修改造厂家。

(2) 由施工单位组织盾构机设计制造/维修改造联络会。

(3) 编制盾构适应性评审专项方案并报审(既有盾构含适应性、可靠性的评估报告、改造方案等)(以下简称专项方案)。

由施工单位编制专项方案,专项方案应由施工单位技术负责人审核签字、加盖公章后(采取施工总承包、PPP 等管理模式的,需报上述单位审查),审查通过后报监理单位审批。监理单位首先应对施工单位提报的各类资料进行详细核查,确保齐全、真实、有效后,由项目总监理工程师对专项方案进行审批签字并加盖执业印章和公章。

(4) 上报专项方案论证专家名单。专项方案编制完成,施工单位(集团公司)技术负责人审批后,并经专业监理工程师审查通过后,施工单位应向济南轨道交通盾构技术中心上报拟邀请专项方案评审专家名单(专家应从轨道交通集团专家库中选取),经建设单位审核后,方可正式邀请专家参会。

(5) 组织召开专项方案专家论证会。由施工单位组织、总监理工程师主持,建设单位、勘察单位、设计单位、监理单位及设备制造商(维修厂家)等单位参加,召开专项方案专家论证会,形成专家论证意见。

(6) 申请盾构机准入。施工单位专项方案经专家论证通过并修改完善且审批完成后,向监理单位和建设单位申请盾构机准入,建设单位将参考专家论证意见,对同意准入的盾构机,由建设单位项目部签发盾构机准入审批表;对未同意准入盾构机,施工单位应重新选用,确保其选型合理、适应性满足施工需要。

施工单位应及时将审批手续完善后的盾构机专项方案和准入审批表,向建设单位进行备案。

(7) 盾构机准入申请办理要求。新盾构机进场前 8 个月、既有盾构机进场前 3 个月完成盾构机准入申请办理流程。

3) 盾构机验收

(1) 工厂验收：盾构机制造、维修改造期间，施工单位应派专业人员驻厂，进行监造，并形成每日监造记录。制造、维修改造完成后，在厂内组装调试，经施工单位自检验收合格后，组织建设单位、监理单位及设备厂家进行盾构机工厂验收，验收合格后方可运输进场。

(2) 现场验收：施工单位在现场进行盾构机组装调试并完成自检；监理单位预验收通过后，组织建设单位、施工单位及设备厂家进行现场验收。

(3) 盾构机验收依据及验收内容：验收依据为设备制造商提供的验收大纲、合同文件、设计联络资料、专家论证意见、现行有关规范、标准及相关会议纪要等。

(4) 既有盾构机须进行勘验并委托具有资质的单位检测、评估，出具相应报告资料。盾构机检测及评估工作应符合以下要求。

① 盾构机掘进里程数及主轴承工作时间的核定。
② 主驱动内外密封腔和齿轮腔气密性、人舱气密性、推进油缸密封性、耐压性检测。
③ 刀盘无损探伤检查、盾尾椭圆度及磨损检测。
④ 所有检测及评估报告应有详细准确的检测结果描述和明确的结论及处理意见。

4) 建立设备维护保养制度

根据设备制造商提供的维护保养计划以及设备实时情况，施工单位须制订设备的日检、周检、月检、半年检和年检制度并建立台账，做好设备的维修保养记录，确保设备使用的安全性、稳定性、可靠性，保障盾构施工顺利进行。

5.7.3 人员及组织机构建设

1. 机构建立

盾构施工组织机构采取施工总承包、PPP等管理模式的单位，需成立盾构管理中心，并向建设单位上报组织机构、人员履历及分工。

监理单位、施工单位分别向建设单位上报盾构施工管理组织架构、人员履历及分工，保证相关人员在组装前2个月内到位，并组织人员培训。

2. 人员管理

1) 人员要求

含有盾构区间的标段，盾构施工主要管理人员的工作经历履历应满足以下要求。

(1) 盾构管理中心负责人应具有十年以上盾构施工管理经验，具有高级工程师及以上职称，有类似地层盾构施工经验。盾构管理中心成员应由具备盾构施工技术、设备及管理等方面相关经验的人员组成。

(2) 盾构经理应具有五年以上盾构施工经验，具有工程师及以上职称，且在含有盾构区间的施工标段中担任过项目总工或盾构副经理及以上职务，有类似地层盾构施工经验。

(3) 盾构总工应具有三年以上盾构施工经验，具有工程师及以上职称，且在含有盾构区间的标段中担任过技术部门负责人及以上职务，有类似地层盾构施工经验。

(4) 盾构副经理应具有三年以上盾构施工经验，且在含有盾构区间的标段中至少担任过盾构施工现场负责人及以上职务。

(5) 每台盾构机配备不少于 3 名司机、2 名专职设备维保人员。盾构司机必须是本单位正式员工，具有 3km 以上操作经验，并有类似地层施工经历。

(6) 盾构专业监理工程师应具有三年以上盾构区间施工技术管理经验。

(7) 盾构施工穿越一级风险源和关键节点期间，施工单位的公司技术负责人应赴现场指导施工。

(8) 以上主要人员若需要调离，必须经建设单位同意。

2) 人员培训

(1) 施工单位含有盾构区间工区的盾构经理、总工、副经理及主要管理人员，监理单位盾构专监须经盾构施工相关培训、考核、取证后方可上岗。

(2) 门式起重机司机、信号工等特种作业人员须持有国家或行业相关证件。盾构司机、管片拼装人员、电瓶车司机、注浆人员等须持有行业或企业培训颁发的相关证件。人员进入施工工序前须经培训、考核。

5.7.4 盾构施工过程管理

1. 组段划分

(1) 组段划分是根据盾构隧道水文与工程地质条件、环境条件以及隧道埋深等因素将盾构区间隧道划分为若干个组段，应根据每个组段的具体情况确定其对应的盾构主要施工参数控制范围。

(2) 组段划分的依据包括：盾构隧道水文地质条件、盾构隧道周围环境条件及隧道自身条件。各个组段盾构主要施工参数控制范围的确定依据主要包括施工经验及理论计算两方面。

① 组段划分应根据工程水文地质及周围环境进行，最后进行综合分级。

② 根据地质情况分段标准如下。

A 段：穿越的地层为黏土、粉质黏土、黏质粉土和粉土以及这四种土层组成的复合地层；

B 段：穿越的地层为全断面全、强风化闪长岩地层；

C 段：穿越的地层为中风化石灰岩地层；

D 段：穿越的地层为中风化闪长岩、微风化闪长岩、辉长岩地层。

③ 根据环境因素进行分级如下。

Ⅰ级：盾构下穿或上穿既有轨道线路及铁路，下穿重要建构筑物、重要市政管线；盾构穿越地层中有漂石、孤石、溶洞、断裂带等特殊地质情况；盾构隧道埋深小于一倍隧道直径的情况。

Ⅱ级：盾构下穿一般建构筑物、重要市政道路、水体，接近重要建构筑物、重要市政管线。

Ⅲ级：盾构下穿一般市政管线、一般市政道路，接近一般建构筑物、重要市政道路或隧道附近无环境风险。

当隧道埋深小于 9m 或盾构隧道上覆地层存在不良地质或特殊情况时，施工环境风险应上调一级。

④ 综合分级如图5-1所示。

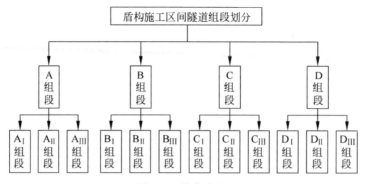

图 5-1　综合分级

(3) 组段参数设定及控制标准。

① 土压力控制原则。

a. 土压力应能维持开挖面的稳定,严禁出现由土压力过低而导致的开挖面失稳、地表沉降超限的情况;

b. 土压平衡盾构推进过程中为维持土舱内压力,需调节螺旋输送机的排土速度以匹配盾构掘进速度,并充分考虑压力的波动范围,确保土压力控制在设定的最小值以上,重点关注上方土压情况;

c. 在满足地表沉降控制要求的前提下,可适当降低土压力,以降低刀盘扭矩和推力,提高掘进速度,减小刀具、刀盘的磨损,降低盾构施工能耗,降低工程成本;

d. 盾构推进过程中应充分考虑因向刀盘前方和土舱内注入泡沫等土体改良材料或气体,造成土舱内压力较高的假象造成的不利影响;

e. 不同组段土压力控制范围,以组段划分结果及隧道上覆地层情况为依据,总结济南地区相应组段典型地层施工经验,结合济南地区土压力计算结果,并充分考虑施工过程中地面沉降控制情况而确定。

② 出土量参数控制原则。

a. 盾构施工前可根据开挖区间周边基坑或者竖井时取样试验确定土体松散系数或密度,从而确定合理出土体积或重量,岩层中掘进宜采用渣土重量与体积双重指标控制;

b. 采用出土体积计量时,应根据出土量和土车容积来细化每个土斗与盾构推进距离的关系,并做好相关记录,必要时每个土斗内进行划线计量;

c. 采用出土质量计量时,应定期对计量设备进行标定保证计量设备准确性,同时应充分考虑渣土改良材料的添加对出土质量的影响;

d. 每环的出土量(体积或质量)不得超出理论出土量的6%,当掘进过程中出现出土量超标的趋势时,应及时采取措施控制出土量,同时在后期及时进行二次补浆,填充超挖间隙。

③ 刀盘扭矩控制原则。

a. 盾构施工应将刀盘扭矩控制在合理范围内,刀盘扭矩过大会导致刀具、刀盘磨损严重,增加主驱动损坏概率,影响盾构正常掘进,并对周围土体带来较大的扰动,而过小的刀盘扭矩会增加渣土改良费用,降低推进速度;

b. 盾构施工过程中,刀盘扭矩短时间内发生较大变化时,或施工参数与经验值及计算

值发生较大差异时,应立即停机对刀具、刀盘、前方土体进行检查,分析可能引起此变化的原因,得出结论前不可恢复掘进;

c. 不同组段刀盘扭矩控制范围,根据典型地层对盾构刀盘扭矩的计算结果,结合实际工程中盾构施工扭矩取值经验确定。

④ 推力控制原则。

a. 推力还应考虑盾构姿态和管片受力的影响,推力一般不宜高于30 000kN;确定推力控制范围时,应考虑对盾构施工扭矩的影响。

b. 施工过程中应重点关注推力变化情况。推力过小,且推进速度快,可能是遇到了地质疏松区域或地层中存在空洞,应立即对地层进行探测;推力过大,且无推进速度,可能是遇到障碍物,应立即停工对前方地层环境进行探测。

c. 不同组段盾构推力控制范围的参考值,根据典型地层对盾构推力的计算结果,并结合实际工程中盾构推力的经验数据确定。

⑤ 同步注浆控制原则。

a. 同步注浆的作用是填充盾构开挖间隙,因此同步注浆压力及同步注浆量的控制值应满足开挖间隙填充充足的要求,具体控制值根据区间地质条件、盾构设备及管片尺寸、隧道埋深等参数计算而得,并结合施工经验最终确定;

b. 同步注浆质量是保证开挖间隙填充效果的重要因素,因此对于同步注浆浆液质量应提出严格要求,浆液质量主要从两方面进行管理:初凝时间、结实率,具体控制值根据区间地质条件、区间地下水情况,并结合施工经验最终确定。

(4) 组段划分方案。

① 组段划分方案应明确、清晰地反映各段隧道的地层情况和环境风险情况,明确安全风险管控重难点。

② 组段划分方案中应明确给出不同组段盾构施工控制土压力、刀盘扭矩、总推力、同步注浆量、同步注浆压力等主要施工参数的控制范围,并附以上主要参数的计算书。

③ 区间工程概况的编写应能够完整叙述出盾构区间的位置、平面图、剖面图、工程水文地质情况、盾构类型、盾构基本参数等工程相关内容。

(5) 施工前组段划分方案应通过专家评审。在试掘进100环完成后可对组段划分进行优化,并在100环验收时提供优化后的组段划分方案,同时将组段划分参数输入集团安全管控系统的盾构施工管理子系统。

2. 盾构始发及接收端头加固

为保证盾构始发及接收端土体的稳定性要求,地层加固应遵循以下原则:

(1) 应根据地质、周边环境、盾构机性能等条件综合确定选用注浆、旋喷、搅拌桩、冷冻法、降水等工法。

(2) 端头加固长度应超出盾构机主机长度1.5~2环管片幅宽。加固条件受限或不具备加固条件时,宜采用钢套筒配合使用。

(3) 始发及接收端为富水地层、软硬不均等特殊地层宜采用素桩(墙)、降水、钢套筒等措施。

(4) 始发及接收端周边有敏感管线、建(构)筑物等复杂环境时,加固方案应组织专家论证。

3. 盾构吊装/拆管理

（1）盾构吊装/拆前，施工单位应及时组织专家对盾构吊装/拆方案进行评审，应选用有资质且具有盾构或大件设备吊装经验的单位进行盾构吊装作业，应按要求将吊装单位的相关资质、人员设备等资料报送监理单位审核。

（2）盾构吊装/拆前，施工单位和监理单位应对吊装设备（包括吊车、钢丝绳、吊钩、卸扣和手拉葫芦等）进行安全可靠性检查，对吊装人员持证上岗和安全技术交底情况进行检查。盾构吊耳焊接完成后，施工单位应委托具有专业检测资质的单位对吊耳做探伤检验并出具检测报告，合格后方可进行吊装。

（3）吊车进场前，施工单位应积极落实专家意见中有关吊装/拆场地的地基处理要求，监理单位应组织施工单位进行场地条件检查验收，验收通过后吊车方可到位。

（4）盾构吊装/拆过程中，施工单位、监理单位应安排安全工程师全程旁站，吊装时需设置临时警戒区，相关司索工、信号工及指挥人员须到场。

（5）盾构吊装/拆作业前必须经监理单位组织参建各方验收合格后方可实施。验收程序参照"5.10 关键节点施工前条件核查管理"。

4. 洞门破除管理

（1）洞门围护结构宜采用玻璃纤维筋配筋方式。

（2）洞门破除前需按要求检测端头加固效果，满足设计要求后进行洞门水平探孔，检查合格后方可进行洞门破除。

（3）破除洞门范围内围护结构方式。

① 一般情况下宜采用盾构刀盘直接破除围护结构（玻璃纤维筋），破除时应尽量减小推力，防止洞门处主体结构受损。

② 无水条件且地面安全可控的情况下可由人工破除洞门范围内围护结构（钢筋），盾构空推的方式通过。

（4）洞门采用人工方式破除的，需编制专项施工方案。人工破除洞门作业时，作业台架必须搭设牢固，且有足够的作业空间和疏散通道，保证人员作业安全和紧急疏散。

5. 盾构始发管理

（1）盾构始发前应按"5.10 关键节点施工前条件核查管理"进行条件核查，合格后方可进行始发作业。

（2）盾构始发托架安放需结合洞门钢环施工偏差情况，确保盾构刀盘中心垂直方向按设计隧道纵坡并高于设计隧道中心线20mm左右；水平方向根据设计隧道平曲线及钢环安装水平偏差确定相应安放位置。始发平面为曲线时，宜选取割线始发。

（3）盾构反力架要进行受力验算，中心线要与始发托架的中心线相一致。

（4）盾构拼装负环前盾尾刷要涂抹专用手涂油脂。盾尾刷油脂的充填必须保证尾刷根部涂抹充分，盾尾刷部位进入洞门前要将盾尾密封腔注满盾尾油脂，注脂量以最后一排盾尾刷各个部位挤出盾尾油脂为宜。

（5）盾构拼装负环时要做好防护及加固措施，防止负环管片掉落和盾体前移。

（6）盾构始发前应在洞门圈和掌子面之间浇筑素混凝土导台或安装小导轨，防止盾构始发时栽头。

(7) 盾构始发前施工单位必须对始发条件进行自检,合格后报监理单位预验收,监理单位预验收通过后方可组织正式条件核查。

(8) 始发前在中盾后部两侧焊接盾体防扭转装置,防扭转装置应在进入洞门前割除。始发过程中对负环管片进行紧固,防止松弛和掉落。

(9) 盾尾进入洞门密封系统后应及时进行洞门封堵。原则上在拼装第 4 环后完成洞门封堵,否则不允许掘进。

6. 负环管片及反力架拆除管理

(1) 负环管片拆除须编制专项施工方案,并经专家论证。

(2) 区间隧道掘进 100m 后,方可拆除负环管片及反力架。

(3) 拆除负环管片及反力架前,应复紧始发段管片纵、环向管片螺栓,同时按照设计要求对始发段管片进行纵向拉结,并保证壁后注浆填充密实。

(4) 高空高处作业要严格按照《建筑施工高处作业安全技术规范》(JGJ 80—2016)执行。作业时,应派专人监护,现场安全员要及时指导和监督,保障作业人员的安全。

(5) 实施起吊前,必须拧紧尚未拆除管片的纵、环向连接件,确保未拆除管片的整体稳定性。

7. 盾构掘进管理

(1) 盾构施工中应严格执行"严格控制掘进参数、评估掘进风险、监理全程跟机旁站、对比分析监测数据、保障应急快速处置"这五条安全措施。

(2) 根据盾构掘进段地质情况和监测数据分析及时调整掘进参数,做好渣土或泥浆性能改良,保持土压平衡或泥水平衡模式掘进,控制超挖量,使工作面保持稳定。

(3) 施工、监理单位每天结合盾构的出渣量、注浆量、监测情况进行盾构区间安全评估并上报安全管控平台。土压盾构掘进渣土以方量和门式起重机称重双重控制,泥水盾构掘进要求记录每环管片掘进时的进、出泥浆管的流量和比重。

(4) 盾构掘进中若出现出土量异常的情况,施工单位必须立即启动应急程序、加强地面监测等措施,并及时通知监理单位、建设单位,由监理单位组织相关各方开会分析原因、及时采取措施。

(5) 注浆控制。

① 盾构管片壁后注浆应采用同步注浆和二次注浆相结合的方式。

② 同步注浆浆液优先采用硬性浆液,特殊地层可选用厚浆,配合比应根据地面环境、地质条件等综合考虑试验确定。

③ 同步注浆须四管路均匀注入,并坚持掘进必须注浆、不注浆不掘进的原则,并严格控制注浆速度和掘进速度相匹配,达到快速充填空隙的目的。

④ 采用同步注浆实时监测系统、穿透管片预留注浆孔或雷达扫描等方法检查壁后注浆的密实性。

⑤ 根据密实性检查结果、地面沉降、隧道变形监测、渗漏水等情况,及时进行二次注浆。

⑥ 施工、监理单位应加强注浆过程控制。监理单位每天统计浆液的进场量并做好台账。

(6) 管片拼装前,施工单位应将管片表面和止水条部位冲洗干净,并将盾尾内淤泥、砂浆等杂物清理后,方可拼装管片,严禁浸水及夹渣拼装。

(7) 掘进过程中须严格控制盾构姿态和管片姿态,使盾构姿态控制在规范要求的±50mm以内,原则上盾构掘进中不允许进行调线调坡。盾构姿态控制指标如表5-2所示。

表 5-2 盾构姿态控制指标　　　　　　　　　单位：mm

项目名称	施工段			
	正常段		穿越建(构)筑物段	
	预控值	控制值	预控值	控制值
盾首或盾尾垂直偏差的绝对值	40	50	30	40
盾首或盾尾水平偏差的绝对值	40	50	30	40

注：水平基准为0mm,垂直基准考虑管片上浮量,具体数值确定后上报监理单位。

(8) 施工、监理单位应派专人定期对已完成的盾构区间进行巡查,特别是雨中和雨后巡视,做好巡查记录,确保及时发现隐患,快速处置。

(9) 每条单线隧道完成100环后,监理单位应及时组织参建各方进行节点验收,验收合格后方可进行下一步掘进施工。

8. 风险源、特殊区段掘进管理

(1) 风险源实行四级分级管理,设计单位对沿线地质情况、建(构)筑物、地下管线、地下空洞及有害气体等风险源进行梳理,并编制风险源清单,一、二级风险源需组织专家评审,通过后报建设单位备案。

① 施工单位须对沿线地质情况、建(构)筑物、地下管线、地下空洞及有害气体等风险源进行详细调查和地质补勘。按照一、二级风险源清单编制专项施工方案,在施工前如需对风险源等级进行调整,须组织专家论证。盾构机穿越重大风险源100m前应按"5.10 关键节点施工前条件核查管理"进行条件核查,通过后方可进行穿越施工。

② 为了确保一、二级风险源的安全,施工单位在盾构机穿越过程中和穿越完成后,在地面无法采取注浆加固处理的区域,应在洞内进行深孔注浆或改性材料填充。

(2) 盾构机穿越一、二级风险源及特殊地段(闪长岩、石灰岩地层等)需要采取的措施。

① 工程总承包单位、施工单位应成立现场工作组和专家组,及时解决现场出现的管理问题和技术问题。

② 应加强设备维保、储备充足的物资,确保连续掘进。对一些重要设备如电瓶车、门式起重机、搅拌站、泥浆制备与处理系统等邀请厂家到场。

③ 应建立工程总承包单位、施工单位、监理单位、第三方监测单位24h联合值班制度。

④ 密切关注掘进参数和地面监控数据,发现异常,及时采取应对措施。

9. 盾构机长时间停机管理

(1) 盾构机掘进停机超过24h以上,施工单位要向建设单位项目部递交停机申请,并须完成以下工作。

① 停机前依据具体的停机时间制订详细的停机方案与计划；

② 通过中盾和前盾的膨润土注入系统,在盾体周围注满泥浆,保持地层稳定,同时防止周围土体与盾体固结；

③ 做好停机前最后一环的掘进,调节停机时的土仓(泥水仓)压力比设定压力为0.2～

0.3bar(1bar=100kPa);

④ 泥水平衡盾构在停机期间应定时做好泥浆循环工作，宜选用较高黏度泥浆，防止仓内泥浆沉淀离析和泥浆循环过程中造成地层损失。

(2) 由设备故障等造成盾构突然停机，并且盾构无法再掘进时，应进行如下工作。

① 将剩余的同步浆液丢弃或注入1号台车后管片壁后，严禁注入盾尾后方；

② 盾尾和中前盾外壳周围尽快注入 $5\sim10m^3$ 膨润土浆液；

③ 盾构机土仓内注入适量膨润土浆液。

(3) 盾构机长时间停机时要做好注浆管路的清洗工作，以防管路堵塞；对土仓(泥水仓)压力进行监控，并补注适量盾尾油脂和主轴承密封油脂。

(4) 如遇特殊情况超长时间停机(超过3d)，每天安排专人对刀盘进行适当转动。

10. 盾构开仓作业管理

盾构掘进过程中，因换刀、设备检修及基岩处理需开仓作业时，应严格按照《盾构法开仓及气压作业技术规范》(GJJ 217—2014)。

(1) 施工单位应当建立和健全盾构施工安全管理的规章制度和开仓作业操作规程，监理单位应编制相应开仓作业监理实施细则。

(2) 现场每次开仓作业前，施工单位应根据专家论证后的开仓作业专项施工方案，编制有针对性的开仓实施方案、应急预案，经监理单位审批后方可实施。

① 当停机位置水文地质条件、开仓方式或开仓作业内容等关键因素与原论证的开仓作业专项施工方案不一致时，施工单位须重新组织专家论证。

② 气压作业环境下进行明火作业时，应制订专项方案，且应经过专家评审后方可进行。

(3) 开仓前应严格按《济南轨道交通集团有限公司工程关键节点施工前条件验收管理办法(修订)》进行条件核查，通过后方可进行开仓施工。

① 每次气压开仓前必须组织召开条件核查会；

② 在非全断面硬岩的稳定地层或加固地层中每次常压开仓前须组织召开条件核查会；

③ 同一区间在同一全断面硬岩区段内的常压首次开仓须组织召开条件核查会，之后在此区段内的常压开仓作业由施工单位上报开仓程序签认流程，不再召开条件核查会。

(4) 当盾构处于稳定的微风化、中风化岩层或经过加固的土体时，在渗漏水及周边环境处于安全可控状态下，可在常压下开仓作业。

常压开仓前必须对以下条件进行严格判断：钻探报告揭示地层稳定、掘进渣样分析正常、盾尾后封环完成3环以上、空仓静置2h以上土压基本无变化、仓内渗水情况可控、超前孔和径向孔探测地层稳定、空仓静置期间地面无沉降(在出现渗水情况下沉降量满足要求)等。

(5) 进仓作业前应对盾尾后管片进行整环注快凝双液浆封堵，减少管片后方来水。

盾壳后部止水辅助工法宜采用同步注浆、管片壁后二次注浆和盾体径向注浆组合的注浆方式。

① 管片壁后二次注浆宜采用双液浆，且应至少封堵盾尾后2~5环全环管片；

② 盾体径向注浆宜采用聚氨酯等化学浆液，在盾壳外形成封闭止水带。

(6) 盾构进仓作业人员按规定接受安全教育培训和安全技术交底，并考试合格，具备带压或常压进仓作业安全技能和应急能力。培训和交底资料齐全并有针对性，有交底人和被

交底人签名　气压进仓作业人员必须持证上岗,并提供近期体检报告。

(7) 进仓作业期间,每次只允许2人进入土仓内(不允许超过2人)进行换刀或清仓作业,同时必须有1人在人闸内、1人在盾构主控制室内,确保发生突发事件时,能及时关闭人闸门、保持对外联络。

(8) 进仓过程中施工单位专职安全员、监理应进行全程旁站,实时监测刀盘上方和地表情况。仓门开启过程中,必须随时有人观察掌子面及土仓情况,如掌子面有坍塌危险,应立即撤离全部作业人员,关闭仓门。在进仓过程中,对土仓要持续通风,且不断对空气质量进行检测,一旦发现有害气体浓度超标时,应立即通知仓内作业人员撤出工作面。

(9) 为了确保开仓作业输送进仓的空气清洁,施工单位须在盾构机原有的压缩空气设备上,增加一套活性炭滤芯器和油水分离器,对仓内空气加强净化循环。

(10) 盾构开仓作业前,施工单位要对仓内的有毒有害气体、易燃易爆气体进行检测,上报监理工程师审核。开仓作业时,必须在人仓内和人仓外各安装一个气体检测仪,以方便作业人员和操仓人员随时检测仓内有害气体含量和氧气浓度,人仓内应安装视频监控设备、喷淋系统。

(11) 当气压作业时,施工单位应与具备高压氧舱的医院签订24h服务协议,并在现场配置应急车辆。

(12) 应对盾构切口环里程所在的地表位置布置监测点,进仓作业时进行实时监测,及时反馈地层变化情况,以指导施工。

(13) 开仓作业前应制订领导现场值班安排表,开仓过程中严格执行领导值班制度,必须保证开仓作业全过程有施工单位、监理单位以及相关单位的领导在现场值班,监理单位必须进行全过程旁站,做好现场监督管理。

11. 盾构接收管理

盾构接收前应按"5.10 关键节点施工前条件核查管理"进行条件核查。

(1) 盾构接收前,监理单位应当督促施工单位做好人员、材料、设备、技术准备,确保盾构接收顺利实施。

(2) 盾构接收端土体加固的检验可参照盾构始发端土体加固的检验要求。

(3) 盾构接收采用基座接收,根据盾构到达姿态,确定接收基座中线、高程及坡度,确保盾构到达后能平稳安全地推上接收基座。

(4) 在盾构接收前100m,监理单位必须督促施工单位和第三方测量单位做贯通前的复核测量,准确评估盾构到达前姿态和到达段掘进轴线,确保盾构顺利贯通。

(5) 盾构接收前须严格按照方案将管片纵、环向加固及螺栓复紧,并进行环箍注浆加固,长度不少于3环。

(6) 盾构接收时盾构机刀盘临近围护结构50cm,方可进行洞门凿除,严禁未到先凿。

(7) 盾构接收采用两次洞门封堵。盾尾脱离洞门密封前80cm停机进行首次洞门封堵,待浆液凝固,盾体前移,盾尾脱离洞门密封后进行二次封堵。

5.7.5　施工安全管理

盾构法施工过程中严格执行《危险性较大的分部分项工程安全管理规定》(建办质

〔2018〕31号)、《城市轨道交通工程安全质量管理暂行办法》(建质〔2010〕5号)以及其他相关安全管理规定、办法、通知等,严控盾构施工安全。

(1) 建设单位须委托具备资质的单位对盾构穿越的建(构)筑物进行鉴定评估。

(2) 施工单位必须严格按照安全专项方案组织施工,对邻近隧道的建(构)筑物进行监测并采取保护措施。掘进过程中,严格控制掘进参数,加强出渣量的管理,保证同步注浆量饱满。掘进中若地面或建(构)筑物出现较大沉降、变形时,可根据地面实施条件不同,采取地面加固、洞内二次注浆或洞内深层注浆等措施。情况特殊时,施工单位须立即组织人员疏散,确保人身安全。

(3) 施工单位需加强地下管线的保护,对施工区域内的地下管线和地下空洞进行核查,凡涉及盾构穿越重要管线的施工,须制订专项施工方案、采取专项防护措施。紧急情况时要立即启动应急预案,确保管线和人员安全。

(4) 施工、监理单位要检查监测点的布置和保护情况,分析施工监测和第三方监测数据,发现异常时,及时向建设单位反馈,现场及时采取处置措施。

(5) 施工、监理单位需加强隧道沿线隐患排查工作,重点对以下12个风险较大区域进行监控和防护。对存在安全隐患的区段进行地面探孔,发现空洞后及时处理,并建立隐患排查处置台账,对高风险区域进行长期监测和巡检。

① 盾构停机位置(盾构长时间停机且超24h区域);
② 盾构进仓位置;
③ 监测预警位置;
④ 盾构始发、到达端头;
⑤ 联络通道位置;
⑥ 出渣异常区域;
⑦ 盾构穿越一、二级风险源区域;
⑧ 盾构穿越雨污水等重要管线区域;
⑨ 盾构掘进异常区域(刀盘结饼、卡刀盘、掘进困难、喷涌、出土异常、土压异常区域);
⑩ 坍塌位置前后50m区域;
⑪ 沿线降水区域;
⑫ 频繁纠偏区域。

(6) 施工单位须加强垂直运输管理。门式起重机司机、司索工等特种作业人员必须持证上岗。门式起重机启用前,须经过相关技术安全监督部门的检测和备案,检测合格后方可使用。门式起重机使用过程中,施工单位应重点加强对门式起重机的起升、行走和传动等机构的检查,严格执行定期检查制度和维护保养工作。门式起重机须配备吊钩视频监控系统。

(7) 施工单位须加强水平运输管理。轨行区布设安全警示标识、人机隔离装置。为防止电瓶车溜车,须增设车头防溜钩、铁鞋、列车编组二次软连接等装置。电瓶车须配备倒车影像系统。

(8) 施工单位须加强轨道维护,对轨道轨距、高差、弧度、接缝、拉杆等重点部位进行日常检查,防止车辆脱轨。

5.7.6　施工质量管理

盾构施工过程中严格执行《盾构法隧道施工及验收规范》(GB 50446—2017)、《城市轨道交通工程安全质量管理暂行办法》(建质〔2010〕5号)以及其他相关质量管理规定、办法、通知等,严控盾构施工质量。

(1) 管片止水条粘贴时管片表面应干燥清洁,用刷子在止水条沟槽及止水条上涂抹粘贴剂,不允许出现漏刷现象;对粘贴不规范的止水条应现场进行修正,止水条粘贴完成后经过10h以上,待胶水完全凝固后方可吊运下井使用。0环管片必须粘贴止水条和传力衬垫。

(2) 管片拼装成环时,连接螺栓应先逐片初步拧紧,掘进过程中进行复紧,做到掘进一环复紧3次,一次复紧3环。管片拼装偏差控制值见表5-3。

表5-3　管片拼装偏差控制值

项目	允许偏差/mm	检查频率
衬砌环直径椭圆度	±0.5%D	4点/环
相邻管片的径向错台	±5	4点/环
相邻管片的环向错台	±6	4点/环

注:D指隧道的外直径,单位:mm。

(3) 管片若出现连续错台、破损、漏水等质量问题,监理单位须及时组织参建各方分析原因并制订措施。管片修补、堵漏必须由专业队伍进行施工,严格按照设计要求和专家评审方案执行。

(4) 同步注浆浆液要通过试验确定合适的配合比,应结合监测数据对注浆量和注浆压力实行双控。根据环境条件和沉降监测结果进行二次补强注浆,浆液的密度、稠度、和易性、凝结时间、凝结后强度等指标须满足工程要求。

(5) 在富水地层中同步注浆浆液应适当增加水泥含量或添加水玻璃,浆液初凝时间控制在2~4h,注浆后通过管片开孔检查确认浆液的实际初凝时间。

(6) 在管片上浮地段,应采用调节同步注浆浆液初凝时间、施做二次注浆(双液浆)止水环等措施,及时固结管片、减少地层中的水量汇集。

5.7.7　施工量测管理

根据《盾构法隧道施工及验收规范》(GB 50446—2017)、《城市轨道交通工程测量规范》(GBT 50308—2017)、《工程测量规范》(GB 50026—2007)、《城市轨道交通工程监测技术规范》(GB 50911—2013)、《建设工程预警及安全风险状态评价管理办法》、《济南轨道交通集团工程测量管理办法(试行)》等文件的规定,对盾构施工测量和监测进行管理。

(1) 盾构始发前,盾构隧道线形数据必须经施工单位上级主管部门和监理单位(测量专监)审核,并报第三方测量单位复核后使用。施工单位必须指派专人负责数据导入,导入后的数据须经项目技术负责人确认。

(2) 施工过程中根据不同地段建(构)筑物的具体情况,及时调整监测频率并上报监测数据。重要建(构)筑物和特殊地段须建立预警、响应及消警机制。

(3) 盾构机姿态及管片姿态勤复测。盾构机姿态在测量换站后波动超过20mm时必须立即停机进行复测,并将复测结果报送监理单位复核。管片姿态须10环一测(每环必测),当日掘进不足10环的每天一测;管片姿态偏差超过50mm时,须第一时间上报监理单位,组织各参建单位召开分析、处置会。

(4) 施工单位须配备盾构专职测量人员,原则上每台盾构机须配置不少于3人,并建立换手复核及人工复核制度,在换站时须对盾构机姿态进行复核。

5.7.8 盾构信息管理

(1) 施工单位应在始发条件核查前,完成地面监控室与盾构司机室的数据传输,确保地面监控室具备网络(含公网及局域网)传输条件,并将数据接入集团盾构施工管理子系统。

(2) 施工单位应保证在盾构刀盘抵到掌子面之前完成系统接入工作。

(3) 盾构施工过程中,施工、监理、第三方监测应安排专人对系统传输情况进行监管,并严格按照《济南轨道交通建设工程预警及安全风险状态评价管理办法》进行预警发布。

(4) 盾构施工过程中,确因施工工序需要必须中断系统传输的,施工单位应提前24h上报监理、第三方监测,传输中断期间禁止进行盾构施工。

5.7.9 应急处置管理

(1) 施工单位须建立盾构施工应急处置小组(包括应急抢险队伍)。应急处置小组组长由项目经理担任。应急处置小组包括应急处置技术组、应急救援工作组、应急处置监测组、应急救援物资设备组、现场抢险组、现场维稳组及后勤保障组。

(2) 施工单位按照应急抢险物资配备清单配齐应急物资和设备,并指派专人保管不得挪用。

(3) 各参建单位须建立健全信息反馈制度,提高安全应急处置能力。施工、监理单位要加强对掘进参数、监测数据的对比分析,出现沉降速率或累计沉降超限时,尽快对沉降区域进行加固处理,一旦出现突发事件,施工单位须立即打围隔离,并按照济南轨道交通集团应急处理程序执行。

5.7.10 考评

施工单位在上报的工程基础资料、盾构机设备检测报告中提供虚假、错误资料,由建设单位对施工单位纳入考评,对监理单位工作疏漏进行考核。

5.8 建设工程施工准备期风险管理

5.8.1 总则

(1) 为明确工程施工准备期参建各方安全风险管理职责,规范工作流程,特制定本规范。

(2) 本规范适用于轨道交通土建工程，其他类工程可参照本规范执行。

(3) 本规范不替代施工、监理、第三方监测等相关参建单位应承担的法律法规所规定的相关责任。

(4) 施工准备期是在整个或局部工程开工前做施工准备的阶段，一般包括技术准备、劳动力组织准备、物资准备、施工现场准备。

5.8.2 职责与权限

1. 集团安全质量部负责全网施工准备期安全风险管理工作

其主要职责为：

(1) 指导、监督和检查子公司、施工、监理、第三方监测单位施工准备期安全风险管理工作；

(2) 负责集团层安全管控平台信息系统账号审批。

2. 建设子公司负责所辖线路施工准备期安全风险管理工作

其主要职责为：

(1) 负责按线路编制风险控制总体方案；

(2) 指导、监督和检查施工、监理、第三方监测单位施工准备期安全风险管理工作；

(3) 督促施工、监理、第三方监测单位建立安全风险管理组织机构；

(4) 指导、监督和检查施工、监理、第三方监测单位识别设计方案实施风险；

(5) 督促施工单位对周边环境进行核查；

(6) 负责风险工程分级调整审批；

(7) 负责审查工前评估需求；

(8) 负责建设子公司、施工、监理、第三方监测单位安全管控平台信息系统账号划分及权限分配。

3. 第三方监测单位负责本标段的施工准备期安全风险管理工作

其主要职责为：

(1) 负责建立本标段安全风险管理机构；

(2) 协助子公司检查施工、监理单位安全风险管理机构建立情况；

(3) 负责所辖标段所辖工点设计方案实施风险识别；

(4) 负责收集本标段信息系统线路、工点接入资料；

(5) 负责编制本标段第三方监测方案；

(6) 负责本标段信息系统线路、工点接入并录入工点基本信息、风险工程库等资料；

(7) 负责所辖标段工点进度模块及初始资料录入；

(8) 参加关键部位施工前条件核查。

4. 施工单位是其所辖标段施工准备期安全风险实施责任主体

其主要职责为：

(1) 负责建立本标段安全风险管理机构；

(2) 依据设计图纸及环境调查资料对本标段周边环境进行环境核查；

（3）负责对本标段风险工程深入识别；
（4）负责所辖标段所辖工点设计方案实施风险识别；
（5）负责提出本标段风险工程分级调整申请；
（6）负责制作风险工程公示牌，对Ⅰ、Ⅱ级风险工程进行公示。

5．监理单位是所辖标段施工准备期安全风险管理监督责任主体

其主要职责为：
（1）负责建立本标段安全风险管理机构；
（2）负责对施工单位环境核查和风险工程深入识别成果进行检查；
（3）负责审查施工单位提出的风险工程分级调整申请。

6．工点设计、总体设计单位负责会审

负责会审施工单位提出的风险工程分级调整申请。

5.8.3 工作程序及要求

1．风险工程分级调整

（1）施工单位对周边环境进行核查及风险工程深入识别，提出风险工程分级调整申请报监理单位审查。

（2）监理单位审查通过后，报请子公司组织工点设计、总体设计、监理单位会审，会审通过后，工点设计单位根据变更通知调整分级。

（3）工点设计单位将调整后的风险工程清单报子公司。

（4）建设子公司将调整后的风险工程清单发至第三方监测单位，由第三方监测单位依据调整后的风险工程清单对信息系统风险工程库进行调整。

（5）重要Ⅰ级风险工程（邻近既有地铁、国铁、黄河等）调整由建设子公司报集团安全质量部备案。

2．风险工程录入

（1）建设子公司将施工图安全风险工程清单发送第三方监测单位。

（2）第三方监测单位依据施工图对自身风险工程关键部位进行识别。

（3）第三方监测单位将施工图安全风险工程清单（含关键部位）录入更新信息系统。

（4）风险工程分级调整后，第三方监测单位依据调整后风险工程分级清单对信息系统风险工程库进行调整。

3．工前评估

（1）工点设计单位提出工前评估需求报总体设计单位。

（2）总体设计单位进行全线汇总和初审，形成审查意见报总工办。

（3）总工办对工程评估需求进行复核，对确定需要评估的环境风险工程委托评估单位实施评估。

（4）评估单位在接到评估任务后实施评估并编制评估报告报送总工办。

（5）总工办对评估报告审查通过后移交工点设计单位、建设子公司。

（6）建设子公司将评估报告移交第三方监测单位，由第三方监测单位将评估报告上传至系统。

4. 环境核查

（1）施工单位依据设计文件及环境调查文件对周边环境进行核查，并形成环境核查报告。

（2）监理单位对环境核查报告进行审核。

（3）施工单位将监理单位审核后的核查报告移交建设子公司审批，审批后由建设子公司移交工点设计单位，作为风险工程分级调整依据。

5. 关键部位识别

（1）施工、监理、第三方监测单位收到施工图后，应对施工图进行解读并对风险工程进行深入分析，识别出自身风险工程关键部位。

（2）自身风险工程关键部位应包括以下方面：

① 暗挖工程穿越重大风险源（Ⅰ、Ⅱ级）；

② 暗挖工程竖井开挖；

③ 暗挖法马头门部位（开设马头门0～5m范围）；

④ 暗挖法平顶直墙段；

⑤ 暗挖法大断面（结构断面大于6.2m）；

⑥ 暗挖法转弯段；

⑦ 暗挖法浅埋段（覆土小于5m）；

⑧ 暗挖工程多导洞施工扣拱；

⑨ 暗挖工程大断面临时支护拆除；

⑩ 暗挖工程扩大段；

⑪ 暗挖工程仰挖、俯挖段；

⑫ 暗挖工程钻爆法开挖段；

⑬ 暗挖法拱顶不良地层段（碎石、角砾及粉末、泥土状断层带、富水破碎绿泥岩或碳质千枚岩、软塑状黏性土、饱和粉土、粉细砂层、淤泥质地层等）；

⑭ 暗挖工程围岩等级突变处；

⑮ 盾构始发、到达段；

⑯ 盾构开仓；

⑰ 盾构穿越重大风险或复杂环境；

⑱ 盾构工程自身重大风险；

⑲ 盾构机吊装；

⑳ 盾构更换盾尾刷；

㉑ 区间联络通道开口处；

㉒ 深基坑开挖段；

㉓ 明挖法阳角部位；

㉔ 明挖法不同围（支）护体系交界段；

㉕ 有管线区域钻孔、成槽等动土作业（降水、围护结构等）；

㉖ 预制梁架设；
㉗ 挂篮悬臂混凝土浇筑；
㉘ 门式起重机、塔式起重机等起重机械安装/拆卸；
㉙ 非常规起重吊装；
㉚ 超过一定规模的模板支撑系统混凝土浇筑；
㉛ 主体结构与附属结构（非同时施工）连接部位混凝土浇筑；
㉜ 新技术、新工艺、新材料使用（首次）；
㉝ 暗挖全断面注浆（首次）；
㉞ 铺轨（调试）行车；
㉟ 变电所启动前；
㊱ 行车类设备上线（车辆首次上正线）；
㊲ 顶管施工的始发/接收段；
㊳ 人工挖孔桩；
㊴ 跨度 36m 及以上的钢结构安装工程；
㊵ 火情火警风险较大部位动火作业（首次）；
㊶ 桩基托换处；
㊷ 凿除既有运营车站主体结构；
㊸ 其他。

6. 施工过程

第三方监测巡检过程中发现自身风险工程施工管理不规范导致风险增大，应将其识别为关键部位，并将其录入信息系统。

7. 其他施工准备期

工作见相关文件。

5.9 重大环境风险施工技术方案论证管理

5.9.1 总则

（1）为进一步加强济南工程建设重大环境风险技术管理，提高重大环境风险技术方案的针对性、合理性和可实施性，规范重大环境风险安全专项施工方案的编制、审核、论证等环节的管理，从技术上规避风险事故的发生，根据《城市轨道交通地下工程建设风险管理规范》(GB 50652—2011)、《危险性较大的分部分项工程安全管理规定》(住建部第 37 号令)等，特制定本规范。

（2）适用于轨道交通工程，其他类工程可参照本规范执行。

（3）重大环境风险包括Ⅰ级和Ⅱ级风险。

（4）重大环境风险技术方案是指轨道交通建设施工过程中，施工单位在编制施工组织设计的基础上，针对重大环境风险施工，依据有关工程建设标准、规范、规程及相关施工图纸资料文件，单独编制的具有针对性的安全施工技术措施文件。

(5) 各参建单位除应遵守本规范外,尚应严格遵守现行国家、行业、山东省及济南市有关法律、法规、政策规定和工程建设标准所规定的相关审查和论证程序。

5.9.2 组织机构及职责

(1) 勘察单位应参与专项方案的论证工作,提供相关咨询意见。

(2) 总体设计单位和工点设计单位应参与专项方案的论证,必要时调整设计方案并及时完成相关变更图纸文件。

(3) 监理单位负责专项方案论证前的审核工作,参与论证,全程监理专项方案实施。

(4) 施工单位负责专项方案的编制、内部审查、审批及相关备案工作,组织专项方案的论证,并严格按照专家论证通过后专项方案实施。

(5) 第三方监测单位、鉴定评估单位参与相关专项方案的论证工作,并在专项方案的实施过程中提供相关技术支持。

5.9.3 方案编制

(1) 专项方案应根据工程建设标准和勘察设计文件,结合工程项目和分部分项工程的具体特点,由施工单位进行编制。

(2) 主要内容:

① 编制依据和原则;
② 工程概况;
③ 施工计划;
④ 工程地质、水文地质条件;
⑤ 工程重、难点分析;
⑥ 总体施工筹划;
⑦ 施工工艺技术(技术参数、工艺流程、施工方法、检查验收等);
⑧ 施工管理及作业人员配备和分工(含专职安全生产管理人员、特种作业人员等);
⑨ 施工安全保证措施;
⑩ 风险保护措施;
⑪ 监控量测控制指标和标准及监测实施方案;
⑫ 季节性施工方案和应急预案;
⑬ 验收要求;
⑭ 应急处置措施;
⑮ 计算书及相关施工图纸附件;
⑯ 其他需要说明的内容。

5.9.4 方案审核

施工单位应组织施工、技术、安全、质量等部门的专业技术人员对专项方案进行审查,并经施工单位项目负责人审批后上报监理单位审核。

5.9.5 方案论证

（1）施工单位应将经监理审核后的专项方案组织论证。

（2）参会单位及人员。

① 建设单位：业主代表等相关人员；

② 施工单位：项目负责人、项目技术负责人、专项方案编制人员、项目专职安全生产管理人员等；

③ 监理单位：总监理工程师或总监代表、驻地监理等；

④ 设计单位：项目负责人或技术负责人、相关设计人员等；

⑤ 勘察单位：技术负责人或相关技术人员（必要时）；

⑥ 鉴定评估单位：技术负责人或相关工程技术人员（必要时）；

⑦ 第三方监测单位：技术负责人和相关技术人员等。

（3）组织论证时根据工程需要，应邀请不少于5名相关专业的专家参与审核，并形成书面论证意见。

（4）施工单位应当于论证会召开3d前，将需要论证的专项方案送达论证专家。

（5）施工单位应当根据论证意见修改完善专项方案，经施工单位项目负责人签字审查，总监理工程师签字审核，并报子公司备案。

（6）施工单位须严格按照最终的专项方案组织施工，不得擅自修改、调整专项方案。因外部环境等因素发生变化需修改的，修改后的专项方案应当按前述要求重新论证。

5.9.6 重大环境风险管理

（1）施工单位须严格按照经备案的专项方案实施，并及时将施工进展及监测状态信息上传济南轨道交通集团安全管控系统。

（2）监理单位应对其实施情况进行严格监理，对不按专项方案实施的，应及时责令整改。

（3）第三方监测单位应对专项方案的施工情况进行跟踪，发现不按专项方案施工或存在安全风险隐患等情况，严格按照"5.4　建设工程预警及安全风险状态评价管理"的相关规定发布预警或预警建议。

5.10　关键节点施工前条件核查管理

5.10.1　总则

（1）为进一步加强在建工程施工现场安全质量预控管理，强化关键节点施工前风险预控措施，提升关键节点风险管控水平，有效防范和遏制事故发生，根据《城市轨道交通工程安全质量管理暂行办法》（建质〔2010〕5号）、《城市轨道交通地下工程建设风险管理规范》（GB 50652—2011）、《城市轨道交通建设项目管理规范》（GB 50722—2011）、《危险性较大的分部分项工程安全管理规定》（住建部令第37号）和《关于加强城市轨道交通工程关键节点风险管控的通知》(建办质〔2017〕68号),结合轨道交通集团实际,制定本规范。

(2) 本规范适用于轨道交通工程。轨道交通集团所属市政、铁路、房屋建筑工程可参考本规范开展关键节点施工前条件核查工作。

(3) 关键节点是指工程开(复)工或施工过程中,风险较大、风险集中或工序转换时容易发生事故和险情的关键工序和重要部位。

关键节点施工前条件核查是指关键节点施工前参建单位对施工现场的技术、环境、人员、设备、材料等相关条件是否满足安全生产和工程质量要求进行核对检查的系列活动,是参建单位落实施工现场安全质量风险预控管理的重要手段。

5.10.2 核查职责

(1) 施工单位应按办法规定开展关键节点施工前条件自检自评并配合核查工作,具体职责如下。

① 工程开工前,根据工程实际,制定《单位工程关键节点识别清单》,明确各单位工程需进行条件核查的关键节点,并报监理单位审批;工程施工期间,对《单位工程关键节点识别清单》实施动态管理,根据工程进展和设计图纸变更情况及时进行增补完善;

② 开展关键节点施工前条件自检自评,符合要求后填写《关键节点施工前条件核查申请表》报监理单位核查;

③ 参加并配合监理单位组织的关键节点施工前条件核查;

④ 对涉及施工单位职责范围的核查不合格项进行整改,整改完成并自检自评合格后,报监理单位重新组织核查。

⑤ 完成轨道交通集团信息化系统中关键节点模块中的数据信息填报。

(2) 监理单位应按本规范规定组织开展关键节点施工前条件核查工作,具体职责如下。

① 审批施工单位报送的《单位工程关键节点识别清单》,并将审批结果报轨道交通集团建投公司。

② 开展关键节点施工前条件预核查和核查工作。

③ 组织开展关键节点施工前条件核查、核对人员资格、组织填写《关键节点施工前条件核查表》及《关键节点施工前条件核查记录表》,形成核查意见。

④ 对核查未通过的,涉及施工单位的,应下发监理通知,并督促整改;涉及勘察、设计、第三方测量、监测、检测等其他单位的,应提请建设单位协调解决;各单位整改完成后,应重新组织核查。

⑤ 对未进行施工前条件核查或核查未通过,施工单位擅自施工的,应下发监理通知,要求施工单位停工整改;施工单位拒不停工整改的,应向建设单位报告。

⑥ 督促施工单位完成轨道交通集团信息化系统中关键节点模块中的数据信息填报。

(3) 轨道交通集团应按本办法规定参加并督促相关单位落实关键节点施工前条件核查工作,具体职责如下。

① 核查关键节点施工前条件涉及的施工图设计文件审查、设计交底、周边环境资料交底等法律、法规、规章等要求建设单位负责的相关工作落实情况;

② 督促相关单位严格按照本规范落实关键节点施工前条件核查责任,并将相关单位责任落实情况纳入合同履约检查、考评;

③ 对涉及建设单位职责范围的核查不合格项进行整改；

④ 管理及监督轨道交通工程关键节点施工的信息化工作。

（4）勘察、设计、第三方测量、监测、检测单位应按本规范规定参加关键节点施工前条件核查，核查法律、法规、规章等要求勘察、设计、第三方监测单位负责的相关工作落实情况，对涉及本单位职责范围的核查不合格项进行整改。

5.10.3 核查程序及标准

（1）关键节点施工前条件核查应按以下程序（图5-2）进行。

① 施工单位编制《单位工程关键节点识别清单》；

② 监理单位审批《单位工程关键节点识别清单》；

③ 施工单位组织关键节点施工前条件自检自评；

④ 施工单位提交《关键节点施工前条件核查申请表》；

⑤ 监理单位进行预核查；

⑥ 监理单位核对参加核查人员资格，组织开展核查并组织填写《关键节点施工前条件核查表》；

⑦ 监理单位填写《关键节点施工前条件核查记录表》，形成核查意见；

⑧ 核查处理，关键节点开工。

（2）施工单位应根据工程特点明确需进行条件核查的关键节点，并进行核查前的准备工作和自验，未明述核查条件的关键节点由监理单位参照国家及地方相关要求执行。施工单位应根据所确定的项目内容逐项进行自检自评。自检自评合格后，由施工单位向监理单位提出条件核查申请。

（3）监理单位收到施工单位核查申请后，3d内应对施工前条件核查项目进行预核查，预核查符合要求后，组织并至少提前1d通知建设、勘察、设计、施工、第三方测量、监测、检测等单位召开条件核查会议。

（4）参加关键节点施工前条件核查的人员应符合以下要求。

① A类项目由总监理工程师组织核查，核查成员至少包括建投公司安全质量相关负责人、业主代表，设计单位项目（单位工程）负责人、施工单位（或其山东区域指挥部）安全或技术负责人、项目负责人、项目安全负责人、项目技术负责人等，第三方监测单位项目负责人，参与方案论证的部分专家（不少于两名）。必要时，勘察单位、第三方检测单位、第三方测量单位项目（单位工程）负责人和咨询单位（如有）工程师应当参加。

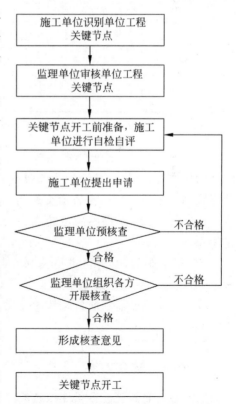

图5-2 关键节点施工前条件核查流程

② B类项目由总监理工程师代表组织核查,核查成员至少包括业主代表、施工单位项目负责人、项目技术负责人、项目安全负责人等。必要时,设计单位项目专业负责人、第三方监测单位专业人员、勘察单位专业负责人或相关专家等也应当参加。具体要求见表5-4。

表 5-4 关键节点施工前条件核查参加单位及人员一览表

参加单位	参加人员	A类	B类	备注
建设单位	建投安全质量相关负责人	●	◎	技术负责人、安全质量有关负责人
	业主代表	●	●	
监理单位	总监	●	◎	
	总代	●	●	
施工单位	安全或技术负责人	●	◎	或区域指挥部
	项目负责人	●	●	
	项目技术负责人	●	●	
	项目安全负责人	●	●	
设计单位	项目(单位工程)负责人	●	◎	
	项目专业负责人	◎	◎	组织单位确定
勘察单位	项目(单位工程)负责人	◎	◎	组织单位确定
	项目专业负责人	◎	◎	组织单位确定
第三方监测单位	项目负责人	●	◎	
	专业人员	◎	◎	
第三方检测单位	项目负责人	◎	◎	组织单位确定
	专业人员	◎	◎	组织单位确定
第三方测量单位	项目负责人	◎	◎	组织单位确定
	专业人员	◎	◎	组织单位确定
论证专家		●	◎	参与方案论证
其他		◎	◎	组织单位确定

注:●表示必须参加,◎表示可选参加,具体由组织单位根据关键节点特点确定。

(5)核查人员应按照本办法规定和核查标准对涉及的施工条件进行逐项核查,并形成明确的核查意见(核查结论分为通过核查和不通过核查)和书面核查记录(包括影像资料),并形成书面核查结论后报轨道交通集团建投公司备案。

(6)任一主控条件不满足的或一般条件不满足项超过一般条件总项数20%的,不予通过核查。

(7)核查通过的,方可进行关键节点施工;核查不通过的,相关单位按照核查意见进行整改,整改完成后应重新组织核查。

(8)关键节点施工前条件核查不替代应依据相关法律、法规、规范、标准等对工程质量安全的验收。

5.10.4 核查内容

(1)施工前需要进行条件核查的关键节点主要参照《关键节点识别清单(参考)》,并实行分类管理,按照工程自身风险和周边环境风险的危险程度分为A、B两类。

施工和监理单位可在《关键节点清单(参考)》的基础上,根据施工现场安全质量管理实际,增加需进行条件核查的关键节点或将 B 类升格为 A 类进行条件核查,但不得将 A 类降格为 B 类进行条件核查,也不得擅自减少明确纳入的关键节点。

(2) 关键节点条件核查的内容主要包括：勘察和设计交底的完成情况；专项施工方案编制、审批和专家论证情况；监测方案编制审批及落实情况；施工安全技术交底情况；安全技术措施落实情况；周边环境核查和保护措施落实情况；材料、施工机械准备情况；项目管理、技术人员和劳动力组织情况；应急预案编制审批和救援物资储备情况；相关工程质量检测资料；法规、标准及合同约定的其他情况。

(3) 按照对关键节点施工安全质量的影响程度,将关键节点的核查内容分为主控条件和一般条件。施工单位可结合现场实际情况,针对不同的部位和工序,对核查内容和要点进行调整,但不得将主控条件降为一般条件,也不得擅自减少规定的主控条件。对未列入的关键节点,核查内容由监理单位确定。

5.10.5 监督检查及处罚

(1) 未进行施工前条件核查或核查未通过的,施工单位不得进行施工。

(2) 轨道交通集团安全质量部、建设子公司不定期对关键节点条件核查工作进行抽查,如有不按程序私自施工的情况,将依据相关考核管理办法从严处理。

第6章 信息化系统建设

6.1 四维地质信息平台

6.1.1 建立水文地质动态监测网

为充分论证轨道交通建设与泉水的关系,自2017年起,济南轨道交通集团逐步建立了水文地质动态监测网系统,目前该项目地下水动态监测网及平台正稳步推进中,并取得了部分成果,可实时查看轨道沿线及泉域范围内地下水的水位、水温及水质等参数,实时掌握泉域范围内轨道沿线周边地下水位情况,为轨道交通的设计、施工及运营提供数据支撑。

6.1.2 四维地质信息平台

结合水文地质动态监测网,建立了"济南城区四维地质环境可视化信息系统平台",该平台为一套系统(建筑地理地貌特征、地下管线、空间开发、浅部工程地质分层、深部地质底层、浅部潜水、深部承压水等)、多尺度(模型的精度依据应用不同而区别处理)、四维(三维空间地质环境随时间变化)、可视化(形象化展示是平台的核心任务)的智慧平台,可形象地展示济南市地铁建设与泉水保护的关系,为规划设计、工程建设、运营维护等各阶段工作提供地理、地质、环境方面的支持。其中,地下水动态监测网可实时查看轨道沿线及泉域范围内地下水的水位、水温、水质等参数,为相应工作提供了翔实、可靠的数据支撑。

为建立"济南城区四维地质环境可视化信息系统平台",进行了大量的数据采集及野外调查,主要包括钻孔资料收集、水文资料收集、野外实地踏勘、数据库建设等。

(1) 钻孔资料收集:收集整理了前辈地质工作者无偿提供的深钻孔(平均深度300m)数据;整理1、2、3号线轨道交通线路的全部钻探和试验数据;整理相关地勘合作单位提供的部分钻孔数据。

(2) 水文资料收集:对早期形成的水井资料进行了整理;对尚可以正常使用的水井进行了现场踏勘及落点;对可直接为本项目服务的水井资料、泉流量资料进行了整理。

(3) 野外实地踏勘:对趵突泉泉域直接补给区间和间接补给区的界限进行了实地踏勘;对趵突泉地垒进行了实地踏勘;对趵突泉泉域主要岩溶含水层进行了描述和划分。

(4) 数据库建设:建立多维数据库,并进行了2000坐标系转换。包括整理钻孔1万余个(1958—2019 年),地质环境成果报告 100 余份,录入 682 个综合点,数据记录 20 330 条,遥感解译 6040 km²,调查面积 6040 km²,机民井 4000 余眼,历史水位水质资料 11 520 点次等各类资料。

(5) 四维地质环境可视化信息系统平台作用

该平台及水文地质动态监测网是数据翔实、可靠(分析整理钻孔 30 000 余个,平台收录 10 000 余个)、内容丰富(涵盖趵突泉泉域所有地层结构及含水层)、覆盖面广(覆盖整个线网范围及趵突泉泉域)、功能多样(水位在线实时查看、切割剖面、三维地质建模)、分析可信、结论可证的多功能平台,为泉水环境影响评价工作提供了翔实、可靠的数据支撑。

四维地质项目实施以来,在不同的领域得到了应用。除了泉水和轨道交通的关系外,在不良地质、特殊岩土分布区域等都得了广泛的应用,相应成果为轨道交通建设提供了支持。

6.2 安全管控中心

轨道交通工程的建设管理需要大量的数据统计、分析作为技术支撑,在早期建设过程中信息数据主要靠纸质材料来传递,传递周期长,指令下达不及时严重影响了管理效率,且纸质材料易丢失、归档整理任务繁杂。传统的轨道交通工程安全质量管理过程中安全质量的现场检查、检测及管理存在信息传递渠道不畅、工作效率低等问题,对工程施工信息掌握滞后严重影响了工程安全质量管理的进一步深入,难以及时有效地对工程建设安全及质量进行动态监管。信息化通过互联网、物联网和计算机技术建立基于目标管控的现代化管控平台,为安全风险管控体系形成持久化的落地执行机制和信息化平台。通过信息化系统覆盖整个安全风险管控体系的全部管理要求,对各个管理要素形成闭环管理,将信息化系统作为安全管控体系的基础和依托。

济南轨道交通集团为提高轨道交通工程安全质量管理水平,在安全风险管控体系建设的同时,结合当前实际轨道交通建设情况和信息技术发展态势,基于互联网及大数据等先进技术手段,同步建设安全风险管控信息化系统,将安全风险信息化系统中安全风险管控系统、隐患排查治理系统、应急综合管理系统、视频监控系统、盾构实时监控系统、参建各方人员设备管理系统、文明施工管理系统在安全管控中心大屏集成展示,大屏设置日常模式、应急模式两种应用场景,实现信息的共享、展示,应急情况下的调度和指挥。实现了集团公司、各子公司、各参建单位信息的互联互通及管理流程的集约化及科学化。集团该系统与国内其他城市建设单位开发的系统相比,具有以下特征:

(1) 其他城市系统的各业务系统多是独立网站,该系统在首页实现了集团安全质量管理各业务子系统的单点登录集成,集中体现了各子系统中工程实务,也实现了子系统间数据交换传递。

(2) 其他城市系统大部分为风险管控、隐患排查、盾构施工、应急管理等安全风险管理业务,该系统还开发了质量管理、参建单位人员设备管理、盾构管片质量缺陷、建设期地保管理等方面的内容,涵盖内容更广泛。

(3) 其他城市系统建设阶段多集中在土建施工阶段,该系统中考核统计、评比、进度等也包括机电设备安装、系统安装等专业,覆盖标段及单位更全面。

(4) 各子系统内设置多样表单,也支持办公软件各种格式文档的直接上传及批量输入,使用人员通过点击即可上传相关信息,减少了一线工作人员的工作量。

(5) 除 PC 端外,还开发了系统智能移动端 APP,方便现场人员使用及移动办公。

6.2.1 安全管控中心功能

安全管控中心能够实现数据监测预警、现场风险定位、应急值守、应急视频会议、应急响应指挥、数据统计分析等功能,显示屏能够显示风险管控、隐患管控、盾构施工、视频监控等内容,通过采集上述各系统等数据,实现建设工程安全生产的"智慧化"管理,增强应急处置能力,为应对突发事件提供有效支撑。

6.2.2 安全管控中心应用要求与功能

1. 安全管控中心应用要求

(1) 安全管控中心大厅:可多功能应用,如安控例会、施工调度例会、专题专家分析视频会议等。可容纳至少 30 人。

(2) 办公区域:日常满足 3 条线路至少 12 个人同时办公场地,并有 3~4 个工位预留。

(3) 日常会商室:日常专题会议。

(4) 设备及电源室机房:大屏幕系统、视频会商、服务器、电源、传输、办公室设备。

经综合比选,选定控配中心北 10 楼作为安全管控中心,平面图如图 6-1 所示。

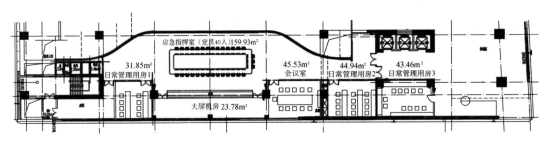

图 6-1 安全管控中心平面图

2. 安全管控中心各部主要功能

(1) 日常管理用房(31.85m²):设置安全管控中心管理 PC 端,操作终端与工作站。

(2) 大屏机房:设置大屏幕显示系统,后方为大屏机房,主要放置大屏控制器等设备。

(3) 会议室:设置视频会议终端、大屏、会议摄像头等设备。

(4) 日常管理用房((44.94+43.46)m²):设置安全管控中心管理 PC 端,操作终端与工作站。

安全管控中心布置表见表 6-1。

表 6-1 安全管控中心布置表

用 途	数量及面积
大厅	1 间:160m²
会议	1 间:46m²
机房	1 间:24m²
办公	3 间:121m²

6.2.3 安全管控中心建设

2020年3月,集团启动安全管控中心建设工作,2021年1月正式投入使用。如图6-2所示。

图6-2 安全管控中心建设效果图

1. 大屏展示场景

(1) 日常展示场景(图6-3):屏幕左上角展示的是集团各子公司安全风险预警情况,包括不同等级预警的个数、预警趋势和风险源实时状态统计。

图6-3 大屏日常展示场景

屏幕左下角显示的是集团在建工程隐患治理情况,包括不同等级的隐患统计和不同类别的隐患统计,另外还有各参建单位考评情况。

屏幕中间是工程地图,可以实现安全风险管控、隐患排查治理、应急物资资源、风险预警情况、盾构机分布等一图显示,也可以实现应急物资的查询显示。针对济南的情况,着重开发了地图应急状态下的防汛模式和就近应急资源展示模式。在工程地图可以查看在建施工工点的监测预警情况;查看应急物资存放位置,并可以实现对应急物资的搜索,为应急物资调配提供支持。

屏幕的右侧是盾构工程展示部分,实时显示盾构的姿态预警、参数预警等掘进参数。

在屏幕的两侧是视频监控情况。按照集团要求,视频监控内容应具有可追溯性,对于视频信息应及时自动保存、备份,并具备回放、慢放、多倍速放等功能,要求各参建单位布设前端视频监控设备,并将图像接入安控中心。目前,已接入124个工点的500余个摄像头,实现了对参建单位的风险、隐患及文明施工等内容的实时监控。

（2）应急指挥场景（图6-4）：主要分为4个区域，左上角部分为应急视频区域，采用的是华为welink会议的方式，在需要时可将视频画面叠加到大屏上；左下角为应急聊天区域，在发生应急事件后，会基于应急事件生成相关的聊天室，相关人员可进行文本、图像等内容的发布，以帮助指挥人员及时掌握现场情况。该区域内容仅作展示，具体的信息发布可在网页端进行；中间上部区域为应急地图区域，发生应急事件后可在该区域显示应急事件的位置信息；中间下部为基础数据信息，主要基于应急事件发生的工点在平台层面进行数据抓取，可直观地展示各类风险数据、隐患数据、监测数据、应急预案信息、政府应急通信录、应急资源数据。右侧上部为该应急事件工点的视频画面，下方可对某个视频画面进行单独显示。

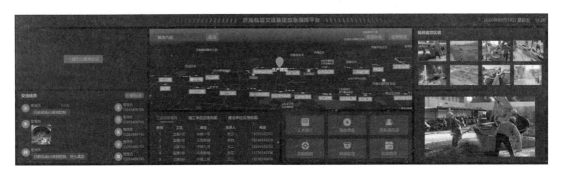

图6-4 大屏应急指挥场景

2. 各系统介绍

系统采用Java语言开发，Java语言具有简单性、面向对象、分布式、安全性、可移植性和多线程等特点。数据库采用MySQL数据库，其具有支持高强度访问能力的特点。系统在开发过程中着重考虑了后期数据的可移植性及后期可扩展性，预留了多种数据接口。为保证整体的数据分析，系统在设计之初便严格考虑了数据字段的规范性及数字表单的关联性。在使用上除了开发基本的网页端外，还开发了基于HTML5开发的安卓端、苹果端的APP，另外对于集团内部员工通过与集团主数据平台的对接，实现与"云＋APP"的集成，无须单独下载APP即可实现在"云＋"上的自动登录系统。系统除了基本的风险、应急、隐患、质量、人员设备及基础履职等功能外，还积极与文明施工系统、视频监控系统、合约管理系统进行数据对接，打通数据关联，可实现整体管控。

1）系统组成

安全管控平台包括首页集成系统、安全风险管控系统（下含盾构管理系统）、隐患排查治理系统、应急管理系统、参建各方人员设备管理系统、视频监控管理系统、安全基础管理系统等，涵盖了工程建设阶段安全管理全部内容。另外，还包括文明施工管理系统和质量管理系统等，基本能够满足安全质量管理归口部门的日常业务需求。

2）系统功能。

（1）首页集成系统（图6-5）包括工程地图、通知公告以及针对不同用户的待办事项提醒。

（2）安全风险管控系统（图6-6）包含风险源的辨识、评估、分级、实时状态等内容，具备

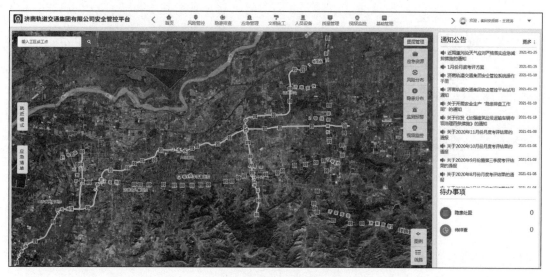

图 6-5 首页集成系统

在线监测、巡检、预警、处置、消警、风险分级统计、查询等功能,还可以及时提示需关注的工点。实现了从设计阶段、施工准备阶段、施工阶段对风险源的全过程管理。

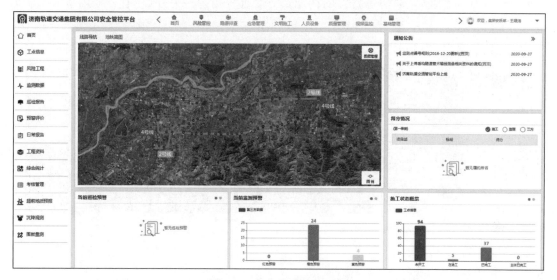

图 6-6 安全风险管控系统

(3)隐患排查治理系统(图 6-7)内建立了约 3000 条安全、质量、文明施工的隐患数据库,通过日常、月度和专项检查等多种形式,在现场通过系统发布隐患排查单,相关单位整改后在线回复,实现了隐患排查治理的闭环管理。并能实现对隐患分类、分级统计及分析。通过隐患排查治理系统对各单位的排查进行有效约束及考核,最大限度地规避或减少工程隐患可能造成的人员伤亡、经济损失与社会影响。

(4)应急管理系统(图 6-8)包括的内容主要有应急预案、应急队伍及人员、应急物资,分集团、子公司、各参建单位三个等级。应急预案管理实现在应急救援过程中,对预案的匹配。应急队伍及人员管理实现对抢险人员组成、职责分工、管理模式等信息管理。应急物资管理

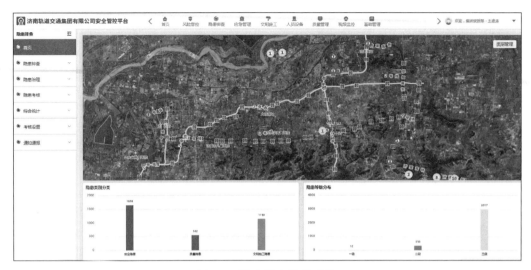

图 6-7　隐患排查治理系统

实现对抢险设备、物资等信息进行管理,实现对线网(既有、在建)范围内各类应急救援物资规格、物资数量、布点信息、调运记录等进行查询。结合安控中心内布置的视频会议系统,可以实现应急状态下物资、队伍等资源的调配及专家远程指挥。另外,还有行业内事故案例库供大家下载学习。

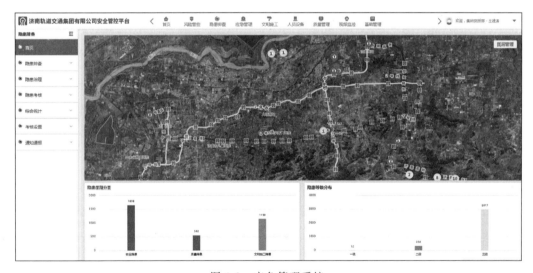

图 6-8　应急管理系统

（5）参建各方人员设备管理系统（图 6-9）实现分包队伍资质管理,进场人员、施工设备的报审查询。

（6）视频监控系统（图 6-10）可实现对现场人员施工作业情况的实时监控、管理、显示、操作的视频监控,由前端监控系统、分控中心系统及监控中心系统组成,前端监控系统、分控中心系统由线路各土建标段建设。

（7）安全基础管理系统（图 6-11）用户为建设单位,系统包括项目基础信息管理（机构管理、用户管理、线路管理、人员管理、其他配置等）、安全基础管理（包括基础履职、项目履职、

第6章 信息化系统建设

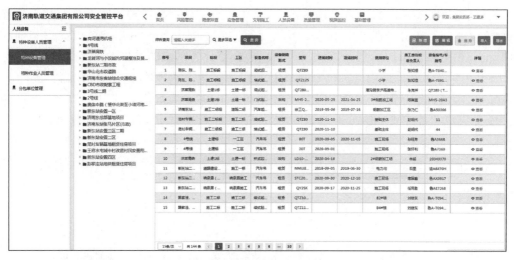

图 6-9 人员设备管理系统

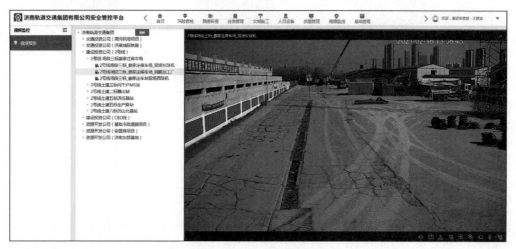

图 6-10 视频监控系统

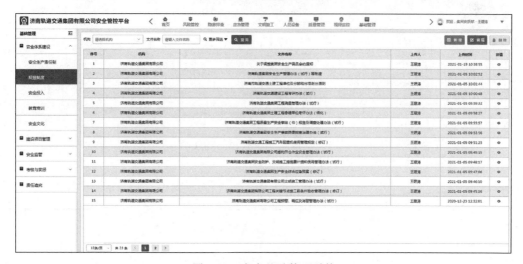

图 6-11 安全基础管理系统

安全监察、考核与奖惩、责任追究)两大部分,其中项目基础信息管理属于基础应用数据管理建设,安全基础管理属于业务应用综合考核管理。该系统为所有相关子系统提供基础数据端口,统一规范各类机构信息、线路信息等内容,规范化各系统的基础数据来源。

(8)文明施工管理系统(图 6-12)依托智慧工地采集工地环境监测、扬尘监测等手段,对包括噪声、风速、风向、温度、湿度、PM2.5、PM10 在内的环境数据;进行监测,并将数据实时上传至集团安控中心,形成相关数据报表进行数据统计分析,实现在线展示、上报等功能。

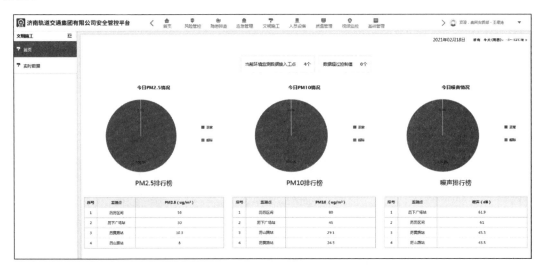

图 6-12 文明施工管理系统

(9)质量管理系统(图 6-13)主要包括测量管理、试验检测管理、过程管控、验收管理等,实现对工程质量从源头管理、过程检查到最终验收整个流程的信息化管理。

图 6-13 质量管理系统

6.3 安全风险管控系统

6.3.1 系统概况

安全风险管控系统以集团安全风险管理体系为依托,全面采用了计算机、网络通信、地理地质信息等技术,集人工监测、即时监测、现场巡检、视频监控等于一体,实现了对工程建设各参建阶段安全风险排查、评估、预报与报警信息的及时发布,实现对工程勘察、设计、施工技术文档的网络集中管理与共享。具体包括地理地质信息模块、监控量测数据管理模块、巡检报告管理模块、工程资料管理模块、工程事务管理模块等。

系统作为地铁工程施工的公共信息工作平台,具有高效、灵活、准确、安全等特点。系统采用分布式移动设计、B/S架构,满足施工现场移动办公需要。利用该系统,形成规范化、科学化的施工管理和质量控制体系,既可以有效地控制和管理风险,同时又是高效的信息化施工平台,平台把管理、监督、建议、控制与科研结合起来,真正实现多层次的远程管理和分散工程的集中管理。

6.3.2 系统功能

安全风险管控系统实现功能包括:①安全管理工作功能:对建设安全管理的日常事务进行管理,同时将有关施工风险数据统计上报。②安全风险分析功能:对第三方监测数据、施工方监测数据、自动化监测数据以及巡视报告进行汇总,统一管理。系统还能对各方的累计值、变化速率等重要的监测数据进行统计,并把各项监测数据以断面曲线和时态曲线进行分析。同时,系统可对第三方单位和施工单位的监测数据进行对比,以验证双方的监测数据的有效性。③安全形势监控功能:能够实现数据监测,测点监控、风险单元监控、风险控制监控功能。根据当前与历史的监测数据对工程的监测对象(建筑物/桥梁/管线等)的变形趋势与安全状态进行预测分析,有助于实现对工程下一阶段施工的安全风险的预测预报。④风险处理指挥功能:实现预警报警信息通过数据汇总报表、数据曲线、图形信息进行提示,通过事务流的形式在管理系统中发布,通过 GIS 的预警报警系统进行提示发布。具体如下。

1) 工程 GIS 图显示

实现 GIS 图的进度、监测、风险工程等显示功能,GIS 图历史回看功能,沉降区显示等功能。

2) 工程进度显示

提供以土方施工为主的工程进度上报、查看及电子图形化功能。包含对进度图形的优化与显示,并完成与进度关联的风险工程、巡视、监测、台账等功能的统计及显示。

3) 线路工点概况

在平台中显示线路和工点的介绍信息,形成完善的参建单位信息资料库,同时资源应便于统计和数据再利用;对线路和工点界面进行梳理和设计,突出相关重点信息的展示和统计功能,包括工作面施工情况统计、风险工程统计、监测预警、巡视预警、工点安全风险状态和工程重要节点等信息。

4) 工程资料库

完成工程资料的细分,实现工程资料按层级、部位、种类进行详细归类。同时对重要资料设定上传及审批流程,在对资料进行归档时,记录各类资料相关信息。

5) 测点库

建立并完善测点库,实现测点类型、状态、审批流程,与测点相关的各类报告等功能的研发工作,使测点使用过程记录完整。

6) 风险工程库

该库具有风险工程输入功能,并完成对风险工程的归类与筛选功能。实现风险工程库与其他功能的关联工作,如上传巡视报告、发布巡视预警、关联进度功能、关联测点等。可以实现危大工程管理和关键节点条件核查等在线管理。

7) 监测数据即时上传

8) 监测数据管理

实现监测数据的上报、下载、处置、响应、查看等功能,并依据不同单位设置相应权限。

9) 巡检报告管理

"巡检报告"功能将巡视单位精确到每个工作面,包含现场照片等相关功能,并实现与风险库关联,实现巡视报告上报、停止、巡视预警上传、消除等操作。

10) 预警管理

对各类预警的相关功能进行研发,并实现各类预警的响应、处置、消警审核、消警的全过程信息化工作。

11) 违约处置申诉

对相关单位风险管控的违约行为自动出具违约处置单,同时实现违约处置单统计、归类、申诉等功能。

12) 工程事务

实现各类文件的报送、查收、查询筛选,同时提供短信等提示功能。

13) 日简报

实现日简报上报查询功能,日简报相关内容实现数据动态获取、填报等功能,并支持日简报内容的输出存档。

14) 风险状态评价

实现风险状态评价流程的平台操作,实现对不同层级的工作面状态评价,并实现推送功能。

15) 信息统计查询

实现监控信息数据(如监测数据、巡视数据、预警等)、风险工程信息、进度数据等信息的自动统计查询功能。

16) 台账管理

建立各项安全风险管理台账功能,如工程仪器台账、预警台账等,并实现对台账信息的下载导出。

17) 考核管理

建立工作考核模块,提供参建单位风险管控工作平台自动记录及考核、评价功能,并对平台日常工作进行提示。

6.3.3 系统构成及使用

1. 系统构成

安全风险管控系统主要由九大子系统组成：①风险工程子系统；②工程进度子系统；③监测信息子系统；④巡检信息子系统；⑤预警及安全风险状态评价子系统；⑥工程资料子系统；⑦地理地质信息子系统；⑧考核排名子系统；⑨综合统计子系统。

2. 系统使用环境

系统使用环境见表 6-2。

表 6-2 系统使用环境

硬件环境	客户端配置要求	CPU	Intel(i5) 2.5GHz	内存	4GB+
		外存	硬盘 160GB	其他	
	服务器端配置要求	CPU	Intel Xeon E5620(4 核 2.4GHz)	内存	8GB
		外存	硬盘 500GB	其他	
软件环境	客户端配置要求	操作系统及版本	Win XP, Win 7, Win 8…		
		浏览器及版本	IE8+,火狐,谷歌,360 等		
	服务器端配置要求	操作系统及版本	Windows 2003 Server		
		数据库及版本	Oracle 10g		
		中间件及版本	Apache tomcat 6.0		

3. 主页面简介

登录后的首页,根据角色、权限显示左侧菜单；新版首页整体布局采用模块式布局,整个首页分为线路状态图、通知公告、履约得分、本周关注重点、当前预警、工点信息和风险工程七大模块,并有快捷导航栏跟我的工作模块。

线路状态图位于首页中心,点击左上角线路导航,可进入线路详细信息页面。

通知公告模块根据时间排序显示,优先显示置顶公告。

履约得分模块显示当前季度得分情况,并根据得分倒序排列。

当前预警模块,显示目前存在的综合预警、巡检预警以及监测预警。

工点信息以及风险工程模块显示当前开工、完工、未开工工点信息以及当前开工、完工、未开工风险工程信息。具体见图 6-14。

4. 各子系统介绍

1) 风险工程库子系统

风险工程库子系统(图 6-15)作为安全风险信息管控系统的主要基础信息,分为"初设阶段风险工程""施工图风险工程""危大工程"三大部分,主要由第三方监测单位负责录入。第三方监测单位根据设计文件在对应风险工程开工前建立风险工程库,包括工程部位、自身风险工程、环境风险工程,并根据工程进展、现场实际情况更新、完善风险工程库内容。

主要工作流程为：录入初设阶段风险工程→录入工程部位→录入设计图纸资料→录入施工图风险工程→提交风险工程主要信息修改/删除申请→审批(子公司监控员)→第三方监测单位提交《风险工程控制效果评价报告》。

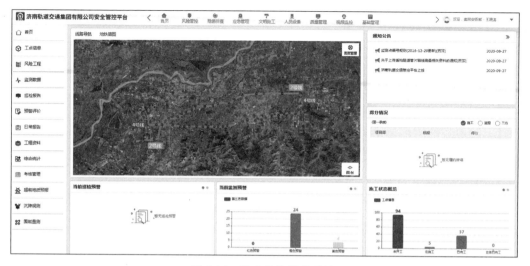

图 6-14 安全风险管控系统

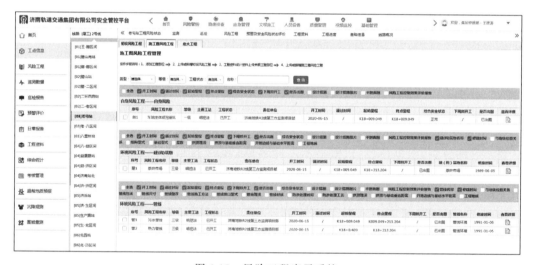

图 6-15 风险工程库子系统

2）工程进度子系统

工程进度子系统（图 6-16）是为实现施工现场工程进度信息的电子化、图形化，既可查看现场不同工作面、不同施工阶段的详细工程进度数据，也可以图形形式形象地展示进度信息。工程进度子系统主要包括降止水、明挖法、矿山法、盾构法四大类工程进度信息及工程进度资料 5 个功能模块。

工程进度子系统工作流程是：第三方监测单位依据《安全风险监控信息平台制图指南》进行底图绘制，上传至平台→由系统维护单位转制电子图形，上传至平台→由第三方监测单位进行初始化或基础信息录入、设置等工作。由施工单位上报工程进度信息及工程进度文档（盾构掘进进度信息无须上报）。

3）监测信息子系统

监测信息子系统（图 6-17）主要包含测点库、监测数据管理、监测对比、仪器库 4 个主要

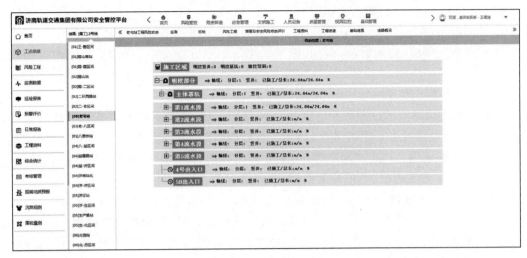

图 6-16　工程进度子系统

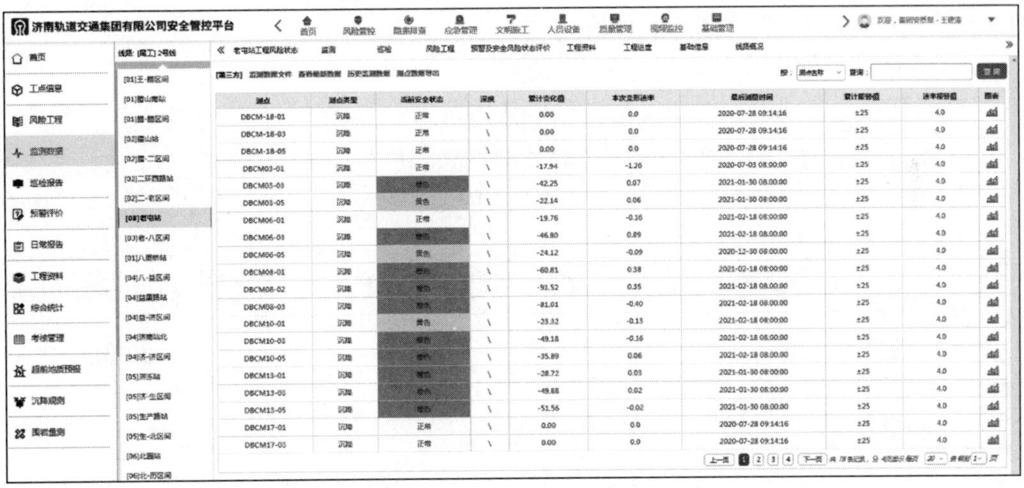

图 6-17　监测信息子系统

功能模块,在风险工程状态中增加了沉降区域显示、差异沉降两个图形化功能。

(1) 测点库管理。

第三方监测单位负责对测点库的基本信息进行添加及维护。

测点分类:仅第三方、仅施工方和共用三类。(共用测点即原系统第三方测点)测点状态:未布设、已布设、已启用、占压、破坏、已验收、已停测。

测点各项流程:

① 测点上传系统(未布设)→上传验收报告(已布设)→上传测点初始值报告,开放对应测点基础高程设置(第三方)(沉降类型测点状态变为已上传)→设置基准高程(通过批量上传第一次基准高程设置)/添加阈值(第三方)(已启用)。

② 测点占压报告(第三方)(占压)→停止监测→施工单位上传整改报告(已启用)。

③ 测点破坏报告(第三方)(破坏)→停止监测→上传新的验收报告(已布设)→上传测点初始值报告,开放对应测点基础高程设置(第三方通过申请测点初始高程修改设置)→设

置初始高程流程完成(已启用)。

④ 停测报告(第三方)→分中心监控员审批→已停测—预警测点自动消警。

⑤ 测点修改阈值、初始值、坐标、上传模式均需第三方提交申请后,子公司审批通过后生效。

(2) 监测数据上传、查看、对比。

① 监测数据由施工单位和第三方监测单位分别上传,分为手动上传模式和即时监测模式。手动上传时选择线路工点,单击"上传第三方监测数据",填写测点类型、数据文件等信息。

② 上传数据成功后,单击"第三方/施工方监测数据"就会查看到上传的监测数据,如监测数据文件、最新监测数据、历史监测数据、测点数据等。

③ 监测对比:数据对比功能,数据对比内容包含点号、监测时间、数据、差值等,将对比记录形成报告形式由监理单位确认。如双方数据偏差较大时,在相对应对比报告中走查因、整改程序,最终由各方确认。该流程为:监理单位上传测点对比报告→监理单位划分责任单位→监理单位上传联测报告→相关责任单位进行处置→监理单位确认处置完成。

(3) 仪器库。第三方监测单位与系统管理员添加工程仪器使用以及检定记录,主要分为上传、添加检定记录、修改和查看详情。

4) 巡检信息子系统

巡检信息子系统(图 6-18)在安全风险信息化系统上实现对巡视内容及流程的管理。

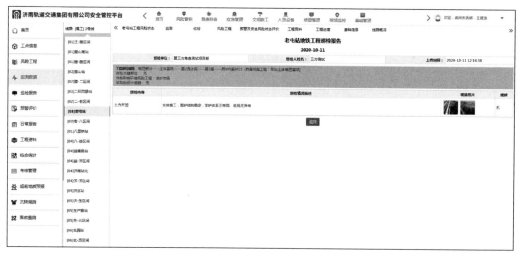

图 6-18 巡检信息子系统

安全风险巡检主要根据工作面、环境风险工程及工程进度实现对安全风险的管控,在系统中实现第三方监测单位、监理单位填报流程。

安全风险巡检信息填报的前置条件为:①风险工程库的建立;②第三方监测单位工程进度子系统中"工程进度树状菜单"的编辑;③第三方监测单位工程进度。

5) 预警及安全风险状态评价子系统

预警及安全风险状态评价子系统(图 6-19)主要包括监测预警、巡检预警、安全风险状态评价、综合预警四个主要功能模块。

(1) 监测预警。监测预警是根据第三方监测单位通过手动上传 Excel 或即时监测上传

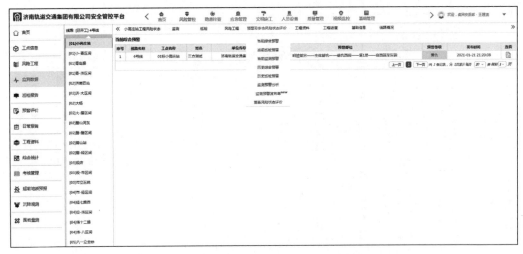

图 6-19 预警及安全风险状态评价子系统

监测点数据,系统对数据超过预警控制值的测点进行筛选,由第三方监测单位负责人发布。监测预警分为黄、橙、红三类。

(2)巡检预警。监理单位、第三方监测单位、安全风险咨询单位可在预警及安全风险状态子系统巡检预警功能中发布巡检预警和对巡检预警进行响应、处置、跟踪,并可对历史或当前巡检预警进行查看。

系统工作流程为:监理单位、第三方监测单位发布巡检预警→施工单位、监理单位、第三方监测单位进行巡检预警响应→施工单位、监理单位、第三方监测单位进行巡检预警每日跟踪→施工单位提交巡检预警处置→监理单位审批巡检预警处置→第三方监测单位审批巡检预警处置,并消警→结束。

(3)安全风险状态评价。菜单栏中"预警及安全风险状态评价",单击"查看风险状态评价"可查看风险状态评价记录。

(4)监理单位、第三方监测单位可在预警及安全风险状态子系统综合预警功能中发布综合预警和对综合预警进行响应、处置、跟踪,并可对历史或当前综合预警进行查看。

系统工作流程为:①监理单位、第三方监测单位发布综合预警→②施工单位、监理单位、第三方监测单位进行综合预警响应→③施工单位、监理单位、第三方监测单位进行综合预警每日跟踪→④施工单位提交综合预警处置→⑤监理单位审批综合预警处置→⑥第三方监测单位审批综合预警处置,并消警→结束。

6)工程资料子系统

工程资料子系统(图 6-20)包括日常报告、日简报、工程设计资料、工程实施资料,该系统可实现资料的上传、查询、下载等功能。

7)地理地质信息子系统

该子系统实现 GIS 图形的进度、监测、风险工程等显示功能,实现 GIS 图历史回看功能、沉降区显示等功能。

8)考核排名子系统

该子系统实现各类检查的发布、整改、回复、查看等在线全过程管理。考核完成后,根据不

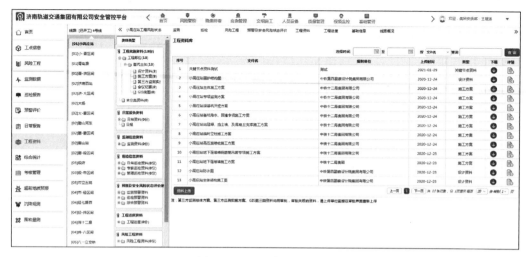

图 6-20　工程资料子系统

同线路、标段、单位类型(默认施工单位)、季度(默认当前季度)进行排名,并可实现在线查询。

(1) 日常检查。日常检查信息系统工作流程为:相关单位发布日常履约违约整改通知单(上级单位对下级单位发布)→责任单位(施工、监理、第三方)回复整改→发布单位审批整改。

(2) 专项检查。流程同日常检查。

(3) 集中检查。流程同日常检查。

(4) 自动检查。系统自动检查信息系统工作流程为:系统自动检查并发布违约整改通知单→责任单位(第三方、施工、监理)回复整改→系统自动复检。

(5) 违约处置单。违约处置单信息系统工作流程为:责任单位查看违约处置单→责任单位负责人对违约处置单向子公司提出申诉→子公司审核→审核不通过,责任单位负责人对违约处置单向集团公司提出申诉→集团公司审批。

9) 综合统计子系统

该子系统可以对不同子系统内的数据按照不同类别、不同时间、不同角色需要等进行统计、分析,并形成各类风险信息台账。

6.4　盾构远程监控系统

6.4.1　系统概况

盾构远程监控系统可实现对全集团在施工中的盾构机的数据进行监视和采集,有效监测盾构进度及安全质量状态,实现对盾构及其附属设备工作参数及状态、自动测量导向系统数据、地面和隧道内视频、实时位置消息的综合集成,提供形象的显示界面和图形可视化的数据分析界面,对盾构施工全过程进行远程实时监控,同时对盾构施工过程进行记录,是依靠计算机软件及网络技术而建立轨道交通特有的工程信息化管控系统。

盾构远程监控系统提供专业的盾构分析功能,将从盾构机上采集的数据传输至平台服务器,用户通过访问平台即可实现对盾构机施工数据的读取。管理者可以通过该功能模块了解盾构工程进展情况,使技术管理者能够了解盾构推进中的风险情况,有效指导盾构施工。盾构施工的实时监控数据采集由三部分组成:①项目部对盾构机数据采集。利用光纤连接项目部现场计算机与盾构施工主控机,通过项目部现场计算机中的软件自动提取主控机中的掘进数据文件,并将文件转化为可进行二次传输的文件格式。②安全管控中心对项目部数据采集。通过网络及项目部现场计算机上的软件,将转换后的文件传输至固定服务器,服务器对数据进行整理分析,形成可视化的图表信息,同时对数据进行储存。③用户数据共享。当客户端访问服务器时,相关的数据信息以图表的形式向访问人员展示,访问人员在界面上进行相应操作,对数据进行上传、下载、整理、分析等工作。

盾构远程监控系统由盾构区间风险管理、工程进度、刀盘、螺旋输送机、时间统计、进度统计、材料消耗、参数分析8个界面组成。其中前4个属于显示界面,主要功能是显示盾构施工过程中的各项参数、盾构施工进度以及施工进度与盾构区间重要风险工程的关系;后4个属于数据分析界面,主要功能是对盾构工作过程中实时参数进行统计分析并形成图形界面,便于施工人员进行查看、分析和管理。

6.4.2 系统功能

盾构远程监控系统的主要功能是能够对盾构施工全过程进行远程实时监控,形象、实时地显示盾构施工参数、提供可视化图形数据分析界面,并对耗材进行统计分析,用于分析盾构施工的全过程出现的各种问题,对盾构施工成本和质量进行控制,形象地显示工程进度和盾构所处的位置。系统能够实现对盾构施工全过程远程监控,形象地显示工程进度,清晰地显示盾构区间重要风险工程,直观地显示参数界面,统计分析材料消耗以及控制工程成本,分析显示单环完整的参数变化曲线,对两种不同类型的参数进行相关性分析,实时预警施工参数,方便用户掌控区间整体风险分布状况,明确管控重点。主要功能如下:

(1)盾构工程施工总览包括地图总览和信息总览。地图总览可以以航拍图、平面图、纵断面图三图实时查看盾构机所在位置(完成、掘进、未开始)、掘进状态(掘进、停机、离线)、所处地质及关键参数信息总览。信息总览对盾构施工过程进行实时远程监控,实现数据动态管理、实时监控、数据汇总,帮助管理人员对所有施工数据信息全面把控,及时、准确、全面地远程查看盾构施工情况,同时增加参建单位名称,实现盾构施工一张图建设。

(2)盾构机姿态及施工过程关键参数预警及报警,实现盾构风险的提前预警并自动推送风险消息至相关单位。盾构机姿态预警分为三级,主要参数预警不分级,只进行预警提示。盾构机的关键掘进参数的实时监控,其中包括掘进速度、刀盘扭矩、千斤顶总推力、土舱压力、同步注浆量、盾构姿态等信息。查阅当前盾构区间工程概况、预报警信息查询、测组监测数据曲线图、推进位置平面及剖面的动态显示图、当前盾构机设备状态等信息。

(3)风险提示。由施工单位在安全风险管控系统中预置风险源开始穿越与结束穿越的环号,进行风险源配置,盾构远程监控系统将盾构进度推送至安全风险管控系统,由风险管控系统基于当前环号进行盾构风险预警推送(刀盘临近风险源50环,远离风险源20环进行风险提示)。

(4)盾构关键参数分析,实现对盾构掘进关键数据的综合管理,实现盾构历史数据管理、数据对比、预警分析等功能。

(5)盾构进度汇总分析、设备维护管理、安全评估报告管理、管片质量管理、耗材管理

(盾尾密封油脂、同步注浆、添加剂)等。

(6)工况及监测预警,包括关键参数预警、盾构姿态预警、监测数据预警、数据断线预警等。

6.4.3 系统构成及使用

1. 系统构成

盾构远程监控系统在实现了对盾构机施工参数实时监控的同时,也实现了对隧道质量以及测量监测数据的综合管控。结合风险信息、地质数据等工程资料信息实现了盾构机施工各种数据的汇总。盾构远程监控系统的主要子系统包括施工总览、三图展示、关键参数监控展示、分析报告、工况及预警。

2. 各子系统介绍

1)施工总览子系统

盾构施工总览包括地图总览和信息总览。地图总览可以实时查看盾构机所在位置、掘进状态、所处地质,将施工线路显示在卫星地图上,同时动态更新全部盾构机在线路中的工作状态和位置。信息总览对盾构施工过程进行实时远程监控,将盾构机施工信息汇总,统一展示,展示内容包括每日工况、安全评估、盾构机设备参数、监测数据、成型隧道质量、风险提示、总览日历等,帮助管理人员掌握全部在用盾构机的施工情况及成型隧道的质量状况。该模块实现了盾构施工数据动态管理、实时监控、数据汇总,帮助管理人员对所有施工数据信息全面把控,及时、准确、全面地远程查看盾构施工情况。

线路基础信息会显示盾构机在该工点所属的线路名称、盾构机的当前安全状态、项目的起始站和终点站、项目的项目部地址及联系电话。

每日工况用于查看盾构机当前推进环,今日掘进环数及完成环与总推进环的百分比,盾构机实时的姿态偏差,切口的水平、垂直偏差,盾尾的水平、垂直偏差。

安全评估用于施工项目部根据平台收集的数据对盾构机的状况进行风险评估,得出的盾构机的安全评估报告。此处内容由施工项目部风险评估人员在信息上传的"安全评估"中填写,并可以对安全评估报告进行安全等级的配置。此处内容由盾构中心风险评估人员在信息上传的"安全评估"中填写,盾构设备参数主要包括两部分,实时参数和施工参数环报表。

监测数据分为两部分,施工方监测数据和第三方监测数据。施工方监测数据部分展示当日上传的第一方监测数据中本次变量最大点和累计变化量最大点的数据。在施工方数据的下方显示时间,代表施工方数据上传的时间。在施工方监测数据显示地表隆沉项目的累计变量的折线图,用于查看从第一环开始到目前最新环的地表隆沉折线图。第三方监测数据部分展示第一方与第三方监测数据的比对结果,若当日没有上传第三方监测数据,则显示上一次上传的第三方数据。

成型隧道质量包括昨日成型隧道质量和倒九环数据报表。昨日成型隧道质量根据昨日完成拼装的管片质量信息展示昨日拼装管片中的各种质量问题的数量,若无质量问题显示昨日完成管片质量良好,未发现质量问题。若有质量问题,则显示管片出现的质量问题。

风险提示分为两部分:所处风险点和临近风险点。在所处风险点中,若当前盾构机区域中无风险点则显示"当前无风险点",若当前盾构机处于风险点,则显示风险点的具体信息及盾构机的预计通过时间(时间根据近7日的平均速度计算)。由施工单位在安全风险管控系统中预置风险源开始穿越与结束穿越的环号,进行风险源配置,盾构远程监控系统将盾构进度推送至安全风险管控系统,由风险管控系统基于当前环号进行盾构风险预警推送(刀盘临近风险源 50 环,远离风险源 20 环进行风险提示)。

2) 三图展示子系统

三图展示子系统主要是从 GIS 地图、卫星云图、区间平面图三个维度实时展示盾构机位置、所处地质及风险信息。

3) 关键参数监控展示子系统

关键参数监控展示子系统(图 6-21)可以对盾构机的关键掘进参数进行实时监控,其中

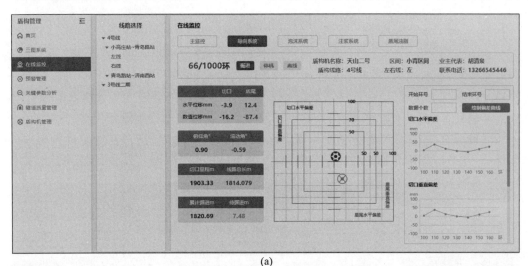

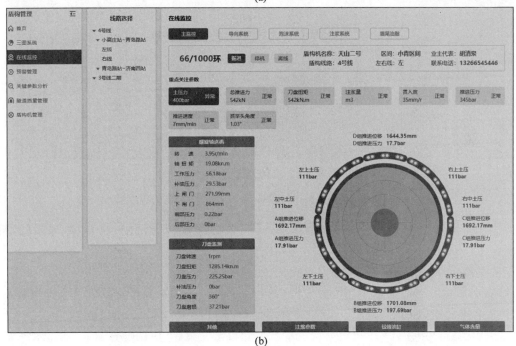

图 6-21 关键参数监控展示子系统
(a) 导向系统监控关键参数;(b) 主监控关键参数

包括掘进速度、刀盘扭矩、千斤顶总推力、土舱压力、同步注浆量、盾构姿态等信息。同时,可查阅当前盾构区间工程概况、监测数据曲线图、推进位置平面及剖面的动态显示图、当前盾构机设备状态等信息。

在此子系统可查阅当前盾构区间工程概况、测组监测数据曲线图、推进位置平面及剖面的动态显示图、当前盾构机设备状态等信息。分别以曲线波动图和表格的形式实时查询盾构机系统在各个环的各项参数,并可以生成 Excel 表格下载到本地。

根据盾构机类型的不同展示的参数项目也不同。盾构机可查询工作时间、推进系统、推进千斤顶、铰接千斤顶、螺旋机、土仓压力、同步注浆、盾构姿态、塑流化改良、盾构密封、管片姿态、二次注浆等参数。

4) 分析报告子系统

分析报告子系统(图 6-22)包括盾构进度汇总分析、设备维护管理、安全评估报告管理、管片质量管理、耗材管理(盾尾密封油脂、同步注浆、添加剂)等。盾构进度汇总分析主要功能模块包括进度分析、历史曲线分析和运行效率分析。设备维护管理主要分类记录了各个设施部件的设备状态、上次完成时间、下次计划保养维护时间和保养维护周期。管片质量管理分为质量总览、昨日成型隧道质量和倒九环数据报表。质量总览查看隧道整体的高偏和平偏状况,以及隧道每环管片的质量情况,管片质量缺陷分为3种:开裂、渗漏水、破损。

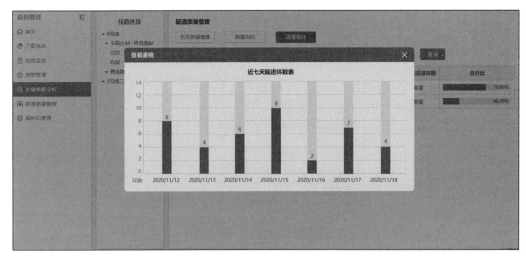

图 6-22 分析报告子系统

5) 工况及预警子系统

工况及预警子系统包括关键参数预警、盾构姿态预警、监测数据预警、数据断线预警模块。

关键参数预警包括掘进速度、刀盘扭矩、注浆压力、千斤顶总推力、土仓压力、出土量、同步注浆量、盾构姿态等信息。当主要监控数据出现异常时,系统能够实现自动预警并短信及APP站内推送提醒。

盾构姿态预警用于查看当前盾构机的状态切口水平偏差、切口垂直偏差、盾尾水平偏差和盾尾垂直偏差4种盾构的姿态预警参数。在系统中可对以上姿态预警的预警参数进行分级配置。数据断线预警:当数据断线时间超过配置的时间,在这段时间内数据未正常连接,系统会根据配置,将数据断线的消息发送到相关负责人。数据断线预警的配置和盾构机参数预警配置方法一致,可参照进度预警方法进行相关消息的配置。

6.5 视频监控系统

6.5.1 系统概况

视频监控系统是指利用现场施工图像的采集、传输、显示以及双向语音等手段对在建工程施工现场及检测单位实验室进行监管、跟踪、记录的信息系统。视频监控系统实行集团层、子公司层和实施层三级管理模式。其中集团层由安全质量部、信息化部、视频监控系统服务单位负责,子公司层由各建设子公司负责,实施层由施工、监理、第三方监测和检测单位负责。根据各自职能建立视频监控室,通过前端摄像头、专用网络、视频通信指挥系统实现对现场安全风险过程进行实时监控。其中前端摄像头用于现场信息实施采集,专用网络用于各层级视频监控室的连通,视频通信指挥系统用于视频实施监控、视频录像记录、应急指挥、视频通话等功能。

6.5.2 系统功能

视频监控系统是可实现对现场人员施工作业情况的实时监控、管理、显示、操作的视频监控软件系统,由前端监控系统、分控中心系统及安全管控中心系统组成,前端监控系统、分控中心系统由线路各土建标段建设。

实现的功能如下。

监视功能:能够对施工现场实时监控,随时调用各工点的视频图像信息,安全管控中心可同时查看4路现场视频监控图像。

录像功能:实现远程及本地录像功能,所有摄像机摄取的视频信号进行实时不间断录像,并在施工项目部保存不少于90d,同时可根据时间、地点等信息对任何一路图像信号进行检索及查询。能调用展示工程现场现状及录像回放。

字符叠加功能:能够将摄像机的号码、位置、摄像日期时间等信息进行叠加,以便在监视器上显示。

系统网络管理功能:能够对视频监控系统进行综合的监视与管理,在必要时对系统数据及配置及时做出修改。

图像选择功能:安保人员可选择任一摄像机的图像在任一监视器上显示,既可用各种时序自动循环切换,也可手动切换。系统能够自动根据后台设置的时间定期地对指定监控设备进行图像截图,并保存在指定的路径下。

历史录像回放功能:系统支持查看历史录像,可根据时间、摄像头等参数进行选择播放,可对录像进行快放、慢放、暂停等操作,能够对录像进行抓图,具备播放本地录像文件等功能,可在硬盘录像机、流媒体服务器上分别录像,可选择不同录像进行回放。

视频设备管理功能:能够实现对新安装视频设备、损坏视频设备、移机视频设备、重点需要监控的视频设备进行统计分析,并实现快速导航。

6.6 建设工程视频监控管理

6.6.1 总则

(1) 为规范集团建设工程视频监控系统的建设、验收、运行和维护,加强对现场监控,规范现场作业行为,提高管理水平,推动各参建单位安全生产主体责任落实,结合集团安全生产管理实际,制定本规范。

(2) 本规范适用于集团所辖建设工程。集团各部门、直属中心、子公司、工程各参建单位、视频监控系统服务单位等均应遵照本规范执行。

(3) 视频监控系统是指利用现场施工图像的采集、传输、显示以及双向语音等手段对在建工程施工现场及检测单位试验室进行监管、跟踪、记录的信息系统。

6.6.2 管理职责

(1) 视频监控系统实行集团层、子公司层和实施层三级管理模式。其中集团层由安全质量部、信息化部、视频监控系统服务单位负责,子公司层由建设子公司负责,实施层由施工、监理、第三方监测和检测单位负责。

(2) 安全质量部主要职责为:

① 负责编制实施层视频监控设备的安装位置等相关要求;

② 负责集团层视频监控管理工作,建立集团视频监控管理台账;

③ 负责对子公司层、实施层的视频监控工作进行检查、考核。

(3) 信息化部主要职责为:

① 负责统筹集团建设工程视频监控系统的建设、运维及系统权限管理;

② 负责编制集团视频监控系统的管理要求、技术标准,拟定监控设备技术参数及设备界面、技术接口要求;

③ 负责对子公司层、实施层的视频监控工作进行技术指导,协调解决视频传输故障,建立视频监控接入、修复、撤销管理台账。

(4) 建设子公司主要职责为:

① 负责子公司层视频监控系统的建设、验收、运行、维护及信息安全管理;

② 负责对实施层的视频监控系统安装方案、实施计划进行备案,负责审核实施层上报的视频监控系统拆除申请,编制子公司层视频接入、开通及撤销需求计划,并上报信息化部备案;

③ 负责参加实施层监控室验收,协调实施层视频监控的建设、接入、故障修复、撤销等工作;

④ 负责对实施层视频监控工作进行监督、指导、检查及考核;

⑤ 负责子公司层视频监控工作,建立子公司层视频监控动态管理台账;

⑥ 负责对视频监控系统管理相关文件进行收集、整理、归档。

(5) 视频监控系统服务单位主要职责为:

① 协助信息化部进行集团视频监控系统的建设、维护及集团层视频监控管理工作;

② 负责将实施层视频监控接入集团安全管控中心，并开展系统软硬件的运行、维护、暂停、维修、撤销、系统间对接及信息安全工作，建立相关动态台账，定期上报信息化部；

③ 负责视频监控系统的升级、功能拓展及模块开发；

④ 协助安全质量部和信息化部对子公司层视频监控工作进行监督、指导、检查及考核；协助子公司对实施层视频监控工作进行监督、指导、检查、考核。

（6）施工单位主要职责为：

① 负责本标段视频监控系统建设（含专线接入集团安全管控中心）、运行、维护及日常管理工作。

② 配备视频监控管理人员，并进行培训。

③ 根据工程进展，编制视频监控系统安装方案、实施计划报监理单位审批，并上报子公司备案；满足拆除条件时，编制拆除申请报监理及子公司审批，并在开工前完成现场视频监控接入集团安全管控中心。施工过程中，出现计划或非计划断网应及时通过子公司向集团安全质量部和信息化部报备。

④ 监控室建设完成后报监理单位验收，验收不通过，严禁开工。

⑤ 负责对到场的视频监控设备进行验收，对前端摄像机及录像机进行编号及时间校准。

⑥ 根据工程进展及视频监控实施计划，及时安装并按照要求移位跟进前端摄像机，确保有效监控，安装及移位后报监理单位验收。

⑦ 维护本标段监控室及视频监控设备，确保设备运转正常，发生故障后及时维修、尽快恢复，监控室内24h值班，做好值班记录，并建立本标段视频监控动态管理台账。

（7）监理单位主要职责为：

① 负责对本标段视频监控系统的建设、运行、使用情况进行监督检查；

② 负责审核施工单位上报的视频监控系统安装方案、实施计划及拆除申请；

③ 负责组织本标段现场监控室建设验收，对前端摄像机安装进行验收；

④ 负责督促施工单位进行视频监控系统维护及前端摄像机移位工作，移位完成后进行验收；

⑤ 负责对监控室内监控内容进行检查，并建立本标段视频监控动态管理台账；

⑥ 对视频监控系统建设、运行、维护及使用情况进行巡检，追溯异常情况的视频记录。

（8）第三方监测单位主要职责为：

① 负责对视频监控系统是否验收，摄像头是否编号进行检查；

② 负责对视频摄像头安装是否满足管理要求进行检查；

③ 负责对视频摄像头移位是否及时进行检查；

④ 负责对监控室画面清晰度是否满足管理要求进行检查；

⑤ 负责对双向语音功能是否能够正常使用进行检查；

⑥ 负责对视频专网传输是否满足要求进行检查；

⑦ 负责对视频值班情况是否满足要求进行检查。

（9）第三方检测单位主要职责为：

应在固定试验场所安装能实时反映检测实际的视频监控设备，并与集团视频监控系统联网。工作时间内应将视频全部开启，监控摄像能清晰、完整地拍摄整个检测过程，能分段进行回放。视频监控记录应保存不少于 3 个月。检测期间如因技术原因造成监控失效,应进行记录,同时上报集团安全质量部和信息化部。

6.6.3 系统建设

(1) 施工现场视频监控系统应具有稳定性、易用性、安全性、可扩展性以及经济性。

(2) 系统建设方案中设备的技术参数、数量、进场时间等要素,由监理审批后方可采购。

(3) 施工单位应委托具有资质的单位进行视频监控系统建设,所采购视频监控设备应满足施工合同中有关视频监控的技术要求。

(4) 视频监控系统所使用的设备应取得有关部门的检测认证,能够满足恶劣条件下长时间的稳定连续监控、故障率低、灵敏可靠。

(5) 施工现场专用现场监控室用房的建设,具体包括地面监控设备、前端监控图像采集设备、双向语音系统设备的购置、安装及配线等,地面监控设备与前端监控设备之间的连接,以及系统调试等。

(6) 系统主要构成设备:高清网络摄像机(含高清编码)、视频存储设备、视频管理服务器、交换机、视频控制终端、监视器、控制切换软件以及其他完成本系统功能所需的设备及材料。

(7) 轨道交通工程施工现场前端摄像机监控应确保工地内重要部位全覆盖、无死角;摄像机安装不得低于以下要求。

① 大门出入口、钢筋加工场、材料堆放场、场内主要道路均需安装 1~2 个标准高清红外球形摄像机(简称"标准球机")。

② 在现场每个场地中间位置制高点(高度不小于 6m)安装不少于 1 个标准球机,能随时监控堆土场、动土作业区等扬尘重点位置。

③ 门式起重机或塔式起重机吊装驾驶室内顶部安装地上固定式高清红外枪形摄像机(简称"地上枪机")或半球。

④ 氧气和乙炔存放区域各 1 个地上枪机。

⑤ 应急物资库、易燃物资存放区域、大型移动门式起重机导轨移动区域安装地上枪机。

⑥ 施工区域围挡安装不少于 4 个球机,根据围挡形状及长度选择标准球机或高倍高清红外球形摄像机(简称"高倍球机")。

⑦ 视频监控室内安装 1 个地上枪机。

(8) 轨道交通工程前端摄像机安装及拆除需满足以下要求。

① 明挖法工程。

a. 主体基坑两对角线各安装 2~4 个,沿长边两侧每超过 40m 各增设 1 个标准球机,特大型基坑、异性基坑根据实际情况增设。

b. 含有一级风险工程的附属结构明挖基坑工程安装 2 个标准球机。

c. 要求基坑现场监控全覆盖,能够监控围护、支护体系、基坑开挖、结构施工等作业面状态。

② 盖挖法工程。安装要求同明挖法,随盖挖法进展,及时跟进前端摄像机位置。

③ 矿山法工程。

a. 施工竖井、通道、洞口等重点部位安装地下固定式高清红外枪形摄像机(简称"地下枪机");竖井口1个(竖井口大,竖井中间由工字钢内支撑隔开形成2个吊装区域的,每个吊装区域安装1个);每层横通道1个(包含没有小导洞的横通道)。

  b. 区间标准断面开挖面、大断面隧道拱部各导洞开挖面各安装1个地下枪机。

  c. 洞桩法、洞柱法暗挖车站各导洞开挖面,其他工法暗挖车站拱部各导洞及其初支扣拱的开挖面,附属结构拱部开挖面各安装1个地下枪机。

  d. 穿越一级环境风险的矿山法工程、渗漏水、不稳定处需增设1个地下枪机加强监控。

  e. 区间隧道结构作业面、暗挖车站站台及站厅作业面应确保全覆盖、无死角。

  f. 小导洞或横通道作业完成或暂不施工的情况下不得将摄像机挪到别处开挖的作业导洞。

  ④ 盾构法工程。盾构始发井、接收井井口、隧道洞口各1个标准球机,管片安装区域1个标准球机,螺旋输送机出土口位置1个地下枪机,盾构机操作室1个地下枪机,联络通道及泵房1个标准球机,门式起重机吊装区各安装1个地上枪机。

  ⑤ 铺轨工程、机电系统设备安装、装饰装修。

  土建总包单位在出入口各设置1个地上枪机;在站台层、站厅层各设置1个标准球机;吊装口等其他安全管理重点作业区上需布置摄像头。同一作业区域涉及交叉施工的监控摄像机由属地管理单位管理。

  ⑥ 前端摄像机维护及移位。明挖基坑如果有横支撑遮挡下面的施工,摄像机需要下移,必须保证下面的作业面监控画面清晰。

  矿山法工程应根据现场施工作业面的进展进行摄像机的移位,原则上超20m即进行移位,确保视频监控系统正常运行,监控区域全覆盖、监控画面清晰。

  ⑦ 前端摄像机拆除必须满足以下要求。

  a. 施工竖井、通道、洞口等重点部位停止使用。

  b. 明(盖)挖基坑结构封顶。

  c. 矿山法标准断面、矿山法大断面二衬,暗挖车站工程结构完成。

  d. 盾构隧道贯通,联络通道及泵房结构完成。

  (9) 安置房及其他市政配套工程前端摄像机安装及拆除需满足以下要求。

  ① 工地现场大门上部安装两个地上枪机,分别向大门内侧及外侧施工道路照射;保证场地内主干道全覆盖。

  ② 材料堆放、加工区、堆土场等易燃易爆及扬尘重点位置设置地上枪机;如材料堆放、加工区及堆土场等存在集中规划区域且符合安全间距的宜设置标准球机全覆盖。

  ③ 每个单体建筑塔式起重机设置高倍球机,保证楼体360°无死角。

  ④ 施工围挡外围10m全覆盖。围挡对角安装不少于4个地上枪机,另根据围挡形状及长度合理增加地上枪机。

  ⑤ 工程竣工后,施工单位需及时申请拆除前端摄像机,单位工程验收完成后经现场经理审批并经公司信息化负责人备案后可拆除。

  ⑥ 基坑开挖阶段参考轨道交通明挖工程。

  (10) 门式起重机或塔式起重机吊装区域前端摄像机必须达到录像功能,轨道交通隧道施工采用地下枪机。安置房及其他市政配套工程所有的摄像头均带夜视功能。

(11) 施工单位应根据需要及时补充前端摄像机。

网络硬盘录像机(NVR)需兼容以往设备,具有录像和控制功能,录像数据至少保留 90d。

(12) 高速铁路工程前端摄像机安装及拆除需满足以下要求。

① 位置及要求。

a. 隧道工程:包括重点隧道进口、二衬、掌子面、仰拱、斜井洞口、斜井与正洞相交(喇叭口)处;在这些重点隧道相关工序处布设防爆型智能球形摄像机。根据现场光照情况,选择带红外功能的枪机来查看洞口整体情况及相关作业情况。

b. 拌和站:在拌和站的上料斗、筛砂机、洗石机、料仓、拌和机操作室、拌和机出料口等布设网络一体摄像机(简称"网络枪机")、智能球形摄像机(简称"智能球机")记录过往的罐车、人等。

c. 试验室:在化学试验室、力学试验室、水泥试验室、集料试验室、胶材试验室等布设智能球机,进行实时监控,记录试验过程。

d. 箱梁制架、预制板场:梁场试验室和拌和站同上,钢筋加工场、钢筋绑扎区、制梁区、存梁区、存梁区中张拉工序、提梁区、移梁机、架桥机等重要区域选择监控范围大的智能球机,以监控更大范围的目标场景。

e. 小型预制件场:钢筋加工区、混凝土浇筑区、脱模养护区、成品存储区等重要区域选择监控范围大的智能球机,记录相关制作过程。

f. 桥涵工程:桥墩高于 30m 的墩身、邻近既有铁路线、跨既有省级及以上公路桥梁、主跨 100m 及以上的连续梁,在施工的几处制高点部署高空监控系统获得大范围、高清晰的画面,运用具有透雾功能的智能球机,进行实时、大范围、全天候的图像精准动态监控,显示桩基、承台、墩身、上部施工情况,转体施工全画面,每个挂篮及覆盖跨越建筑物、支架现浇梁等特殊工艺梁部施工,通过大范围内全局的监控场景保障各种指挥调度的高效、准确进行。

g. 房屋建筑工程:站房及雨棚、生产配套房屋、动车所、塔式起重机等高点部署高空智能球机,覆盖相应施工。

h. 其他:根据实际需要布设网络枪机、智能球机等进行实时监控。

② 前端摄像机拆除必须满足以下要求:单位工程验收完成后经现场经理审批并经公司信息化负责人备案后可拆除。

(13) 工程视频监控系统应能够实现以下功能。

① 监视功能:能够对施工现场实时监控,随时调用各工点的视频图像信息,安全监控应急指挥中心可同时查看 4 路现场视频监控图像。

② 录像功能:实现远程及本地录像功能,所有摄像机摄取的视频信号进行实时不间断录像,在施工项目部保存不少于 90d,同时可根据时间、地点等信息对任何一路图像信号进行检索及查询。能调用展示工程现场现状及录像回放。

③ 字符叠加功能(OSD/地理位置):能够对视频监控系统进行综合的监视与管理,在必要时对系统数据及配置及时做出修改。

④ 系统网络管理功能:能够对视频监控系统进行综合的监视与管理,在必要时对系统数据及配置及时做出修改。

⑤ 图像选择功能:安保人员可选择任一摄像机的图像在任一监视器上显示,既可用各

种时序自动循环切换，也可手动切换。系统能够自动根据后台设置的时间定期地对指定监控设备进行图像截图，并保存在指定的路径下。

⑥ 历史录像回放功能：系统支持查看历史录像，可根据时间、摄像头等参数进行选择播放，可对录像进行快放、慢放、暂停等操作，能够对录像进行抓图并 AI 智能分析，具备播放本地录像文件等功能，可在硬盘录像机、流媒体服务器上分别录像，可选择不同录像进行回放。

⑦ AI 智能分析：通过实现对所有在接入的图像采用智能分析功能，实现对视频图像中违规作业行为（如不戴安全帽等）进行抓拍管理，对于违规行为，自动进行违规信息发布，并实现智能分析统计。

⑧ 云台控制功能：用户在实时监视时，可以通过云台控制（水平方向 360°连续旋转，竖直方向 90°翻转）摄像机的转动、聚焦、变倍等基本操作，以及预制点、巡航线、灯光等辅助功能。此外，用户可以使用三维定位功能，在实时监视时可以通过框选的方式，迅速将局部区域放大，方便地定位到重点关注区域。云台控制操作有不同的优先级，高优先级的用户可以抢占低优先级的用户的操作。

⑨ 对新安装视频设备、损坏视频设备、移机视频设备、重点需要监控的视频设备进行统计分析，并实现快速导航视频设备管理功能。

⑩ 具有优先级设置、时钟同步以及双向语音等功能。

⑪ 手机浏览功能：支持手机浏览，将监控图像传送至安全质量管理系统 APP 上。

（14）摄像头接入硬盘录像机时，需将施工场地大门口、施工场地中制高点、风险等级较高的作业面从排序第一的录像机的第一通道开始依次接入，以实现上述三类摄像头位于目录树最前端，且命名规范准确。

（15）工地围挡内主出入口、制高点等用于扬尘监控的前端摄像机"通道名称"格式如下：项目名称-总包单位简称-工点-部位，例如，

3 号线-总包单位简称-丁家庄站-南大门

安置房-总包单位简称-张马片区-南大门

（16）轨道交通工程前端摄像机"通道名称"格式如下：工点-部位，例如，

① 明挖车站：丁家庄站-主体基坑西南

代表丁家庄站位于主体基坑西南角的摄像机。

② 矿山法区间：**站-1#井-左线东

代表**车站位于1#竖井左线向东开挖的摄像机。

③ 盾构区间：礼～丁区间-左线

代表礼耕路站～丁家庄站区间位于左线的摄像机。

④ 暗挖车站

a. 洞桩法车站主体小导洞

 **站-1#井-上层-D轴东-1#导洞东

代表**车站位于1#竖井上层1#导洞D轴向东开挖的摄像机。

b. 洞桩法车站主体扣拱导洞

 **站-1#井-南扣拱导洞东

代表**车站位于1#竖井南扣拱导洞向东开挖的摄像机。

c. 其他类型车站主体扣拱导洞

**站-001-1♯井-1♯导洞东

代表**车站位于1♯竖井1♯导洞向东开挖的摄像机。

⑤ 车站附属

工业北路站-出入口1♯

代表工业北路站位于1♯出入口的摄像机。

⑥ 区间附属

工~王区间-联络通道1♯

代表工业北路~王舍人站区间位于1♯联络通道的摄像机。

⑦ 机电设备安装、装饰装修、铺轨工程

机电02-礼耕路站-设备区走廊

代表机电设备安装2标礼耕路站位于设备区走廊的摄像机。

(17) 高速铁路及市政道路管廊工程摄像机前端编号格式参照轨道交通工程有关规定。

(18) 安置房前端摄像机"通道名称"格式如下：区位-部位，例如，一号楼-1♯塔式起重机，代表新东站安置一区一标段一号楼1♯塔式起重机上的摄像机。

(19) 前端摄像机通道命名若受字符数限制（一般为32位字符以内），可采用简写，但不得引起歧义或混淆。

(20) 前端摄像机"通道名称"及"字符叠加名称"应随着工程进度，及时进行动态更新。

(21) 传输

① 视频现场骨干线路采用铠装光缆传输，接入交换机到监控摄像机线缆根据长度选择铠装光缆或六类铠装网线。在布线困难的地方可采用无线传输方式，但要选择抗干扰能力强的设备。

② 线缆选择及布线应满足先行国家标准《安全防范工程技术标准》(GB 50348—2018)的要求。

③ 现场的网络带宽不应小于允许并发接入的视频信号路数×单路数×单路视频信号的带宽。

④ 传输的视频信号和视频显示图像分辨率不应低于1080P分辨率（个别通过4G网络传输的监控摄像机分辨率可设置为720P）；码率类型：变码率；码率上限：1024kb/s。

⑤ 传输单路图像所需的视频信号网络带宽不应小于4096kb/s。

⑥ 信息由数据网络传输时，端到端的信息延时时间（双向）不应大于3s。

⑦ 传输网络端到端丢包率：采用TCP传输协议的丢包率不应大于3/100，采用UDP传输协议的丢包率不应大于3/1000。

(22) 视频专线接入应满足以下要求。

① 土方开挖前接入集团安全管控中心。

② 专网系统应采用光纤组网，如 MPLS VPN、MSTP 或 PTN 等。

③ 专网带宽不小于20MB，网络延时<200ms，网络误码率<1×10^{-6}。

(23) 视频系统网络安全

① 视频监控系统各软硬件密码必须为8位以上字母、数字、字符组合。

② 严禁在视频监控系统计算机上安装使用来历不明的、可能引发病毒传播的软件或硬

件,做到专机专用。

③ 专线 VLAN 号与 IP 地址由集团平台统一规划,严格按照分配的 IP 地址及网关和掩码进行设置,严禁私自更改 IP,避免占用他人 IP 地址。

④ 系统须专人操作,并对系统进行日常监督和定期检查,严禁把用户名、密码贴在设备旁。

⑤ Windows 操作系统需要安装最新升级补丁,只预留管理员账户,删除其他账户;关闭所有不需要的后台服务;关闭所有网络共享。

(24) 系统维护

① 施工单位应编制系统维护方案,并依据方案进行日常维护和保养,保障视频监控系统设备 7×24h 工作。

② 施工单位确保现场有足够的备品备件,当系统故障时,应立即用备品备件恢复系统运行,确保视频不中断,并于 24h 内修复故障。

6.6.4 系统使用

(1) 集团层需要监控的内容:大门出入口、制高点、各施工作业面。

(2) 子公司层需要监控的内容:大门出入口、制高点、各施工作业面、钢筋加工场、材料堆放场、场内主要道路。

(3) 视频监控系统巡检内容:系统建设场地条件、日常维护保养及维修、摄像头使用传输、摄像头移位、视频图像质量、摄像机照明条件、摄像机编号及时间、视频值班、视频存储、相应台账等。

(4) 施工单位应编制系统维护管理方案,并根据方案进行视频监控系统日常维护和保养,保证视频监控系统设备应 7×24h 工作,出现故障时,应立即采用备件恢复系统运行,确保视频监控不中断,如有中断应在 24h 内进行修复。

6.6.5 考评

(1) 安全质量部将各子公司视频监控管理工作纳入安全生产责任制考核。

(2) 安全质量部、信息化部、各建设子公司每季度对施工、监理单位进行考核,考核纳入季度考评。

(3) 信息化部每半年对视频监控系统服务单位进行考核,纳入履约检查。

(4) 对各建设子公司考核内容为:

① 子公司层视频监控室的建设、维护及管理;

② 视频监控系统建设方案、实施计划备案及拆除申请审批;

③ 视频监控室检查记录;

④ 参加实施层监控室验收;

⑤ 工作配合情况及协调解决问题。

(5) 对参建单位考核内容如下。

① 对施工单位:视频监控系统建设验收维护、安拆手续、移动跟进、人员配备、值班及记录、巡检;

② 对监理单位:验收组织、检查记录、安拆手续审查、巡检。

6.7 安全管控信息化系统管理

6.7.1 总则

(1) 为明确安全管控参建各方信息报送及管理职责,规范工作流程,特制定本规范。
(2) 本规范适用于轨道交通土建工程,其他类工程可参照本规范执行。
(3) 本规范不替代施工、监理、第三方(第三方监测、第三方检测、第三方测量)等相关参建单位应承担的法律法规所规定的相关责任。

6.7.2 组织机构及职责

(1) 集团安全质量部对全网安全管控信息报送进行全面管理,其主要职责为:
① 指导、监督和检查子公司、施工、监理、第三方单位安全管控信息报送工作;
② 对第三方、施工、监理单位监控信息报送及时性和质量进行检查。
(2) 集团信息化部负责对系统维护单位监控信息报送及时性和质量进行检查。
(3) 建设子公司对所辖工程的安全管控信息报送进行全面管理,其主要职责为:
① 指导、监督和检查施工、监理、第三方单位安全管控信息报送工作;
② 对第三方单位监控信息报送及时性和质量进行检查;
③ 依托第三方单位对施工、监理单位监控信息报送及时性和质量进行检查;
④ 在质量管理子系统上传项目工程验收(如有)及竣工验收材料。
(4) 第三方监测单位通过安全风险子系统对本标段的安全管控信息报送工作进行管理,其主要职责为:
① 负责编制及报送第三方监测单位监控信息;
② 协助子公司对施工、监理单位信息报送及时性和质量进行检查。
(5) 第三方测量单位通过质量管理子系统上传方案、证书等资料,对其测量结果负责,发现超限问题及时通过系统报告。
(6) 第三方检测单位通过质量管理子系统上传方案、证书等资料,对其检测结果负责,发现不合格项及时通过系统报告。
(7) 监理单位负责编制及报送管理信息,并对施工单位报送安全管控信息及时性和质量进行检查。
(8) 施工单位负责填报本单位技术、管理文件,及时编制并报送工程信息。对相关单位发布的质量问题及时进行整改。
(9) 系统维护单位及时编制并报送系统信息。

6.7.3 安全风险管理

(1) 安全风险管控报告是总结一定周期内本单位安全风险管控工作,并对现场安全风险状态进行评价。主要包括安全风险管控日报、安全风险管控周报、安全风险管控月报、安全风险管控月度分析材料、安全风险管控年报等形式。

（2）安全风险管控报告报送单位包括：施工单位、监理单位、第三方监测单位等。施工单位报告报送至监理单位、第三方监测单位，监理单位报告报送至第三方监测单位，第三方监测单位报告报送至集团安全质量部、子公司。

（3）施工单位、监理单位每周编制本标段安全风险管控周报，分析上周四至本周三安全风险情况，每周四 12:00 前上传系统。

（4）施工单位、监理单位每月编制本标段安全风险管控月报，分析本月本标段安全风险管控情况，每月 24 日上传系统。

（5）第三方监测单位每日编制本标段安全风险管控日报，分析本日安全风险管控重点，当日 18:00 前上传系统。

（6）第三方监测单位每周编制本标段安全风险管控周报，分析上周四至本周三安全风险情况，每周四 12:00 前上传系统，同时报送至子公司指定的第三方监测单位，由该第三方监测单位汇总编制线路安全风险管控周报，并于每周五 12:00 前上传系统。

（7）第三方监测单位每月编制本标段安全风险管控月报，分析本月安全风险管控情况，每月 24 日上传系统，同时报送至子公司指定的第三方监测单位，由该第三方监测单位汇总编制线路安全风险管控月报，并于每月 25 日上传系统。

（8）施工单位、第三方监测单位每月编制本标段安全风险管控月度风险分析材料，分析本月安全风险管控情况，每月 24 日上传系统。

（9）第三方监测单位每年编制本标段安全风险管控年报，分析全年安全风险管控情况，每年 12 月 25 日上传系统，同时报送至子公司指定的第三方监测单位，由该第三方监测单位汇总编制线路安全风险管控年报，并于每年 12 月 31 日上传系统。

6.7.4　安全风险监控信息报送要求

（1）安全风险监控信息是指安全风险管控过程中形成的各类管控文件，主要包括监测数据、巡检报告、工程进度信息、专家巡检报告、测点验收及初始值采集报告、测点破坏或占压报告、监测停止报告、巡检停止报告、视频值班记录等形式。

（2）施工单位、第三方监测单位应于监测完毕后当日通过系统上传监测数据，采用即时监测技术的监测项目报送时间应符合即时监测管理办法要求。

（3）施工单位每日编制工程进度文档上传系统，并于 18:00 前填报系统工程进度信息。

（4）第三方监测单位测点验收后编制测点验收报告并上传系统。

（5）第三方监测单位根据工程进展开展测点初始值采集工作，并编制测点初始值报告上传系统。

（6）施工单位、第三方监测单位应于测点破坏或占压后 48h 内，施工单位对仅施工监测的测点，第三方监测单位对仅第三方监测的测点，编制测点破坏或占压报告并上传系统。

（7）第三方监测单位应于作业面完成后一周内编制巡检停止报告，通过系统报送子公司。

（8）第三方监测单位应于监测工作达到停测条件后一周内编制监测停止报告，通过系统报送子公司。

6.7.5 安全风险预警信息报送要求

(1) 安全风险预警信息是指预警的发布、响应、处置、消警过程中报送的信息,主要由施工单位、监理单位、第三方监测单位编制并报送。

(2) 安全风险预警信息包括:监测及巡检预警、消警报告、安全风险状态评价、监测预警分析报告等。

(3) 第三方监测单位当日监测完毕后,判断监测数据达到预警状态时应及时通过系统发布监测预警信息。

(4) 施工单位当日监测完毕后,判断监测数据达到预警状态时,对仅施工单位施测的监测点通过系统发布监测预警信息。

(5) 监理、第三方监测单位当日巡检完毕后,判断巡检作业面达到预警状态时,应于当日通过系统发布巡检预警信息。

(6) 监理单位、第三方监测单位应于当日完成本标段安全风险状态评价,评价结果达到综合预警发布条件时应于当日通过系统发布综合预警信息。

(7) 预警发布后,施工、监理、第三方监测单位应及时在系统发布预警响应及处置信息,具体要求参见"5.4 建设工程预警及安全风险状态评价管理"。

(8) 施工单位在巡检、综合预警处置完成后编制巡检、综合预警的消警报告并上传系统。

(9) 施工单位在本标段监测预警达到消警条件后编制监测消警报告,通过系统报送监理单位。

(10) 第三方监测单位每周编制本标段监测预警分析报告,分析上周五至本周四本标段监测预警情况,每周五上传系统。

6.7.6 安全风险基础资料报送要求

(1) 安全风险管控基础资料由第三方监测单位收集或编制并上传系统,主要包括:勘察文件、环境调查资料、设计文件、施工方案、环境风险评估报告、初步设计阶段风险评估报告、施工阶段风险工程清单、第三方监测总体方案、第三方监测实施方案、专家巡检报告、风险相关会议纪要、监理资料、风险工程库、测点库、GIS底图、仪器清单等。

(2) 第三方监测单位在线路开工前完成本标段第三方监测总体监测方案编制,通过系统报送。

(3) 第三方监测单位应根据工程进度及时完成本标段各工点第三方监测实施方案编制,并通过系统报送。

(4) 第三方监测单位应根据工程进展及时收集勘察文件、环境调查资料、设计文件、施工方案、环境风险评估报告、初步设计阶段风险评估报告、施工阶段风险工程清单、专家巡检报告、会议纪要等资料,并及时上传系统。

(5) 第三方监测单位应根据工程进度及时维护系统线路信息、工点信息、风险工程库、测点库等。

(6) 第三方监测单位应根据工程进展及时编制GIS底图,并通过系统报送系统维护单位。

(7) 第三方监测单位应于标段开工前汇总仪器设备清单并上传系统。

6.7.7 安全风险总结报告报送要求

(1) 安全风险管控总结报告是指风险参建单位对安全风险总结,主要由第三方监测单位编制并报送。

(2) 第三方监测单位在本标段风险工程通过后一周内编制风险工程控制效果评价报告,并上传系统。

(3) 第三方监测单位在工点及项目完工后编制完成第三方监测总结,包括:典型工点、专项技术总结、安全风险管控案例、风险事件案例、监测总结等,通过系统报送建设子公司、集团。

6.7.8 设计资料报送要求

(1) 总体设计单位应汇总完善全线初步设计阶段安全风险评估报告,报送至建设子公司。

(2) 总体设计单位应审查并汇总工点设计单位编制的监测设计文件,报送至建设子公司。

(3) 工点设计单位应根据子公司审查意见修改完善施工图风险工程清单,报送至建设子公司。

6.7.9 盾构资料报送要求

(1) 编制盾构适应性评审专项方案并报审,由施工单位编制专项方案,专项方案应由施工单位技术负责人审核签字,并加盖公章(采取施工总承包、PPP等管理模式的,需报上述单位审查),审查通过后报监理单位审批。

(2) 上报专项方案论证专家名单。专项方案编制完成,施工单位(集团公司)技术负责人审批后,并经专业监理工程师审查通过后,施工单位应向济南轨道交通盾构技术中心上报拟邀请专项方案评审专家名单(专家应从轨道交通集团专家库中选取),经建设单位审核后,方可正式邀请专家参会。

(3) 申请盾构机准入。施工单位专项方案经专家论证通过并修改完善且审批完成后,向监理单位和建设单位申请盾构机准入,建设单位将参考专家论证意见,对同意准入的盾构机,由建设单位项目部签发盾构机准入审批表;对未同意准入盾构机,施工单位应重新选用,确保其选型合理、适应性满足施工需要。

施工单位应及时将审批手续完善后的盾构机专项方案和准入审批表,向建设单位进行备案。

(4) 盾构机准入申请办理要求。

新盾构机进场前8个月、既有盾构机进场前3个月完成盾构机准入申请办理流程。

(5) 盾构吊装/拆前,施工单位应及时组织专家对盾构吊装/拆方案进行评审,应选用有资质且具有盾构或大件设备吊装经验的单位进行盾构吊装作业,应按要求将吊装单位的相关资质、人员设备等资料报送监理单位审核。

（6）盾构始发前，盾构隧道线形数据必须经施工单位上级主管部门和监理单位（测量专监）审核，并报第三方测量单位复核后使用。施工单位必须指派专人负责数据导入，导入后的数据须经项目技术负责人确认。

（7）施工、监理单位每天结合盾构的出渣量、注浆量、监测情况进行盾构区间安全评估并上报安全风险子系统。

（8）现场每次开仓作业前，施工单位应根据专家论证后的开仓作业专项施工方案，编制有针对性的开仓实施方案、应急预案，经监理单位审批后方可实施。

6.7.10　安全风险其他报告报送要求

（1）施工单位、监理单位、第三方监测单位管理巡检整改完成后，编制整改报告并上传系统。

（2）系统维护单位应编制系统维护报告，每年12月25日报送集团信息化部。

6.7.11　人员设备信息报送

（1）施工单位应建立标段项目工程"特种设备"和"特种作业人员"管理台账，并通过安全管控系统人员设备管理子系统报送，且应及时更新。

（2）施工单位应制订人员安全培训计划，并且按照计划开展培训工作，将培训情况、培训记录、培训课件、考试成绩等及时通过安全管控系统报送。

6.7.12　文明施工信息报送

施工单位应在现场安装调试完成环境监测系统（包括PM2.5、PM10、噪声）后将数据接入智慧工地系统。相关单位人员应保证数据连接正常。

6.7.13　质量管理信息报送

（1）施工项目部成立后，施工单位应及时上传测量人员台账及资格证书、仪器台账及检定证书、测量方案等。

（2）第三方测量单位应及时上传测量人员台账及资格证书、仪器台账及检定证书、测量方案、线网单位交桩记录、第三方测量单位交桩记录等资料。

（3）第三方检测单位应及时上传试验检测方案、设备仪器检定证书、人员资格证书等资料。

（4）工程测量发现施工超限问题后，第三方测量单位应以工点为单位及时上传超限报告，启动超限问题整改程序，明确整改完成时限，施工单位应在规定时间内整改完毕，监理单位负责上传超限处置相关资料。

（5）检测发现不合格项后，第三方检测单位应及时上传不合格项报告，启动不合格整改程序，明确整改完成时限，施工单位整改后，监理单位负责上传不合格项处置相关资料。

（6）监理单位按照规定开展举牌验收相关工作，通过系统上传验收照片。

（7）施工单位在质量管理子系统中建立单位（子单位）工程划分表。

（8）施工单位上传单位（子单位）预工程预验收通过的《会议纪要》、验收成果《单位（子单位)工程质量竣工验收记录》。单位(子单位)工程验收中需要整改的问题,施工单位整改后报监理单位审核,审核通过后由监理单位将整改结果上传至系统。

(9)项目工程验收、竣工验收后,建设子公司分别上传《项目工程验收报告》《竣工验收报告》。验收中需要整改的问题,施工单位整改后报监理单位及子公司审核,最后由建设子公司将整改结果上传至系统。

6.7.14 应急管理信息报送

(1)集团安全质量部应及时上传并更新综合应急预案、应急领导小组成员信息、所辖应急救援中心信息、政府应急通信录、专家资源库;上传演练计划、演练方案、演练记录与评估。

(2)建设子公司应及时上传并更新综合应急预案和专项应急预案、应急领导小组成员信息;上传演练计划、演练方案、演练记录与评估。

(3)施工单位应及时上传并更新综合应急预案、专项应急预案、现场处置方案,应急救援队伍,应急救援物资信息;上传演练计划、演练方案、演练记录与评估。

(4)集团及建设子公司负责更新上传行业事故案例库,对于本公司发生的安全事故应上传至集团事故档案库。

6.7.15 考核

(1)未按要求上传资料的,纳入考评。

(2)施工单位未按时限要求整改完成测量超限、不合格项整改,系统自动纳入考核记录清单,纳入集团月度考评。

6.8 安全管控信息化系统推广应用对策

6.8.1 行业应用现状

目前,信息化技术应用到工程建设领域已成为人所共识,信息化是工程管理现代化的必然趋势和重要标志。国内外对工程建设信息化管理已取得一定的成果。以微软公司开发的 Project 为代表的国外先进的项目管理软件都以项目进度管理为主,并没有将安全考虑在内,尤其是设计阶段的风险管理更是没有提及。在国内,赖永强等阐述了信息化管理系统的功能及设计。李昕研究了铁路工程信息化管理方法和途径。智鹏以 BIM 模型为基础,搭建了铁路建设管理平台。曹建东等对铁路工程沉降数据信息化管理系统进行了设计和研究。房有亮等提出了数字化项目管控平台的理念。以轨道交通行业为例,北京、上海、深圳、重庆等都建立了安全监控中心、安全管理平台等数字化管理中心,显著提高了工作效率。

虽然信息化技术有所应用,但是工程建设管理单位信息化水平却不高,主要体现在:①信息化工作基础薄弱。重视程度不够,改变传统行为习惯难度较大,绝大部分参建单位仍然采用纸质介质作为数据传输的介质。②系统平台多由 IT 人员开发,用户却为工程管理人员,IT 人员与工程管理人员知识结构薄弱导致开发的产品难以满足用户需求,使用友好性不足。③整体统筹和顶层设计缺乏,导致各单位、各业务所搭建的信息化系统数据标准不统一,接口数据量大,底层数据没有打通和实现互联共享。④各单位目前工程建设管理人才较多,正在储备信息化管理人才,但是缺少工程管理及信息技术的复合型人才。

6.8.2 推广应用对策

1) 开发之前详细梳理需求点,准确理解用户需求

平台开发前进行了持续 4 个月的调研,覆盖所有的业务范围。随后,用 1 个月的时间经多轮研讨,完成了系统场景确定、系统开发招标需求确定,招标文件的编制,顺利启动了系统的招投标工作。系统开发单位进场开展工作后,济南轨道交通集团以每周 7～8 次的频率密集召开会议,详细梳理集团安全质量管理制度、办法,建立隐患数据库等基础数据支撑,确定系统中各类业务流程,深入研讨用户需求。

2) 各子系统试用前试点先行,设计友好的用户界面

风险管控子系统开发完成后,选取了 2 号线闫千户站、张马片区道路标段进行风险管控系统试点,隐患排查子系统选取了新东站安置四区项目为试点,不断收集用户反馈的问题并对功能菜单优化,了解用户的思维模式和使用习惯,及时调整产品,方便用户操作。

3) 组织平台使用时培训考试,下发相关操作手册

平台正式运行前组织试运行,期间对各参建单位进行宣贯培训,并下发了不同业务的系统操作手册,以考代练,考试成绩纳入参建单位考核,打破用户心理障碍,实现从"被动使用"到"主动使用"的转变。

4) 将平台使用纳入集团考评,择劣开展通报约谈

依据平台内设定的各参建单位职责,量化诸如隐患排查频次、响应时间、回复时间等考核指标,并内置到平台内自动扣分。同时安排专人巡查各标段平台资料填报及使用情况、视频监控掉线率等,每月出两期专报,抄送集团领导,并据此下发通报进行违约罚款。另外,现场检查时在平台隐患排查子系统内填报各单位平台的使用质量,作为隐患条目进行扣分、排名,排名落后的,约谈相关责任单位。

第7章 安全风险管控案例

7.1 4号线小高庄站明挖基坑施工

7.1.1 工程简介

济南轨道交通4号线小高庄站(平面图见图7-1)位于规划青岛路与规划南北三号路交叉口处,沿规划青岛路东西向呈一字形布置。青岛路规划道路红线宽70m,南北三号路规划道路红线宽60m,均属于城市干道,人流、车流量较大。车站周边建筑环境良好,均为未开发用地。

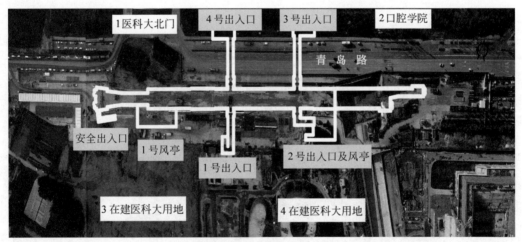

图7-1 小高庄站总平面图

小高庄站设计为地下两层车站(其中地下一层为站厅,地下二层站台层),中心里程位于右线ZK00+144.430处,起终点里程为右线CK0-68.070—CK0+351.93(结构内壁)。车站主体总长420m,结构标准段宽度为20.7m,结构覆土厚度约3m。车站标准段基坑开挖深度约19.138m,盾构端头井段开挖深度约为20.493m。车站采用明挖顺做法施工,南北三号路节点部分采用盖挖半逆做法施工,两端区间采用盾构法施工。该结构环境影响和风险基坑等级为I级;围护结构为"0.8m厚地连墙+内支撑体系";内支撑第一道为800mm×800mm混凝土支撑,第二、三道为$\phi 800, t=20$钢支撑。

车站附属为4个出入口和2组风亭、1个安全出入口,开挖深度约为12m,其中3、4号出入口采用顶管法施工,其他结构采用明挖法施工,支护结构采用"钻孔灌注桩+内支撑系"。车站总建筑面积18 468.17m²,车站顶板覆土约3m。

7.1.2 地理位置与环境

小高庄站位于青岛路与南北三号路交叉口,线路沿青岛路东西向敷设,为4号线起点站。车站北侧为在建山东第一医科大学北校区,南侧为即将建设山东第一医科大学南校区。周边规划以教育、科研用地为主,少量的居住、商业用地。

7.1.3 围护结构及支撑体系形式

主体结构:车站采用明挖顺做法施工,南北三号路节点部分采用盖挖半逆做法施工,该结构环境影响和风险基坑等级为Ⅰ级;围护结构为"0.8m厚地连墙+内支撑体系";基坑深18.785m,内支撑第一道为800mm×800mm混凝土支撑,第二、三道为$\phi 800, t=20$钢支撑。附属结构1号、2号出入口及风亭采用明挖顺做法施工,基坑深度为10~11m,采用"$\phi 800@1000$钻孔灌注桩+内支撑体系",$\phi 850@600$三轴搅拌桩止水帷幕,内支撑第一道为600mm×800mm混凝土支撑,第二道为$\phi 609, t=16$钢支撑。

7.1.4 工程水文地质条件

1. 工程地质

小高庄站为4号线一期第一座车站,位于青岛路与南北三号路交叉路口,为地下双层岛式车站。小高庄站设4个出入口,2组风亭。该车站结构底板埋深为17.8~19.4m,基坑侧壁土层从上到下依次为杂填土①$_2$层、素填土①$_2$层、粉土⑨$_3$层、粉质黏土⑨$_1$层、粉质黏土⑩$_1$层、粉质黏土⑭$_1$层。地层单一,为均匀地基。小高庄站地质纵剖面图见图7-2。

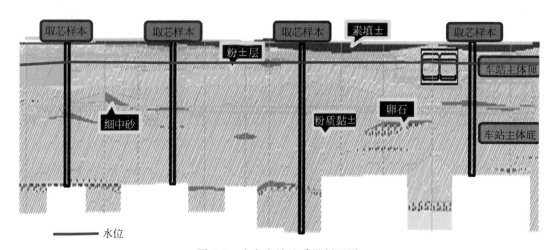

图7-2 小高庄站地质纵剖面图

2. 水文地质

车站勘察期间揭露地下水为潜水、承压水，地下水水位处于结构顶板上下，潜水（二）含水层主要为粉土⑨$_3$层、细中砂⑨$_7$层，开挖过程中，土层可能发生流土；上部承压水（三）含水层主要为粉细砂⑩$_4$层，下部承压水（三）含水层主要为细中砂⑭$_3$层、卵石⑭$_4$层，具有承压性，开挖过程中，可能发生车站基底突涌。在流土和突涌作用下，土体流失可能引起基坑失稳、结构破坏和地面塌陷等。本车站需考虑地下水对基坑的影响。

（1）潜水。水位埋深 3.10～7.60m，水位标高 21.96～26.07m，观测时间：2017 年 11 月—2020 年 3 月，主要接受大气降水补给，以侧向径流、人工开采方式排泄。含水层为粉土⑨$_3$层、细中砂⑨$_7$层。在丰水期及枯水期地下水位有所变化。

（2）承压水。上层承压水（三）水头埋深 3.40～6.50m，水头标高 22.64～26.34m，含水层主要为细中砂⑩$_4$层、卵石⑩$_5$层；下层承压水（三）水头埋深 3.70～5.20m，水头标高 24.54～25.24m，含水层主要为细中砂⑭$_3$层、卵石⑭$_4$层、卵石⑯$_5$层。承压水主要接受大气降水补给、潜水下渗补给和地下水径流补给，以侧向径流、人工开采方式排泄。

勘察揭露地层及区域水文地质资料，承压水受深层地下径流水顶托补给。地下水会给基坑施工带来流砂、管涌等不利影响，并易引起基坑坍塌、基坑涌水等问题。基坑施工需采取合理的地下水控制措施，降低潜水、承压水水头，防止突涌，建议采用管井降水或止水帷幕加坑内降水井（同时设置减压井）等措施。基坑降水过程中，可能引起周边土层的不均匀沉降，需加强地表沉降和周边建（构）筑物的沉降及变形监测工作。如发现异常，应立即停止降水，做好处理措施。

7.1.5 工程重难点分析及对策

小高庄站主要位于粉质黏土层，而且车站周边车流量大、建（构）筑物较多，市政道路下还存在众多管线，基坑的稳定和安全是本工程的重难点。

对策如下：（1）控制地下连续墙、高压旋喷桩与内支撑施工质量，施工过程中对地连墙垂直度、钢筋笼质量，支撑及时架设，支撑安放标高、预加轴力等参数进行严格的控制。

（2）处理好拆支撑和结构混凝土施工的关系，支撑严格按设计顺序拆除。加强监测，包括基坑变形、围护结构变形与沉降、支撑应力、地下水位等的变化等，及时反馈信息，指导施工。

（3）编制"深基坑施工应急预案"，备好应急物资，做到有备无患，成立抢险应急队，经常组织学习和抢险模拟演练，一旦发生险情时做到"发现早、反应快、处理及时"，把损失降低到最小。

（4）加强基坑降水，把握好降水与回灌的关系，加强地下水位监测及基坑周边建筑物的沉降观测，应急物资准备充分，确保基坑安全。

7.1.6 实施过程风险管控

1. 小高庄站风险源

小高庄站风险源汇总见表 7-1。

表 7-1 小高庄站风险源汇总表

风险类别	风险描述	原风险等级	风险处置措施	处置后风险等级
自身风险	小高庄站为二层岛式车站,车站标准段基坑开挖深度约 18.8m,盾构端头井段开挖深度约为 20.2m	Ⅰ级	1. 分层开挖、及时支撑、严禁超挖、钢支撑应有防脱及预应力补加措施; 2. 加强施工期间监控量测工作,以便提前预警; 3. 施工组织设计应有紧急预案,施工前准备一定数量的应急钢支撑及其他材料,做好抢险加固准备工作	Ⅱ级及以下
自身风险	车站附属结构共设置 5 个出入口(其中 4 号出入口预留)、2 个风亭。1、2、3、4 号出入口埋深 11.10m,5 号出入口埋深 11.40m,1、2 号风亭埋深 11.10m	Ⅱ级		Ⅲ级及以下
环境风险	基坑北侧 15m 外有两条并行的热力管线,西端头有一期迁改热力管线	Ⅱ级		Ⅲ级及以下
环境风险	南北 3 号路通道节点通道,盖挖半逆做法施工	Ⅱ级		Ⅲ级及以下

2. 基坑降水及回灌

1) 基坑降水

(1) 降水目的。

降水目的主要有以下几个方面:将水位降低至基坑开挖面以下 1.0m,降低坑内土体含水量,方便挖掘机和工人在坑内施工作业,有利于坑内土体的边坡稳定,防止坑内土体滑坡。基坑开挖过程中,承压水满足抗承压水稳定要求,安全系数不小于 1.1,确保基坑开挖安全。尽量减少由于坑内降水对周边环境的影响。

(2) 降水重难点分析。

① 开挖范围内揭露的地层普遍为粉质黏土层,粉质黏土层存在孔隙裂隙,具有一定的透水性,虽然土体本身的富水性一般,但是其在垂向上接受下部承压水垂直渗透补给,导致含水层上下联系密切,水量较大,如何降低水位至开挖面以下,为本工程的重点。

② 开挖面以下存在卵石地层,该层含水量丰富,该层孔隙水具有承压性,对上部土层的补给量较大,如何控制承压水突涌的风险,是本工程控制的重点。

③ 基坑围护结构对应孔隙潜水和孔隙承压水含水层位置所发生的渗漏风险是本工程的最重大的风险源。

④ 基坑周边环境比较复杂,如何控制长时间降水对周边环境的影响为本工程重点和难点。

(3) 降水整体思路。

基坑降水方案应结合地质条件以及基坑围护结构形式综合考虑。本工程降水整体思路采用坑内疏干降水方案,坑外设置一定数量的观测井和回灌井,及时掌握坑内外水位变化情况。应对以上重点、难点,具体降水措施有以下几点。

① 考虑围护结构可能存在对应含水层位置渗漏对于基坑的不利影响,基坑设置观测井,密切关注坑外水位变化,指导坑内降水施工。

② 考虑到地层比较复杂,地下水垂向补给较大,降水井影响半径较小,坑内降水井设置

都适当增加一定的备用井。

③ 降水井施工结束后,应进行降水试验,通过降水试验验证方案的合理性,同时预测长时间降水对周边环境的影响,为后期降水运行提供参考依据。

④ 考虑到周边环境要求较高,为了减少坑内降水对坑外影响,并且降低地下水的流失,考虑基坑外设置回灌井,针对深层承压水进行回灌。

⑤ 降水过程中加强监测,对坑内外各井内水位、出水量进行观测,若发现降水井出水量及水位异常,及时进行分析,通过监测数据及时调整基坑降水运行情况。

⑥ 基坑开挖前应对位于坑内的勘探孔进行检查并重新封堵,防止承压水突涌。

⑦ 在基坑降水过程中增加预降水时间,且适当辅以明排措施,达到降水效果。

(4) 涌水量估算。

① 总涌水量估算:基坑止水帷幕虽然隔断了上部潜水含水层,但是考虑到粉质黏土层具有裂隙存在,下部深层地下水通过裂隙通道补给上部含水层,因此认为止水帷幕没有有效隔断含水层,结合基坑形式、场地范围内地下水类型、补给条件、降水井的完整性以及布井方式等因素,采用《建筑基坑支护技术规程》(JGJ 120—2012)中式(E.0.2)对开挖段进行估算,基坑降水总涌水量可按下式计算:

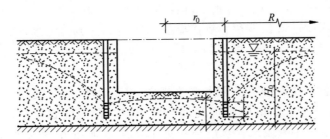

$$Q = \pi k \frac{H_0^2 - h_m^2}{\ln\left(1 + \frac{R}{r_0}\right) + \frac{h_m - l}{l}\ln\left(1 + 0.2\frac{h_m}{r_0}\right)}$$

$$h_m = \frac{H_0 + h}{2} \tag{7-1}$$

本次设计小高庄站基坑属于止水帷幕位于粉质黏土层,而经过以上分析,该层黏土层中存在大量的孔隙裂隙,导致上下含水层水力联系密切,止水帷幕未截断含水层,因此采用该式计算涌水量方法估算基坑涌水量。

基于式(7-1),参数取值如下:Q 为基坑降水总出水量(m^3/d);K 为渗透系数(m/d),整个地层的综合渗透系数为 17.84m/d(结合勘察报告给出的混合地层渗透系数 11.31m/d,卵石层渗透系数 120m/d);H_0 为含水层厚度(m),含水层厚度取至⑯₁粉质黏土层底板深度,取 53m;R 为降水影响半径(m),取勘察提供数据进行的加权平均求解,得出 89.5m;r_0 为降水井分布范围的等效半径,$r_0 = \sqrt{A/\pi}$,面积 A 取降水井所围成的区域,7910.5m^2。

经计算求得:基坑涌水量为 $Q = 24\,182.8\,m^3/d$。

② 单井涌水量估算:单井涌水量按《建筑基坑支护技术规程》(JGJ 120—2012)式(7.3.16)计算:

$$q = 120\pi r_s l \sqrt[3]{k} \tag{7-2}$$

式中：q 为单井出水能力(m^3/d)；r_s 为过滤器半径(m)，取 0.1365m；l 为过滤器进水部分的长度(m)，取 6m；k 为含水层渗透系数(m/d)，综合取值 17.84m/d。

经计算，单井出水能力 $q=806.8m^3/d$，考虑到成井质量对实际出水量的影响、止水帷幕的挡水作用、群井抽水的影响，结合以往经验，单井出水量取单井出水能力的 80%，实际单井出水量约 $600m^3/d$，$25m^3/h$。

(5) 降水井深度计算。

降水井井结构根据降水深度、含水层分布、降水井过滤器管材以及围护结构等因素综合而定。

井深如式(7-3)考虑：

$$H_w = H_{w1} + H_{w2} + H_{w3} + H_{w4} + H_{w5} + H_{w6} \tag{7-3}$$

式中：H_w 为降水井深度(m)；H_{w1} 为基坑深度(m)；H_{w2} 为降水水位距离基坑底要求的深度(m)；H_{w3} 为其值 $=ir_0(m)$，i 为水力坡度，在降水井分布范围内宜为 $1/10\sim 1/12$；r_0 为降水井分布范围的等效半径或降水井排间距的为 $1/2$；H_{w4} 为降水期间的水位变幅(m)；H_{w5} 为降水井过滤器工作长度(m)；H_{w6} 为沉砂管长度(m)。

(6) 基坑底板稳定性分析。

基底以下存在下层承压水(三)水头埋深 $3.70\sim 5.20m$，其中 ⑭₄ 卵石层被地连墙已经隔断，且降水井深度进入到该层；地连墙底以下存在一层 ⑯₅ 卵石层，应针对 ⑯₅ 卵石层进行基底抗突涌稳定性验算，根据最终验算结果，考虑是否需要设置减压井或减压备用井。

开挖过程中，必须有效控制承压水水头埋深，防止基坑发生突涌事故，因此，必须进行基坑突涌稳定性分析。基坑底板抗突涌稳定条件：在基坑底板至承压含水层顶板之间，土的自重压力应大于承压水含水层顶板处的承压水顶托力，可进行如式(7-4)承压水位控制：

$$\frac{P_S}{P_w} = \frac{\sum h_i \times \gamma_{si}}{H \times \gamma_w} \geqslant F_s \tag{7-4}$$

式中：P_S 为承压含水层顶面至基底面之间的上覆土压力(kPa)；P_w 为初始状态下(未减压降水时)承压水的顶托力(kPa)；h_i 为承压含水层顶面至基底面间各分层土层的厚度(m)；γ_{si} 为承压含水层顶面至基底面间各分层土层的重度(kN/m^3)；H 为高于承压含水层顶面的承压水头高度(m)；γ_w 为水的重度，工程上一般取 $10.00(kN/m^3)$；F_s 为安全系数，工程上一般取 $1.05\sim 1.20$；本工程取 1.1。

⑯₅ 卵石层顶板最浅埋深 37.3m，开挖面取最深开挖深度 20.17m，经计算最不利位置基坑抗突涌安全系数为 1.02，根据最不利水位埋深和开挖深度计算，达到安全开挖，需要水位降深 1.5m，但是根据地层上下联系密切，上部疏干降水过程中会导致下部承压含水层水位下降，因此不考虑设置深层承压水减压井。

(7) 降水井数量计算。

① 地区经验面积法：为确保基坑顺利开挖，需要降低基坑开挖深度范围内的土体含水量。

坑内疏干井数量按式(7-5)确定：

$$n = A/a \tag{7-5}$$

式中：n 为井数量（口）；A 为基坑需疏干面积（m^2）；$a_{\#}$ 为单井有效疏干面积（m^2）。

根据地区经验，考虑到该区域地层垂向补给较大，单井出水量大，单井有效疏干面积按 $150m^2$ 考虑，建议设置 20% 的备用井，基坑总面积 $7910.5m^2$，基坑内共 54 口降水井和 12 口备用井，共布置 66 口降水井。

② 模拟计算分析：由于地层的特殊性，该区虽然开挖范围内均为粉质黏土层，但是根据勘察及相关施工经验，该粉质黏土层中裂隙发育比较明显，含水层垂向补给较大，来自深层的补给以垂向补给为主，基坑单井水量较大，依靠常规公式计算单井出水能力及基坑总涌水量（计算公式中默认取渗透系数为水平向渗透系数，地下水补给默认以水平向补给为主）有一定的误差，因此本项目依据模拟计算结果来综合判断坑内降水井数量。模拟计算结果坑内水位降深等值线图见图 7-3。

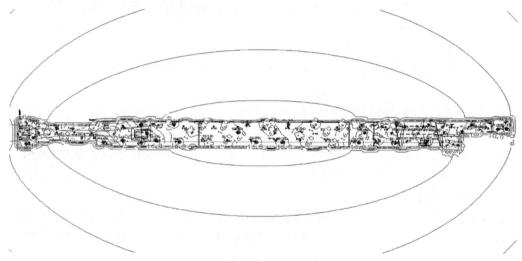

图 7-3　模拟计算结果坑内水位降深等值线图

根据目前施工经验，基坑内降水井单井出水量 $50\sim80m^3/h$，根据模拟计算拟合现有的降水数据，通过模拟反演得出开挖范围内粉质黏土层垂向渗透系数 $10m/d$，坑内共布置 66 口降水井，同时运行，出水量 $50\sim80m^3/h$，降水运行 10d 后，坑内水位降深达 18m，初始水位埋深 3.1m，水位降至 21.1m，满足水位降至开挖面以下 1m 的要求。

综合考虑模拟计算法和经验面积法，坑内需布置 66 口降水疏干井能满足安全施工要求。

(8) 观测井数量设置。

根据地层分布及基坑围护结构情况，为了为保证基坑降水施工期间基坑外建（构）物等的安全，应密切注视坑外的水位变化，在本站区域内，承压含水层分布不连续，因此坑外观测井设置为混合地层观测井，井深设置为 30m，观测井间距约 50m。

经统计坑外共布置 18 口观测井。观测井井深设置为 30m，滤水段为 3~29m。

2）基坑回灌

(1) 回灌井数量计算。

本次基坑地下水控制拟采用人工管井回灌，回灌井设置在基坑外侧，为避免加压回灌对于基坑围护结构以及基坑自身的不利影响，回灌井距离应尽量远离基坑。由于现场条件受限,本工程回灌井布设至基坑距离暂定为10m,垂直度偏差小于1%。

考虑到地下水补偿以及周边环境影响两方面因素,考虑到基坑降水来源主要为下部地下水的竖向补给,地下水的流失也主要为下部地层的地下水,因此本次回灌目的层为下部承压含水层,针对该层设置回灌井。

本次基坑回灌以常压回灌为主,必要时采用加压回灌。单井回灌量参考《建筑与市政工程地下水控制技术规范》(JGJ 111—2016)进行计算。

对于承压含水层观测井,单井回灌井可按式(7-6)进行计算:

$$q=2.732kM\frac{h_0-H_0}{\lg R/r_w} \tag{7-6}$$

式中:q 为单井回灌量(m^3/d);k 为渗透系数(m/d);R 为影响半径(m);r_w 为回灌井半径(m);h_0 为井内回灌动水位(m);H_0 为自然状态下含水层底板至井内水位高度(m);M 为承压含水层厚度(m)。

承压含水层回灌井:$q=557m^3/d$。

对于承压水回灌井考虑地下水的补充,按100%回灌的原则设置,回灌井的数目:

$$N=24\,182.8/557\approx 44$$

在不考虑施工场地等因素条件下,坑外共布置44口承压水回灌井,回灌井深度为42m,滤水管的位置根据承压含水层地层起伏情况进行精细化设置。

正式回灌施工之前,应进行有针对性的回灌试验,并根据现场回灌试验结果,对回灌井结构、数量以及加压情况进行合理优化。

(2)回灌井控制措施。

回灌水量应根据实际水位的变化及时调节,保持抽、灌平衡。既要防治回灌导致坑外水位大幅抬升,以至于超过初始水位,也要防止回灌水量过大从而渗入基坑内,对基坑降水造成不利影响,又要防止回灌量过小使地下水位失控影响回灌效果。

回灌过程需要每天观测回灌井周边水位观测井变化情况,同时要准确及时记录回灌水量,基坑抽水量的变化情况,每天对记录数据进行分析整理,及时掌握回灌运行情况,并根据需要做出适当调整。

此外,回灌期间施工单位应加强回灌区域地表沉降监测,并加强对建筑物及周边管线的沉降监测,监测数据应及时反馈降水部门,降水单位必须结合基坑周边环境变化情况,针对不利情况的出现调整基坑降水和地下水回灌。

基坑回灌采用自动控制回灌装置,即确保回灌井内水头始终处于初始水位位置,一旦地下水位下降,自动回灌装置便立刻启动,对其进行回灌补水,确保水头稳定。同时结合基坑周边观测井水位变化,如水头补偿不能满足要求时,可以考虑抬高回灌控制水头,如还不能满足要求,则需要考虑是否再用加压回灌。

基坑回灌井需要进行定期回扬,回扬间隔不宜过长,也不宜过频繁,一般控制在3d一次,每次持续不超过15min。一次只能进行1口井回扬。

根据上述回灌井计算、作用及小高庄站实际回灌经验,暂定上部浅层回灌井回灌采用常压,深层回灌井应确保100%回灌的原则,采用加压回灌的方式,小高庄站回灌压力为1.0~1.1MPa,后期本工程回灌暂定1.1MPa,后期根据回灌试验结果实时调整。

3）基坑降水及回灌系统布置

基坑降水井工作量列表见表7-2。

表7-2 基坑降水井工作量列表

序号	类型	降水井编号	数目 口	孔径 mm	井径 mm	井深 m	滤管埋深 m	备注
1	坑内降水井	S—1～S—16、45、46\ZB—1～ZB—20	18	650	273	30	3～29	钢管＋桥式滤管
2		S—17～S—38	22	650	273	26	3～25	钢管＋桥式滤管
3		S—39～S—44	6	650	273	28	3～27	钢管＋桥式滤管
4	坑外观测井	QG—1～QG—18	18	650	273	30	3～29	钢管＋桥式滤管
5	坑外承压水回灌井兼观测井	HC—1～HC—44	44	650	273	42	21～41	钢管＋桥式滤管
6	坑外盾构井	JD—1～JD—11	11	650	273	30	3～29	钢管＋桥式滤管
合计			139					

4）降水对周边环境影响分析

（1）渗流数值模型建立。

根据已有的岩土工程勘察报告、水文地质条件、钻孔资料，模拟区平面范围按下述原则确定，以基坑为中心，边界布置在降水井影响半径以外。

① 含水层的结构特征：根据基坑的几何形状、区域地层结构条件，场地工程地质及水文地质特性等信息，将模型剖分为239行、351列，5层。

② 模型参数特征：根据本工程的勘察资料、相关工程资料，对模型进行赋值。

③ 水力特征：地下水渗流系统符合质量守恒定律和能量守恒定律；含水层分布广、厚度大，在常温常压下地下水运动符合达西定律；考虑浅、深层之间的流量交换以及渗流特点，地下水运动可概化成空间三维流；地下水系统的垂向运动主要是层间的越流，三维立体结构模型可以很好地解决越流问题；地下水系统的输入、输出随时间、空间变化，参数随空间变化，体现了系统的非均质性，但没有明显的方向性，所以参数概化成水平向各向同性。

综上所述，模拟区可概化成非均质水平向各向同性的三维非稳定地下水渗流系统。模拟区水文地质渗流系统通过概化、单元剖分，即可形成为地下水三维非稳定渗流模型。

④ 本次降水三维渗流模型建立假设条件如下。

潜水含水层的初始水头埋深3.1m；承压含水层初始水位埋深3.4m。

地下连续墙深度：模型简化深度统一为30m。

降水深井运行时，考虑围护结构隔水效果及群井效应因素。

（2）降水对坑外影响。

根据土方开挖工期安排，基坑降水井运行时间暂定8个月（240d）。

降水运行240d后坑外潜水和承压水水位降深等值线图分别如图7-4、图7-5所示。

经模拟计算，降水运行240d后坑外承压含水层水位降深约1.5m，坑外潜水含水层水位降深最大约1.3m。

（3）对周边环境沉降预测。

根据如前所建立的符合群井抽水试验规律的三维渗流模型，结合水位降深资料，对后期

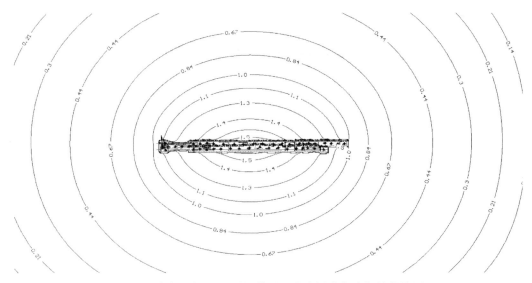

图 7-4 降水运行 240d 后坑外承压含水层水位降深等值线图

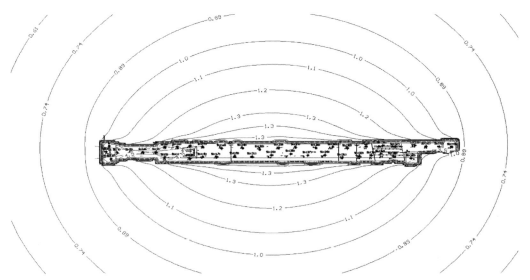

图 7-5 降水运行 240d 后坑外潜水含水层水位降深等值线图

降水引起的地面沉降进行预测(图 7-6)。

根据模拟计算结果可以得出,在降水 240d 后,坑外承压含水层水位降深约 1.5m,坑外潜水含水层水位降深最大约 1.3m,最大地面沉降约为 5.5mm,预测沉降仅为基坑降水引起的沉降,基坑暴露期间应密切监测周边环境,以实测值为准。预测沉降仅为基坑降水引起的沉降,基坑暴露期间应密切监测周边环境,以实测值为准。本工程有回灌措施,且距离基坑较近,在回灌期间应密切监视坑外水位变化情况调整回灌压力及回灌量,将坑外水位降深控制在 1m 以内。

后期降水运行中,建议对坑内外观测井水位进行实时跟踪监测,严格控制降水运行的时间与开启的数量,遵循"按需降水"原则,以减小降水对周边环境的不利影响。

降水引起的地面沉降控制措施:

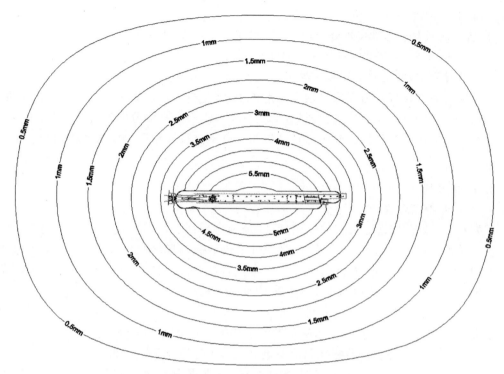

图 7-6 降水运行 240d 后坑外地面沉降图

① 临近建筑物和地下管线的减压深井抽水时间应尽量缩短,按需降水。

② 采用信息化施工,建议对坑内外观测井水位进行实时跟踪监测,发现问题及时调整抽水井数量及抽水流量,进行按需降水。

③ 环境监测资料应及时报送项目部,以绘制相关的图表、曲线,调控降水运行程序,确保基坑开挖安全和环境安全。

④ 在降水井群施工完成后,应及时进行试运行,详细制定降水的运行方案。

⑤ 降水运行过程中随开挖深度逐步降低水位,根据试运行得到的结果,按开挖深度确定井群的运行。在控制坑内水位足以满足基坑开挖要求的前提下,尽量减小水位降深,以减小和控制降水对环境的影响。

⑥ 对各种管线、需要保护的建筑、地下连续墙等,必须由专业监测单位进行监测。

⑦ 基坑施工过程中,如上部围护结构发生渗漏或严重渗漏,应及时采取封堵措施,以避免基坑外侧浅层潜水位发生较大幅度下降以及由此加剧坑外的地面沉降。

⑧ 成井后及时试抽水,验证围护体(承压层段)隔水性,一旦发现坑内抽水后坑外水位降比较大时,应查找围护结构渗漏点,并进行外侧阻漏。

⑨ 当坑外观测井内的水位下降超过自然变化的最大值时,应加密监测次数。

⑩ 在降水运行过程中,根据监测情况,坑外地下水位有明显的下降,同时坑外建(构)筑物或管线检测出现明显的异常,如有必要,可在坑外同步实施地下水回灌,在保证回灌率的前提下,确保坑外水位稳定,进而减小降水引起的坑外沉降。

实施回灌需具备如下条件:

① 回灌区域位于坑外地下水下降明显部位,施工时可根据现场水位监测情况布置,回

灌井与降水井间距不小于5m；

② 所有回灌井过滤管位置处于第②$_3$细砂层、②$_4$中粗砂层；

③ 坑外回灌时，减缓此区域潜水水位下降趋势。

在回灌过程中，回灌井上安装回灌系统设备、水表、止水阀、回水阀、压力表等。

回灌系统的工作流程为降水井抽出的水集中到集水箱，经过集水箱，使泥沙沉淀。再由水泵抽水，经（电控全自动清洗过滤器）过滤，到压力罐，经分水器分别到各回灌井，水泵的启动停止有集水箱水位计和压力罐压力自动控制。电磁流量计和压力变送器将信号远传至监测中心。

3. 基坑开挖

1) 基坑开挖安全管理

（1）方案论证。按设计规定的技术标准、地质资料以及周围建（构）筑物和地下管线等的翔实资料严格细致地做好基坑施工组织设计（包括周围环境的监控措施）和施工操作规程，对开挖中可能遇到的渗水、边坡稳定等现象进行技术讨论，提出应急措施预案，并提前进行相关的物资储备，准备好地面排水及基坑内抽排水系统。

（2）制定施工组织设计和施工操作规程。按施工图纸、现行技术标准、地质详勘资料以及周围建筑物和地下管线等详细资料认真进行安全技术交底，使全体施工人员熟悉深基坑开挖支撑施工必须依循的技术标准以及所设计的施工程序及施工参数。

（3）材料、机械设备准备。配备足够的开挖及运输机械设备，做好机械的检测、维修保养等工作，确保机械正常作业。按设计要求租赁或加工钢支撑，备足钢支撑，备好出土、运输和弃土条件，确保连续开挖。

（4）监控量测。施工前需按监测方案设置监测点，做好初始值采集工作。

2) 总体开挖方案

（1）放坡拉槽开挖方案。横向先开挖中间土体，后开挖两侧土；在靠近围护结构的位置，预留0.5m采用人工开挖，避免机械对围护结构产生破坏。每层土方开挖时，先沿断面中部自两侧向中间拉槽，拉槽深度及宽度以满足挖掘机及土方运输车辆的作业、行走空间要求为原则，两侧各留3.0~5.0m宽操作平台，供钢支撑施工使用；拉槽放坡段按15°放坡，拉槽放坡东侧与素墙预留15m反压土，可作为平台开挖放坡段土方。平直段槽底距混凝土支撑底距离为5.7m。自两端向中间开挖两侧及拉槽以下剩余土体至坡脚线处；同时，钢支撑架设紧随后退式开挖作业进行。放坡拉槽开挖平面图、纵剖面图、横剖面图分别如图7-7~图7-9所示。

（2）垂直开挖方案。根据项目基坑施工的技术水平及现有的机具设备，本工程土方开挖主要采用挖掘机施工，在挖掘机挖不到的边角及底层30cm厚度的土体，用人工翻挖，喂料给挖掘机的开挖方式。垂直开挖示意图见图7-10。

严禁挖土机械碰撞支撑、井点管、围护结构，钢支撑顶面严禁堆放杂物。

土方开挖采用小挖机配合长臂挖机装渣、自卸车运输，并及时架设钢支撑。基坑开挖采用竖向分层、纵向分段，控制竖向开挖高度（层间坡度1∶3），每层土开挖至支撑下0.5m，纵向分段不超过6根钢支撑。

表层土采用普通挖机开挖；第二道支撑以上土方采用12m长臂挖机开挖，坑内小挖机配合；第二道支撑以下土方采用16m臂挖机开挖，坑内小挖机配合。

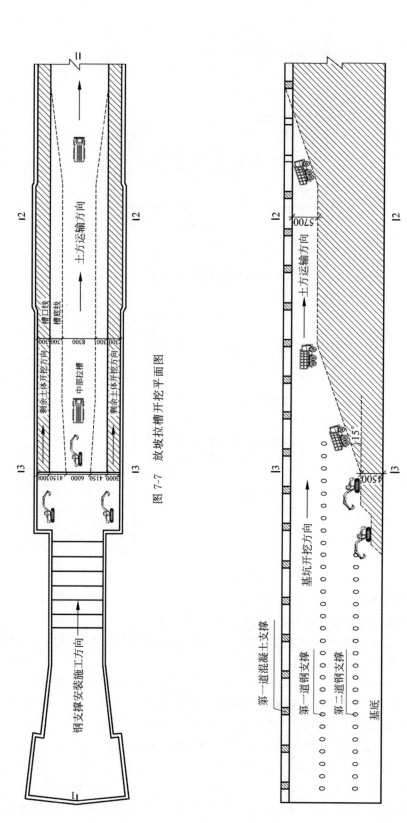

图 7-7 放坡拉槽开挖平面图

图 7-8 放坡拉槽开挖纵剖面图

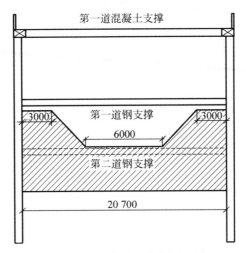

图 7-9 放坡拉槽开挖横剖面图

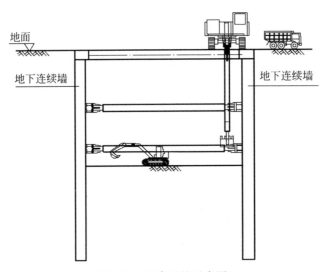

图 7-10 垂直开挖示意图

(3) 台阶法开挖。

① 东侧为保证出渣效率,采用纵向分层甩挖施工工艺。

② 第一层土方开挖时,一次挖到冠梁底部,从基坑两端头向中间开挖,一次开挖到位,然后施做第一道混凝土支撑。

③ 挖至钢支撑以下 50cm;横向先挖中间,后挖两侧,中间超前两侧土体 3～5m;利用两侧土体为平台架设钢管支撑,钢管支撑架设完后,挖掉两侧土体,完成一开挖支护循环。

④ 分层甩土、架设钢支撑。采用后退式分层甩土开挖,各层同时开挖,每层开挖高度小于 3m、开挖长度不大于基坑宽度,每层开挖至钢支撑以下 0.5m。

台阶开挖示意图见图 7-11。

基坑开挖技术要点:

① 基坑开挖做到无水条件下开挖,在开挖过程中,做好降水施工,确保水位在基坑底 1000mm 以下,并及时排除基坑内积水。

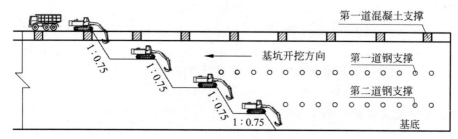

图 7-11 台阶开挖示意图

② 基坑支撑与开挖交替进行,基坑开挖必须先防护后开挖。土方开挖到钢管支撑下方 0.5m 时架设钢管支撑,并逐级施加轴力并锁定,然后再进行下一层的土石方开挖。

③ 土方开挖过程中及时封堵边墙上的渗漏点,并注意保护坑内降水井,确保降水、排水系统的正常运转。

④ 土方开挖过程中应注意坑内集水井和排水沟的施工,基坑挖土配足够的抽水设备,准备应急发电机,确保排水系统的正常运转,防止基坑被淹。

⑤ 挖掘机开挖过程中必须特别注意安全,严禁机械设备碰撞支撑;有专人指挥吊斗出土和机械挖土,并设专人每日监测支撑的受力情况,发现松动或轴力损失立即加固或加力。

⑥ 基坑在开挖前必须详细核查基坑及附近管线埋设情况,包括具体里程、埋深、标明位置等,确保基坑内管线全部改迁完成后方可开挖。

⑦ 土方开挖时,弃土堆放应远离基坑顶边线,并应及时清运至不影响基坑稳定的地方。

⑧ 开挖到基坑底后,施工车站接地、垫层混凝土立即进行封闭。

⑨ 在土方开挖过程中,应加强观察和监控量测工作,以便发现施工安全隐患,并通过监测反馈及时调整开挖程序。

4. 支撑体系架设

车站主体围护结构第二道、第三道支撑系统采用 $\phi 800mm \times 20mm$ 钢管支撑。钢围檩采用双拼 45C 工字钢焊接而成。钢支撑分活动端、固定端和中间节,全部采用法兰连接。各节钢支撑之间以螺栓连接,采用一正一反的方式,并且保证每根螺栓要拧紧,不产生松动的现象。

工程所用钢支撑、钢围檩均为租赁站提供的合格产品。进场后进行成品检验,不合格的支撑及围檩直接清退。

钢围檩安装紧跟基坑开挖进度,随挖随支。钢围檩安装前先将围护桩体暴露,清理表面的渣土,保证与围护桩密贴。

1) 架设总体方案

基坑开挖过程中,钢支撑的稳定性是整个基坑稳定的重要因素之一,钢支撑的架设必须准确到位,并严格按设计图要求施加预应力。其中尤其要注意斜支撑的稳定性,在其制作、安装等每一环节均要做到精心作业。支撑钢管的连接采用法兰盘连接。开挖至支撑底标高时,安装支撑钢管。另外,在钢支撑从架设到拆除的整个施工过程中,对钢支撑的监测应严格要求,确保支撑的稳定。施工中防止碰撞,钢支撑上不得堆放材料或任何其他重物。

钢支撑、钢围檩应在进场后提供产品合格站,进行质量检查,并进行试拼装,合格后,用汽车吊吊至基坑内，由门式起重机配合汽车式起重机起吊安装。

支撑遵循和充分利用"时空效应"理论，紧随开挖进行，按照设计位置布置，在土方开挖后 8h 内安装好支撑，并施加好预压轴力，钢管支撑在安装时施加预压力。钢管分节卷制，标准节长为 6m，并配制一定数量的调整节，对接采用螺栓连接。

2) 拆除总体方案

支撑拆除过程是利用已施工的结构换撑的过程，拆除时要特别注意保证轴力的安全卸载，避免应力突变对围护结构、主体结构产生负面影响。另外，避免钢支撑吊运过程中坠落而导致安全和质量事故。

考虑上述因素，支撑拆除必须在其下结构板强度达到 90% 后进行，拆除过程中加强围护桩各项监测，根据监测情况调整拆除长度。施工中采用分级卸载，主辅一台汽车式起重机及履带式起重机吊运。

3) 架设及拆除技术要点

架设技术要点：①根据设计里程，在围护桩侧墙上精确定出支撑中心位置，量出两支撑点的实际长度。根据实际长度拼装钢管。每根钢支撑一端为固定端，另一端为活络端。先在复合围护桩上安装围檩及支撑钢牛腿，钢围檩放置在钢牛腿上，围檩与围护桩空隙采用 C30 细石混凝土回填密实，待混凝土强度达到 70% 以上方可施加轴力。所有支撑连接处，均应垫紧贴密，防止钢支撑偏心受压。②钢支撑吊装就位后，先不松开吊钩，将活络端拉出放置在围檩预埋件上，再将 2 台 100t 液压千斤顶放入活络端顶压位置。为方便施工并保持顶力一致，制作专用托架将千斤顶固定为一整体，将其骑放在活络端上，接通油管后即可施加预应力。预应力施加到位后，在活络端中楔紧楔块，然后回油松开千斤顶，解开起吊钢丝绳，即完成整根支撑的安装。③端头井斜撑处钢围檩及支撑头，必须严格按设计尺寸和角度加工焊接、安装，保证支撑为轴心受力且焊接牢实。④预加力施工前，必须对油泵及千斤顶进行标定，使用中要经常校验，使之运行正常，确保量测的预应力值准确。每根支撑施加的预应力值要记录备查。⑤千斤顶预加轴力必须分级加载。严格按照设计要求分步施加轴力，第一次预加 50%～80%；通过检查螺栓、螺帽，无异常情况后，施加第二次预应力，达到设计要求。⑥施工时加强监测，对基坑回弹导致竖向支撑位移而产生的横向支撑竖向挠曲变形在接近允许值时，必须及时采取措施，防止支撑挠曲变形过大。⑦支撑体系中底板混凝土垫层的作用不容忽视，基坑开挖后须迅速封底。⑧支撑架设的起重机械设备按照场地施工组织停放在指定位置，确保基坑 8m 范围内的施工堆载及车辆超载不大于 $20kN/m^2$，吊装作业完成后及时走开，严禁长时间在基坑周边停留。

拆除技术要点：①钢支撑的拆除时间按设计要求进行，替代支承结构的强度达到 90% 强度即可拆除。②钢支撑拆除前，先对上一层钢支撑进行一次预加轴力，达到设计要求以保证基坑安全。③逐级释放需拆除的钢管支撑轴力。拆除时应避免瞬间应力释放过大而导致结构局部变形、开裂。④轴力释放完后，取出所有楔块，采用双吊点提升一定高度后，拆除下方支架和托板，再将钢管支撑轻放至结构板上。⑤钢管支撑在结构板上分节拆除后，再垂直提升到地面，及时运到堆放场进行修整。⑥钢支撑拆除后应进行整理，凡构件变形超过规定要求或局部残缺的需进行校正修补。⑦钢支撑拆除时加强对基坑监测，确保基坑安全。

7.1.7 风险监测

1. 监测重点分析

（1）本站开挖深度最深20.2m,基坑开挖较深时,基坑围护结构容易产生较大的变形,必须对车站的围护墙体变形进行重点监测,并重点巡查支撑的架设和预应力施加情况等。

（2）本区域内地下水水位埋深较浅,在地下水处理上,采取坑内降水、坑外回灌的方法;当因坑内降水而造成降水漏斗曲线范围较大时,周边地表、管线易发生区域性的下沉,需重点对周边沉降进行监测;当因坑外回灌而造成坑内外水位差较大时,需重点对桩体墙体的位移进行观测,并重点巡查坑内渗漏水情况。

2. 监测内容和要求

1）监测范围和监测等级

工程影响分区根据基坑工程施工对周围岩土体扰动和周边环境影响的程度及范围划分,分为主要、次要和可能影响分区(表7-3)。

表7-3 基坑工程影响分区

基坑工程影响区	范 围
主要影响区（Ⅰ）	基坑周边 $0.7H$ 或 $H\cdot\tan(45°-\phi/2)$ 范围内
次要影响区（Ⅱ）	基坑周边 $0.7H\sim(2.0\sim3.0)H$ 或 $H\cdot\tan(45°-\phi/2)\sim(2.0\sim3.0)H$ 范围内
可能影响区（Ⅲ）	$(2.0\sim3.0)H$ 范围外

注：1. H—基坑设计深度(m), ϕ—岩土体内摩擦角(°)。
2. 基坑开挖范围内存在基岩时, H 可为覆盖土层和基岩强风化层厚度之和。
3. 工程影响分区的划分界线取表中 $0.7H$ 或 $H\cdot\tan(45°-\phi/2)$ 的较大值。

结合小高庄站基坑设计深度、施工工法、支护结构形式、地质条件和周边环境条件,主要影响区取 $0.7H$,次要影响区取 $2.0H$（H为基坑设计深度）,监测范围为围护和支护体系以及基坑开挖深度2倍范围内的周边环境。

根据《城市轨道交通工程监测技术规范》(GB 50911—2013),综合考虑小高庄站自身风险、环境风险以及地质条件等,依据工程监测等级划分标准(表7-4),小高庄站监测等级确定为一级。

表7-4 工程监测等级

工程自身风险等级	周边环境风险等级			
	一级	二级	三级	四级
一级	一级	一级	一级	一级
二级	一级	二级	二级	二级
三级	一级	二级	三级	三级

2）监测项目和要求

结合本工程自身及周边环境情况,参考规范和设计文件,监测项目及监测点布置具体情况如表7-5所示。

表 7-5 小高庄站监测项目及监测点布设要求

序号	监测项目	测点布设要求	监测点数量（暂定）
1	墙顶水平位移	监测点应沿基坑周边布设布设间距约为 20m；基坑中间部位、阳角部位、深度变化部位和临近建(构)筑物部位，布设监测点；墙(顶水平和竖向位移监测点布设为共用点)	46 个
2	墙顶竖向位移		46 个
3	墙体水平位移	监测点应沿基坑周边的墙体布设，布设间距宜为 20mm；基坑各边中间部位、阳角部位及其他代表性部位的桩体应布设监测点；布设位置宜与地墙(桩)顶部水平位移和竖向位移监测点处于同一监测断面	46 个
4	地表沉降	沿平行基坑周边布设，不少于 2 排，排距为 3~8m，第一排监测点距基坑边缘 2m。地表沉降监测点的布设与构筑物和地下管线的监测工作相结合，做到监测点布设合理、相互协调	188 个
5	管线沉降	沿管线 10m 一个监测点，在管线节点处布点	54 个
6	支撑轴力	支撑轴力监测选择在基坑中部、阳角部位、深度变化部位、支护结构受力条件复杂部位及在支撑系统中起控制作用的支撑；支撑轴力监测沿竖向布设监测断面，每层支撑均布设监测点，支撑轴力与附近墙体水平位移组成监测断面。间距约为 20m	31 组
7	地下水位	水位监测点每侧不少于 2 个，当环境要求较高时，适当加密	24 个
8	建筑物变形	监测点布设在南北三号路节点通道线路结构的施工缝两侧，左右对称布设两对，桥涵中间布设一对	18 个

3）监测周期和频率

（1）现场监测频率。根据设计文件要求，现场监测频率如表 7-6 所示。

表 7-6 小高庄站基坑监测频率

施工状况		监测频率
基坑开挖深度/m	$h \leqslant H/3 (h \leqslant 6m)$	1 次/3d
	$H/3 < h \leqslant 2H/3 (6m < h \leqslant 12m)$	1 次/2d
	$h > 2H/3 (h > 12m)$	1 次/1d
底板浇筑后	1~7d	1 次/1d
	7~14d	1 次/3d
	14~28d	1 次/5d
	28d 以后	1 次/7d
	数据稳定后	1 次/30d

注：1. 底板浇筑完成后可根据监测数据变化情况调整监测频率。
  2. 支撑结构拆除过程中及拆除完成后 3d 内监测频率应适当增加。
  3. 稳定标准：最后两个观测周期的各点沉降速率小于 0.02mm/d 时，可认为已经进入稳定阶段。

（2）现场监测周期。

① 测点布置完成后，在降水施工前，对监测项目进行连续 3 次独立的观测，判定合格后取其平均值作为监测项目的初始值；

② 基坑回填完成后，结束支护结构的监测；

③ 支护结构监测结束后，且周围岩土体和周边环境变形趋于稳定时，即可提交"停止监

测申请",经第三方、监理方和建设方批准后停止监测。

7.1.8 风险巡检

现场安全巡视的主要对象为工程结构自身和周边环境。巡视的范围包括所有的现场安全监测对象以及和工程施工有关的其他对象。

1) 工程自身巡检

对开挖面地质情况巡视以下内容:①土层稳定性。开挖面土体渗漏水情况。②土体塌落(塌落位置、塌落体大小、发展趋势等);附近地面沉陷情况等。

对支护结构体系巡视以下内容:①支护体系施作及时性情况。②支护体系渗漏水情况。③支护体系开裂、变形变化情况。包括桩顶与冠梁脱开现象,冠梁开裂范围、宽度,桩间网喷护壁开裂情形;支撑扭曲及偏斜程度、发生位置、发展趋势。

对基坑周边巡视以下内容:①坑边超载。包括坑边荷载、类型、与坑缘距离、位置等。②地表积水。包括积水、深度、位置、地面硬化完好程度、坡顶排水系统是否通畅等。

2) 周边环境巡检

(1) 建(构)筑物现场安全巡检。在施工前对所要巡检的建(构)筑做首次巡检。首次巡检的重点是调查建(构)筑物现状,巡检该建(构)筑物有无裂缝、剥落状况。有裂缝的地方做好标识,记录裂缝的位置、形态,用游标卡尺测量并记录裂缝的宽度及长度;对施工影响前已经出现的裂缝等异常情况,采用拍照的方式进行影像资料存档。

日常巡检的内容包括:建(构)筑物裂缝、剥落;对在首次巡检中发现的既有裂缝测量其宽度并与初始宽度进行现场比较。发现建(构)筑物新增裂缝或裂缝发展速率超过预警标准等异常情况及时上报,并拍照存档。巡检过程中,填写现场安全巡检表。

(2) 地下管线现场安全巡检。在施工前对所要巡检的地下管线做首次巡检。首次巡检的重点是调查地下管线现状,巡检该管线周围有无地面裂缝、渗水及塌陷情况、检查井等附属设施的开裂等情况。有裂缝的地方做好标识,记录裂缝的位置、形态,用游标卡尺测量并记录裂缝的宽度;井内有积水的要记录积水的深度以及积水来源。对在施工影响前已经出现的地面裂缝、井内积水等异常情况,采用拍照的方式进行影像资料存档。

日常巡检的内容包括:①管线沿线地面开裂、渗水及塌陷情况;②检查井等附属设施的开裂等情况等。对在首次巡检中发现的既有裂缝测量其宽度并与初始宽度进行现场比较。发现地下管线持续漏水(气)、检查井内出现开裂或进水等异常情况及时通报,并拍照存档。巡检过程中,填写现场安全巡检表。

(3) 道路、地表现场安全巡检。在施工前对所要巡检的道路、地面做首次巡检。首次巡检的重点是调查基坑周边道路地面有无裂缝、地面隆陷情况。有裂缝的地方做好标识,记录裂缝的位置、形态,用游标卡尺测量并记录裂缝的宽度,并采用拍照的方式对既有裂缝、地面隆陷等情况进行影像资料存档。

日常巡检的内容包括:①地面裂缝;②地面沉陷、隆起。对在首次巡检中发现的既有裂缝测量其宽度并与初始宽度进行现场比较,发现新增地面裂缝或裂缝发展速率超过预警标准、地面隆陷、地面冒浆等异常情况及时通报,并拍照存档。

3) 巡检频率及周期

(1) 现场巡检频率如表 7-7 所示。

表 7-7 现场巡查频率表

序号	巡检对象	现场巡检频率
1	自身围护结构	基坑开挖过程中,每天进行1次巡查,其余时间根据建(构)筑物、管线、地表变形及巡查情况而定
2	工程周边环境	

(2) 现场巡检周期。①周边环境巡检在基坑开始施工前进行首次巡检,基坑底板封闭后逐渐减缓巡检频率,至变形稳定后停止;②工程自身对象巡检在基坑开挖时进行,地铁结构施工完成后停止。

7.1.9 特殊情况下频率调整原则

当出现下列情况之一时,应加强监测,提高监测和巡查频率(视具体情况加密至2~4次/d),并及时向委托方及相关单位报告监测结果:监测数据异常或变化速率较大;存在勘察未发现的不良地质条件,且影响工程安全;地表、建(构)筑物等周边环境发生较大沉降、不均匀沉降;工程险情或事故后重新组织施工;暴雨或长时间连续降雨;邻近工程施工、超载、振动等周边环境条件较大改变。

7.2 3号线西周家庄站-工业北路站盾构区间下穿铁路施工

7.2.1 工程简介

济南轨道交通3号线西周家庄站-工业北路站盾构区间,自工业北路站始发后沿工业北路向西走行后转向南下穿胶济客专、胶济铁路,盾构穿越胶济客专高架桥梁段,里程为K373+704—K373+770,盾构下穿前施做隔离桩;盾构穿越胶济铁路段的黄台站至历城站正线路基段,里程为K381+981—K382+091,盾构下穿前路基采取地面袖阀管预注浆加固。

7.2.2 地质概况

西周家庄站-工业北路站区间盾构下穿胶济客专、胶济铁路段,主要位于山前冲洪积平原地貌,地面标高30.75~35.4m。区间左线主要穿越地层为⑩$_1$粉质黏土,⑭$_2$黏土。上部覆土为①$_2$杂填土层,区间右线主要穿越地层为⑩$_1$粉质黏土、黏土,上部覆土为①$_2$杂填土层,详见图7-12。

杂填土①$_2$层:杂色,中密~密实,主要成分为碎石块、混凝土块、砖块、灰土、建筑垃圾,充填黏性土。该层厚度:0.5~11.20m,平均厚度:2.94m,层顶标高:25.6~125m,层底标高:22.57~13.04m。

粉质黏土⑩$_1$层:褐黄色~灰黄色,可塑,土质较均,手搓有砂感,切面较光滑,局部夹粉土薄层,局部偶见姜石、小碎石、铁锰氧化物。连续分部,该层厚度:2~15.60m,平均厚度:7.67m,层底标高:19.2~50.8m。

碎石⑫$_1$:杂红,中密,湿~饱和,成分以灰岩、砂岩为主,呈棱角状,级配一般,一般粒径20~60mm,最大粒径不小于120mm,大于20mm的碎石含量约占60%,充填物主要以黏性土为主。局部揭露该层厚度:1.20~3.20m,平均厚度:2.05m,层顶标高:12.50~48.60m,层底标高:10.84~45.45m。

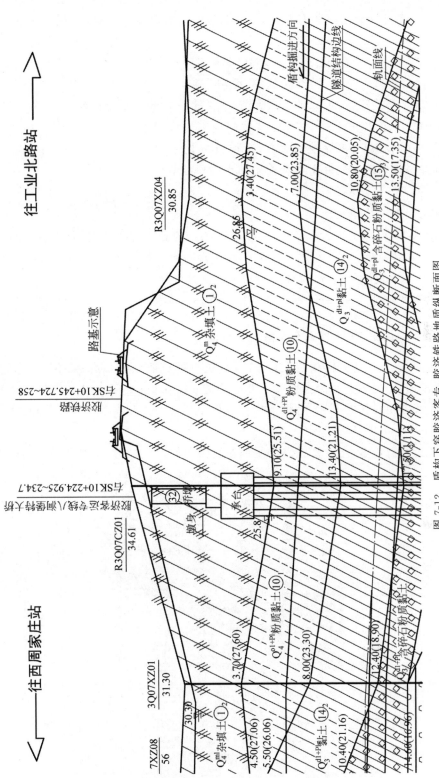

图 7-12 盾构下穿胶济客专、胶济铁路地质纵断面图

黏土层⑭₂：棕红，硬塑，土质不均匀，切面较光滑，含有少量铁质氧化物及钙质结合，局部含角砾。局部分部，该层厚度：0.4～10.7m，平均厚度：3.90m，层顶标高：6.50～54.20m，层底标高：1.77～52.19m。

胶结砾岩⑮₂层：杂色，密实，饱和，成分以灰岩碎石为主，一般粒径10～60mm，最大粒径不小于200mm，泥钙质胶结，局部胶结差，锤击易碎，含沙及黏性土。连续分布，该层厚度：1.00～114.00m，平均厚度：6.52m，层顶标高：－0.90～83.90m，层底标高：－4.57～80.96m。

西周庄站-工业北路站区间左线主要穿越地层为⑩₁粉质黏土、⑭₂层黏土，上部覆土为①₁杂填土；区间右线主要穿越地层为⑩₁粉质黏土、黏土，上部覆土为①₁杂填土。下穿铁路处，区间左右线隧道主要处于可塑粉质黏土层和可塑黏土卵石层。

7.2.3 水文条件

水位埋深2.10～15.0m，水位标高17.41～58.09m，主要接受降水补给和山区地下水径流补给，以侧向径流、人工开挖方式排泄，在丰水期和枯水期地下水位有所变化。根据勘察及搜集区域的水文地质资料，西周家庄站-工业北路站区间地下水位水位标高20.0～29.66m，该层地下水年变幅2.0～3.0m。

7.2.4 盾构隧道与既有线路位置关系

盾构区间左、右线由八涧堡特大桥32号桥墩两侧下穿胶济客专高架桥庄。区间左、右线盾构下穿段隧道覆土厚度为10.13～10.36m，隧道外径6.4m，内径5.8m，管片衬砌厚0.3m。区间隧道左线距离胶济客专32号桥墩桩基最小净距为4m，右线距离胶济客专32号桥墩最小净距4.1m。

盾构隧道与胶济客专、胶济铁路的平面位置关系如图7-13所示，盾构隧道与胶济客专横

图7-13 下穿胶济客专、胶济铁路段平面图

断面图如图 7-14 所示,盾构隧道与胶济铁路纵横断面图如图 7-15 所示。隔离桩、袖阀管加固施工位置与盾构隧道、胶济客专、胶济铁路既有建构物位置关系如表 7-8 所示。

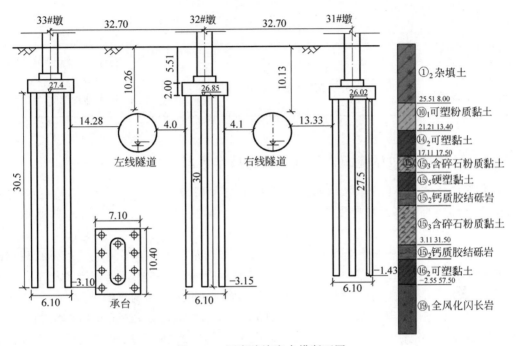

图 7-14 下穿胶济客专横断面图

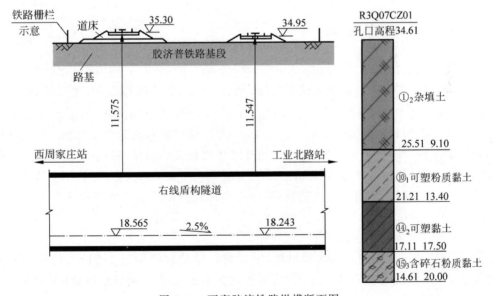

图 7-15 下穿胶济铁路纵横断面图

表 7-8 隔离桩、盾构施工与胶济客专、胶济铁路既有设备的位置关系

序号	施工内容	客专31号桥墩	客专32号桥墩	客专33号桥墩	胶济铁路
1	钻孔灌注桩施工	最小水平净距20.93m	最小水平净距2.4m	最小水平净距21.88m	最小水平净距5.36m
2	袖阀管施工	—	—	—	最小水平净距5.65m
3	左线盾构施工	—	最小水平净距4m	最小水平净距14.28m	最小垂直净距11.57m
4	右线盾构施工	最小水平净距13.33m	最小水平净距4.1m	—	最小垂直净距11.78m

7.2.5 现场周边环境调查及既有设备技术数据

盾构下穿胶济客专高架桥梁的八涧堡特大桥32号桥墩两侧，梁下净空10m左右，隧道拱顶覆土10.13m，列车通过速度180km/h。盾构下穿胶济铁路正线路基段，铁路里程为K381+981—K382+081，为有砟道床，基床宽20.5m，列车通过速度120km/h。

2018年5月30日济南市勘察测绘研究院对胶济铁路和胶济客专南北两侧进行现场勘探，勘探管线均有详细记录。2018年8月2日各设备管理单位再次现场调查了施工范围内的铁路通信、信号、电力等光电缆信息，并形成了详细的《施工现场调查记录》。

计划对影响范围管线采取人工开挖探沟的方式找出相应位置，胶济铁路北侧通信、信号电缆采取拨移结合钢板盖压防护的方式进行保护；贯通线电杆采用拉线保护形式进行防护；袖阀管注浆孔位置必须避开管线，控制注浆压力，保护管线，如发现新管线要采取有效防护措施后施工。

7.2.6 隔离桩加固施工

1. 钻孔灌注桩施工

为确保盾构隧道施工及轨道交通运营期间胶济客专、胶济铁路安全，在胶济客专31号桥墩与盾构隧道之间打设 φ0.8m@1.0m 钻孔隔离灌注桩进行隔离防护，隔离庄与既有胶济客专32号桥墩基础之间的最小距离为2.4m。考虑胶济客专的运营安全和现场实际施工净距，钻孔灌注桩采用正循环钻机成孔，正循环钻机机身高6m，八涧堡特大桥32号桥下，钻机距离梁底4.5m，不对行车造成安全隐患，桩基成孔采用人工吊放钢筋笼，钢筋笼分4节加固，单节长5m。混凝土采用导管法浇筑，不对行车造成安全隐患。加固断面示意见图7-16和图7-17。

钻孔灌装桩施工时需注意：

(1) 准确定位。现场测量放线定出桩位，做好桩位的轴线标记；质检人员进行桩位复核，复核确定桩位无误后进行人工挖探孔，检查桩位下管线情况，避开地下管线，彻底清理地下障碍物，然后按要求埋设护筒；钻机就位后，安装牢固，确保在施工中不发生移动；复核钻头中心与护筒、桩位的偏差，并检查钻杆的垂直度，严格控制其在设计及规范要求以内。

(2) 保证桩长。钻孔前对钻杆等逐个检查保证钻杆顺直不弯曲；钻孔时在桩架或桩管上设置控制深度的标尺，并做好钻孔和成孔施工记录，钻孔孔底标高比设计孔底标高低

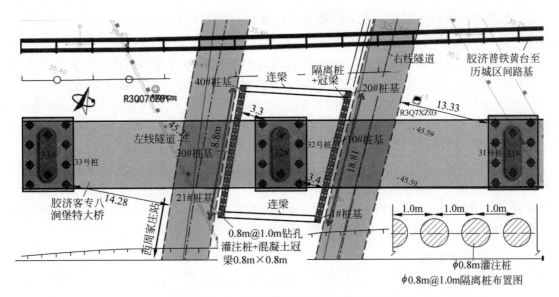

图 7-16 钻孔灌注桩桩位布置图

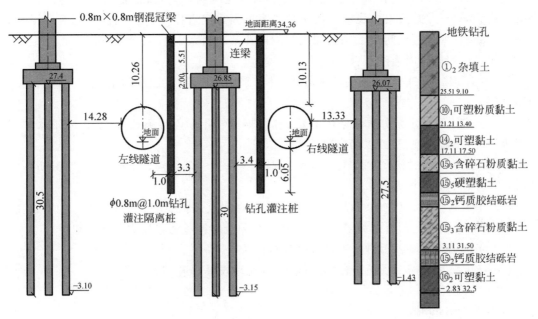

图 7-17 钻孔灌注桩施工横断面图

30cm；彻底清孔并在清除孔底沉碴厚度后仍可保证钻孔灌注桩的有效深度；钻孔灌注桩混凝土浇筑时桩顶标高要比设计标高预留高出 0.5~0.8m，以保证钻孔桩的有效桩长。

（3）保证桩径。在钻孔桩施工过程中严格控制好泥浆稠度，并经常测定泥浆比重、黏度、含砂率和胶体率，以避免塌孔，保证钻孔孔径。

（4）跳桩施工。为减小桩基施工间的相互影响，保证成桩质量，钻孔桩采用跳桩施工。

（5）每工班对钻杆、钻头、孔径、孔深、倾斜度进行检查测量并记录，发现偏差及时调整。钻孔桩成孔后，报请质检人员及监理工程师对孔径、孔深、倾斜度进行检查，合格后方可终孔。

(6) 钢筋笼吊装要逐步下放；钢筋外圈设置足够数量的定位筋,以确保钢筋笼居中。保证钢筋笼标高及垂直度正确；钢筋笼吊运时应防止扭转、弯曲。

(7) 灌注水下混凝土使用 $\phi 300mm$,壁厚 5mm 的导管,导管使用前经过水密性试验和过球试验,然后按入孔顺序逐节编号和标定累计长度。导管入孔后管底距孔底 50cm。

(8) 导管就位后,再次用测深锤测孔深,并进行二次清孔,要求沉淀厚度不大于 10cm。孔壁土质不易坍塌时,可用空气吸泥机清孔；孔壁土质较差时,宜用泥浆循环清孔,孔后泥浆比重应控制在 1.1~1.2；清孔过程中必须补足泥浆,并保证浆面稳定。

(9) 首批混凝土储量达到埋管 2m 的要求,达到首批混凝土储量时,以剪球方式灌注首批混凝土。混凝土应垂直灌入桩孔内,避免混凝土导管斜向冲击主筋,使主筋局部扭曲。灌注过程连续进行并在首批混凝土初凝前完成,导管埋深保持 2~6m,最后一次提导管须缓慢提出,以免在桩内夹入泥芯或形成空洞。桩头超灌 0.5~0.8m。

2. 袖阀管注浆施工

胶济铁路路基段隧道上覆填土厚度约 9m。盾构下穿胶济铁路前,路基采用袖阀管预注浆加固,袖阀管采用钻机由地面引孔,下入袖阀管后,通过注浆泵进行注浆,较均匀地固结填充地层空隙。袖阀管引孔采用引孔钻机,路基南北两侧各两台,设备高 4m,施工位置在路基外侧,不对行车造成安全隐患。袖阀管注浆加固采用直径 40mm 刚性袖阀管后退式分段注浆,袖阀管管径注浆间距 1.5m,加固范围内注浆材料采用 1:1 水泥浆。

袖阀管注浆施工时需注意：

(1) 施工时,应采取分序孔的注浆方式,并应采用间隔跳孔、逐步约束、先下后上的注浆施工方法。

(2) 应采用间歇定量分次注浆的方法,应将其相邻孔作为观测孔,观察孔内排水排气、冒浆等情况,用做详细记录,以确定浆液扩散情况。

(3) 当注浆量超过该孔加固土体体积20%还未达到上述终注标准时,应及时分析原因,查看是否存在跑浆的问题。

(4) 注浆施工时,应在地表设置 3~5 个水准观测点进行监测,不允许地面产生裂缝和抬升情况,一旦发现地面有生裂缝和抬升倾向,必须及时调整注浆压力和注浆量。

(5) 注浆结束后 28d 后对注主浆效果进行检验。

(6) 施工结束后需对场地进行沉降观测,对处理效果做进一步验证。

7.2.7 盾构施工

1. 穿越施工准备

(1) 盾构施工下穿胶济客专、胶济铁路段前,选取盾构下穿工业北路高架桥作为试验段,获取最佳施工参数,为盾构下穿铁路施工提供参数借鉴。

(2) 在盾构下穿前 50m 设置试验段,模拟穿越铁路施工,包括刀盘转速、土仓压力、推进速度、注浆量等参数的变化与地面沉降的关系,以确定最佳的掘进参数。

(3) 在试验段掘进前,全面进行设备维修保养,对盾构机的机、电、液系统做全面的检查,发现有故障隐患的零部件及时更换,易损件做必要的储备,与盾构生产做好服务协调。对辅助设备包括电瓶车、门式起重机、拌和站及必需的小型机具做全面检查,保证盾构穿越铁路区间设备的完好性。

(4) 整理先行区间穿越掘进参数,为后续掘进提供更合理的掘进参数参考,并考虑先行区间掘进施工对后续区间掘进的影响,加强掘进参数控制。

2. 盾构施工掘进参数初步设定

盾构施工过程中,掘进参数的设定是盾构掘进施工进度和地面沉降控制得以保证的前提。为确保掘进参数的准确,结合国内外盾构施工经验和自身施工实例,对盾构掘进参数进行了计算和选取。

1) 土仓压力设定

根据掘进地质条件,土压力需采用静止土压力理论或朗肯主动土压力理论来设定,最低土压力不得低于主动土压力,已分别计算静止土压力与主动土压力,选取较大值作为土仓压力控制参考值。

静止土压力应根据地质勘探资料,分层计算求和,根据实际路面情况考虑附加荷载 20kPa。

朗肯主动土压力需要根据地勘资料分层计算求和后作为土压力控制参考值。

土仓压力选取常用的土力学公式按水土合算计算静止土压力,计算深度选取盾构中心位置。

$$P = P_1 + P_2 = K_0(\sum \gamma \cdot h + 20) \tag{7-7}$$

式中:P 为隧道中心水土压力值;P_1,P_2 分别指水土压力、变动荷载(选取为 20kPa);K_0 为静止土压力系数;h 为在盾构中心上方的各土层厚度(m);γ 为在盾构中心上方的各土层容重(kN/m³)。

由水土压力计算公式可以看出,水土压力与隧道埋深密切相关,盾构穿越铁路区域恰好位于 25‰的上坡,需根据每环盾构机的具体位置设置有针对性的掘进参数。

2) 总推力

掘进总推力是掘进参数的重要指标,总推力取值是否合适,关系盾构机能否正常掘进,匹配的总推力还有利于刀盘的保护。盾构所需要的推力主要由盾构机与土体之间的摩擦力、刀盘上的水平推力引起的推力、切土所需要的推力、盾尾与管片之间的摩阻力、后方台车的阻力五部分组成。在实际掘进中由于地层不断变化等原因,盾构推力有一定的波动,参考掘进试验段的推力及计算值综合确定。

3) 掘进扭矩

盾构配备的扭矩主要由刀具的切削扭矩、刀盘自重产生的旋转力矩、刀盘的推力荷载产生的旋转扭矩、密封装置产生的摩擦力矩、刀盘前表面上的摩擦力矩、刀盘圆周面上的摩擦力矩、刀盘背面的摩擦力矩、刀盘开口槽的剪切力矩、刀盘土腔室内的搅动力矩组成。代入相应的参数可计算出掘进扭矩的参考值,在穿越铁路试验段时应以计算值为参考,总结较为准确的扭矩值作为实际穿越控制指标。

4) 推进速度

盾构下穿铁路时应确保连续、均衡施工,推进速度过快或过慢都会对土体产生较大的扰动,根据推力、扭矩值合理确定推进速度,根据掘进的地质条件设定下穿胶济客专、胶济铁路时的推进速度为 30～50mm/min,并根据实际掘进情况合理调整,同时保证推进速度的匀速性。

5) 刀盘转速

推进速度确定后,主要受刀具贯入度影响,刀具贯入度(P_c)为掘进速度(V)与刀盘转速(N)之间的比值,即刀盘转速(N)为掘进速度(V)与刀具贯入度(P_c)之间的比值。根据类似地层的成功掘进经验,刀盘转速为1.0~1.1r/min,不宜超过1.2。

6) 同步注浆

工程所采用盾构机共设有4个同步注浆点,每个注浆点都有注浆压力和注浆量显示。注浆压力应与该位置的水土压力相匹配。注浆压力应高于对应定位的地层水土压力30~50kPa,并根据实际情况进行调整优化。根据以往经验盾构机注浆管压力损失为120~150kPa,本工程暂取120kPa。注浆量一般为理论建筑空隙的150%~250%,实际注浆量以压力、流量双重控制,以压力为主,流量为辅,保证注浆量充足。本工程理论间隙为$1.2\pi(6.68^2-6.4^2)/4=3.45(m^3)$,按照1.5倍充填系数考虑,计$5.2m^3$。注浆量按2:1:1:2进行分配。

7) 碴土改良

根据掘进地层,碴土改良以泡沫为主,选择油脂泡沫,采用合理的泡沫混合比及膨胀率,提高碴土改良效果。根据类似地层掘进经验,泡沫原液掺量为4%,发泡率为4~6倍,流量280~400L/min,碴土改良效果较好。

3. 盾构穿越施工

盾构穿越胶济客专、胶济铁路前,选取盾构模拟穿越铁路实验段,根据实验实测数据,优化各项推进参数,严格控制推进速度,保证同步注浆量及时二次注浆,尽可能减少盾构穿越引起的地层沉降。

1) 纠偏控制

盾构推进中合理选用不同分组油缸压力值,确保盾构轴线与隧道设计轴线差最小,规避纠偏过大带来过量超挖引起的地面沉降过大,以利于有效控制面沉降,保证铁路列车的顺利运行。

若需要纠偏,应少纠勤纠,每环超挖量控制在5mm以内。纠偏时合理使用推进油缸、铰接油缸的行程差,结合盾尾间隙合理选用管拼装点位,以提高纠偏效果,达到辅助控制地面沉降的目的。

2) 注浆控制

同步注浆是盾构施工中非常关键的施工环节,在盾构推进过程中,通过同步注浆施工使管片和土体形成稳定的整体,可以抑制地层沉降,防止管片变形和上浮,防止管片间隙、盾尾的渗漏水。对同步注浆作业要严加管理,根据隧道埋深及土仓压力值选取合理的同步注浆压力值,以压力、流量双重控制,以压力为主,流量为辅的原则,保证成型隧道的注浆质量。

二次压浆是减少地表沉降的有效辅助手段,根据地面沉降监测数据,在脱出盾尾4环后,进行水泥水玻璃双液二次注浆,以减少同步注浆的不足及因同步注浆浆液的凝固收缩形成的建筑空隙,进一步有效控制地面沉降。

3) 管片拼装

盾构穿越铁路区段的隧道管片采用加强型,将里程右K27+841.856—右K27+924.656下穿铁路范围内管片结构配筋提升一级至D型,提高管片强度为控制地面沉降,利于二次注浆,盾构穿越铁路区段的隧道管片增加注浆孔,即3块标准块、2块邻接块各增加2个注浆孔,以满足二次注浆的需要。

7.2.8 施工监测

盾构穿越铁路前联系铁路部门,进一步摸清线路周边环境情况,根据线路实际情况,在保证列车正常运行安全的前提下,布设监测点,包括胶济客专桥墩的水平位测点、倾斜位移监测点、沉降监测点、胶济铁路路面沉降监测点、路基沉降监测点、路肩沉降监测点、接触网立柱沉降监测点、平面位移监测点。监测点平面、剖面图分别见图 7-18、图 7-19。

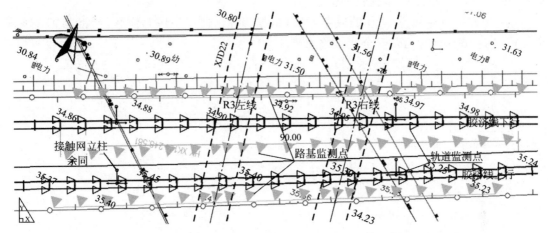

图 7-18 盾构下穿胶济客专、胶济铁路监测点布置平面图

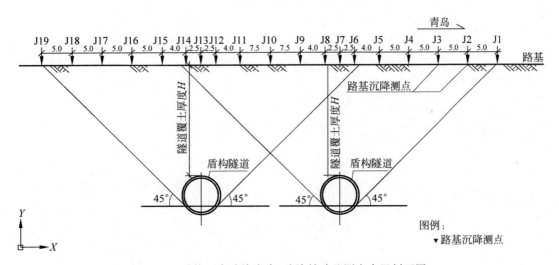

图 7-19 盾构下穿胶济客专、胶济铁路监测点布置剖面图

7.2.9 施工注意事项

(1) 施工前,对影响范围内桥梁道床、线路及轨道等进行一次普查,准确掌握风险源现状资料,并对已有的轨道变形通过调节扣件及时归零。

(2) 确定施工组织及具体施工时间后,需报铁路部门核查。

(3) 需对铁路线的轨距、轨顶平整度等保证列车正常运行的项目进行监测。所有施工机具、设备、车辆在任何情况下不得侵入铁路限界。

（4）需加强对影响段铁路线路的养护，安排专业人员定时检查线路轨距、方向、水平、高低等几何状态，出现异常时立即采取相应措施。

（5）采用调整轨道扣件的办法（调整量在 10mm 范围内）及时调整轨道高程，以满足铁路线路的标准。

（6）为确保安全工作顺利进行，项目部在施工地点的车站设驻站联络员与铁路调度室联系，设专用频道对讲机，以保证通信畅通。

（7）做好针对性强、易操作的应急预案，根据实际需要组织应急演练，严格落实各项安全管理制度，确保列车运营安全。

参 考 文 献

[1] 中华人民共和国国务院.中华人民共和国安全生产法,2020.
[2] 中华人民共和国国务院.中华人民共和国建筑法,2019.
[3] 中华人民共和国国务院.建设工程安全生产管理条例.国务院令第 393 号,2003.
[4] 中华人民共和国国务院安委会办公室.关于实施遏制重特大事故工作指南构建双重预防机制的意见,2016.
[5] 中华人民共和国国务院安委会.标本兼治遏制重特大事故工作指南,2016.
[6] 中华人民共和国住房与城乡建设部.城市轨道交通工程安全质量管理暂行办法,2010.
[7] 山东省人民政府.山东省安全生产条例,2017.
[8] 山东省人民政府.山东省安全风险管控办法.山东省人民政府令第 331 号,2020.
[9] 山东省人民政府.山东省生产经营单位安全生产主体责任规定(2018 年修订).山东省人民政府令第 311 号,2018.
[10] 山东省人民政府.山东省建筑安全生产管理规定(2018 年修订).山东省人民政府令第 311 号,2018.
[11] 中华人民共和国住房与城乡建设部.城市轨道交通工程质量安全检查指南,2016.
[12] 中华人民共和国住房与城乡建设部.中华人民共和国国家质量监督检验检疫总局.城市轨道交通地下工程建设风险管理规范:GB 50652—2011[S].北京:中国建筑工业出版社,2011.
[13] 中华人民共和国国家质量监督检验检疫总局,中国国家标准化管理委员会.项目风险管理应用指南[S].北京:中国标准出版社,2005.
[14] 中华人民共和国住房与城乡建设部.中华人民共和国国家质量监督检验检疫总局.城市轨道交通建设项目管理规范:GB 50722—2011[S].北京:中国建筑工业出版社,2011.
[15] 中华人民共和国住房与城乡建设部.中华人民共和国国家质量监督检验检疫总局.城市轨道交通技术规范:GB 50490—2009[S].北京:中国建筑工业出版社,2009.
[16] 中华人民共和国国家质量监督检验检疫总局,中国国家标准化管理委员会.风险管理原则与实施指南:GB/T—24353—2009[S].北京:中国标准出版社,2009.
[17] 中华人民共和国住房与城乡建设部.中华人民共和国国家质量监督检验检疫总局.城市轨道交通工程安全控制技术规范:GB/T 50839—2013[S].北京:中国建筑工业出版社,2012.
[18] 中华人民共和国住房与城乡建设部.中华人民共和国国家质量监督检验检疫总局.城市轨道交通工程岩土工程勘察规范:GB 50307—2012[S].北京:中国计划出版社,2012.
[19] 中华人民共和国建设部.城市轨道交通工程测量规范:GB 50308—2008[S].北京:中国建筑工业出版社,2008.
[20] 中华人民共和国建设部.地铁设计规范:GB 50517—2003[S].北京:中国计划出版社,2003.
[21] 中华人民共和国住房与城乡建设部.国家市场监督管理总局.地下铁道工程施工质量验收标准:GB/T 50299—2018[S].北京:中国建筑工业出版社,2018.
[22] 中华人民共和国住房与城乡建设部.中华人民共和国国家质量监督检验检疫总局.盾构法隧道施工与验收规范:GB 50446—2017[S].北京:中国建筑工业出版社,2017.
[23] 中华人民共和国住房与城乡建设部.中华人民共和国国家质量监督检验检疫总局.建筑基坑工程监测技术规范:GB 50497—2009[S].北京:中国计划出版社,2009.
[24] 中华人民共和国建设部.建筑与市政降水工程技术规范:JGJ/T 111—98[S].北京:中国建筑工业出版社,1999.
[25] 中华人民共和国住房与城乡建设部.建筑基坑支护技术规程:JGJ 120—2012[S].北京:中国建筑工业出版社,2012.
[26] 中华人民共和国建设部.城市地下管线探测技术规程:CJJ 61—2003[S].北京:中国建筑工业出版

社,2003.

[27] 中华人民共和国住房与城乡建设部.城市地下水动态观测规程：CJJ 76—2012[S].北京：中国建筑工业出版社,2011.
[28] 中华人民共和国交通运输部.公路桥梁与隧道工程安全风险评估指南(试行)[S].2009.
[29] 中华人民共和国住房与城乡建设部.危险性较大分部分项工程管理办法.2018.
[30] 中华人民共和国建设部.地铁及地下工程建设风险管理指南[S].北京.2007.
[31] 中华人民共和国铁道部.铁建设〔2010〕162 号 铁路建设工程安全风险管理暂行办法.2010.
[32] 中华人民共和国住房与城乡建设部.建质〔2012〕56 号 城市轨道交通工程周边环境调查指南.2012.
[33] 济南市人民政府.关于进一步规范建设工地扬尘在线监测与视频监控管理工作的通知(济尘治字〔2019〕20 号).2019.
[34] 济南市人民政府.关于扬尘在线及视频监控相关事宜的通知.2019.
[35] 北京市轨道交通建设管理有限公司.北京市轨道交通工程建设安全管理风险技术管理体系(2018版).北京.2018.
[36] 丁树奎.城市轨道交通建设安全管理体系[M].北京：中国铁道出版社有限公司,2019.
[37] 罗富荣,等.轨道交通工程建设安全风险控制实施指南[M].北京：中国建筑工业出版社,2011.
[38] 王梦恕.中国隧道及地下工程修建技术[M].北京：人民交通出版社,2010.
[39] 施仲衡,张弥.地下铁道设计与施工[M].西安：陕西科学技术出版社,1997.
[40] 孙建平.建设工程质量安全风险管理[M].北京：中国建筑工业出版社,2006.
[41] 《工程地质手册》编写委员会.工程地质手册[M].北京：中国建筑工业出版社,1992.
[42] 赵延铸.济南泉水地理[M].济南：济南出版社,2015.
[43] 蔡婷,李景成.市政工程质量管理信息平台的研究与设计[J].工程质量,2020(3)：2.
[44] 吴林高.工程降水设计施工与基坑渗流理论[M].北京：人民交通出版社,2003.
[45] 李罡,李虎.泉城地理与地铁工程[M].北京：中国建筑工业出版社,2020.
[46] 周文波.盾构法隧道施工技术[M].北京：中国建筑工业出版社,2005.
[47] 王建涛.北京地铁前门站施工技术研究[D].武汉：中国地质大学,2014.
[48] 王建涛,弭彬.轨道交通工程安全质量智慧管理系统建设[J].山东大学学报(工学版),2020(50)：181-188.
[49] 张小红.铁路工程项目管理信息系统的研究和实现[D].西安：长安大学,2011.
[50] 陈志超,陈国伟.基于"互联网+"的交通工程智慧监管系统建设[J].工程管理,2019(19)：146.
[51] 于鑫.基于网格化的轨道工程建设安全风险管理模式研究[D].北京：中国铁道科学研究院,2017.
[52] 程波,李天祥.基于互联网的城市轨道交通建设隐患排查治理系统[J].现代城市轨道交通,2017(11)：38-41.
[53] 耿敏,曹晶珍,鲍闯.城市轨道交通安全事故隐患排查质量信息化技术探讨[J].电子科学技术,2017,4(1)：70-72.
[54] 李耀东,李钢,朱听松.基于大数据技术的交通工程质量安全监管[J].中国交通信息化,2016(7)：120-122.
[55] 杨岭,何厚全,丁小虎,等.网格化建筑施工安全监管模式的协同机制研究[J].建筑经济,2013,31(3),28-32.
[56] 张建坤,李灵芝,何厚全,等.构建网格化工程安全监管信息系统的探讨[J].经济问题探索,2011(6)：47.
[57] 李超,王建涛.工程项目安全管控中心建设及平台推广应用对策[J].交通建设与管理,2021(6)：47.